法律关系的主体
当代罗马法体系
（第二卷）

[德]弗里德里希·卡尔·冯·萨维尼　著
（Friedrich Carl von Savigny）

朱　虎　张梓萱　译
朱　虎　校

中国人民大学出版社
·北京·

翻 译 说 明

一、所依据版本和翻译参考

本翻译所依据的德文版本为：Friedrich Carl von Savigny，*System des heutigen Römischen Rechts*，Bd. 2，Berlin，1840。

翻译参考了 W. H. Rattigan 所翻译的英文版本：Savigny，*Jural Relations*；*or the Roman law of persons as subjects of jural relations*，translated by W. H. Rattigan，Hyperion Press，1884.；就术语的中文表达等一些事项，参考了小桥一郎所翻译的日文版本：サヴィニー：现代ローマ法体系（第二卷），小橋一郎訳，成文堂，1996。

本书第 85 节的翻译，也参考了以下文献：［德］弗里德里希·卡尔·冯·萨维尼：《萨维尼论法人的概念》，田士永译，载《中德私法研究》（第 9 卷），北京大学出版社 2013 年版。

二、结构

以原著标题编码为基础，依次采取篇、章、节的编码编排方式。

三、译名

1. 人名、地名

除另有考虑外，本书中的人名、地名一般不译出，直接以原文表示，以便读者查证。

2. 其他术语

除另有说明外，原著中出现的术语和概念依据通行译名确定，并在第一次出现时附有原文。

四、注释

1. 原著注释

原著注释一律采用脚注，按原著注释顺序编码，一般采用以每节或者每一附录为单位连续编码、以圈码（例如，①）方式出现。原著注释中出现的文献名称一般不翻译，以便读者查证，对补充性和说明性文字则一般予以翻译。

2. 译者注

译者注采用两种方式：（1）直接采用脚注，以"*"号表示（例如：*、**等），并注明"——译者注"。（2）在原著注释中添加，以【】表示，并注明"——译者注"。

五、原著页码

为方便读者查证，本书将原著页码作为边码标出。本书正文、注释以及索引中所出现的页码均为原著页码，即本书边码。

六、原著参照节

原著中有大量参照另一节的表示，本书注明所参照节的编号，前加以"§"，并以中文括号注明，例如：（§75），所指代的即"参照第七十五节"。

七、罗马法、教会法原始文献的引注方式

1. 罗马法原始文献引注方式

原著对于罗马法原始文献的引注方式与我们当前的引注方式并不相同，兹说明如下。

（1）对于《学说汇纂》的引注方式。原著的引注方式，以lex的第一个字母L开头，以Lex、Paragraph的编码这个顺序排列，之后注明Titel的名称，最后以括号涵括Buch和Titel的编码。我们当前的引注方式是以 Digest 的简写 D 开头,按照 Buch、Titel、Lex、Paragraph 的编码这个顺序排列。例如,L. 2 §12 *de orig. jur.* (1.2.),按照我们当前的引注方式即为 D,1,2,2,12.。

(2) 其他文献的引注方式。原著对其他文献的引注方式与对《学说汇纂》的引注方式大致相同,只是用简写符号标明以区别于《学说汇纂》,而对《学说汇纂》则不标明任何简写符号。例如,L. 3 *C. de leg.* (1.14.),C. 表示《优士丁尼法典》,按照我们当前的引注方式即为 C,1,14,3.;§13 *J. de act.* (4.6.),J. 表示《优士丁尼法学阶梯》,按照我们当前的引注方式即为 I,4,6,13.;同样,Nov. 表示《新律》,*C. Th.* 表示《狄奥多西法典》(Codex Theodosianus);等等。

(3) 原著中所出现的罗马法拉丁文本、文辞拼写方式与现今通行的拉丁文本、拼写方式并不完全相同,本翻译遵循原著。

2. 教会法原始文献引注方式

原著对于教会法原始文献的引注方式与对罗马法原始文献的引注方式大致相同,只是注明各原始文献的简写以示区别,例如:C. 11 X. *de consuet.* (1.4.).,各主要原始文献的简写如下:X. 表示《格里高列九世教令集》(Decretales Gregorii IX / Liber Extra);VI. 表示《卜尼法八世教令集》(Liber sextus);D. 表示《格拉提安教令辑要》(Decretum Gratiani);Clem. 表示《克里门特五世教令集》(Constitutiones Clementinae)。

八、罗马法文献的翻译、关于罗马法术语和其他术语的译者注

本书对于罗马法术语和文献的翻译以及关于罗马术语解释的译者注主要参考了以下文献,在此一并说明并致以感谢,在具体翻译和译者注中恕不一一注明:Mommensen, Krueger, *Corpus Iuris Civilis*, Berlin, 1954.;Mommensen, Krueger, *The Di-*

3

gest of *Justinian*, English tranlation edited by Alan Watson, University of Pennsylvania Press, 1985. ; Samuel P. Scott, *The Civil Law*, Cincinnati, 1932. ; Bruce W. Frier etc. ed. , The Codex of Justinian, A new Translation, with parallel Latin and Greek Text, Cambridge University Press, 2016. ; John B. Moyle, *The Institutes of Justinian*, Oxford, 1913. ; Kaser, *Das Römische Privatrecht*, München：C. H. Beck，1971. ; Adolf Berger, *Encyclopedic Dictionary of Roman Law*, The American Philosophical Society, 1953. ; 黄风：《罗马法词典》，法律出版社 2002 年版；［德］马克斯·卡泽尔、罗尔夫·克努特尔：《罗马私法》，田士永译，法律出版社 2018 年版；中国政法大学 "罗马法民法大全翻译系列" 以及 "罗马法翻译系列"；［古罗马］优士丁尼：《法学阶梯》（第三版），徐国栋译，商务印书馆 2021 年版；丁光训、金鲁贤：《基督教大辞典》，上海辞书出版社 2010 年版； ［英］莱斯莉·阿德金斯、罗伊·阿德金斯：《古代罗马社会生活》，张楠、王悦、范秀琳译，商务印书馆 2016 年版；刘津瑜：《罗马史研究入门》（第二版），北京大学出版社 2021 年版；其他关于罗马史和罗马法的中文著作和译著。其中，本书关于罗马法术语的翻译参考黄风先生的《罗马法词典》甚多，在此致以最大的谢意。

目　录

第二篇　法律关系

第二章　作为法律关系承担者的人 …………………… 3
　第六十节　自然的权利能力和实在法对其的修正 ………… 3
　第六十一节　自然的权利能力之界限 Ⅰ．开始 …………… 5
　第六十二节　自然的权利能力之界限 Ⅰ．开始（续）… 11
　第六十三节　自然的权利能力之界限 Ⅱ．终止 …………… 16
　第六十四节　权利能力的限制　导论 ……………………… 20
　第六十五节　权利能力的限制 Ⅰ．不自由 ………………… 25
　第六十六节　权利能力的限制 Ⅱ．市民籍的缺乏 ……… 31
　第六十七节　权利能力的限制 Ⅲ．从属于家庭权力 …… 39
　第六十八节　三种人格减等 ………………………………… 47
　第六十九节　人格减等的效力 ……………………………… 54
　第七十节　人格减等的效力（续） ………………………… 62
　第七十一节　权利能力和人格减等方面的特殊权利 …… 71
　第七十二节　权利能力和人格减等方面的特殊权利
　　　　　　　（续） ……………………………………… 82
　第七十三节　权利能力和人格减等方面的特殊权利
　　　　　　　（续） ……………………………………… 94

第七十四节	权利能力和人格减等方面的特殊权利（续）	104
第七十五节	权利能力和人格减等理论在当代的可适用性	114
第七十六节	不名誉对权利能力的限制——导论	131
第七十七节	不名誉的具体情形	133
第七十八节	不名誉的法律意义	143
第七十九节	不名誉的法律意义（续）	150
第八十节	不名誉的法律意义（续）	155
第八十一节	不名誉的法律意义（续）	161
第八十二节	不名誉的附带效力	165
第八十三节	不名誉理论在当代的可适用性	172
第八十四节	宗教对权利能力的限制	177
第八十五节	法人——概念	181
第八十六节	法人——种类	186
第八十七节	法人——历史	189
第八十八节	法人——历史（续）	195
第八十九节	法人——成立与消灭	212
第九十节	法人——权利	216
第九十一节	法人——权利（续）	219
第九十二节	法人——权利（续）	226
第九十三节	法人——权利（续）	230
第九十四节	法人——权利（续）	237
第九十五节	法人——权利（续）	241
第九十六节	法人——组织	246
第九十七节	法人——组织（续）	250
第九十八节	法人——组织（续）	256

- 第九十九节　法人——组织（续） ········· 260
- 第一百节　法人——组织（续） ············· 264
- 第一百零一节　法人——国库 ··············· 269
- 第一百零二节　法人——遗产 ··············· 271
- 第一百零三节　法律关系和人的不同联结 ····· 279

附　录 ··· 285
- 附录三　孩子的生命力，作为其权利能力的条件 ········· 285
- 附录四　论罗马奴隶所缔结之债的效力 ········· 310
- 附录五　论家女的债务能力 ··················· 319
- 附录六　身份和人格减等 ····················· 329
- 附录七　论不名誉理论中的一些疑点 ··········· 384

索　引 ··· 416
- 索引一　内容索引 ····························· 416
- 索引二　渊源索引 ····························· 436

第二卷译后记 ································· 479

第二篇
法律关系

第二章 作为法律关系承担者的人

第六十节 自然的权利能力和实在法对其的修正

任何法律关系都是个人与他人之间的联系。法律关系的第一个组成部分需要被详细论述，这个组成部分就是人的本质，人与人之间的相互联系能够产生法律关系。因此，在这里必须回答以下这个问题：谁能够作为法律关系的承担者或者主体？这个问题涉及权利的可能享有（Haben），或者权利能力（Rechtsfähigkeit），而不涉及权利的可能取得（Erwerben），或者行为能力（Handlungsfähigkeit），后者在之后的章节中才会被论述（§106）。

但是，在法律关系之中，特定的个人或者是与同样特定的个人存在联系，或者是不特定地与所有其他人存在联系（§58）。目前的研究任务仅涉及法律关系中的特定个人，因为对于纯粹消极性的法律关系而言，所有的人都是某个人（例如，所有权人）的相对人，任何一个人都被认为是有能力的。

所有法都是为了每个生物人（Menschen）内在的道德自由而

存在（§4.9.52）。① 因此，人（Person）或者法律主体的原初概念必然与生物人的概念重合，这两个概念的此种原初同一性在以下表达中被说明：任何生物人，并且只有生物人，具有权利能力。

然而，实在法可以对人的这种原初概念进行限制性的和扩张性的双重修正，这种双重修正在上述表达中已经被暗示出来。首先，一些生物人被完全或部分地否认具有权利能力。第二，权利能力可被转用于生物人之外的事物，因此法人被人为地构建出来。

本部分研究首先应当确定在原初或自然概念意义上理解的人的界限，然后应当阐明我们的实在法改变此种自然概念所做出的双重修正。

在最后，还应述及具体的法律关系与特定人之间联结的不同方式。

---

① L. 2 *de statu hom.* (1.5.)："因此，由于所有的法都是为人而设立的，我们首先将讨论人的身份……"(Cum igitur *hominum causa omne jus constitutum* sit; primo de personarum statu…dicemus.)

第六十一节 自然的权利能力之界限 Ⅰ. 开始

自然的权利能力之开始取决于出生,也即活体与母体的完全分离。

我们现在在最为重要的意义上观察出生,即将出生视为出生者本人权利能力开始的条件。其最为重要的适用情形——这些情形表明此种开始在私法中是即时发生效力的,即使出生者的生命在此之后立刻又再次终止——是:(1)如果父亲之前的遗嘱没有考虑到这个孩子,那么该遗嘱的效力因出生而被否定;(2)如果父亲在孩子出生之前死亡,那么该孩子一出生即取得法定继承权。基于这两个效力的缘故,准确区分完全的实际出生和单纯表象的(der blos scheinbaren)出生特别重要。对于新出生者而言,其他的法律后果不容易在该出生者存在时即时出现,而是在之后的某个时间——在此时,该出生者的真正人类存在不可能再会被质疑——才会出现。——但是,在早期罗马法中,准确区分真正的出生和表象的出生,不仅对于出生者自身的权利能力非常重要,而且对于母亲的利益也非常重要。由于孩子的出生,母亲可能会取得一些非常重要的好处,更确切地说,是通过两种方式:相较于另外情形下有效适用的一般法规则,母亲由此获得了优待①;相较于一般法规则,母亲由此被免除了歧视。第一种方式可被认为是孩子出生的报赏,而第二种方式可被认为是免除没有孩子的惩罚。母亲所得到的报赏可见于以下例子。第一,根据《Tertullianum 元老院决议》(Sc. Tertullianum),对孩子的财产有权遗产继承(hereditas);相较于此前存在的法定继承,这是一

---

① 因此,特殊法(jus singulare)的概念在这里得以适用(§16)。

种优待，只有母亲生了三个孩子（解放自由人生了四个孩子），她才应享有此种特权。② 第二，如果拉丁女性（Latina）*生了三个孩子，则她就可取得市民籍（Civität）。③ 最后，监护状态（Tutel）的摆脱，所有女性在另外情形下由于其性别都应处于此种监护状态中。④ 以下这个重要的规则可被视为惩罚的免除，根据此规则，由于三个或者四个孩子的出生（对生来自由人而言，是三个孩子的出生；对解放自由人而言，是四个孩子的出生），女性获得了取得遗嘱继承财产的权利（das Recht zur Erwerbung von Testamentserbschaften）；这种由此而被废止的无能力是一种惩罚，因为在《Julia法》（Lex Julia）之前**，根据一般法规则，女性在这方面所享有的能力并不存在任何限制——人们可能会认为，真正出生的概念在各处都相同，无须区分这些与之相联系的效力。但事实上并非如此；毋宁说，较之于报赏的情形以及孩子

---

　　*　拉丁女性，是居住在罗马城以外的其他拉齐奥（Lazio）地区的女性，她们介于市民和异邦人之间，具有有限的权利能力。——译者注

　　**　这里所指的应当是《关于嫁娶的Julia法》（lex Julia de maritandis ordinibus），此法颁布于公元前18年，对已婚者和有多个孩子者规定了一些优待，同时也对独身者和无孩子者作出了一些限制性的规定。与该法所规定事项密切相关、具有补充该法性质的是公元9年颁布的《关于婚姻的Papia Poppaea法》（lex Papia Poppaea nuptialis）。两部法律通常被合称为《Julia和Papia法》（lex Julia et Papia）。与本部分论述相关的是，上述两部法律限制了一些人对于遗嘱继承财产的取得能力（jus capiendi）：独身无子女的，无取得遗产的能力；男子已婚但无子女，女子已婚，但无"因子女而取得的权利"（jus liberorum，即生来自由人有三个孩子，解放自由人有四个孩子时可以享有的权利）的，只能取得相当于应得遗产的一半。——译者注

　　② §2.4 *J. de Sc. Tertull.* (3.3.). Paulus Ⅳ.9. §1.
　　③ Ulpian. Ⅲ. §1, 依据一项元老院决议。
　　④ Gajus Ⅰ. §194. 195. Ulpian. XXIX. §3.——报赏和免除惩罚的许多情形并不属于此，因为它们以孩子仍然存活或者已存活了较长时间作为前提，在这些情形中，根本不存在区分真正出生和表象出生的需求。Vgl. *pr. J. de excus.* (1.25.). Ulpian. Ⅲ. §3. ⅩⅤ. ⅩⅥ. §1. 因此，对父亲而言，这个问题只在极少的适用情形中出现，故根本不具有对母亲而言那样的重要性。对父亲的此种适用情形，可见之于Ulpian. ⅩⅤ.："当他们有了孩子时，也同样可以［获得上述］部分的所有权。"（et *quandoque liberos habuerint*, ejusdem partis proprietatem.）

自身权利能力的情形，在惩罚免除的情形中，真正出生的概念并非如此清晰；无疑，因为上述惩罚一般都是令人厌恶的，所以只要制定法的文辞容许，人们就力图对此进行限缩。

只有在这些准备工作之后，才有可能去分析上述真正出生这个概念的要素。这些要素包括：（1）与母体的分离；（2）完全的分离；（3）出生者在完全分离之后存活；（4）具有人的性质。

（1）孩子必须与母体分离，因此必须在母体之外存在。分离所使用的手段无关紧要；因此，人为强制的出生与自然出生在法律上没有区别。⑤ 早期君主的一项制定法甚至因此明确规定，在怀孕的

---

⑤ 如此出生的孩子的权利是没有疑问的。L. 12 *pr. de liberis* (28.2.)："当有人说儿子的出生破坏了遗嘱，'出生'被解释为甚至［包括］通过剖腹产出生的［儿子］；*因为他也破坏了遗嘱，也就是说，如果他是在父权下出生的话*。"(Quod dicitur filium natum rumpere testamentum, natum accipe etsi exsecto ventre editus sit；*nam et hic rumpit testamentum*, scilicet si nascatur in potestate.) L. 6 *pr. de inoff*. (5.2.). L. 1 § 5 *ad Sc. Tertull*. (38.17.). ——但是，此孩子会被认为有助于母亲的利益吗？Ulpian 对此作出肯定回答。L. 141 *de V. S.* (50.16.)："一个女人甚至被认为在她死的时候有一个儿子，如果她可以通过剖开子宫来使儿子出生的话。"(Etiam ea mulier, cum moreretur, creditur filium habere, quae exciso utero edere possit.) Paulus 则作出否定回答。L. 132 § 1 *de V. S.*："说一个通过剖开其尸体将儿子取出的女人已经生了孩子，这是错误的。"(Falsum est eam peperisse, cui mortuae filius exsectus est.) 可能 Ulpian 所谈及的是惩罚的适用问题，例如，如果一位有两个孩子的母亲进行了遗嘱继承，并且在她死亡后，第三个孩子通过尸体解剖而降临至世上，那么她就被认为是三个孩子的母亲，其进行遗嘱继承就是有效的。与之相反，Paulus 所谈及的是一种报赏的情形，例如，一位拉丁女性在死亡时只有两个孩子，那么她不应因为在其死亡之后出生的孩子而处于以下地位之中，即她因为有三个孩子而取得市民籍，因此，她不能遗留下继承人。在我看来，有些牵强但却并非完全不能被采纳的做法是将 L. 141 *cit*. 与 L. 51 § 1 *de leg.* 2 (31 un.) 和 L. 6 *de cond*. (35.1.) 结合起来。——Vgl. Schulting, notae ad Digesta, in L. 141 *cit*. ——在对这里所引用的以及其他类似的学说汇纂篇章进行阐释时，人们常常过分重视以下情形，即它们都起源于关于《Julia 法》的注释，因此，人们始终愿意认为，它们必然涉及在这项平民会决议（Volksschluß）中被提及的一个情形，人们力图去查明该情形。这种做法基于两个理由而应被拒绝：第一，我们关于《Julia 法》内容的知识是非常不完善的；第二，早期注释者很有可能在探讨《Julia 法》的一项规则之外，还探讨了其他类似的情形。

女性死亡之后，应解剖尸体，以便在可能时挽救孩子的生命。⑥

（2）分离必须是完全的。⑦

（3）如此出生的生命必须在分离后是存活的。⑧ 因此，如果在孩子持久的出生过程中有存活的迹象，但是在其完全于母体外存在前死亡，那么他绝不会享有权利能力。如果孩子在出生开始前就已经死亡，无论是因为过早出生［abortus（堕胎，流产）］⑨，还是因为尽管足月分娩但却在子宫中就已死亡⑩，则这个孩子就更不能享有权利能力了。——存活通过何种表征而被认为是确定无疑的，这一点无关紧要。一些早期法学者主张，孩子必须要啼哭，但优士丁尼明确拒绝这种观点。⑪ 存活的持续时间同样无关紧要，由此，孩子即使在出生后立即死亡，他也取得了权利能力。⑫

---

⑥ L. 2 *de mortuo infer*. (11. 8.).

⑦ L. 3 *C. de posthumis* (6. 29.)："完整出生……完全来到这个世界。"(*perfecte natus...ad orbem totus processit.*)

⑧ L. 3 *C. de posthumis* (6. 29.)："活着……出生。"(*vivus...natus est.*)——Paulus Ⅳ. 9 §1："他们出生时是*活着的*。"(*vivos pariant.*) 在后一个篇章中，并不涉及孩子的权利能力，所涉及的是对母亲的报赏。

⑨ L. 2 *C. de posthumis* (6. 29.)："妻子的流产不会打破丈夫的遗嘱。"(*Uxoris abortu* testamentum mariti non solvi.)

⑩ L. 129 *de V. S.* (50. 16.)："那些胎死腹中的'人'，既没有出生，也没有被视为出生：因此他们永远不能被称为孩子。"(Qui *mortui nascuntur*, neque nati, neque procreati videntur: quia nunquam liberi appellari potuerunt.) 此规定对于孩子自身的权利能力而言肯定是真实的，对于对母亲的报赏而言，例如根据《Tertullianum元老院决议》而享有继承权，也同样是真实的，(Paulus Ⅳ. 9 §1)；法学者想谈及的是这些情形中的哪种情形无法被确定，因为此篇章的标题 (Paulus lib. 1. ad L. Jul. et Pap.) 不能确定地回答该问题（注5）。与之相反，在对无子女者的惩罚情形中，此规定肯定不能被采纳，但是，在下文关于孩子应具有人的性质这个要求的相关内容中，这一点才会被清晰论述（注18）。

⑪ L. 3 *C. de posthumis* (6. 29.).

⑫ L. 3 *C. de posthumis* (6. 29.)："尽管它在落地后或在助产士手中立即死亡。"(licet illico postquam in terra cecidit, vel in manibus obstetricis decessit.) L. 2 *C. eod.*

（4）最后，为了享有权利能力，此出生的活体必须具有人的性质，此性质只能根据人的形态而被辨认；罗马人对这一点如此表述：不能是怪胎（monstrum）或者怪物（prodigium）。此要求适用于孩子的权利能力和报赏方面，而不适用于避免惩罚方面：通过这个区分，法律渊源中的表面矛盾得到了消解。——对于权利能力而言，该规则得到了非常清晰的表述[13]，对于报赏中最为重要的情形之一即《Tertullianum 元老院决议》而言，也同样如此。[14] 但是，需要补充的是，仅仅是与通常的人类形态不一样并不会造成障碍，例如，肢体的多或少。[15] 人类形态的实际界限并没有在这里被规定，但是，根据在其他地方出现之规定的类推，它能够被确立下来，即人类形态必须具有头颅。[16] 与之相反，在避免惩罚方面，应采取更有利于母亲的解释：在此，生出的怪胎

---

[13] L. 3 C. de posthumis（6.29.）："没有变态为怪胎或怪物。"（ad nullum declinans monstrum vel prodigium.）

[14] Paulus Ⅳ.9 §3. 篇章 L. 14 de statu hom.（1.5.）来源于 Paulus lib. 4 sentent., 因此，这两个篇章相同；但是，在被纳入学说汇纂中时，该篇章最初的实践意义无法得到保留，毋宁说，在优士丁尼法的意义上，该篇章现在应被理解为涉及孩子的权利能力。

[15] 肢体多的情形，Paulus Ⅳ.9 §3. L. 14 de statu hom.（1.5.）.——肢体少的情形，L. 12. §1 de liberis（28.2.）："如果一个不完整的生物已经出生，但是有呼吸，即使这样也会破坏遗嘱吗？这同样也会破坏遗嘱。"（si non integrum animal editum sit, cum spiritu tamen, an adhuc testamentum rumpat? Et hoc tamen rumpit.）—— Ostentum（异常情形）这个表述不仅包括了这些情形，而且包括了 monstrum（怪胎）的情形，L. 38 de V. S.（50.16.）。

[16] L. 44 pr. de relig.（11.7.）："当葬礼在几个不同地点举行时，这些地点并不都是宗教场所，因为一个葬礼不能产生多个坟墓：在我看来，可以成为宗教场所的地点是埋葬[人]最主要部分的地方，*即头颅，通过头颅的形象可以认出我们。*"（Cum in diversis locis sepultum est, uterque quidem locus religiosus non fit, quia una sepultura plura sepulchra efficere non protest: mihi autem videtur, illum religiosum esse, ubi, quod est principale, conditum est, *id est caput, cujus imago fit, unde cognoscimur.*）

也应被计入母亲生育孩子的数量中，因为母亲对此是无辜的。[17]根据这个理由，同时也根据情形本身的相似性，没有疑问的是，在避免惩罚方面，即使是娩出时死亡的胎儿也应被计数。[18]

11　　实在法对自然的权利能力仅规定了这四个条件。然而，法学理论者还经常补充了第五个条件，即存活能力（Lebensfähigkeit）或者生命力（Vitalität）。他们是想说，活着出生的早产儿如果在出生后立即死亡，并且死亡的原因就是这种致使生命不可能较长时间延续的未成熟状态，那么他就不享有权利能力。但是，这种观点并没有根据，毋宁说，任何活着出生的孩子都必须被赋予完全的权利能力，而不需要考虑可能随即出现的死亡，也不需要考虑这种迅速死亡的原因。[19]

---

[17] L. 135 *de* V. S. （50. 16.）. （Ulpian. lib. 4 ad L. Jul. et Pap.）："……即使是这种情况，也最好使其更有利于父母：因为没有理由因他们遵守了他们所能遵守的法律而归咎于他们，也不应因为发生不幸而给母亲强加损失。"（…Et magis est, ut haec quoque *parentibus prosint*: nec enim est quod eis imputetur, quae, qualiter potuerunt, statutis obtemperaverunt, neque id, quod fataliter accessit, matri damnum injungere debet.）因此，通过 prosint（更有利）这个词，应被想到的是：ad legum poenas evitandas（法律的惩罚是应当避免的）。此表面上矛盾的这种最自然的解决方式早已被承认，Eckhard hermeneut. §199 ibique Walch. 。

[18] 也请参见注10。——同样，三胞胎出生也可使惩罚得以避免（L. 137 de V. S. Paulus lib. 2 ad L. Jul. et Pap.），而在《Tertullianum 元老院决议》中，只有在三个不同时间生出孩子的母亲才能享受利益，Paulus IV. 9 §1. 2. 8. 。

[19] 这个争议问题将在附录三中被详细论述。

第六十二节　自然的权利能力之界限 Ⅰ．开始（续）

权利能力自然开始的确定时点是出生完成的时点。但是，在此时点之前还存在一个并非微不足道的时期，在此时期内，孩子已经具有了生命，但是其生命并不是独立的，而是具有依赖性地与母亲的生命紧密联系在一起。从法律上观察此种预备性生命（vorbereitende Leben）的真正方式是怎样的呢？

许多罗马法篇章非常明确地认为，此种状态中的孩子还不是人，他并无独立的存在，而只应被视为母亲身体的一部分。① 与此相反，另外一些篇章将此种孩子与已经出生的孩子等同看待。② 同时，对后一种观点更为精确的界定会消除掉产生于上述两个规则之表述的矛盾表象。

第一个规则其实表述了目前真实的关系；而第二个规则包含了一个纯粹的拟制，并且只能在非常个别和有限的法律关联中适用。因此，如果提出一个一般性的问题，即未出生的孩子是否享有权利能力，那么对此的回答无疑应当是否定的，未出生的孩子

---

① L. 9 §1 *ad. L. Falc.* （35.2.）："……尚未出生的孩子不能被恰当地称为人。"（…partus nondum editus homo non recte fuisse dicitur.）——L. 1 §1 *de inspic. ventre* （25.4.）："因为孩子在出生前，是妇女或其内脏的一部分。"（…partus enim, antequam edatur, mulieris portio est, vel viscerum.）

② L. 26 *de statu hom.* （1.5.）："对于那些在母体中的孩子，几乎市民法的所有规定都认为其是自然中已存在的。"（Qui in utero sunt, in toto pene jure civili intelliguntur in rerum natura esse.）——L. 231 *de V. S.*（50.16.）："当我们说一个*被希望出生的*［孩子］被当作已经存在的人时，探寻其自身权利是合理的；相反，如果他没有出生，他就不能更有利于其他人。"（Quod dicimus, *eum*, *qui nasci speratur*, *pro superstite esse*, tunc verum est, cum de ipsius jure quaeritur：aliis autem non prodest nisi natus.）——近代的表述是这样的："即将出生的［孩子］被视为已出生。"（Nasciturus habetur pro nato.）

既不能享有所有权,也不能享有债权和承担债务(Schulden);未出生的孩子也不是可被代理和需被代理的人,因此他不能拥有监护人(Tutor),也不能被称为受监护人(Pupill)。③——与此相反,拟制涉及对孩子即将来临的真实生命预先加以考虑,并且是通过以下两种方式:通过制度安排(Anstalten),据此该生命在当前就已经受到保护而免遭消灭;或者通过权利的授予,孩子一出生就立即能够主张这些权利。因此,这种拟制在各个领域都限于为孩子自己的利益,其他人并不能为自己利益使用这种拟制。④

14　　保护生命的制度安排或者是刑法制度,或者是警察法制度。——不仅是在自己孩子出生前消灭孩子生命的母亲要受到刑事处罚⑤,而且对母亲上述行为予以协助的其他人也要受到刑事处罚。⑥——维护生命的警察法制度是一项君主制定法,该法规定,在怀孕的女性死亡时,要对其尸体进行解剖以挽救孩子⑦;此外还有一些后期规定,根据该规定,处决怀孕女性或者对其动

---

③　L. 161 *de V. S.* (50.16.):"在母体中的[孩子]不是受监护人。"(Non est pupillus qui in utero est.)——L. 20 *pr. de tutor. et curat.* (26.5.):"罗马人民的执法官不能为未出生的孩子任命监护人,但是可以[任命]保佐人:因为这一点包含在关于任命保佐人的告示中。"(Ventri tutor a magistratibus populi Romani dari non potest, curator potest: nam de curatore constituendo edicto comprehensum est.)

④　L. 231 *de V. S.* (注 2)——L. 7 *de statu hom.* (1.5.):"在母体中的孩子,每当其自身利益有疑问时,他就像已经在这个世界上一样被保护:尽管他出生前不能给其他人带来任何利益。"(Qui in utero est, perinde ac si in rebus humanis esset, custoditur, quoties de commodis ipsius partus agitur: quamquam alii, antequam nascatur, nequaquam prosit.)——因此,如果一个女性有两个孩子,之后再次怀孕且失去了一个孩子,那么她就不能根据《Tertulliano 元老院决议》继承遗产,而如果将未出生的孩子计算在内,她就能继承遗产。

⑤　L. 4 *de extr. crim.* (47.11.)——L. 8 *ad L. Corn. de sicar.* (48.8.)——L. 39 *de poenis* (48.19.)

⑥　L. 38 § 5 *de poenis* (48.19.)

⑦　L. 2 *de mortuo inferendo* (11.8.)

刑应推迟至分娩后。⑧

对于我们的目的来说，更为重要的是私法对未来之人的预先照顾，由此对该未来之人而言，其权利仿佛被保留至其出生之时。⑨ 这种预先照顾，或者涉及该未来之人的身份关系，或者涉及继承。——一个在正当婚姻中受孕形成之孩子的身份主要着眼于受孕形成的时间，由此，父亲或者母亲在妊娠期间的人格变化并不会危及受孕形成时对孩子预先确定的身份。⑩ 因此，如果母亲在此期间丧失了自由权或市民权，那么孩子出生时同样仍然是罗马市民，并且处于其父亲的权力之下。⑪ 同样，一个元老院议员（Senator）的儿子在正当婚姻中受孕形成，那么他就享有元老院议员孩子所享有的全部法定权利，即使其父亲在其出生前已经死亡或者被撤销职位。⑫ ——与此相反，不是在正当婚姻中受孕形成之孩子的身份应依据出生的时间来确定⑬，由此，上述权利保留（Aufbewahrung von Rechten）的基本原则不能有效适用于这种情形。然而，为了有利于孩子，以下规则很早就已经得到了承认，即在各个领域，都应选择最为有利于孩子的时点来判定孩子的身份关系；这个时点可能是受孕形成的时间，可能是出生的时间，甚至有可能是某个中间时点。⑭

---

⑧ L. 18 *de statu hom*.（1.5.）——L. 3 *de poenis*（48.19.）

⑨ L. 3 *si pars*（5.4.）："古人们如此关切维护未出生的自由人的利益，以至于他们为其将所有权利完整保留至其出生时。"（Antiqui libero ventri ita prospexerunt, ut in tempus nascendi omnia ei jura integra reservarent.）

⑩ Gajus Ⅰ. § 89-91.

⑪ L. 18. 26 *de statu hom*.（1.5.）

⑫ L. 7 § 1 *de senatoribus*（1.9.）

⑬ Gajus Ⅰ. c.

⑭ *pr. J. de ingenuis*（1.4.）——例如，如果母亲在孩子出生时是奴隶，但在孩子受孕形成时，或者甚至只在中间时期内，母亲是自由人，那么孩子就是生来自由人。

上述权利保留的基本原则在继承法中尤为重要。如果在妊娠期间继承开始，而假如孩子已经出生其就享有继承权，那么此继承权应被保留至孩子出生的时点，并且可以以孩子自己的名义而被主张。⑮ 这个重要的规则不仅在市民法中是有效的，而且在裁判官法中也同样是有效的。事实上，裁判官为此种情形甚至引入了一个特别的"为胎儿的遗产占有"（bonorum possessio ventris nomine）*，由此母亲可以为维持自己的生活并间接地为抚养孩子而在此期间拥有遗产（Genuß der Erbschaft）。⑯——但是，是一个孩子还是更多的孩子出生，这在当时是不确定的，因此应暂时假定可能有三个孩子出生；但是该假定仅涉及对已出生者的临时处理方式，而不涉及未出生者的权利能力；因此，如果随后出生孩子的数量少于或多于暂时假定的数量，那么上述假定就丧失了效力，并应根据实际结果对继承进行判定。⑰

---

* 为胎儿的遗产占有，即裁判官在被继承人有遗腹子时，允许母亲为即将出生的孩子实行遗产占有，至孩子出生时，该遗产占有结束。遗产占有（bonorum possessio），是裁判官法中的制度，裁判官可依据公平原则允许市民法规定的继承人之外的其他人对死者的遗产进行占有，要求获得遗产的人应在一定期限内向执法官提出申请，由此他成为"准继承人"，准继承人在时效取得的期限届满之前并不享有市民法上的所有权，但享有"善意拥有"（in bonis habere）的权利，能够以扩用的方式主张死者的各项权利。——译者注

⑮ L. 26 de statu hom. (1.5.)——L. 3 si pars (5.4.)——L. 7 pr. de reb. dub. (34.5.)——L. 36 de solut. (46.3.)——已死亡父亲的庇主权（Patronatrecht）也应被同样处理，虽然它并非真正的遗产，但却类似于遗产，L. 26 cit.。【庇主权，指的是解放奴隶者对于被他所解放的奴隶所享有的权力，后者对于前者仍然负有一些义务，例如服从义务、劳作义务和一些财产性义务等，前者就被称为庇主（Patron）。具体请参见本书第一卷第五十五节中的相关论述。——译者注】

⑯ Tit. Dig. de ventre in poss. mittendo et curatore ejus (37.9.)

⑰ L. 3.4 si pars (5.4.). L. 7 pr. de reb. dub. (34.5.). L. 36 de solut. (46.3.)——罗马法的实践就建立在上述合理规则之上，此前人们经过了长时间的摇摆不定，部分地是因为一些传说而被误导。最为引人注意的是在 Hadrian 统治期间，一个女性生了五个孩子，由此，人们早就对假定是三胞胎还是五胞胎持有疑问。

为保障这些为孩子所保留的权利，应为孩子任命一个特别的保佐人（Curator），因为如同上文所述，不能出现一个监护人（Tutor）。[18]

---

[18] L. 20 *de tutor. et cur.*（注3）——Tit. Dig. de ventre in poss.（注16）。

第六十三节　自然的权利能力之界限Ⅱ．终止

17　　　死亡作为自然的权利能力之界限，是一个简单的自然事件，而没有必要像出生那样对其要素进行准确界定。但是，在此事项上，证明的困难性导致出现了一些实在法规则。

在血腥战争中的死亡通常是最难以证明的，在现代，各个国家的制定法都对战争中的死亡证明事项确立了详细的规则。罗马法对该事项并未作出规定，对该特别事项而言，即使是补充性的习惯也未在我们的共同法中出现。

除了这种情形以外，还有些问题在平时或者战时都有可能出现，即如果一个人下落不明，也即较长时间以来都未收到他在所知的最后居住地的生存音讯，那么他是否还活着。即使是这个更为一般性的问题，罗马法也未做出回答，但是事实上在该事项上

18　形成了习惯法，此习惯法自多个世纪以来已经得到了普遍承认。也就是，如果自下落不明者可证明的出生以来已经经过了七十年，就应推定此人已经死亡，该推定的动因在于《旧约·诗篇》（Psalmen）中的以下篇章（XC.10）："我们的生命持续七十年。"① 如果下落不明者在离开时已经七十岁，那么人们常常认为他在离开五年后已死亡。② 此观点是上述规则的自然且逻辑一贯的应用，因为推定的产生时点与该推定所指明的死亡时点一般是完全一致的。一些人毫无根据地通过以下方式将这两个时点分开，即虽然死亡应在七十年完成之后才被推定，但在认为该条件

---

① Lauterbach Ⅴ.3 §24.；Leyser Spec. 96.；Glück, B. 7, §562, B. 33, §1397 c；Hofacker T. 2 §1682；Heise und Cropp, juristische Abhandlungen, B. 2, Num. Ⅳ. (S. 118). ——这些学者引用了其他许多不同时代学者的观点。

② Glück, a. a. O.

成就的情形中，下落不明者并不是在条件成就时才死亡，而是在其离开的时点就已经死亡，或者（如其他一些人所主张的）在为其财产任命保佐人时死亡。③ 相反，其他一些人认为，死亡的时点并不是在可证明的出生后七十年完成时，而是在有法律效力的裁决宣告死亡时。他们的依据是，除非如此，否则通常使用的公告（Edictalladung）不仅是没有意义的，而且甚至是荒谬的。但是，使用公告的目的是，尽可能使死亡推定因为被获致的确信而没有必要。如果确信被成功获致了，那么随之被明确认识到的事实就是决定性的；如果确信没有被成功获致，那么推定就必然会发生完全的效力。法官的裁决仅仅是宣告性的（declaratorisch），而不能改变法律关系本身；无论是七十年的经过，还是使用了公告但没有结果，都因裁决而确定无疑。上述认为死亡的时点是裁决宣告死亡时这个观点是完全任意和毫无根据的，否则，如果死亡宣告（Todeserklärung）被偶然地甚至有意地迟延做出时，则在七十年完成时享有最密切请求的人之外还可能会出现其他继承人。④——因此，根据共同法，这个更为一般性的推定是对上述特别的战争情形的唯一补救。

但是，罗马法注意到了一个与此事项相关的特殊情形。如果可以确定的是，有两个人不仅死亡了，而且他们的死亡是在同一个明确日期发生，那么可能仍然不确定但却很重要的（尤其是对

---

③ Glück, a. a. O.；Heise und Cropp, a. a. O.——这个问题主要出现于继承下落不明者之遗产的情形中。同时，这里承认的观点被称为 Successio ex nunc（面向将来的继承），而相反的观点被称为 Successio ex tunc（追溯既往的继承）。

④ 关于这里所辩护的观点，Vgl. Glück und Heise, a. a. O.；Mittermaier, deutsches Privatrecht, §448, ed. 5. 。关于相反观点，Eichhorn, deutsches Privatrecht, §327, ed. 4；Vangerow, Pandekten, I. S. 57. ——《普鲁士一般邦法》(Preußische A. L. R.) II. 18, §835虽然依据了裁决的时点，但是这只适用于在70年完成之前主张死亡的情形，因为对于达到了70岁的人而言，死亡宣告是不必要的，L. R. I. 1. §38。

继承而言）是，这两个死亡的时间关系是怎样的。也就是说，可以设想三种情况：其中一个人的死亡要早于另一个人的死亡，或者要晚于另一个人的死亡，或者与另一个人同时死亡。如果这三种时间关系在该情形中都没有被证实，并且同一个剧烈的外在原因（战役、船舶遇难、房屋坍塌）导致了这两个人的死亡，那么罗马法就确立了代替证明的以下推定。

（1）一般的观点是，两者死亡于同一时点。[5]

（2）一个例外适用于以下情形，即孩子与其父亲或者母亲在剧烈事件中一起死亡。如果孩子未成年，则推定其死亡时间较早；如果孩子已成年，则推定其死亡时间较晚。由此在所有这种情形中，排除同时死亡的推定。[6]

（3）但是，该例外再次被两个更为特殊的例外所限制：

（a）如果一个解放自由人（Freigelassener）与他儿子一起丧命，那么就适用更为一般性的规则，也即推定两者同时死亡，这样，即使儿子已经成年，也不能认为他存活时间更长。其理由是有利于庇主的利益，如果儿子可被证明存活时间更长，那么庇主请求继承的权利就会受到限制。[7]

（b）完全相同的规则被规定适用于以下情形，即立遗嘱人使其继承人负担了一项遗产信托（Fideicommiß），该信托的条件是"si sine liberis decesserit"（如果死亡时没有存活的孩子）。如果

---

[5] L. 9 *pr.* §3. L. 16. 17. 18 *de reb. dub.* (34.5.). ——L. 34 *ad Sc. Trebell* (36.1.) ——L. 32 §14 *de don. int. vir.* (24.1.) ——L. 26 *de mortis causa don.* (39.6.)

[6] 与父亲一起的情形，L. 9 §1. 4. *de reb. dub.* (34.5.) ——与母亲一起的情形，L. 22. 23 *eod.* L. 26 *pr. de pactis dotal.* (23.4.) ——L. 9 §1 *cit.* 这个篇章涉及的是战争中的死亡情形，据此可以非常清楚地认为，儿子必然被认为已经成年。

[7] L. 9 §2 *de reb. dub.* (34.5.)："……我们通过说明庇主权的尊重来坚持这一观点。"(… hoc enim reverentia patronatus suggerente dicimus.) 在此，该规定被明确承认为具有特殊性质（Singuläre）。

该继承人与其唯一的儿子因为船舶失事而丧命,那么即使儿子已经成年,但一般仍应推定为两者同时死亡;由此可以得出以下结论,即儿子并没有比其父亲存活的时间更长,因此遗产信托必须被完全履行,因为作为上述推定的后果,该信托的条件(死亡时没有存活的孩子)已经实际成就。[8]

---

[8] L.17 §7 *ad Sc. Treb.* (36.1.)——以下文献详细且有洞察力地处理了这一整个问题,Mühlenburch, Archiv, B. 4, Num. 27 (Vgl. doctrina Pand. §185)。他的观点与这里所述的观点并不一致,在他看来,推定未成年人死亡时间较早的原因在于未成年人一般具有较高的死亡概率;由此,该推定也应适用于以下情形,即在未成年人与父母亲之外的人的关系之中,以及因为同一剧烈不幸事件而导致的死亡情形之外的其他情形。——因此,在此必须承认的是,这两个例外的(对于成年人和未成年人而言的)推定是完全不同种类的,并且是根据完全不同的理由而被推导出来。但是,对法律渊源的无成见的考察会使我们反过来确信,上述两个推定应被认为是相同种类的推定,尤其是,它们仅仅适用于上述的情形(父母亲和孩子在同一剧烈不幸事件中死亡)。Vgl. Vangerow, Pandekten, I, S. 58.

第六十四节 权利能力的限制 导论

从现在开始,我们要阐述以下情形,即在此情形中,所有个体生物人(Menschen)都享有的自然权利能力被我们的实在法所限制。这些限制的含义在于,某些生物人不能享有任何权利,或者不能享有某些权利。为了对这些不同的程度使用一个共同的表述,我们将这种状况称为"削弱的权利能力"(verminderte Rechtsfähigkeit),它也包括权利能力完全消灭这种情形。

在罗马法中,权利能力削弱有三个不同的根据:不自由、缺少市民籍以及从属于其他人的家庭权力。与此相联系的是所有生物人的以下三种分类。

(1) 自由人(Liberi),奴隶(Servi);自由人又可以进一步区分为生来自由人(Ingenui)和解放自由人(Libertini)。

(2) 市民(Cives),拉丁人(Latini)和异邦人(Peregrini)。

(3) 自权人(Sui juris),他权人(alieni juris)。

生物人这三种分类的独特之处,并非在于其超出所有其他分类的普遍重要性,而是在于通过这三种分类,所有个体生物人所享有的权利能力在程度上的差异得以被确定;这三种分类在这方面完全具有独特性,其他分类都无法与之相提并论。

该理论起源于罗马法最早期的时代,尽管它在多个世纪的时间流逝之中历经诸多改变,但它的基本特征仍然保持不变,以至于我们发现它甚至在所有方面都嵌入到了最后期的法之中。对于我们而言,对该理论的准确理解也是重要的,甚至是必不可少的。这并不是因为该理论的许多内容还能够被直接适用,而是因为另外两个相互联系的理由。也就是说,罗马法渊源无论如何只能被以下这些人所理解,即这些人最为完全彻底地掌握了上述理论，以至于对这些人而言，罗马法中的任何篇章与上述古老理论（只要此理论出现）的关联都会自然呈现出来。这种观念不由自主地浮现在我们面前，以至于甚至以下这种现代法学者——即这种法学者很少重视历史性的法，而认为只有实践性的法才值得努力——也很难不在他们的描述之中掺杂入上述理论和与上述理论相关联的术语。但是，对于这些人而言，他们的片面性造成了许多恶果，因为他们拒绝细致探寻的事物现在成为无数错误的起源。在现代法体系中，产生于对权利能力理论糟糕理解的这些错误，要比人们想象的更为广泛和顽固；事实上，这些错误甚至已经渗入现代立法之中。我们要摆脱这些混乱错误的支配，就必须以细致谨慎的研究代替很少被审查的流行观点，除此之外还有其他方法吗？因此，这里就存在着第二个理由使细致查明罗马法中的上述古老理论对我们是必不可少的。

为了避免欠缺批判性所产生的上述影响，我暂时完全不考虑迄今对这个主题的通常论述，甚至避免使用所有的术语，无论该术语是否真实合理，而是首先确立我们的渊源所规定的纯粹法规则；在此之后，才有可能批判性地确定术语。现代学者非常普遍地将生物人的上述三种区分用以下术语来指称：自由身份、市民身份和家庭身份（status libertatis, civitatis, familiae）；在这些术语中，哪些是真实的，哪些是错误的，这只有在概念和法规则被毫无疑问地确立下来之后才能非常清晰地辨别。此外，三种人格减等（Capitis deminutio）与上述三种区分存在显而易见的联系，早期法学家在许多篇章中对此做出了完全相同的论述，以至于我们无法怀疑其中存在古老的法概念和术语。但是，在削弱的权利能力的上述三种根据与三种人格减等之间存在何种真正的联系，这只有在我们对历史法领域最为困难的问题进行研究之后才能予以阐述。

我们在此所研究的法规则涉及权利能力的不同层次。为了清晰认识该主题被确立的规则，有必要在一开始回想一下上文已论述过的两个部分。第一个部分是市民法（jus civile）和万民法（jus gentium）之间的对立（§22）；权利能力的削弱，或者只涉及市民法（这是更为主要和重要的情形），或者同时涉及市民法和万民法。——此外，权利能力本身和权利能力的削弱都会与上文所确立的法律关系的所有类型（§53-57）存在关联，这样，此种关联似乎必然被延伸至难以预计的细节之中。但是，在罗马法中，从很早的时期起就形成了两个主要概念，这两个概念通过通婚权（Connubium）和通商权（Commercium）这两个术语而被指代，由此，对不同层次的权利能力进行概览就会容易许多。通婚权首先指的是缔结罗马有效婚姻的能力，有效婚姻不仅包括绝对有效婚姻，即对个人而言本身即被认为有效的婚姻，也包括相对有效婚姻，即对两个人相互之间的关系而言被认为有效的婚姻。① 但是，根据这种婚姻有可能产生父权，而罗马亲属又取决于父权，且早期的法定继承最终取决于此，因此，应赋予上述术语何等的重要性，这一点就非常清楚了，因为，如果一个人被承认或者否认具有通婚权，那么其权利能力的范围在很大程度上就被指明了。——同样，通商权首先指代的仅仅是买或卖的能力，但是，该术语不涉及日常交易的通常买卖，而涉及的是象征性（symbolischen）买卖，这种买卖被称为要式买卖（Mancipation）。② 但要式买卖仅具有罗马法所有权让与的最古老和最通常的方式这种含义，因此，通商权指代的就是此种最完整形式的所有权这方面的能力，也就是拟诉弃权（in jure cessio）的能力＊、

＊ 要式买卖，是转让罗马市民法所有权的一种古老方式，适用于要式物（res mancipi），必须在罗马市民之间以一定的程式进行。拟诉弃权，是转让罗马市民法所有权所采取的一种虚拟诉讼方式，适用于要式物和略式物，其程式是在执法官面前，受让人宣称被转让物归其所有，而转让人表示沉默，则转让人即放弃了权利，而受让人取得被转让物的所有权。——译者注

① Ulpian. Tit. 5 §3, vergl. §4.5.6.8.
② Ulpian. Tit. 19 §4.5.

第二章　作为法律关系承担者的人

时效取得（Usucapion）的能力以及严格的所有权之诉（Vindication）的能力。但是，在进一步的发展中，通商权这个术语同时也包含了役权（Servituten）[如同所有权一样，役权也存在于juris quiritium（奎里蒂法、市民法）之中]方面的能力；此外还包含一些种类的债方面的能力③；最后但极为重要的是，还包含遗嘱能力（testamentifactio）*，遗嘱能力是以下能力的基本条件，即订立遗嘱或者遗嘱附书（Codicill），被指定为继承人、受遗赠人（Legatar）或者遗产信托受益人（Fideicommissar）**，以及作为遗嘱的见证人。④——因此，上述两个术语包含了权利能力最大且最为重要的部分。⑤但是，所有这些主张都只应在一个重要的限制之下被理解。某人根据上述表述之适用而应被承认或否

---

*　遗嘱能力，包括主动的遗嘱能力（testamenti factio attiva）和被动的遗嘱能力（testamenti factio passiva），前者指的是设立遗嘱等的能力，后者指的是被设立为继承人等的能力。——译者注

**　遗嘱附书，是古典法时期的一种死因处分行为，被用来处分遗产，包括进行遗产信托和遗赠，但不能被用来设立继承人，其订立无须像遗嘱那样遵循特定的程式。遗产信托（fideicommissum），是一种死因处分遗产的行为，遗产处分人委托其继承人、受遗赠人实施某种使第三人受益的行为，该第三人就是遗产信托受益人。——译者注

③　Gajus Ⅲ. § 93. 94.

④　Ulpian. Tit. 20 § 8. 14 Tit. 22 § 1. 2. Tit. 25 § 4. 6. ——Gajus Ⅱ. § 285. ——L. 3. 8. 9. 11. 13. 19 *qui test*. (28. 1.) ——L. 6 § 3. L. 8 § 2 *de j. codic*. (29. 7.). ——L. 49 § 1 *de her. inst*. (28. 5.). —— § 24 J. *de legatis* (2. 20.). ——L. 18 *pr. qui test*. (28. 1.). § 6 J. *de test. ord*. (2. 10.).

⑤　一般而言，人们可以认为，通婚权相当于家庭方面的能力，而通商权相当于财产方面的能力。只是在此可能需要考虑的是，一些人为的家庭关系与财产关系联结在一起，这部分家庭关系（§57）【似乎应为§55。——译者注】在这方面具有财产的性质，而非家庭的性质。因此，例如，某拉丁人享有通商权，而不享有通婚权（§66）；尽管如此，该拉丁人具有支配奴隶和受役人（Mancipium）的能力，具有庇主权（Patronat）这方面的能力，具有遗嘱监护和官选监护（Dativtutel）这方面的能力，还具有对农奴（Colonen）的权力这方面的能力。【关于奴隶、受役人、庇主权等制度，请参见《当代罗马法体系》第一卷第五十五节中的相关论述，以及该节中的译者注。——译者注】

认具有的能力，仅涉及属于市民法的法律制度，这样，该能力对于万民法领域而言就没有意义。因此，如果一个人被否认具有通婚权，那么其根据万民法的婚姻和亲属关系这方面的能力仍很可能于此之外继续存在；同样，如果某人缺少通商权，那么其仍能够具有根据万民法取得所有权这方面的能力。⑥

---

⑥ 在具体种类的法律关系之中，根据需求，实践应用的发展完全不同。在所有权这方面，形式上的原则得到维持，即只有某些身份的人（市民和拉丁人）才能享有罗马所有权，直至优士丁尼废除了这一点；但罗马所有权和自然所有权之间的区分早已不重要。在债这方面，因为扩大交易的需求，人们很早就不得不允许所有身份的人参与交往，因此在这里，早期的严格形式仅仅残留于很少的残余情形中（第27页注），或者残留于程序的纯粹形式性之中（Gajus Ⅳ. §37）。早期的严格形式最为纯粹地保留于遗嘱之中，因为交易自由并没有使上述早期规则的改革成为必要，因此在这方面，严格的原则仍未加改变地保留于优士丁尼法之中（注4）。

第六十五节　权利能力的限制 I．不自由

罗马人认为，所有的生物人或者是自由的，或者是不自由的（aut liberi aut servi）；在这里我们只考察该区分特别重要的对权利能力的影响。①

也就是说，奴隶不具有一般性的权利能力，这不仅对于真正市民法的制度而言是如此，而且对于裁判官制度和万民法制度而言也是如此。② 因此，在后一方面，奴隶不仅缺少通婚权和通商

---

① 虽然奴隶法也具有其他较多的重要方面，但依据本书的计划，这些方面在本书中不予讨论。对该法律关系内容和范围的详细界定在其他法之中很重要，但在这里就很少有必要；因为主人的完全无限制的权利在此使任何特别界定都是多余的。与此相反，详细界定该法律关系的产生方式却是重要的，在这里可对此仅作出以下主要规定。该法律关系通常因为出生而产生；所有孩子生来是自由人或者奴隶，这取决于其母亲是自由人还是奴隶。但是，自由人在之后也可能成为奴隶；这首先是因为其在一场真正的战争中成为俘虏，其次是因为一些处罚的情形。与之相反，该法律关系不能通过自由意志，也即不能通过契约，而产生。

② L. 20 § 7 *qui testam*. (28.1.)："奴隶不能参与执行遗嘱的手续，这也是正确的，*因为奴隶完全没有市民法上的共同所有权，甚至也没有裁判官告示上的［共同所有权］*。"（Servus quoque merito ad solemnia adhiberi non potest, *cum juris civilis communionem non habeat in totum, ne Praetoris quidem edicti*.）——L. 32 *de R. J*. (50.17.)："*就市民法而言，奴隶被视为不存在的，但在自然法上却不是这样，因为就自然法而言，所有人都是平等的*。"（*Quod attinet ad jus civile, servi pro nullis habentur*: non tamen et jure naturali, quia quod ad jus naturale attinet, omnes homines aequales sunt.）对后一个（起源于 Ulpian 的）篇章中的 jus naturale（自然法）之解释参见附录二【似乎应为附录一。——译者注】——在这两个篇章中都没有明确涉及万民法，但是在文本中所引用的无争议的适用却没有疑问，即无权利能力也延伸至万民法。但是，为了避免误解，我要对此作出以下说明。罗马人一致将奴隶制的产生归因于万民法（L. 4 *de just. et jure*. L. 1 § 1 *de his qui sui*. Gajus I. § 52）；主人通过奴隶的代理却可能并未在万民法中被规定，而是在市民法中被规定（Recht des Besitzes § 7, S. 82, der 6. Ausg.）；罗马人在何处确立了无权利能力，对此却缺少任何证据，但在我看来，非常自然的是认为，无权利能力如同代理一样来源于市民法，特别是下文所论述的对它的许多完全实在性的修正出现于市民法之中。如果此观点确实是通说观点，则以下观点就不应受到逻辑不一致的指责，也即，这种通过市民法而被确立的无权利能力也对万民法共同体产生阻碍性的影响，以至于产生以下结果，例如，奴隶甚至不具有自然亲属这方面的能力。毋宁说，这种关系的采纳，或者是通过万民法的普遍性质而得到了证成（§ 22），或者是通过无疑问的类推而被证实，因为，例如，一项违反市民法之禁止性规定而缔结的婚姻根本不能被认为是婚姻，甚至也不能根据万民法而被认为是有效的婚姻（§ 12 J. *de nuptiis* 1.10.）。

25

权，而且根本不具有（缔结）婚姻和（成为）亲属的任何可能性③，同样也不具有任何形式之所有权的可能性，无论是自然形式的所有权还是严格罗马形式的所有权。此外，主人对奴隶的支配权（potestas）具有以下效力，即奴隶有能力且有义务为其主人取得任何形式的财产，因此这几乎就相当于认为，奴隶的无权利能力被认为仅仅是这种对主人的非自愿代理之结果，因此产生于支配权。事实上，奴隶无权利能力的一些适用情形可以通过这种方式而得到令人满意的解释；如果奴隶通过要式买卖或者要式口约（Stipulation）为其主人取得权利，那么奴隶自己就不能成为所有权人或者债权人。尽管如此，这种推导在整体上应被拒绝，因为无权利能力所包含的内容要远远多于上述代理，因此具有完全独立的性质，对此可以从两个方面毫无争议地予以阐明。第一，代理仅仅涉及财产权利的取得，因此并不妨碍奴隶拥有婚姻和亲属，但奴隶却完全不具有婚姻和亲属方面的能力。第二，可能会存在无主奴隶，他们并不处于支配权之下，并且没有人通过取得行为而被代理，尽管如此，这些奴隶与其他奴隶完全一样不具有权利能力。④——根据现代法学家的语言使用方式，人们会期待奴隶由于普遍的无权利状态，甚至应被完全否认具有 persona（人，人格）这个名称，这样，persona 这个表述被认为是有权利能力之生物人的特别指称。但是，罗马法人通常将 perso-

---

③ L.1 §2 *unde cogn.* (38.8.)："……因为任何奴隶［关系］都很难被认定为血亲关系。"(... nec enim facile ulla servilis videtur esse cognatio.) ——L.10 §5 *de gradibus* (38.10.)："奴隶的血亲关系与法律无关。"(ad Leges serviles cognationes non pertinent.)（之前已经说过，非法律的普通语言使用方式也在奴隶情形中承认亲属关系）。——直至优士丁尼才对解放（Freilassung）后发生之继承的效果这个方面修改了此种无能力，§10 *J. de grad. cogn.* (3.6.).

④ 关于此类情形，参见上文§55注1。无主奴隶不具有权利能力在以下篇章中得到了特别清晰的承认，L.35 *de stip. serv.* (45.3.).

na 这个表述无区别地适用于所有个体生物人,尤其是也适用于奴隶。⑤

还需要对少许例外作出说明,通过这些例外,奴隶的无权利状态受到了一些限制。⑥——最为重要的例外是对奴隶免受不人道对待的刑法或者警察法保护。这种保护在早期法中完全不存在。但是,大量的征服战争使奴隶的数量增长极大,此时人们通过血腥的经历意识到,奴隶由于其人数而成为有力量的人群,极为残酷地对待他们将是多么的危险。因此,人们逐渐确立了以下固定的规则,即残暴无情的主人不仅要被强迫出卖其残酷对待的奴隶,而且他还要受到刑事处罚。特别是,如果某人缺乏足够理由地杀死自己的奴隶,那么他所受到的处罚与杀死一个自由人所应受到的处罚相同。⑦ 严格说来,对不如此就毫无限制之主人权力的这些限制并没有赋予奴隶以权利,但是,如同赋予奴隶以权利一样,这些限制也有利于奴隶状况的改善。

---

⑤ L. 215 *de V. S.* (50. 16.):"对奴隶[这种]生物人来说,……[意味着]所有权。"(... in persona servi dominium.)——L. 22 *pr. de R. J.* (50. 17.):"奴隶[这种]生物人没有债。"(In personam servilem nulla cadit obligatio.)——L. 6 §2 *de usu fr.* (7. 1.).——Gajus Ⅰ. §120. 121. 123. 139.——直至后期,persona 这个名称才被明确否认适用于奴隶。例如,Nov. Theod. Tit. 17.:"奴隶……几乎没有人格。"(Servos...quasi nec personam habentes.) Vergl. Schilling, Institutionen, B. 2, §21, Note. g.

⑥ 这些例外不包括奴隶接受要式买卖的能力、进行要式口约的能力、在遗嘱中被指定为继承人或受遗赠人的能力;因为他们在这方面仅仅是其主人之取得的工具,故这些能力根本未减弱奴隶的无权利状态。——与此不同的是对国家奴隶(Staatssklaven)的优待,即他们可立遗嘱处分他们所拥有的一半特有产(Peculium)(Ulpian. XX. §16);该优待实际上是一种特殊法(Anomalie),通过该优待,这种类型的奴隶与自由人的状态较为接近。

⑦ Gajus Ⅰ. §53.——§2 *J. de his qui sui* (1. 8.).——L. 1 §2. L. 2 *de his qui sui* (1. 6.).——L. 1 §8 *de off. praef. urbi* (1. 12.).——L. 1 §2 *ad L. Corn. de sic.* (48. 8.).——*L. un. C. de emend. servar.* (9. 14.).——*Coll. LL. Mos. et Rom.* Tit. 3 §2. 3. 4.——Vgl. Zimmern, Rechtsgeschichte, Ⅰ, §180, 在此还整理了更多的篇章。——属于该原则的还有 L. 15 §35 *de injur.* (47. 10.) 这个篇章中的规则。

在私法中则存在以下例外。在奴隶之后取得自由的情形中，可追溯于奴隶身份期间的亲属关系，唯一应受到重视的是在婚姻禁止这个方面⑧，然而继承不能以此亲属关系作为根据（注 3）。其原因无疑是，婚姻禁止中的亲属关系应被认为是纯粹生物人的关系，而非法律上的关系。——所有权和其他物权（dinglichen Rechten）方面的无能力并没有受到已知例外的限制。——但在债之中，情形则完全不同；因为日常交易之行为大多由奴隶处理，而奴隶在此情形中常常独立出面，所以人们非常自然地认为，早期严格的原则在这方面应受到限制。但是，在此首先应考虑此种修正可能性的范围。在具有奴隶身份期间，市民法之债（civilis obligatio）对奴隶而言是完全不可能的，因为奴隶不能作为原告和被告出现于法庭之上；自然之债（naturalis obligatio）此时则是可能的。* 但是，在奴隶被解放之后，市民法之债和自然之债对奴隶而言都是可以想象的，这些债是他还处于奴隶身份期间所进行之行为的后果。但实际的规则如下。

1. 奴隶通常根本不能取得债权（Forderungen），因为奴隶必须且实际上为其主人而取得所有东西，所以，对于奴隶本人而言，根本没有他成为债权人的余地。但是，该理由逻辑一致地产生以下例外，即主人本人成为其奴隶的债务人；此时事实上就产生了一个债，但它仅是自然之债。如果奴隶是无主奴隶，那么在这种情形中，我们也必须合乎逻辑地采取同样观点。

2. 奴隶可以负担债务，而不考虑债权情形中的上述障碍，因为虽然奴隶可以为其主人取得任何一种权利，但是奴隶通常不能

---

* 市民法之债，是根据是市民法而产生并且在罗马法的制定法中得到承认的债。自然之债，是因缺少法律所规定的条件而不产生诉权，因此不受法律承认和保护的债，但如果债务人自动清偿，则债权人有权保有给付并拒绝返还。——译者注

⑧ L. 8 L. 14 § 2.3 *de ritu. nupt.* (23.2.) § 10 J. *de nupt.* (1.10.).

使其主人负担债务。因此，通过契约，奴隶不仅可以成为其主人的债务人，也可以成为其他人的债务人，但这种债仅仅是自然之债，并且在奴隶被解放之后，此债仍然是自然之债。但在奴隶的不法行为情形中就不是这样了；如果不法行为侵害了该奴隶的主人，那么它的效力要弱于契约，也即根本不产生债；如果该不法行为侵害了其他人，那么它的效力要强于契约，因为根据不法行为产生的债，在奴隶被解放之后，甚至能够对他提起诉讼。⑨

罗马人进一步将自由人区分为生来自由人（Freigeborne）和解放自由人（Freigelassene）（ingenui et libertini），并且提出以下问题，即这个本身很重要的下位区分是否对权利能力也很有意义。对此，当然应当承认是具有意义的，虽然这个意义仅仅是次要的。在所有主要方面，一般的市民关系（Bürgerverhältniss）对解放自由人而言无疑也是重要的，因此，他是否享有通婚权和通商权，这取决于他是市民、拉丁人还是异邦人，而不考虑其解放自由人的地位，所以就此而言，他与生来自由人享有相同的权利能力。尽管如此，这种相同性通过以下并非不重要的修正而受到限制。解放自由人市民（civis libertinus）虽然享有通婚权，即缔结有效市民婚的能力，但其在选择配偶方面受到限制。⑩ 解放自由拉丁人（latinus libertinus）（被称为尤尼亚拉丁人〔Latinus

---

⑨ 此处所确立规则的相关主要篇章是：L.7 §18 de pactis (2.14.). L.14 de O. et A. (14.7.). L.64. L.13 pr. de cond. indeb. (12.6.). L.1 §18 depositi (16.3.). L.19 §4 de don. (39.5.)。罗马人非常细致地处理了这个问题。对上文所确立规则的详细讨论，以及对极为困难之篇章的阐释，参见附录四。

⑩ 此种限制存在于早期法之中，尽管我们无法准确认识其范围。因此，在所有解放自由人享有市民籍的时期内，在氏族之外结婚的权利（gentis enuptio）曾经有一次作为个人特权而被赋予了某个解放自由人，Livius XXXIX.9.——《Julia 法》禁止男女解放自由人与元老院议员及其后代之间的婚姻，Ulpian. XIII.1. L.44 pr. de ritu nupt. (23.2.)。参见附录七，Num. Ⅱ.。

Junianus]*）虽然享有通商权，即罗马法所有权以及尤其是要式买卖方面的能力，但该能力最为重要的利益却逐个地通过实在制定法而再次被取消。同样，解放自由异邦人（peregrinus libertinus）（划入归降人之列者［dediticiorum numero］**）虽然一般享有万民法中所包含之法律关系方面的能力，但在具体情形中，尤其是在继承方面，他们较之生来自由异邦人而言受到了很大的歧视。⑪

---

*　尤尼亚拉丁人，是公元前 19 年颁布的《Junia 法》所创设的一种特殊身份，赋予被解放的奴隶以拉丁权。——译者注

**　归降人，是指因战败而自愿投降归顺于罗马主权之下的异邦人。所谓划入归降人之列者，最为重要的法律根据是公元 4 年颁布的《艾里亚和森迪亚法》（Lex Aelia Sentia），详细的论述请参见 Gajus 的《法学阶梯》第一编 13 和以下各篇章。——译者注

⑪　后两个类型中的最重要的权利能力限制可见以下篇章，Ulpian. Ⅺ. 16. ⅩⅪ. 14. ⅩⅫ. 3. Gajus Ⅲ. § 55 - 76.。

第六十六节　权利能力的限制 Ⅱ．市民籍的缺乏

以个人与国家之间的关系为基础，存在关于生物人的两种区分，这两种区分属于不同的时代；两者都对权利能力具有很大的影响。

早期区分的内容如下。所有的生物人，或者是市民，或者是异邦人；该区分对权利能力具有以下意义：市民享有通婚权和通商权，而异邦人则不享有这两种权利。如此可以理解，异邦人这个概念是完全否定性的，它包括了所有不享有权利的生物人，尤其是奴隶，以及以下这种民族的市民，即罗马民族与该民族之间不存在一种友好的承认关系。① 但是，人们也能够对这个概念搀入一种肯定性的意义，由此这个概念对应用而言也就更具有作用。异邦人这个概念所指的就是所有以下这种人，即这种人在市民法中不具有权利能力，而在万民法中具有权利能力，并且对于这种人，该受限制的权利能力也在罗马裁判中被承认。② 因此，异邦人这个概念就只包含了以下这几类人。

（1）在 Caracalla 皇帝之前几乎所有行省的居民，也就是罗马帝国大部分的居民。

（2）所有与罗马人存在友好承认关系之外国的市民。

（3）作为惩罚（例如，流放［Deportation］）之后果而丧失

---

① 因此，这种状态不仅包括国际法形式中所说的战争宣告（justum bellum［正式战争］）状态，还包括两个民族之间还未出现某种相互承认关系时的状态，L. 5 § 2 *de captivis*（49. 15.）. 。由此，这表明了，在最早期的语言之中，hostis 这个词为何同时指代了敌人（Feind）和外国人（Fremdling），Cicero de officiis I. Cap. 12. Varro de lingua lat. lib. 5 § 3. 。

② 此主张的证明可参见以下的注释。

市民籍的罗马人。③

（4）由于其解放中的特别情势而不能获得更高身份的解放自由人（被划入归降人之列者［dediticiorum numero］）。④

前两种异邦人身份取决于其（与他所属的行省共同体或者国家之间的）一般市民关系，因此取决于国家法的（Staatsrechtlichen）规则；后两种异邦人身份取决于对不属于某市民共同体（Bürgergemeine）成员之个人的具有特殊法性质（anomalischen）的歧视（注3、4）。因此，前两种异邦人身份并非一种贬低，而后两种可能是如此。⑤

异邦人在万民法中的权利能力表现于所有种类的法律关系之中。他的婚姻是真正的婚姻（matrimonium）⑥，只不过不是正当

---

③ L. 17 § 1 de poenis (48.19.).："同时还有一些无国籍者，也就是没有市民籍的人，例如被判处永久公共劳役的人，以及被流放到小岛上的人，以致他们不享有市民法中的权利，但是却保留有万民法中的权利。"（Item quidam ἀπόλιδες sunt, hoc est sine civitate: ut sunt in opus publicum perpetuo dati, et in insulam deportati: *ut ea quidem, quae juris civilis sunt, non habeant, quae vero juris gentium sunt, habeant*.) 在此，最后一部分文辞最先涉及被流放者和因惩罚被剥夺市民籍的其他人；但是很明显，这些人并无特别之处，毋宁说，这是所有并非完全不享有权利之异邦人的一般法律特征，在此仅仅是在因刑罚判决而成为异邦人者的适用情形中被提及，因为只有这一点被涉及，Vgl. auch L. 1 § 2 *de leg.* 3 (32 un.).

④ Ulpian. XX. 14.："……属于归降者之列的人，不能立遗嘱……因为他是异邦人，不能像罗马市民一样立遗嘱；他也不能像异邦人那样立遗嘱，因为不知道他是哪个城邦的人（根据该城邦的法律是市民），不能按照他自己城邦的法律立遗嘱。"(...is qui dediticiorum numero est, testamentum facere non potest...quoniam nec quasi civis Romanus testari potest, cum sit peregrinus, nec quasi peregrinus, *quoniam nullius certae civitatis sciens* (leg. civitatis civis est), *ut adversus leges civitatis suae testetur*.)

⑤ 因此，后两种异邦人身份类似于不自由人中的无主奴隶（servi sine domino），也即处于整个法律制度大部分关联之外的个人。

⑥ 这一点表现于许多适用情形中，特别是以下规则与该类婚姻之联系这方面：父亲通过婚姻（并非正当婚姻［justae nuptiae］）而得到指明（Pater ist est quem nuptiae demonstrant）。例如，一项元老院决议规定，如果一个确实不享有通婚权的异邦人（Ulp. V. 4）由于身份方面的错误认识而与一个罗马女市民结婚，那么他就可以因为婚生子女而取得的市民籍（Ulp. VII. 4. Gajus I. § 68）；在该规定中，异邦人的婚姻无疑被认为是真正的婚姻，而子女被视为是他真正的子女，如果不适用上文所述的规则，后一点根本就是不可能的。因此在这里，罗马政权直接通过制定法规定，承认异邦人依据万民法所享有的权利能力。

婚姻（justum）。他的所有权是被承认为自然法的所有权（in bonis［善意拥有］）并受到保护。⑦ 但是，在债的情形中，异邦人的权利能力表现出了完全特殊的效力，异邦人不仅如同人们所能预料的那样享有自然之债，而且享有通过诉权予以保障的市民法之债。在债的情形中，可能是与友好邻邦进行活跃交易这种特别明显的需求推动了上述法规则的发展。权利能力这种较大的转变通过以下做法而被实现，即异邦人被拟制具有市民籍，作为罗马法市民所享有之诉讼的补充，他所享有的诉讼被作为拟制之诉（actiones fictitiae）*⑧。

后期的区分由以下三部分组成：所有的生物人，或者是市民，或者是拉丁人，或者是异邦人；由此可见，该区分在早期区分的两个种类之间加入了第三个种类。其对权利能力而言的实践意义如下。市民和异邦人的地位如同早期区分中一样保持不变。但拉丁人享有部分市民籍，享有通商权而不享有通婚权。由于享有通商权，因此拉丁人类似于市民；由于不享有通婚权，因此拉丁人类似于异邦人。然而，所有这些都具有特权保留（Vorbehalt von Privilegien），据此，异邦人和拉丁人中的个别成员可获得一种权利能力，该权利能力较之他们根据适用于其所属种类的规则

---

* 拟制之诉，即在该诉之中，假定实际上欠缺的要件已经具备，并把这一假定要件作为扩展适用某一法定诉讼的依据，从而使法定诉讼得以扩展适用。——译者注

⑦ 这一点可以根据以下情形推导出来，即他被允许提起盗窃之诉（actio furti）和阿奎利亚法之诉（actio legis Aquiliae）（Gajus Ⅳ.37），如果对被盗物或者被损物没有权利，那么该情形就是不可能的。【盗窃之诉，是权利人针对盗窃者所提起的诉讼；阿奎利亚法之诉，是根据《阿奎利亚法》（lex Aquilia）所产生的由受害人向侵害人因非法侵害所提起的诉讼。——译者注】

⑧ Gajus Ⅳ. § 37.

所能享有的权利能力更高。⑨ 这种特权的含义有些捉摸不定。人们通常认为它是对一些个人的优待，人们想由此向这些人表示敬意或者对其进行报赏。但是，如果目的就是如此，那么为何人们不选择简单得多的方式，赋予被优待者以更高地位的人群所享有的权利和名义呢？如果人们给予被优待者市民籍，反正皇帝也没少用这种方式，那么被优待者事实上就会自动享有那些权利，而不存在特权。其中的区别当然是非常明显的，即特许的（concessum）通婚权和通商权无疑仅由个人享有，而市民籍始终可以传递由其之后受孕形成的子女享有；但是，为何人们要拒绝被优待者的后代享有被赋予其前辈的优待利益呢？——在通婚权中，我们能准确认识到其中的关联。如果某人因罗马公职而住在一个行省之中，那么在公职关系存续期间，他不能在那里结婚。⑩ 这一点也适用于作为士兵而停留于驻防地的罗马市民。但是，如果士兵认识了某人，并在其退伍之后缔结了婚姻，那么人们常常在该士兵退伍时赋予其与异邦女性（或者与多个异邦女性之后缔结婚姻）通婚的权利，由此其婚姻就成为完全有效的婚姻。在此，这种做法的意图事实上并非对妻子的优待，而赋予通婚权则完全合乎目的；事实上，赋予妻子市民籍甚至常常是不可能的，因为

---

⑨ Ulpian. V. § 4.："罗马市民有与罗马市民通婚的权利，但他们在被特许的情况下可以与拉丁人或异邦人通婚。"（Connubium habent cives Romani cum civibus Romanis: *cum Latinis autem et peregrinis ita, si concessum sit.*）——Ulpian. XIX. § 4.：（要式买卖发生在罗马市民、殖民区拉丁人、尤尼亚拉丁人和那些被赋予通商权的异邦人之间。）（Mancipatio locum habet inter cives Romanos, et Latinos colonarios, Latinosque Junianos, *eosque peregrinos, quibus commercium datum est.*）Vgl. Ulpian. XI. § 16. XX. § 8. 14. XXII. § 1 - 3. Gajus I. § 56.

⑩ L. 38. 63. 65 *de ritu nupt.*（23. 2.）. L. 6 C. *de nupt.*（5. 4.）.

第二章 作为法律关系承担者的人

在退伍时,妻子还可能不是特定的人。⑪——这种解释无疑仅仅适合于通婚权,而不适合于特许通商权。关于该权利的特别解释并没有被认识到,但很有可能的是,这种特许(Concession)被认为是特许通婚权的必然结果,而没有对其特别阐明,这样,特许通商权就同样涉及上述情形,以便利士兵能够与其妻子或其妻子的家父就财产事项缔结契约。

通过拉丁人这个中间种类,后期区分取代了早期区分,但关于该种类引入的时间和方式却缺少直接的证据,由此现代学者对此众说纷纭,大多数人根本就没有确定的观点。在从罗马起源至其完全支配意大利之前这段很长的时期内,罗马与意大利诸邦国之间的法律关系既丰富多样又变动不居;尤其是,罗马赋予拉丁诸邦国市民的法律地位有时较高,有时较低,这始终都是因战争的变化所导致的。因此,当时存在许多介乎市民和异邦人身份之间的中间种类,但这些种类既无法溯源于一个共同的基础,也并非长期存在。在同盟战争*之后不久,这些区别在整个意大

---

* 同盟战争(Bellum sociorum,前91—前88):意大利盟友为争取罗马公民权与罗马进行了数年的战争,并最终获得公民权。古代史料中通常称这场战争为意大利战争。英美的历史学家把罗马和盟友的战争称为"the Social War",来自拉丁语中的盟友 socii 一词。——译者注

⑪ Gajus Ⅰ. §57.:"因此,对于某些之前在退伍后娶了拉丁女性或异邦女性的老兵,君主常通过谕令允许他们同这些女性通婚的权利,在该婚姻中出生的子女将成为罗马市民,并处于父母的支配权之下。"(Unde et veteranis quibusdam concedi solet principalibus constitutionibus connubium cum his Latinis peregrinisve, quas primas post missionem uxores duxerint, et qui ex eo matrimonio nascuntur, et cives Romani, et in potestate parentum fiunt.)——由于 Caracalla 皇帝普遍性地授予市民籍,该法律制度的用处完全丧失,通过大量现存的原始退伍材料,这些材料被刻在小青铜板上,我们能够清晰地了解该项制度,参见 Haubold 和 Platzmann 的优秀论文(Haubold opuscula Vol. 2 p. 783 - 896.),在该论文中,这一点非常清晰。——根据 Ulpian 的论述(注9),这种特许的授予不仅针对异邦人,也针对拉丁人,这涉及驻扎在西班牙的军团;因为整个西班牙被 Vespasian 授予拉丁籍(Plinius hist. nat. Ⅲ. 4),我们不知道的是,在 Caracalla 皇帝普遍性地授予市民籍之前,这一点是否有所改变。

利——就意大利这个名称的早期含义而言［也即，不包括伦巴第地区（Lombardei），该地区被称为 Gallia cisalpina（阿尔卑斯山内高卢）］*——范围内就消失了，首先是拉丁邦国居民，之后是其他意大利邦国居民，被赋予市民籍。因此，从这时起，"拉丁人"这个名称仅仅仍指代种族，而不再指代特别的权利。但是，在同一时间，对于伦巴第地区的北半部（Gallia transpadana［巴都斯河外高卢］）而言，新的组织方式根据全新的法律关系却是必要的，而伦巴第地区的南半部（cispadana［巴都斯河内高卢］）居民取得了市民籍。新移民并没有被派遣至伦巴第地区北半部的城市，但那里的居民却被赋予了殖民区拉丁人（Latinischer Colonien）的权利，只是较之这个名称所代表的早期权利所拥有的含义而言，它具有不同的、较为有限的含义；其市民享有与罗马人进行通商的权利，却不享有通婚的权利；如果某人在其家乡担任执法官（Magistratur），那么他就由此取得了罗马市民籍。因此在这里，"拉丁人"这个名称就取得了纯粹的法学含义，而与种族和居住地没有任何关系，古典法学家就将拉丁籍作为中间种类，或者作为帝国自由居住民的第二等身份，其最后的残余直至优士丁尼才被消除。⑫ 这种权利最初适用于伦巴第北半部居民，

---

* 罗马人所称的高卢地区位于卢比孔河、比利牛斯山以北，莱茵河以西，直到大西洋的大片地区，大致相当于今日的法国、比利时、卢森堡，以及荷兰、德国、瑞士和意大利的部分国土。以阿尔卑斯山为界，南部地区被称为山内高卢（Gallia cisalpina），北部地区被称为山外高卢（Gallia transalpina）。——译者注

⑫ 主要篇章是：Asconius in Cicer. in Pisonem init. 以及 Gajus Ⅰ. § 79. 96. Ⅲ. § 56，这些篇章被以下著作用来进行关于拉丁籍的深具洞察力的推论，Niebuhr, Röm. Geschichte, B. 2, S. 88 - 93. 。该历史推论在我关于 Heraklea 表（Tafel zu Heraklea）的论文中得到了更为完整的引述，Zeitschrift für geschichtl. Rechtswissenschaft, B. 9, S. 312 - 321. ——上述法律关系的真正名称是 Latium、jus Latii、Latinitas，Gajus 称它为 minus Latium（小拉丁权），以对应于早期拉丁人所享有的更为有利的权利。——关于 Latini 和 Latinitas 在法律意义上而非在人种学意义上的可靠论述最早存在于 Cicero（ad Att. ⅩⅣ. 12）那里和《尤尼亚法》（Lex Junia Norbana）中；但后者并没有给出确定的年代时间，在现代学者的诸多观点中，其年代相差有一整个世纪。

不过该适用不久后就不存在了，因为该地区居民取得了市民籍；但是，人们保留了这个名称和法律关系，以便应用于他处。因此，Vespasian 将这种拉丁籍赋予整个西班牙（注12），这无疑是最为广泛和最为持久的应用；但是在早得多的时期，该法律关系已被应用于以下这种解放自由人那里，即其解放由于不同的原因而不具有完全的效力。[13]

在这里，罗马帝国中这三种身份的性质仅仅根据其私法特征而被确定，而不考虑国家法，国家法在自由共和国时期赋予市民参与民众会议的权利和出任执法官的能力（表决权和任职权[suffragium et honores]），但却拒绝拉丁人和异邦人享有上述权利。这些权利在所有权利中无疑是最为重要的，并且获得这些权利的努力是残酷的同盟战争（Bundesgenossenkrieges）的主要动因。据此，似乎可以认为，这些权利必然构成了市民籍这个概念的主要基础。但这种观点却是错误的，在共和国时期和帝政时期都是如此。于共和国时期而言是错误的，因为当时例外地存在无最重要权利的市民（cives non optimo jure），也即不享有表决权（sine suffragio），因此市民籍这个概念并不取决于上述这些权利的享有。于帝政时期而言是错误的，因为在这一时期，这些权利很快就丧失了其之前所具有的重要价值。与此相反，这三种身份的私法能力在所有时代都是相同的，其价值在彻底改变的国家政

----

[13] 这些人就是尤尼亚拉丁人（Latini Juniani），但是对于这些人而言，通过将这些人升格为拉丁人的《尤尼亚法》（Lex Junia）的特别规定，拉丁人所通常享有之权利能力的最重要部分又再次被剥夺。尽管如此，这并非无聊的游戏，因为上述对其权利的特殊法限制仅仅涉及其个人；他的后代则无限制地享有拉丁人的通常权利能力。——拉丁人之中的尤尼亚拉丁人及其后代，又有些类似于不自由人之中的无主奴隶（servi sine domino）以及异邦人之中的被流放者（Deportirten）和划入归降人之列者（Dediticiorum numero）（注5）。

制中也保持不变；不要认为，在共和国时期，政治权利的享有最多只能用于区分第一种身份和其他两种身份，而不能用于区分后两种身份。——但是，如果这三种身份的普遍彻底的区分仅仅存在于私法关系之中，那么该区分必须被准确理解为个人进入某法律关系之中的不同能力，如同这里所理解的那样。许多人将市民籍的私法利益与罗马法的卓越性完全错误地联系在一起，并由此认为，同盟在意大利战争之前所做出努力的真正意图是依据卓越的罗马法而生活这种利益。罗马人从未阻止同盟享有这种利益，如果从属国在道德和法上近似于罗马，并由此甚至巩固了罗马的统治，那么这事实上只会受到欢迎。因此，意大利人并没有为此着手在其邦国中引入婚姻、要式买卖和遗嘱的罗马形式；他们所要求的无疑首先是上述政治权利的享有；但此外，他们的要求还包括以下这些可能，即与罗马家庭的成员成为亲属、通过要式买卖或遗嘱从罗马人那里取得财产，并且，罗马人因为其国家持续发展为世界霸权必然会完全取得荣耀和财富，意大利人也要求通过多种法律关系而分享这些荣耀和财富。

第六十七节　权利能力的限制 Ⅲ. 从属于家庭权力

罗马人认为，所有生物人，或者是自权人（sui juris），或者是他权人（alieni juris）；我们可将用以下表述指代这种区分，即无从属之人（Unabhängige）或者从属之人（Abhängige）。

但是，在罗马人那里，涉及从属这个概念的对他人之权力出现于完全不同的法律关系之中，并且每种法律关系都通过其名称和权利而区别于其他种类的法律关系。这些法律关系从文辞上看有三种，但事实上有四种。这些法律关系的三个原初的名称在任何地方都完全相同，并且顺序也始终保持不变，即：支配权（Potestas）、夫权（Manus）和役使权（Mancipium）。*但支配权包含了两种完全不同的关系：父权（patria potestas）和主人支配权（dominica potestas）。在这里应描述所有这些关系对权利能力的影响，基于该目的，妥当的方式是放弃上述顺序。

在这里，完全不能论述主人支配权，或者奴隶对其主人的从属，其原因在于，奴隶本身，甚至是无主奴隶，在无权利能力方面是非常确定和广泛的，产生于奴隶对特定主人的个人从属几乎完全融于无权利能力之中（§65）。

同样，作为严格婚姻形式的夫权，也未产生有限权利能力的特殊方式；因为处于这种权力之下的妻子在法律上被视为丈夫的

---

* Mancipium 也被译为"买主权""财产权"，本书将它译为"役使权"，相应地，处于役使权支配下的这种状态，本书将它译为"受役状态"。所谓受役状态（mancipii causa），指自由人因为特定的原因而沦入的一种准奴隶地位，但是，与奴隶不同，受役人（Mancipirte）仍然保留着自由人的身份和市民籍，主人对受役人不能随意欺辱；这种情形经常发生在家子因侵害他人而被家父出卖或者交出投偿以及债务人以身抵债时，该人因此而处于第三人的权力之下。——译者注

女儿，所以她的法律地位与家女（filiafamilias）完全相同。①

最后，役使权是类推主人支配权，而并非类推父权。② 因此，我们可以认为，与这种法律关系联系在一起的无权利能力——至少在财产方面——与奴隶情形中是相同的，所以，较之处于父权之下的家子而言，该情形中的无权利能力更为严厉和广泛（注2）。因此，其自然包含有限权利能力的一种特殊方式，而特别属于家庭关系之中。它与奴隶地位的区别仅在于，奴隶地位被视为一种独立的状态，而役使权在本质上仅是对特定家主（Familienhaupt）个人的从属。同样毫无疑问的是，在受役状态持续期间，政治权利暂时中止（suspendirt），由此受役人既不能在民众会议

---

① Gajus Ⅱ.§159.：" 同一规则也适用于处于父权之下的妻子，因为她处于[准]女儿地位。"（Idem juris est in *uxoris* persona quae in manu est, *quia filiae loco est.*）Cf. Ⅰ.§114.118.Ⅱ.§139.Ⅲ.§14.——当然，存在因婚姻（matrimonii causa）和因信托（fiduciae causa）这两种归顺夫权（manum conventio）的方式（Gajus Ⅰ.§114.），根据被引用的篇章，女儿的法律地位仅仅与第一种方式联系在一起。因此还始终存在以下问题，即在信托原因的归顺夫权中，妻子如何能取得权利能力。我们对此并不知情；但是，可以推测的是，两种方式的归顺夫权在这方面并无不同。而且，这个问题本来也并不重要，因为基于信托原因的买卖婚（coemtio fiduciae causa）根本就不以长期的状态作为基础，而仅是作为完全暂时的形式而被应用。【买卖婚，是罗马早期的一种婚姻形式，它采用要式买卖的方式进行虚拟的买卖，使女性归顺于买方的夫权之下；信托买卖婚，是买卖婚的一种特殊形式，其目的不是缔结婚姻，而是为了其他原因，例如使女性避免法定监护等。——译者注】

② Gajus Ⅰ.§123.："被置于类似于奴隶的地位。"（servorum loco constituuntur）Ⅲ.§114.："对处于受役状态中的人而言，通行看法也是如此，事实上这种人的地位类似于奴隶。"（idem de eo qui in mancipio est magis praevaluit, nam et is servi loco est.）在后一个篇章中出现了这种类推的直接应用。处于受役状态中之人的副要式口约（adstipulation）如同奴隶的副要式口约一样都是无效的（nihil agit），因此完全不同于家子的副要式口约。【副要式口约，是指由副要约人或者副承诺人所参加的要式口约，前者往往是要约人所缔结之要式口约的真正受益人，与要约人同样享有要求清偿和免除的权利，后者是与承诺人一起承诺清偿债务的人，具有债务保证人的作用。——译者注】

中表决，也不能作为审判员（judex）*甚至是遗嘱见证人（Testamentszeuge）。③ 受役人的家庭权利与此相反；其婚姻仍然是真正的、有法律效力的婚姻，如果他的孩子在这种从属期间受孕形成，那么这个孩子或者处于其祖父的权力之下，或者在受役人被解放之后处于受役人本人的权力之下；但这个孩子绝不会处于其父亲的受役状态之中。④

现在，只有权利能力的以下限制还需要被确定，即该限制产生于家子对家父权力的从属，并且该限制同时也是随着罗马法转入我们时代的唯一限制，事实上，尽管经过了很多修正，但它在最新的诸法典之中也是清晰可见的。

因此，家父权力（die väterliche Gewalt）本身是最为重要的法律关系之一，它在家庭法中具有独立的地位。其内容包括父权的产生和消灭、家父和家子所享有的涉及人和财产的诸权利。在所有这些关系之中，这里仅强调父权对从属家子的权利能力所具

---

* 审判员，指在法律诉讼和程式诉讼中，执法官根据当事人的协议而在符合一定条件的罗马市民之中指定的仲裁者，其职责是主持裁判审（apud iudicem），根据在法律审（in iure）中确定的程式或标准就案件事实予以审查并就有关争议作出裁决。——译者注

③ Ulpian, XX. §3-6 对该情形进行了详细说明，在此之中，儿子能够对特定遗嘱进行见证，他被假定具有一般的见证能力，这一点通过一个相反情形而被表明，即处于受役状态中的儿子根本不能进行见证，因为否则的话，本应对他适用相似的规则。特别是，遗嘱见证意味着罗马人阶层，在这方面称为："遗嘱能力不是私法上的事，而是公法上的事。"（Testamentifactio non privati sed publici juris est.）L. 3 *qui test.* (28.1.)——与这里所持的观点（政治权利暂停行使）相反，人们可以援引以下篇章作为证据，即 L. 5 §2 和 L. 6 *de cap. min.* (4.5.)。据此，政治权利并不会因为最小人格减等（minima c. d.），因此也不会因为受役状态而丧失。但是，当这些篇章被记录下来时，受役状态事实上几乎始终仅仅是象征性的，并且也只是暂时的，因此政治权利的暂时中止就不为人所注意。但是，如果在早期，某罗马人因为贫困而将其儿子予以要式买卖，由此儿子要在较长时期内服务于买主，那么很难想象在服务期间，儿子的政治权利仍然有效；在儿子获释之后，其之前的权利无疑丝毫未被减损地再次出现，因此我仅称之为"暂时中止"（Suspension）。

④ Gajus Ⅰ. §135.

有的影响。

处于父权之下的家子所享有的权利能力可通过以下简单的原则而被描述。家子没有能力在私法中享有任何权力（Macht）或支配，但他在其他所有关系中都具有完全的权利能力。因此，上述无权利能力并非被视为内在于家子本身的缺陷，而仅被视为以下法规则的结果，即按照该规则，家父取得产生于其家子之行为的所有权利。

因此，只是在私法而不是在公法中，这种限制应被注意到。所以，儿子同其家父一样能够在民众会议中表决，甚至担任最高的荣誉职位。⑤

在私法中，家子享有通婚权和通商权，因此享有在早期市民法制度中最高的能力；但这种能力对于家子本身而言并不能取得任何种类的当前权力。这一点在以下应用情形中表现得非常清晰。

儿子的婚姻是有效的市民婚（justum matrimonium［正当婚姻］），但如果该婚姻与归顺夫权联系在一起，那么对妻子的权力并非由丈夫享有，而是由丈夫的父亲享有。——产生于该婚姻中的子女是合法胎儿（legitime concepti），其一出生就处于父权之下，但父权并非由其父亲享有，而是由其祖父享有。——家子能够具有宗亲关系（Agnation）。——家子不享有对奴隶的权力，因为这是一种真正的权力。——但是，儿子能够进行监护（Tu-

---

⑤ L. 9 *de his quis sui* (1.6.).: "在公共事务中，家子的地位类似于家父，例如为了能从事执法官职务，或者被指定为监护人。" (Filiusfamilias in publicis causis loco patrisfamilias habetur, veluti si magistratum gerat, vel tutor detur.) ——L. 13 § 5. L. 14 *pr. ad Sc. Treb.* (36.1.).: "……就公法而言，不遵从父权。" (... Nam quod ad jus publicum attinet, non sequitur jus potestatis.) ——Vergl. L. 13 *de adopt.* (1.7.). L. 77. 78 *de jud.* (5.1.). und Livius XXIV. 44, Gellius II. 2, Valerius Max. II. 2. 4.

tel），因为这是一种公法职责。

儿子享有通商权，因此能够在要式买卖和遗嘱中作为见证人，而奴隶完全不能。但是，儿子不能享有所有权或役权（Servituten）。

儿子不能享有债权，因为在债权中存在真正的权力。但他完全能够承担债务，该债务事实上是市民法债务，因此能够被诉。⑥这种区别的理由在于，儿子可以使家父更富有，但不能使家父更贫困。⑦但是，这一规则在家父与儿子相互之间的债之关系中被予以修正：儿子能够对家父享有债权，但该债权仅仅是自然之债（naturales obligationes）；反之，儿子也能够成为家父的债务人，但同样仅是自然之债。⑧因此，这一点与上文所确定的主人与其奴隶之间的债之规则（§65）完全相同。——但是，在所有这些涉及债之关系的能力或无能力的规则之中，处于父权之下的儿子和女儿之间并无区别，即使在早期法中同样如此。（附录五）

上述规则可以被总结为以下简单的原则：家子一般不能享有积极的财产权。但是，继承权根据其性质和界定仅仅是财产权整体的集合表述（尽管在个别情形中，遗产可能仅包括债务），因

---

⑥ L. 39 *de O. et A.* （44.7.）.："家子在所有的事务上都像家父一样承担债务，为此，家子也可像家父那样被提起诉讼。"（Filiusfamilias ex omnibus causis tanquam paterfamilias obligatur, et ob id agi cum eo tanquam cum patrefamilias potest.）L. 57 *de jud*. （5.1）. L. 44. 45 *de peculio* （15.1.）. L. 141 § 2 *de V. O.* （45.1.）. L. 8 § 4 *de acceptilat*. （46.4.）. ——一个完全特殊的（singuläre）例外是，儿子没有家父的同意不能通过誓愿（Votum）承担义务，L. 2 § 1 *de pollic*. （50.12.）.【誓愿，指以庄重的方式向神作出的允诺，在罗马法中被认为是一种准契约之债。——译者注】

⑦ 该规则仅是在奴隶情形中被直接说出。L. 133 de R. J. （50.17.）.："我们的状况可以因奴隶变得更好，不能［因奴隶］变得更坏。"（Melior conditio nostra per servos fieri potest, deterior fieri non potest.），以及其他类似的篇章。但在这方面，奴隶和家子的地位相同。

⑧ 在家父和儿子之间可能存在自然之债的根据是 L. 38 *pr*. § 1.2 *de cond. indeb*. （12.6.）。在他们之间不可能存在诉，则以下篇章中被直接说出，L. 4.11 *de jud*. （5.1.）. L. 16 *de furtis* （47.2.）.

此，根据上述原则可以进一步得出，尽管家子享有遗嘱能力（testamentifactio），但他却不能订立遗嘱⑨；事实上更进一步，家子一般不能有任何继承人。⑩

如果人们将这里所描述的处于父权之下的家子的权利能力范围与上文所述的奴隶的权利能力范围（§65）进行对比，那么就会发现它们之间存在相似之处和不同之处。相似之处在于，他们都通过取得行为非自愿地代理家主，由此他们又几乎完全不能拥有自己的财产。不同之处在于，儿子无能力的根据恰恰就是上述必然的代理，这样，在此之外，他能够缔结罗马婚姻，享有亲属关系，成为遗嘱见证人和监护人，承担可被诉的债务；然而奴隶在所有这些关系中都不具有能力，因为奴隶无能力的根据除上述对特定人必然的代理之外，还存在另外一个完全独立的根据，即奴隶本身所具有的绝对状态。⑪ 这种不同所产生的结果在于，以不同方式产生的无主奴隶是实际存在的，但家子绝对不能没有其所从属的实际的特定家父。

---

⑨ Ulpian. XX. §10.："家子不能立遗嘱，因为他没有任何自己的［财产］可以用来立遗嘱。"（Filius familiae testamentum facere non potest, quoniam nihil suum habet, ut testari de eo possit.）与此相反，家子享有遗嘱能力，因为他能够在要式买卖中作为见证人，也能够作为司秤（libripens）和家产买受人（familiae emtor）。【司秤，指在称铜式行为（gesta per aes et libram）中负责掌秤的罗马市民，起到一种见证人的作用；家产买受人，即在家产要式买卖（mancipatio familiae）中全部家庭财产的买受人，他仅是一种虚拟的买受人，是为了安排遗产继承的目的而被设立的。——译者注】

⑩ L. 11 *de fidejuss.* (46.1.). L. 18 *de Sc. Maced.* (14.6.)

⑪ 儿子和奴隶之无能力的这个重要区分在以下篇章中被最为清晰地指出来，即Gajus Ⅲ. §114论述的副要式口约情形中。副要式口约的特征被认为是绝对地依赖于个人，因此根据契约的意图，副要约人（adstipulator）不能为第三人取得诉权，而只为自己取得或者不为任何人取得诉权。因此，如果奴隶作为副要约人（servus adstipulator），则无效（nihil agit）；如果家子作为副要约人，则有效（agit aliquid），但家子的诉权在支配权（potestas）存续期间内暂时被停止行使，而只有在其家父死亡之后才能被行使。另外所提及的人格减等（capitis deminutio），请参见§70注9。

第二章 作为法律关系承担者的人

这里所描述的处于父权之下的家子的有限权利能力是最初的规则；但随着时间的流逝，该规则经历了一些较大的修正。第一种修正出现在皇帝执政初期，彼时，人们允许儿子通过服兵役期间的取得行为而享有自己的财产（castrense peculium［军营特有产］），为此他被拟制为无从属之人（自权人）。这种新的能力在之后被扩张至通过其他种类的公职而取得财产这种情形（quasi-castrense［准军营特有产］）。——比这重要得多的是一个例外，这种例外之所以更为重要是因其范围，但对法本身影响较小，它由Constantin皇帝引入，优士丁尼皇帝将其扩张为普遍的规则，现代学者称之为外来特有产（peculium adventitium）。自它被引入后，早期的无法享有财产这种无能力就所剩无几了，毋宁说，家子现在在很大范围内实际享有财产，只是其财产要受到完全特殊的限制。然而，这种新形成的权利应被视为仅是早期状态的发展，不结合早期状态，这种新权利根本无法被理解，因此，在本节中所描述的这种特殊的权利能力并不能被认为是陈旧过时的制度，而只能被认为是被改变的制度，所以对它的描述直接属于当代罗马法的内容。

57

58

如果我们将这里所述的关于对家庭权力之从属的这些内容概括在一个共同的观察角度之下，那么我们在这方面就能够区分出有限权利能力的两个完全不同的层次：一个层次取决于父权，另一个层次取决于役使权。但是，所有迄今所描述的内容可以通过如下总结性图表而更为清晰。有限权利能力存在三个基础，而每一个基础又确立了权利能力的三个不同层次，这样，第一个层次总是指代了最为有利的地位，或者在此之中，产生于该基础的所有限制都不存在。这些层次如下：

Ⅰ. 涉及自由
    A. 生来自由人（Ingenui）
    B. 解放自由人（Libertini）⎫ 自由人（Liberi）
    C. 奴隶

Ⅱ. 涉及市民籍
    A. 市民（Cives）
    B. 拉丁人（Latini）
    C. 异邦人（Peregrini）

Ⅲ. 涉及家庭权力
    A. 自权人（Sui juris）
    B. 家子（Filiifamilias）⎫ 他权人
    C. 处于受役状态之人（Qui in mancipio sunt）（Alieni）

    虽然仍然存在其他他权人，例如奴隶和处在夫权之下的妻子；但是，前者属于第一种区分（Ⅰ.C.），后者属于第三种区分的第二个层次（Ⅲ.B.），因此，两者都不构成通过家庭权力而受到限制之权利能力的特别层次。

第六十八节 三种人格减等

至此，有限权利能力的三个种类已经被指出，而每个种类都取决于特别的基础。它们的存在，特别是其数目（不多不少正好是三种），被现代学者所普遍承认；只是现代学者试图通过以下术语指代上述三种关系：自由身份、市民籍身份和家庭身份（status libertatis, civitatis, familiae），由此，罗马法的简明理论又变得有些晦暗不明了。所以，我有意避免使用这种不符合法源的表述，并留待合适的地方探求这种表述中的正确之处和错误之处。

在权利能力的上述三个层次之中，个人可能会经历一些变更，这些变更可能是有利的，也可能是不利的，自由人可能会成为奴隶，罗马市民可能会成为异邦人，或者家主可能会成为从属之人，相反的变更也是存在的；其中一类可被称为升等（Erhöhung），另外一类可被称为降等（Herabsetzung）或者减等（Degradation）。另外，这种变更有时是因为自然原因，有时是因为法律原因，例如，家子摆脱其家父之权力的原因，可能是其家父的死亡，也可能是脱离父权（Emancipation）。这些变更对权利能力的影响无须新的说明，毋宁说，从迄今的论述中就可以被自动推导出，例如，从自由人变为奴隶地位的奴隶，与生来就是奴隶的奴隶，在权利能力方面并无不同。

然而，一个古老的法概念构成了一个同样古老的名称——人格减等（capitis deminutio）①——的基础，这就出现了一个问

---

① 在各种手抄本中，出现了两种拼写形式：deminutio 和 diminutio。Hugo 明确认为应是后一种形式（Rechtsgeschichte，S. 121，Ausg. 11.）。在 Festus 按字母顺序所进行的整理中，似乎明确认为应是第一种拼写形式，因为 Deminuti 这个词位于 Demagis 和 Demoe 这两个词之间；但这无法证明什么，因为这种严格的顺序排列是经过了 Festus 的编辑才产生出来，而在手抄本中，所有词相互之间是相当混乱的。我没有任何理由怀疑，两种拼写形式事实上都被古人所采用，因此两种形式都是正确的。

题，对此应如何理解。人们可能会认为，对此不会产生任何疑问，因为早期法学家在不少篇章中都作出了解释，它指的就是 status mutatio（身份之变更）（commutatio, permutatio）。② 但是，据此并未获知什么，这是因为对 status（身份）的解释又具有极大的困难，同样因为，所有情形中的 mutatio（变更）都很明显地必须要被补充考虑一些东西，而该定义的作者无疑考虑到了这些东西，只是对此未置一词。因此我们可以看到，如同在其他许多地方一样，早期法学家所作出的这种定义并没有带给我们很多内容。

如果我们首先局限于单纯的文义，那么似乎应认为上述法概念包含了两个组成部分：首先是**个人状态**的变更，其次是该变更对个人是**不利的**。但这立即使我们想起在本节开始所提及的两类变更中的一类，即权利能力方面的减等。该推测根据以下认识而获得了较大的可能性，即如同上文所述的权利能力的三种限制一样，存在三种人格减等。因此，在人格减等之中，可以认为，根据权利能力减损的三种可能理由，权利能力的减损会涉及自由、市民籍和无从属，也即对应着第六十七节最后所列出的表格。但是，该观点仍然还只是一种可能性，只有通过对照罗马法学家对上述三种人格减等所作出的实际说明内容，这种可能性才会被证

---

② *pr. J. de cap. dem.* (1.16.). L. 1 *de cap. min.* (4.5.). von Gajus.——Ulpian. Ⅺ. §13. L. 9 §4 *de minor.* (4.4.) von Ulpian.——Paulus Ⅰ.7 §2, Ⅲ, 6 §29. L. 2 *de in int. rest.* (4.1.) von Paulus.——L. 28 *C. de liber. causa* (7.16.).——在所有这些篇章中，都用的是 status，在以下这个无法辨读的篇章中，即 Gajus Ⅰ. §159：prioris...permutatio，按照我的建议，应被补充的词是 capitis，因为至少 p 这个字母可以被认出。——mutatio、commutatio 和 permutatio 这三个词之间的区别微不足道；另外，在手抄本所采用的样式中，上述被引用的较多篇章充斥着很大的区别，尤其是法学阶梯的篇章区别最多。

实，我现在就来进行这种对照。③

根据最为简单和确定的术语，人格减等的三个程度被称为：最大人格减等（maxima）、中人格减等（media）和最小人格减等（minima）。④

Ⅰ．最大人格减等。根据上文所引用的篇章，最大人格减等是自由的丧失，也即自由人（生来自由人或解放自由人）转变为奴隶。⑤ 因此，上文中的推测在这里得到了完全的和毫无疑问的证明。

Ⅱ．中人格减等。这存在以下适用情形。

---

③ 最为重要的篇章是：Gajus Ⅰ. §159 - 163. Ulpian. XI. §10 - 13. Tit. J. *de cap. demin.* (1.16.). L. 11 *de cap. min.* (4.5.) (von Paulus). Boethius in Ciceonis top. C. 4. ［在整体上是正确的，只是错误地将流放（Deportation）作为最大人格减等（maxima）］。

④ 同时，以下这些不同的术语也是存在的：(1) media（中人格减等）被称为 minor（较小的人格减等），这出现于 Gajus 那里和《法学阶梯》中（在这里，media 这个名称也同时存在）。(2) 较重的两种人格减等在 Gajus 那里被总称为 majores（较大的人格减等）（Ⅰ. §163），而在 Callistratus 和 Ulpian 那里被总称为 magna（人格大减等）（L. 5 §3 *de extr. cogn.* 50. 13. ——L. 1 §4 *de suis* 38. 16. ——L. 1 §8 *ad Sc. Tertull.* 38. 17.）。与 magna 相对，Ulpian 将最轻的人格减等称为 minor（人格小减等）（L. 1 §4 cit.）。据此非常清晰的是，minor 这个表述的含义较为模糊，因此最好避免使用它。在本书中所采用的上述表述则肯定不会有误解。——在上述引用的 L. 5 §3 *de extr. cogn.* (50. 13.) 这个篇章中，内容是："人格大减等……也即，自由被剥夺，例如，被禁止使用水和火。"（magna cap. dem...id est cum libertas adimitur, veluti cum aqua et igni interdicitur.）在这里，libertas（自由）被认为是 civitas（市民籍），其他地方的类比对此予以支持，Schilling, Institutionen, B. 2, §27, Note h.。

⑤ 人们还可能认为另一种情形也包含在内，即生来自由人转变为解放自由人。这只能出现于以下女性的情形中，即该女性嫁给了他人的奴隶，并且经由他主人的同意（因为，如果没有经过该主人的同意，那么该女性自己也成为奴隶），Tacitus ann. XII. 53. Paulus Ⅳ. 10 §2. Gajus Ⅰ. §84. Fragm. de jure fisci §12.。这种情形在人格减等中没有被提及，其理由可能在于该情形是在后期才产生并且（可能）很少得到适用。如果该情形也被视为人格减等，那么它就是最大人格减等，而非最小人格减等；因为，在解放自由人的情形中，解放自由人身份（Libertinenstand）本身（与奴隶身份类似）是他和国家之间的关系，而不同于他和特定庇主之间的关系，并且前一种关系比后一种关系更为重要。

A. 根据上文所引用的篇章，市民转变为异邦人，例如，因为流放（Deportation）。

B. 市民转变为拉丁人。⑥

C. 拉丁人转变为异邦人，虽然这种情形未被明确提及，但能够被承认的是，拉丁人的流放同罗马市民的流放一样都是人格减等。⑦

因此，在中人格减等的情形中，如同在最大人格减等的情形中一样，上文中的推测也得到了确定的证明。

Ⅲ. 最小人格减等。类比前两种人格减等，最小人格减等合乎逻辑地包含以下适用情形。

A. 家主转变为家子，例如，因为自权人收养（Arrogation）*，或者因为后期法中的准正（Legitimation）。**这种情形属于最小人格减等，对此并无异议。⑧

B. 家子或处于夫权中的女性减等为处于受役状态之人。这种情形也具有最小人格减等的性质，对此同样并无异议，它也是以

----

* 自权人收养，指一家父收养另一家父的行为，即收养的对象是自权人，该种收养使得被收养的家父将自己、自己的家子以及财产带入新的家庭，使之处于收养者的家长权之下。——译者注

** 准正，也称为认领，即生父将出生于姘合关系中的亲生子确认为婚生子。——译者注

⑥ Boethius in Ciceronis top. Cap. 4："中人格减等，实际上是市民籍丧失、自由得以维持，就像迁移到拉丁殖民区那样。"（media vero, in qua civitas amittitur, retinetur libertas, ut in Latinas coloniastransmigratio.）Gajus Ⅲ. §56 这个篇章也提及了同样的情形，甚至比 Boethius 还要明确，只是未使用人格减等这个名称。Vgl. auch Cicero pro Caecina C. 33.。

⑦ 根据早期的法和用语，不名誉（Infamie）也能被认为是人格减等，因为政治权利方面的能力会丧失；这一点至古典法学家时期就不被这样认为。在下文不名誉的部分将会对此予以论述。

⑧ L. 2 §2 de cap. min. (4.5.). Gajus Ⅰ, §162.——处于无从属地位的女性通过附归顺夫权的婚姻（Ehe mit in manum conventio）也产生了同样的法律状态的改变。

第二章 作为法律关系承担者的人

下情形的原因,即他人子女的脱离父权(Emancipation)和对其的收养为何被作为人格减等,因为按照它们的古老早期形式,它们始终与因受役状态而产生的转变联系在一起。⑨* 如果人们不考虑这种状况,那么必然非常奇异的就是,家子通过脱离父权成为无从属之人,因此最终在权利能力方面并未丧失什么,而仅是得利,但尽管如此,脱离父权仍然始终被完全普遍地认为是人格减等。

C. 最后,还能够被人们作为最小人格减等的是,家主减等为处于受役状态之人;但该种情形根本不可能发生,因为据以产生受役状态的要式买卖仅能够发生在家子或者处于夫权中之女性的情形中。⑩

因此,在最小人格减等的情形中,我们的推测似乎也得到了完全的证实,同时,通过在所有具体情形中的适用,所进行的证明也被圆满完成了。尽管如此,这里所确立的人格减等的概念仍然被现代法学者的通说观点所拒绝,这部分是因为一些有疑义的具体适用情形,部分且更多的是因为罗马法学家对最小人格减等

---

* 脱离父权最初往往采取要式买卖的方式实现,这起源于《十二表法》,具体形式是父亲将儿子卖给他人,此时对于买主而言,儿子即处于受役状态之中,该买主采取诉请解放的方式将其解放,此后儿子又重新处于父权之下,之后再进行要式买卖,买主同样进行了解放,如果父亲进行了第三次要式买卖,则儿子就脱离了父权;同时,除儿子之外的其他卑亲属要脱离尊亲属的父权,则仅需要经过一次要式买卖。具体请参见盖尤斯《法学阶梯》第一编132,以及本书原页码第494页以下。

收养的早期程序往往通过拟诉弃权而实现,即家父通过要式买卖使子女脱离自己的父权,然后由该家父或第三人将该子女买回,使其处于受役状态之中,然后,收养人主张自己对被收养人享有所有权,被收养人的家父或第三人不对此表示异议,法官由此将被收养人判给收养人。在优士丁尼法中,收养程序不再如此复杂,而被进行了简化。具体请参见盖尤斯《法学阶梯》第一编134。——译者注

⑨ L. 3 §1 *de cap. min.* (4.5.):"某人只有首先被降等至虚构的奴隶状态,脱离父权才能被实施。"(cum emancipari nemo possit, nisi in imaginariam servilem causam deductus.) Gajus Ⅰ. §162, 134.

⑩ Gajus Ⅰ. §117. 118. Ulpian. Ⅺ. §5.

这个概念所作出的解释是游移不定的。但是，这会导致对此作出一个涉及面很广的研究，为了不打断这里的内容关联，有必要将其作为一个独立的研究内容（附录六）。在这里，仅需要引用一位非法学者的篇章作为结束，他说明了人格减等的最重要情形，该说明同我们的观点是一致的。Festus在其辞典中认为："被称为人格减等［的人］是那些市民籍被变更的人、从一个家庭被另一个家庭收养的人、被交给他人役使的自由人、陷入敌人权力中的人以及被禁止使用水和火的人。"（Deminutus capite appellatur qui civitate mutatus est[⑪]；et ex alia familia in aliam adoptatus：et qui liber alteri mancipio datus est：et qui in hostium potestatem venit：et cui aqua et igni interdictum est.）

据此，从现在起，我们就将人格减等这个表述理解为权利能力方面的减等。

如果人们认为这里所辩护的最小人格减等的观点是正确的，那么必然就会从中得出，在优士丁尼法中，最小人格减等唯一留存的情形就是自权人收养。因为夫权和受役状态作为独立的持续关系早已消失，这一点不可能存在异议。但脱离父权也不再能够作为人格减等的情形，这一点本可根据以下事实而合乎逻辑地推导出来，即脱离父权之人不再通过形式上的受役状态而被进行转变。虽

[⑪] 在这里，Conradi parerga p. 174 将其勘正为 multatus est（受罚），当然，该似是而非的建议来源于 J. B. Pii annotationes post. C. 44.。尽管如此，该种勘正必须被拒绝，其原因在于，不然的话，这种情形就与该篇章最后所提及的 aquae et ignis interdictio（禁用水火）完全相同了，因此就成为完全多余的，特别是这两句话被不自然地分离开。civitate mutatus（市民籍变更）指的是以下罗马人，即他为了要成为其他国的市民而自愿放弃他的市民权。Vgl. Cicero pro Balbo C. 13："未违背其意愿而变更市民籍的人，"（ne quis invitus civitate mutetur，）C. 18："认可自己从市民籍身份变更。"（ut et *civitate* illum *mutatum esse fateretur*.）Livius V. 46："国界变更。"（mutari finibus.）L. 7 *pr. de cap. min*. （4.5.）："家庭变更。"（familia mutati.）Vgl. Gronov. obs. Ⅲ. 1.

然优士丁尼规定，家父仍应保有庇主权（Patronatsrecht）[12]；但这仅是为了其继承权不被剥夺，对此，根据新律中的规定，任何人为的预防性保护都不再必要。另一方面，优士丁尼已明确规定，宗亲关系不应因脱离父权而终止[13]，但在此之前，根据关于继承权的后期制定法，宗亲关系已经丧失了所有的实践价值。因此，在优士丁尼法的意义上，脱离父权绝对不能再被认为是人格减等的一种情形。

---

[12] L. 6 C. *de emancipat.* (8. 49.).
[13] L. 11. L. 13 § 1 C. *de leg. hered.* (6. 58.).

第六十九节　人格减等的效力

69　　在这里，一些极为不同的事件被归结到"人格减等"这个共同的名称之下，其效力很大程度上是推导自具体变更的性质。例如，如果某罗马市民丧失了自由（最大人格减等），那么很明显的是，他就仅享有受到最大限制的奴隶权利能力，所以，他就不能再享有之前的婚姻、血亲关系（Cognation）和财产。同样，被收养的自权人虽然没有丧失婚姻和血亲关系，但却丧失了财产。所有这些都是从奴隶和孩子的权利能力之上述限制中而必然得出的。因此，在这些情形中，财产权方面所出现的仅是以下后果，即如果这些财产权在此种人格减等之后才被取得，这些后果本来也就会出现，所以也就是罗马人在遗嘱情形中通过自然法规则所表达的那样：如果遗赠已处于不能产生于其中的情形，那么遗赠就被认为根本没有被书写（Quae in eam causam pervenerunt, a qua incipere non poterant, pro non scriptis habentur）。① 如果仅

70　　仅如此认为，那么人格减等的特殊效力就根本没有被涉及，甚至在人格减等中，所流传给我们的就仅仅是无用的和不便的术语。但事实上情形并非如此；人格减等被当作独立的表述，它具有自己特殊的实在效力，从现在起就来说明这一点。这里看来以下观点作为根据，即任何种类的人格减等使得遭受此种人格

---

① L. 3 § 2 *de his quae pro non scripto* (34.8.). 该规则在其他应用情形中也多次出现。L. 11 *de jud.* (5.1.). L. 11 *de serv.* (8.1.). L. 16 *ad L. Aquil.* (9.2.). § 6 J. *de nox. act.* (4.8.). ——对该规则也有一些质疑，但这些质疑似乎仅涉及该规则的绝对普遍性，因而应承认该规则的例外。L. 98 *pr.* L. 140 § 2 *de V. O.* (45.1.). L. 85 § 1 *de R. J.* (50.17.)

减等之人仿佛成为一个新的人。人格减等的两种效力这种区分是非常明显的,并且通过否则就完全无必要的术语而得到了承认;这在罗马法学家那里没有被表达出来,尽管他们无疑常常在一些具体情形中对实在效力予以特别强调,但他们却可能将这些效力与严格说来很明显不属于人格减等特殊性质的那些效力混淆起来。

在最大人格减等和中人格减等情形中,上述特有的、完全实在的效力较不明显,因为在这里,大多数最为重要的效力已经产生出来,或者是通过奴隶地位和异邦人地位本身,或者是通过在最常见情形中出现的财产没收(Confiscation),这种财产没收又具有完全特殊的性质,并且完全独立于人格减等。② 只有两个法规则在这里应被特别强调。——两种较高层次的人格减等常常被等同于死亡,而经常被现代法学家称为民事法上的死亡(bürgerlichen Tod)(mors civilis)。这种等同不仅适用于最

---

② 这一点很重要,但却没有被承认,因此必须对此做出以下说明。财产没收是国库对财产的概括承继(Universalsuccession),它是特定刑事处罚的实在法发展,而非人格减等的自然后果;原因在于,首先,财产没收自August(奥古斯都)时起才被确认(因为在此之前出现的是完全不同的财产方面的后果),而人格减等是古老的法。其次,财产没收仅仅是某些刑事判决的后果,例如它肯定不适用那些因进入拉丁殖民区(colonia latina)而遭受了中人格减的市民(§68)。再次,根据包含于最大人格减等和中人格减等中的法律状态改变所具有的一般性质,无法明确推导出国库对财产的承继。因为,被流放者(中人格减等)根据其新状态的一般性质,仍保留了他之前的财产,他作为异邦自由人具有财产能力。即使在刑罚奴隶(servus poenae)(最大人格减等)的情形中,虽然财产不再归他所有,因为他根本不能享有财产权利;但根据一般原则,这些财产必然成为无主财产,因为国库并未成为这种奴隶的主人,因此对他的财产不享有承继请求权。

大人格减等，而且也适用于产生自刑罚的中人格减等。③ 此外，它还被用来防止遗产份额落空（Caducität）情形*中的许多过分后果，但它并不限于这个目的④，而毋宁是普遍有效的，尤其是在以下关系中，即对于被流放者而言，如同死亡者一样，远系血亲的继承权（das Erbrecht entfernterer Cognaten）以及对自己孩子的庇主继承权（patronatisches Erbrecht seiner Kinder）并不能被排除（注3）。——此外，中人格减等，尤其是流放情形中的中人格减等，对家庭关系的影响还应被详述。关于被流放者（丈夫或者妻子）的婚姻，一种逻辑一致的处理方式可以被看到。市民婚终止，因为市民婚要求配偶双方的市民籍；另一方面，（如果配偶双方愿意）根据万民法的婚姻继续存在。⑤ 被流放者的所有

---

* 遗产份额落空，即继承人或受遗赠人不接受和不能接受遗产或遗赠这种情形。——译者注

③ 1. 关于最大人格减等，L. 209 *de R. J.* （50. 17.）.："我们把奴隶身份比作近乎死亡。"（Servitutem mortalitati fere comparamus.）——L. 59 §2 *de condit.* （35. 1.）."奴隶身份被比作死亡。"（Servitus morti adsimilatur.）——L. 5 *pr. de bonis damn.* （48. 20.）.——2. 关于中人格减等，L. 1 §8 *de B. P. contra tab.* （37. 4.）."被流放者具有类似死者地位。"（deportatos enim mortuorum loco habendos.）——L. 4 §2 *de bonis libert.*："被流放者……具有类似死者地位。"（deportatus…mortui loco habetur.）在这里应被提及的是，最大人格减等有时可能具有较弱的效力；如果某罗马人被俘虏，那么他的庇主继承权（patronatisches Erbrecht）在此期间由于可能的复境（postliminii）而仍暂时被保留。【复境，即被俘虏的罗马市民遭受了最大人格减等，如果他返回祖国并意图留下，则他就恢复了自由权，重新取得他之前所享有的全部权利。——译者注】——L. 13 §1 *de don. int. v. et ux.* （24. 1.）.——被错误地引用作为证据的是 L. 63 §10 *pro socio* （17. 2.），其毋宁认为死亡不同于最大人格减等和中人格减等，它们只是在个别效力上相同。

④ 对与遗产份额落空的关联进行了详细的证明，但却予以过分片面适用的是 Cujacius obs. XVIII. 13.，Vgl. auch Schulting notae in Dig.，L. 209 de R. J. （50. 17.）.

⑤ L. 5 §1 *de bonis damn.* （48. 20.）. L. 24 C. *de don. int. v. et ux.* （5. 16.）. L. 1 C. *de repud.* （5. 17.）.——因此，在这里，也仅存在一般原则的逻辑一致的应用；另一方面，这里当然也存在一个特殊法（Jus singulare），是宽容处理的结果，即（根据这些篇章）嫁资权（Dotalrecht）能够继续存在，因为所有罗马法的嫁资本来都以有效的市民婚作为前提。

宗亲关系终止存在,这是毫无疑问的,因为如果没有市民籍,宗亲关系就是不可想象的。另一方面,非常值得注意的是,甚至被流放者的血亲关系也应终止⑥,虽然在其他地方承认,(只要自由仍继续存在)单纯的法律事件不能破坏自然的血统关联。⑦但是,毫无疑问,关于血亲关系被终止的上述规则仅是一个不准确的表达。血亲关系本身仍继续存在,但其最为重要的法律效力终止;尤其是,被流放者既不能要求本人的血亲继承权(ein cognatisches Erbrecht),也不能阻却远系亲属的血亲继承权(注3)。血亲关系作为婚姻阻却事由并不会被终止,这一点非常明显,因为在这方面,该阻却事由即使在奴隶身份中也产生出来,并在之后继续发生作用(§65)。

但是,在最小人格减等中,情形则完全不同。⑧ 即使在最小人格减等中,根据具体行为的性质而极为明显的那些效力也会出现;例如,被收养之自权人必然会丧失其财产,因为他处于一种不可能取得或者享有财产权的状态之中(§67)。另一方面,最小人格减等也具有其他许多效力,这些效力无法以一种类似于最大人格减等和中人格减等之效力的简单方式而被说明,区分理由如下。较高程度的人格减等是一些完全单一和始终相同形式的事件。它们不多不少正好包括自由的丧失和市民籍的丧失。最小人

---

⑥ §6 J. de cap. dem. (1.16.).:"如果某人被放逐海岛,他也被解除血亲关系。"(Sed et, si in insulam quis deportatus sit, cognatio solvitur.) L. 4 §11 de gradibus (38.10.). 在后一个篇章中,姻亲关系(Affinität)也被认为已经终止,无疑,这一点根据篇章文本中对血亲关系所做出的解释而无法被理解。——不属于此的是 L. 17 §5 ad Sc. Treb. (36.1.),该篇章仅涉及了对遗产信托(Fideicommisses)的解释,因此仅涉及了立遗嘱者的可能意图。

⑦ §3 J. de leg. adgn. tut. (1.15.). L. 8 de R. J. (50.17.),以及其他一些篇章。

⑧ 最小人格减等和较高程度的人格减等之间的效力区别在以下篇章中得到了普遍的承认,即 L. 2 pr. L. 7 §2.3 de cap. min. (4.5.)。

格减等的性质就不这么简单了。如果人们将自权人被收养和脱离父权予以比较，那么就会发现这两者在其界定和结果方面完全相反，因为父权通过自权人被收养而产生，但通过脱离父权而终止。如果尽管如此，它们仍具有共同的名称，并且与该名称联系在一起的一些普遍效力也是它们所共同享有的，那么非常清晰的是，对于这些效力而言，人格减等本身就会被认为是独立的原因，而无须考虑到以下事实，即在具体情形中，与人格减等联系在一起的是臣服于父权之下，还是相反地从父权之下解脱出来。

首先应被明确说明的是，最小人格减等仅在私法中具有效力。因此，如果执法官、元老或审判员被进行了自权人收养或者脱离了父权，那么这种事件绝对不会影响到上述公法关系。⑨ 但是，在私法中则可看到以下这些效力。

1. 家庭法

在人格减等前已存在的市民婚，在人格减等后仍持续不变地继续存在。这在自权人收养和被完成的脱离父权这些情形中完全没有疑问。在受役状态这种过渡状态期间，人们仍能对此提出某些怀疑；恰恰是对这种情形而言，婚姻持续这个效力得到了明确的承认（§67注4）。

由于任何一种最小人格减等，宗亲关系完全终止，与之相反，血亲关系仍持续不变地继续存在。⑩ 这一点有效适用于所有

---

⑨ L. 5 §2 L. 6 *de cap. min.* (4.5.). 该规定被认为在早期可能具有哪些限制，这在上文中已被明确说明，§67 注3。

⑩ Gajus Ⅰ. §158. 163. Ⅲ. §27. ——Ulpian. ⅩⅩⅧ. §9. —— §3 *J. de leg. agn. tut.* (1.15.). —— §1 *J. de adquis. per. adrog.* (3.10.). ——L. 6 *de cap. min.* (4.5.). L. 8 *de R. J.* (50.17.).

应用情形,因此适用于自权人收养⑪、收养和脱离父权。它也同时应被视为是最特殊的效力之一;尤其是在脱离父权之人的情形中,这并非不言自明,脱离父权非常有可能被认为是从家父权力中脱离,而没有消灭脱离父权人与旁系亲属(Seitenverwandten)之间的宗亲关系。——优士丁尼并没有将人格减等的这种效力予以普遍废除,尤其是没有在自权人收养情形中废除这种效力;他仅是对脱离父权情形规定了,宗亲关系不应因脱离父权而消灭。⑫但是,通过优士丁尼后来的立法,宗亲关系无疑不再具有任何重要的作用,以致该整体问题几乎丧失了所有实践利益。

家族资格(Gentilität)也同样终止,也即,任何一种最小人格减等必然会消灭减等者(deminutus)与其之前的家族成员(Gentilen)之间的关系。⑬

庇主权消灭,这不仅通过庇主的人格减等而发生,也通过解放自由人的人格减等而发生。在下文中关于以庇主权作为条件之具体权利(监护、劳作之债[operarum obligatio]、继承)的论

---

⑪ 但在自权人收养情形中,应注意到一个限制。被收养之自权人的孩子与他一起转处于新家父的权力之下,因此,被收养之自权人并未丧失这种宗亲关系,或者说,这种宗亲关系在一定程度上重现于新的家庭之中。

⑫ L. 13 § 1 C. de leg. her. (6.58.). 在脱离父权之人死亡的情形中,他的遗产应归于(作为宗亲的)兄弟姐妹,而不归于(作为庇主的)父亲。

⑬ Cicero top. § 6.:"家族成员是那些具有相同族名的人……那些没有遭受人格减等的人。"(Gentiles sunt qui inter se eodem nomine sunt... *Qui capite non sunt deminuti*.)Cicero 可能首先只考虑到了脱离父权者,他想告诫人们不要因为未改变的族名(nomen)而被误导认为,脱离父权者仍继续处于其出生所属的家族之中。被收养者和被收养之自权人不处于出生所属的家族之中,这一点通过被放弃的族名已经毫无疑问,但如果他采用了新家父的族名,那么他是否不应进入新家父的家族(以及同样完全确定地不应进入新家父的宗亲关系)之中呢?根据 Cicero 的文辞,人们必然会否认他应进入,因为他确实遭受了人格减等;在被收养者的情形中,人们还有可能会认为,过渡性的受役状态使被收养者终生无能力处于某家族的纯正崇高的关系之中;但在被收养之自权人的情形中,即使这种怀疑也会消失,最为自然的方式可能是认为,Cicero 仅考虑到了脱离父权情形。

述中，这一点会被进一步证实。⑭

只有在以下情形中，监护才因监护人的最小人格减等而终止，即该监护是产生于最早期的法（《十二表法》）的法定监护；产生于新法的法定监护、遗嘱监护和官选监护则继续存在。⑮ 受让的监护（cessicia）也同法定监护一样消灭。⑯ ——受监护人的

---

⑭ 通过最大人格减等和中人格减等，庇主权自然也消灭；但是，通过之后对被判刑者的赦免，庇主权又重新被确立，L. 1 *de sent. passis.* （48.23.）。

⑮ L. 3 §9. L. 5 §5 *de legit. tutor.* （26.4.）. §4 *J. quib. modis tut.* （1.22.）. L. 11 *de tutelae* （27.3.）. L. 7 *pr. de cap. min.* （4.5.）. ："人格减等也不会消灭监护，除非承担监护的人从属于他人权力。"（Tutelas etiam non amittit capitis deminutio, *exceptis his, quae in jure alieno personis positis deferuntur*. ）该篇章中非常含糊表述的例外一直合理地引起了很多反感。一些人将该例外解释为是 agnatis（宗亲）的笨拙的委婉表达，【也即，按照此观点，监护人的人格减等不会消灭监护，除非监护人是宗亲，因为监护人的人格减等可能会导致宗亲关系的消灭，而根据《十二表法》，只有宗亲才能进行法定监护。——译者注】所以 positis 在这里的含义是 remanentibus usque ad mortem patris（家父死亡时继续存在的），【也即，该例外的内容是，"除非监护人是家父死亡时继续存在的宗亲"。——译者注】或者是出生所属之宗亲关系未消灭的亲属。Vergl. Conradi parerga p. 180. Rudorff, Vormundschaft, B. 3, S. 228.。《汇编》（Basilike）的注释者赞同该观点，并认为：否则就会出现以下情况，即该表述不仅是无法原谅的含糊，而且恰恰是不正确的。因为按照该表述，在承担监护时，该监护人必然处于他人权力之下（positis deferuntur），但这是不可能的。【《汇编》（Basilica），又译为《巴西尔法典》（Basiliken），即《（罗马法）汇编》（libri Basilicorum），是东罗马帝国皇帝利奥六世命令编纂的希腊文罗马人文献汇总，从各种版本中摘录优士丁尼时期的文献，并做出评论归纳。——译者注】——另外一些人将这个例外限缩于因对他权人之收养（datio in adoptionem）而产生的人格减等之上，Mühlenbruch, A. L. Z., 1835, N. 77, S. 609.。但是，所有的逻辑关联据此就不复存在了，因为该例外首先似乎被认为是唯一的例外，而在下文中还存在第二个更为重要的例外。——另外一些人同 Haloander 一样认为这里的文辞应当是 non deferuntur，由此产生了一个极为简单的、令人满意的含义，但这种文本样式同 Haloander 的所有特殊文本样式一样，不能被认为是一种决定性的单纯补正，Huschke, Rhein. Museum, B. 7, S. 68.。根据第一种和第三种解释所得出的结论相同，它本身是没有疑问的，并且也与其他篇章相一致；而根据第二种解释，则会产生新的结论，而该结论可能性较小。——Ulpian. XI. 9 这个篇章极为简短和一般性地论及所有法定监护，而未添加新制定法中的例外。

⑯ Gajus I. §170.

人格减等在任何情形中都必然会使监护消灭,因为这种人格减等只有通过自权人收养才可想象,但是通过自权人收养,受监护人就处于父权之中,所以对他不能进行任何监护。⑰

⑰ L. 2 *de leg. tutor.* (26.4.). §4 J. *quib. modis tut.* (1.22.).

第七十节 人格减等的效力（续）

2. 物法

79 　　所有权不因人格减等而消灭。被收养之自权人丧失所有权，因为所有权从他那里移转至新家父那里，这不仅未产生矛盾，而且还恰恰证明了上述主张，因为如果所有权因人格减等而消灭，那么它就不能移转至他人。① 但是，如果脱离父权人在他还处于父权之中时取得了军营特有产（peculium castrense），那么他当然仍是该军营特有产的所有权人，尽管他遭受了人格减等。

　　与此完全不同的是人役权（persönlichen Servituten），也即用益权（ususfructus）和使用权（usus）。为了使这一点更为清晰，必须先陈述以下规则。如果这种役权被给予某从属于家庭权力者（家子或奴隶），那么家父或者主人就取得该役权，虽然以下问题仍存在争论，即该役权的存续期间是否限于从属者的生存

80 期间，以及该从属者之从属关系的存续期间；根据通说观点，如果家子死亡或者脱离父权，奴隶死亡、被出卖或者被解放，则役权似乎就消灭了。优士丁尼做出了相反的规定，所以从这时起，即使发生上述变化，家父或者主人仍保留其曾取得的用益权。② ——此外，早期法中存在完全不同的规定，即用益权应因任何人格减等而完全消灭，即使该人格减等是最小人格减等；优

---

① 对此作出同样论述的是 Gajus Ⅲ. §83，其中所有权不同于用益权。
② *Fragm. Vat.* §57. L. 5 §1. L. 18 *quib. modis us.* (7.4.). L. 15. 17. *C. de usufr.* (3.33.).

士丁尼废除了该规则在最小人格减等情形中的适用。③ 根据早期规则可得出，役权在以下情形中消灭：如果受益人（Fructuar）被进行了自权人收养，则役权消灭，因此在该情形中，用益权并未像所有权那样移转至新家父那里④；同样，如果家子曾取得了作为军营特有产的用益权，之后家子脱离父权，则役权也消灭。⑤——人役权的消灭再次是人格减等所完全特有的效力，无法根据被改变的状态本身而自动推导出来。因为在军营特有产的情形中，其在受益人那里持续存在本来是非常自然的，在自权人收养情形中也本可以期待，用益权转移至新家父那里，并且完全处于如同它在自权人收养之后才被取得一样的状况中。——关于特殊人役权（居住权［habitatio］和劳作使用权［operae］）的特别法，将在§72中被论述。

3. 债法

人格减等的效力在债权中大多不明显，因为该债权在自权人收养情形中移转至新家父那里，但在脱离父权情形中，该债权对家子而言此前根本不可能存在。但以下情形是可能的，即在这些情形中，被收养之自权人的债权既未移转至家父那里，也未在被收养之自权人那里继续存在，而是因人格减等而消灭。这包括被解放的奴隶宣誓承担的劳作之债（operarum obligatio）*，这种债

---

* 被解放的奴隶仍然对庇主负担一定的义务，其中一项义务是劳作义务，即必须向庇主提供一定的服务。——译者注

③ L.1 *pr. quib. modis us.* (7.4.)，也即 *Fragm. Vat.* §61.——§1 *J. de adqu. per arrog.* (3.10.). 这些篇章也明确论述了使用权。——Gajus Ⅲ. §83. Paulus Ⅲ. 6. §29.——L.16 §2 *C. de usufr.* (3.33.). §3 *J. de usufr.* (2.4.). L.1 *de usu. et us. leg.* (33.2.). (这里插入了 ex magna causa［出于人格大减等的原因］这些文辞)。

④ Gajus Ⅲ. §83. (自权人收养［arrogatio］和买卖婚［coemtio］) Paulus Ⅲ. 6 §29. (自权人收养和收养；后者属于上文注2中所引用的篇章)。

⑤ L.16 §2 *C. de usufructu.* (3.33.).

在任何地方都仅能与当前持续存在的庇主权联系在一起⑥，因此它必须同庇主权本身一起消灭。⑦ 此外，上述情形还可能包括以下新债权，即被收养之自权人于被收养前在法定审判程序（legitimum judicium）中进行了诉讼，而这种新债权产生于争点决定程序（Litiscontestation）*。⑧——同样属于上述情形的还有脱离父权中的特殊情形。如果某家子在其处于父权期间缔结了一项副要式口约（Adstipulation），那么由此所产生的诉权并未被家父取得，而是由该家子本人取得，然而该诉权效力暂时停止，在家父死亡时才发生效力；但是，父权因脱离父权而终止，所以上述诉权因人格减等而完全消灭。⑨

与之相反，在债务中，人格减等的特有效力再次非常清晰地显现出来，因为根据早期法，债务因任何一种最小人格减等而完全消灭。⑩ 处于父权中的家子能够同无从属之人一样完全有效地承担债务（§67），所以本可以预想，人格减等不会对此予以改变，这样，人格减等在这里使债务消灭的效力似乎是一种完全独立的效力。⑪ 因此，被收养之自权人从其债务中解脱出来，而债务并没有转由家父承担，同样，脱离父权人也从其债务中解脱出来，尽管他

---

* 争点决定程序（litis contestatio），是指在法律诉讼（legis actiones）中，双方在法律审结束前邀请见证人对有关争议加以确认，以确定诉讼标的且将争议提交审判员而启动裁判审，此时，争议所涉的债不再取决于原来的债，而是取决于司法裁决。——译者注

⑥ L. 56 *pr. de fidej.* (46.1.). L. 7 *pr. de op. libert.* (38.1.).
⑦ Gajus Ⅲ. §83. —— §1 *J. de adqu. per arrog.* (3.10.).
⑧ Gajus Ⅲ. §83，该篇章是不完整的。——Huschke, Studien, Ⅰ., 277 对此所做出的解释，在我看来不具有妥当的根据。
⑨ Gajus Ⅲ. §114.，参见上文 §67 注 2 和 11 以及 §74 注 8。
⑩ Gajus Ⅳ. §38, u. Ⅲ. §84.，Göschen 对后一个篇章进行了非常出色的复原。
⑪ Donellus ⅩⅪ. 5. §22，而 Glück, B. 6, S. 26 同样认为脱离父权情形中的"虚构的奴隶状态"（imaginaria servilis causa）是债务消灭的唯一根据，并因此在自权人收养情形中否认债务消灭；该观点通过 Gajus 的上述篇章（注 10）而被直接驳倒。

第二章 作为法律关系承担者的人

在脱离父权之前不仅承担了债务，而且可以被诉（§67）。

但是，这个重要的规则还需要被详细界定，并且通过较多的例外而被限制。首先，债务的消灭仅涉及债之中的市民法之债以及该种债的可诉性；这个债仍作为自然之债而继续存在。⑫——但是，针对市民法之债的这种消灭，裁判官通过所丧失之诉的恢复原状（Restitution）进行保护。⑬因此，通过这种恢复原状，被收养之自权人和脱离父权人就可因之前的契约而被诉，否则这本来是根本不可能的；这种恢复原状被无条件地保障，因为它只是针对因早期市民法的文辞严格性而造成的严苛而提供保护。但同时，还有另一种可能的恢复原状也被提及，这发生于在人格减等后缔结契约的情形中。⑭这有些难以理解，因为被收养之自权人和脱离父权人事实上本来就能够缔结有效的契约。同时需要明确补充的是，这种恢复原状只是偶尔（interdum［有时］）出现，尤其是在被收养之自权人的情形中，该恢复原状是不必要的，因为被收养之自权人本来就同任何其他家子一样可因其契约而被诉

83

84

---

⑫ L. 2 §2 *de cap. min.*（4.5.），请参见注14。
⑬ L. 2 §1. L. 7 §2.3. *de cap. min.*（4.5.）. L. 2 *de in int. rest.*（4.1.）.——Gajus Ⅲ. §84. Ⅳ. §38.——这里所引用的篇章明确认为，这是一种真正的恢复原状，同样这样认为的还有 Paulus Ⅰ. 7 §2；但是，这是一种特殊的恢复原状，与未成年人情形中的恢复原状等情形有极大的不同，参见注22、23。
⑭ L. 2 §2 *de cap. min.*（4.5.）.："那些人格减等之人就人格减等之前发生的原因仍作为自然之债承担责任；但如果该原因在人格减等后发生，就这个告示的文辞而言，与这些人缔结契约的人应被归责。但是*有时*，在这些人人格减等之后与之缔结了契约，诉权也被赋予。事实上，如果这里存在自权人收养，则不会发生任何困难，*因为被收养之自权人应同家子一样承担责任。*"（Hi, qui capite minuuntur, ex his causis quae capitis deminutionem praecesserunt, manent obligati naturaliter; ceterum si postea, imputare quis sibi debebit, cur contraxerit, quantum ad verba hujus Edicti pertinet. Sed *interdum*, si contrahatur cum his post capitis deminutionem, danda est actio. Et quidem, si adrogatus sit, nullus labor: *nam perinde obligabitur ut filiusfamilias*.）

承担责任⑮；但是，这一点无疑也同样适用于脱离父权人。上述篇章仅暗指了一些少见的情形，这些情形必须涉及某项在受役状态期间所缔结的契约，因此该契约是在以下这种状态期间所缔结的，即该状态之后无疑仅是一种过渡状态。处于这种状态的家子无疑不因上述这种契约而承担市民之债（§67），但缔约相对方应将损失归责于他自己，因为他本能够知道其债务人的当前法律状态；但有时（interdum）在这里也会出现无过错的不知道情形，此时就应发生上述恢复原状。⑯

85　　但是，这里仍然存在一些例外情形，在这些情形中，即使依据早期法，债务也不消灭，由此对债务的恢复原状就没有必要。其中首先包括了不法行为所产生的债务⑰，该债务即使在奴隶情形中也产生可诉的债之关系（§65）。其次，还包括了产生于寄存的债务，如果债务人在人格减等之后仍占有寄存物。⑱ 最后，

---

　　⑮ 见前注。——在自权人收养情形中，另一个诉也有效存在，即针对家父的特有产之诉（actio de peculio）。L. 42 *de peculio* (15.1.).。但这里并不涉及这一点，而涉及针对被收养之自权人本人的诉。

　　⑯ 如果人们认为，早期法学家恰恰表述的是这种情形，而编纂者删除了对过时法律制度的这些论述，那么该篇章的模糊性就得到了完全自然的解释。——Cujacius obs. Ⅶ. 11 将该篇章和与处于夫权之中的妻子所缔结之缔约联系起来，处于夫权之中的妻子根本不能承担债务，不知道夫权的缔约人应被进行上述恢复原状。因此，他认为，家女根据早期法不能承担债务，因为监护人的准可（auctoritas tutoris）是不可能的。这种观点在附录五中被反驳，因此对该篇章的上述解释是失败的。——该整个篇章一直多灾多难，这不仅因为无法得到令人满意的解释，还因为毫无根据地认为其中存在添加。即使是 nullus labor（"在被收养之自权人的情形中不会产生任何困难"）这些文辞对 Ulpian 的语言而言可能也并非不适当。Vgl. auch Plinius hist. nat. ⅩⅩⅥ. 72.："睡觉可以治愈精神错乱的人……相反，使昏睡的人醒来是困难的，为了保证这一点……［用］前胡汁。"（Phreneticos somnus sanat... E diverso lethargicos *excitare labor est*, hoc praestante... peucedani succo.）

　　⑰ L. 2 §3 *de cap. min.*（4.5.）.："没有人能从不法行为中免责，即使他已遭受了人格减等。"（Nemo delictis exuitur, quamvis capite minutus sit.）

　　⑱ L. 21 *pr. depos.*（16.3.）. 后文第七十四节会对该例外进行详细的清晰说明，特别是参见§74 注16、17。

还包括了被收养之自权人在被收养前取得之遗产中的债务；因为继承权被移转给收养家父，因此其中所包含的遗产债务也随之依法当然（ipso jure）移转。[19] 确定的例外限于这些情形。在其他一些情形中，也提及债务之诉在人格减等后继续存在，对此或者没有详细的规定，或者存在以下补充，即脱离父权人应对此享有《Macedonianum 元老院决议》*中的抗辩（exceptio Sc. Macedoniani），或享有所谓的财产能力限度照顾（beneficium competentiae）**[20]；但是，在大量的这些篇章中，始终可以推测存在裁判官的恢复原状，这种恢复原状本来就是被普遍和无条件地赋予。

但是，所有这些理论在优士丁尼法中是怎样的呢？由于裁判官的恢复原状，这些理论早已不具有实践意义。虽然人们可能对此提出反对意见，认为在其他一些情形中，例如未成年人，法律关系本身的有效（或者无效）与借助于恢复原状两者之间存在很大的区别。但该区别的重要性是因为两个原因：首先，裁判官通常保留了根据具体情况进行自由裁量的权力[21]；其次，恢复原状通常具有较短的时效。但这两者在优士丁尼法中都是完全不同的。在优士丁尼法中，债务之诉能够针对人格减等者提起，这是

---

* 该元老院决议禁止以消费借贷名义向家子借款，除非事先获得家父同意或者家子在成为自权人后对该借贷关系予以认可。——译者注

** 财产能力限度照顾，指债务人仅在自己财产能力的限度内承担责任，但如果受照顾者的财产状况改善，其仍应清偿剩余债务。——译者注

[19] Gajus Ⅲ. § 84. 参见上文注 10。

[20] L. 2 *pr.* L. 4 § 1. L. 5 *pr.* L. 7 *quod cum eo* (14.5.). L. 9 *C. eod.* (4.26.). L. 3 § 4 *de minor.* (4.4.). L. 1 § 2 *de Sc. Mac.* (14.6.). L. 58 § 2 *pro soc.* (17.2.). 关于最后这个篇章，参见 § 74 注 3。

[21] L. 1 § 1 *de minoribus* (4.4.).："……我将*根据情况*予以审查。"(*…uti quaeque res erit*, animadvertam.)

无条件的且不存在具体考量的保留条件[22]；并且这种诉不受时效限制。[23]——关于债务因最小人格减等而消灭的早期法规则，优士丁尼剥夺了其所有的实践意义，这一点在其制定法中是确定无疑的，因此其根本并未对这个早期法规则予以明确表述，我们只有根据 Gajus 才能直接确定这个规则的存在。我们当然可以从优士丁尼法中推断出上述规则，事实上，在接受了裁判官恢复原状的同时，默默废除了使该恢复原状成为必要的早期法规则，这里的逻辑并不一贯；只是如同对其他许多理论的处理方式一样，早期法的形式内容尽可能少地被废除。对于在最小人格减等这个标题下所吸纳的早期法学家的篇章，人们满足于根据这些篇章最后的实践结果仍然认为它们是有效的（情况当然是这样的），尽管当它们被表述出来时，它们在其余法的相互关联中已经不再合适。

最大人格减等和中人格减等对债务的效力完全不同。在此，之前的债务人不再负有清偿责任，但是债务并不消灭，而是如同继承一样转而由取得财产的人——通常是国库（Fiscus）——承担。如果被定罪者之后被赦免，而又重新具有市民籍，尽管如此，之前的债务之诉仍不能适用恢复原状。[24] 只有在他除了被赦免还重新取得了他的财产的情形中，之前的债务之诉才复原，并且是直接复原，而无须裁判官的恢复原状之诉。[25]

---

[22] L. 2 §1 *de cap. min.* (4.5.).："我将授予诉讼。"（judicium dabo）不存在其他情形中的附加条件：例如"事实性审查"（causa cognita）。

[23] L. 2 §5 *eod.*："这个诉讼是永久性的。"（Hoc judicium *perpetuum* est.）

[24] L. 2 pr. L. 7 §2.3 *de cap. min.* (4.5.).——L. 30 *de O. et A.* (44.7.).——L. 47 pr. *de fidejuss.* (46.1.). L. 19 *de duobus reis* (45.2.). 关于最后一个篇章，参见 Schulting 所著的 Dig. 中的注。

[25] L. 2.3 *de sent. passis* (48.23.). L. 4 C. *eod.* (9.51.).

4. 继承法

如果立遗嘱人遭受了自权人收养、最大人格减等或者中人格减等，遗嘱失效（irritum）。㉖ 与之相反，如果处在父权之下的家子就军营特有产订立遗嘱，则遗嘱并不会因为家子脱离父权而无效。㉗ 因此，人们不能一般性地绝对认为，立遗嘱人的任何人格减等都会使遗嘱失去效力。

法定继承权会因为最小人格减等而消灭，只要该法定继承权产生于《十二表法》，但与之相反，产生于新法的法定继承权则并非如此。㉘ 因此，如果两个宗亲中的其中一人遭受了此种人格减等，则不能对另一人予以继承；同样，如果庇主本人或者解放自由人发生了人格减等，则庇主丧失继承权。㉙ 与之相反，产生于元老院决议的母亲与其孩子之间的相互遗产继承并不终止，即使母亲或者孩子遭受了最小人格减等。进而言之，裁判官所确定的继承权也并不改变，故当然具有法定继承人的遗产占有（B. P. unde legitimi）* 这个例外，只要法定继承权产生于《十二表法》。——早期法的法定继承权之消灭是上文所确立规则的必然

---

* 法定继承人的遗产占有，即裁判官告示允许除子女外的其他宗亲属进行遗产占有。遗产占有（bonorum possessio），是裁判官法中的制度，裁判官可依据公平原则允许市民法规定的继承人之外的其他人对死者的遗产进行占有，要求获得遗产的人应在一定期限内向执法官提出申请，由此他成为"准继承人"，准继承人在时效取得的期限届满之前并不享有市民法上的所有权，但享有"善意拥有"（in bonis habere）的权利，能够以扩用的方式主张死者的各项权利。——译者注

㉖ Ulpian. XXIII. §4. Gajus II. §145. —— §4 *J. quib. mod. test.* (2. 17.). L. 6 §5-12 *de injusto* (28. 3.).——根据严格的市民法就是如此。只有之前的状态在其死亡之前又重新恢复，裁判官才会维持遗嘱的效力，Ulpian. XXIII. §6.。

㉗ L. 6 §13 *de injusto* (28. 3.). L. 1 §8 *de B. P. sec. tab.* (37. 11.).

㉘ Ulpian. XXVII. §5.——L. 1 §8 *ad. Sc. Tert.* (38. 17.). L. 11 *de suis* (38. 16.). L. 1 *unde legit.* (38. 7.). L. 7 *pr. de cap. min.* (4. 5.). §2 *J. de Sc. Orphit.* (3. 4.).

㉙ 对此种情形予以特别论述的是 Ulpian. XXVII. 5. Gajus III. §51.——也请参见 L. 2 §2 L. 23 *pr. de bon. lib.* (38. 2.). L. 3 §4. 5 *de adsign. lib.* (38. 4.).

结果，根据该规则，依据《十二表法》被作为继承权条件的宗亲关系和庇主关系本身因为任何一种最小人格减等而消灭。

──────────

如果我们对这里所论述的最小人格减等的特别效力予以总结，则可以看出以下效力是最为明显和重要的：宗亲关系的终止，庇主关系的终止，人役权的消灭和债务的消灭。

第七十一节　权利能力和人格减等方面的特殊权利

我们会发现，对于为数不少的权利而言，这里所确立的关于权利能力和人格减等的规则，或多或少无法适用。不适用的原因在于，那些权利尽管在形式上与其他权利相同，但更多涉及自然意义上的人或者政治意义上的人，而非法律意义上的人（私法关系的承担者），因此不会受上述无权利能力的任何影响。这些特殊权利（Anomalien）最经常也最充分地出现在财产法中；此外，一项诉权因此成为可能，而该诉权根据所确立的规则本不可能被期待；最后是与家子和最小人格减等相关的权利；但是，特殊权利绝非完全限于这些范围。——在此，首先必须提防可能的误解，即全部所属情形都处于同样的地位，以至于在每个情形中完全不能确定权利能力的确切界限。相反，这里仅指出一个共同的主导性考虑，即在具体的这类权利中（根据其个别需要），或多或少地偏离了权利能力的规则。因此，我们必须小心谨慎，不要在此过分地一般化，并且我们认为上述制度的唯一共同之处是，较之一般的法律制度，它们具有更少的法律性质。一位罗马法学家在此类的一个特别情形中，对该特征作出了非常恰当的表述：存在于事实而非法律中（in facto potius quam in jure consistit）。[①]

同时，这类情形也还具有以下一些特征，这些特征本身与权利能力没有直接关系。

（1）在所有这类情形中（也许仅有一个例外）都存在不可继承性。只有真正的权利，也即财产权，才能是继承的标的。因

---

① L. 10 *de cap. min.* (4.5.).

此，假如具有这种特殊性质之关系的承担者死亡，那么仅涉及该承担者（作为个人）的关系本身也必然会消灭。——不过，如果我们将这个规则颠倒过来，认为在所有不可继承的关系中都具有这里所说的非法律性质，那么这是完全错误的。父权、用益权、法律上的占有都是不可继承的，但它们仍然是真正的、本来的法律关系，因此完全受制于权利能力的一般规则。

（2）并非在所有这类情形中，但是在较多的重要情形中，存在"善良公正之诉"（actio in bonum et aequum concepta），但是反过来，存在该诉之处，必须始终采纳上述特殊权利，尤其是排除人格减等这种效力（§72 注 24）。然而，这一点还需要进一步阐述。——一直以来的通说观点是，这种诉讼完全取决于自由的衡平（aequitas）规则，也即取决于万民法规则，而非严格的罗马市民法规则。"善良公正"（bonum et aequum）这个表达本身也没有其他含义，而且当问题仅涉及诉权的产生根据时，事实上就不会作他想了。因此，例如，关于请求给付之诉（Condictionen）*的说法是："基于善良公正引起返还请求"（ex bono et aequo habet repetitionem）和"基于善良公正被引入"（ex bono et aequo introducta）②；并且，没有人会怀疑请求给付之诉是纯粹的财产权，其可以被继承，且受到权利能力的所有限制，因此它与这里所讨论的特殊权利完全没有关联。但是诉讼结果则与此不同，特别是涉及法官在其判决的对象和范围方面或多或少的自由裁量时。在这方面，早期罗马法程序中存在三个等级。

a. 严格法审判（stricti juris judicium），当裁判指向确定金额（certa pecunia）时。裁判官在程式中确定了一笔固定的金额，审

---

* 请求给付之诉（condictio），指以被告特有的给付义务为基本争议事项的诉讼，此类诉讼维护的是债权，与其相对的是所有权之诉（vindicatio）。——译者注

② L. 65 §4. L. 66 *de cond. indeb.* (12.6.).

判员（Judex）只能选择要么判决该特定的金额，要么完全不支持；但他不得增加或减少该金额。

b. 诚信审判（bonae fidei judicia）和仲裁审判（arbitraria judicia）。在这种情况下，程式中并没有规定可供判决的金钱数额，而是将其交由法官裁量，这一自由同样被称为"善良公正"③。不过在另一方面，法官的专断意志（Willkühr）受到了约束，即法官需要对原告的利益作必要考量，该利益的真实金额总是可以通过已知的交易关系来确定。因此，判决结果并非由裁判官而是由标的所决定，人们完全可以认为，在此类诉讼中，两名同样称职的法官总会作出金额相同的裁决。

c. 这里所述的诉讼具有完全不同的性质。在此类诉讼中，法官既不受裁判官的制约，也不受制于标的，相反，法官的裁量权必然如此自由，以至于如果两名同样正直且理性的法官判决的金钱数额一致，那么这完全是一种巧合。④ 这种异常宽泛的法官专断意志，在论述最为精确的篇章中，是以"善良公正之诉"（actio in bonum et aequum *concepta*）这一用语来表达的。乍一看，关于"concepta（被包含）"这个修饰词是否应被赋予如此独特的力量，人们或许还有所顾虑，不过，尽管这一结论看上去有些微妙，但其正当性还是可以通过以下方式加以证成。通过使用"concepta（被包含）"这一用语，对"善良公正"的指示在文辞

---

③ §30 *J. de act*. (4.6.)："基于善良公正评定"（*ex bono et aequo* aestimandi）——§31 eod. "允许审判员*基于善良公正*……评定须以何种方式满足原告。"（permittitur judici *ex bono et aequo* … aestimare quemadmodum actori satisfieri oporteat.）——当严格法诉讼（stricti juris actio）指向不确定金额（incertum）时，仍然适用相同的规则（只是自由裁量较少）。

④ 这在侵辱之诉（Injurienklage）中最为明显（Gajus Ⅲ. §224），在此类诉讼中，金额的确定毫无疑问取决于主观感受，因此，其与诸如买卖合同赔偿数额的确定没有相似之处。不过，在很多其他情形中，我们还是可以发现相同的关系，尽管并不明显，而这将在下文展开。

上被包含于程式中这一点得到了表达；亦即，在妻物之诉（actio rei uxoriae）*中（大概是这类诉讼中最古老的情形），该指示体现在程式中插入的"quod aequius melius（更加善良公正）"⑤ 这些文辞中，而在此后被纳入告示的一些情形中，则体现在以下不太古老的表述中："quanti aequum（公正的程度）"或"quanti bonum aequum judici videbitur（审判员认为符合善良公正［的数额］）"⑥。此种程式的这一部分，旨在明确表达司法裁量权有着不同寻常的自由度，在这一点上，此类诉讼较之通常的诚信诉讼（bonae fidei actiones）更为突出。⑦ 所以，当一个诉讼在罗马法中被直接命名为一项"善良公正之诉"时，那么毫无疑问，这里所述的特殊权利是适用于它的。不过，这种精确的术语并不总是被早期的法学家所遵循⑧，他们经常使用含义相同而更为一般性和不精准的用语："ex bono et aequo *est* 或 *oritur*（是基于善良公

---

* 妻物之诉，即在婚姻关系解除时，妻子及其近宗亲属根据男方在婚姻缔结时作出的关于妻子财物的保证，要求丈夫归还妻子结婚时带来的钱财的诉讼。随着嫁资制度的完全确立，此种诉讼后来也被称为嫁资之诉。——译者注

⑤ Cicero, top. C. 17, de officiis Ⅲ. 15. 在告示中出现的此一程式用语的文辞暗示，见于 L. 82 *de solut.* （46.3.），L. 66 § 7 *sol. matr.* （24.3.）。——关于这种诉讼和其他同类诉讼的相似性和区别，参见下文 § 72 注 30。

⑥ 在下列的告示篇章中可以找到这一表述：L. 1 *pr. de his qui effud.* （9.3.）. L. 42 *de aed. ed.* （21.1.）. L. 3 *pr. de sepulchro viol.* （42.12.）。

⑦ 妻物之诉属于"善良公正之诉"（由于 aequius melius［更加善良公正］这些文辞），但如果它被视为"诚信诉讼"，那也没有什么矛盾（§ 29 *J. de act.* 4.6.）。。因为通常适用于诚信诉讼的规则对其均应适用，只是要再加上一种自由度更为宽泛的司法裁量。

⑧ 以"善良公正之诉"（actio in bonum et aequum *concepta*）为名称的诉讼只有两种情况：(1) 妻物之诉（actio rei uxoriae），L. 8 *de cap. min.* （4.5.）. (2) 侵犯陵墓之诉（a. sepulchri violati），L. 10 *de sepulchro viol.* （47.12.）。此外，L. 8. *de cap. min.* （4.5.）明确指出，具有此项特征的所有诉讼，总是也同时免于人格减等的影响。参见下文 § 72 注 24。

正的或源自善良公正）"⑨，而且上文已经阐明了这种用语的歧义性，因此，我们不能仅从这种用语便推断出诉讼的特殊性质，毋宁说在这些情形中，该性质总是必须首先基于其他理由来证实。⑩

上文已经强调，这里提及的特殊权利大多是诉权，尤其是例外地可由家子主张的那些诉权。为了使这一点在具体适用中变得完全清晰，相较于上文对家子权利能力的一般性说明（§67），家子的诉讼能力在这里必须预先被更为细致地阐明。亦即，家子的诉讼能力如下。

Ⅰ. 作为被告，进一步而言：

A. 以其自己的名义。在此情形下并无困难，因为家子和无

---

⑨ 以下情形均属之：（1）侵辱之诉，L. 11 §1 *de injur.* （47.10.），从一些暗示中可知，毫无疑问"善良公正"（bonum aequum）这个文辞曾出现于该种诉讼的程式中。L. 18 *pr. eod.* L. 34 *pr. de O. et A.* （44.7.）. （2）倒泼致害之诉（actio de effusis），L. 5 §5 *de his qui effud.* （9.3.），关于此种诉讼，我们从告示的篇章直接得知，那些独特的文辞曾存在于程式之中。L. 1 *pr. eod.*——在这一方面，丧葬之诉（funeraria actio）尤为值得注意。它不仅仅源于善良公正（ex bono et aequo），而且审判员在其中也享有极为自由的裁量（L. 14 §6 *de relig.* 11.7.）；然而，它是一种一般性的财产诉讼，我们的特殊权利肯定对其无法适用。因此，它也不是"善良公正之诉"，换言之，不仅仅是这个名称对其未被提及（在侵辱之讼中，这可能被偶然提及），而且我们从保存的告示篇章中得知，那些文辞并未出现该种诉讼的程式之中。L. 12 §2 *de relig.* （11.7.）.【丧葬之诉，即当某人主动地代替死者的亲属为死者筹办丧葬事宜时，只要该人所支出的费用与该丧葬活动有关并且与死者的社会经济地位相符，他就可以针对死者的继承人提起此诉讼，要求对有关费用给予补偿，并因此而对死者的遗产享有优先求偿权。——译者注】

⑩ Cujacius 正确地认识到区别于单纯"诚信诉讼"且与"更加善良公正"（aequius melius）程式相关的"善良公正之诉"的特征，并且，他同样正确地将其适用于下列四类诉讼之中：嫁资之诉（de dote）（妻物之诉［rei uxoriae]）、侵辱之诉（injuriarum）、倒泼致害之诉（de effusis）和侵犯陵墓之诉（sepulchri violati）。Cujacii observ. XVII. 14，几乎完全相同的文字，出现在对 Paulus ad edictum 的注释中，见于 L. 9 *de cap. min.* （Opp. T. 5, p. 161）. 。但是，他并没有给出属于此类诉讼的应有范围，而只有探究其范围，我们才能真正理解它。

从属之人一样，能够处于完全有效的债之关系中，并且因此能够被诉（§67）。

B. 以其父亲的名义。如同任何其他人一样，儿子可以被其父亲指定为诉讼代理人（Procurator）[11]，但除此之外，亦如同任何其他人一样，他不能代理被诉的父亲。尤其是，如果人们认为儿子可以在未经委托时为其父亲承担因儿子所引起的特有产之诉（actio de peculio），那么这种观点是完全错误的。儿子固然引起了此项诉讼，不过一旦诉讼产生了，他就不再与该诉讼有任何联系，而该诉讼与父亲的任何其他债务具有相同性质。

Ⅱ. 作为原告：

A. 以其父亲的名义。儿子也可以像其他任何人一样，被其父亲指定作为诉讼代理人（注11），除此之外，儿子通常无权进行这种代理。尤其是，在父亲给予儿子特有产（Peculium）的情形中，绝不涉及在法庭前通过诉讼来主张其中所包含之权利的委托。[12]——然而，在例外情形下，当父亲缺席且因此诉讼不得不停止或者长期推迟时，儿子有时可以作为父亲的推定的诉讼代理人，提起扩用诉讼（utilis actio）。此外，这适用于因盗窃、身体损害、消费借贷、寄托和委托而提起的诉讼，特别是

---

[11] L. 8 *pr. in f.*, L. 35 *pr de proc.* (3.3.).

[12] 一个值得注意的追念见于 L. 8 *pr. C. de bon. quae lib.* (6.61.)。在所谓的非常外来产（adventicium extraordinarium）情形中，儿子为了起诉，总是需要获得父亲的同意，不过该同意能被强制作出，因此这是追忆早期法律的一种空洞形式。"有必要通过审判员职务将仅由儿子提起诉讼或者辩护的同意强加给父亲，*以防审判在没有父亲意愿的情况下被认为不存在*。"（Necessitate per officium judicis patri imponenda tantummodo filio consentire, vel agenti, vel fugienti, *ne judicium sine patris voluntate videatur consistere.*）"vel fugienti"（或者辩护）这几个字似乎是由于一贯完整性的错误假象所造成的疏忽而出现的：因为根据早期法律，儿子自身可以单独被起诉，即便父亲不知情甚或违背其意愿，L. 3 §4 *de minor.* (4.4.)。

当这些侵害或法律行为涉及儿子个人而发生，因此儿子自己可能已为父亲取得了这些诉权时。在某些这类情形中，还需要额外补充支持的理由，即若非如此，儿子自身可能会处于困境，例如其旅费被借或因盗窃而丢失；然而，这绝不会被视为该规则的一般性根据或条件。[13] 在这些情形中，诉讼的取得与特有产是否相关，完全不重要。没有必要为因此而被允许的诉讼设定严格的界限，因为在这些情形下，是否允许儿子介入诉讼总是取决于当局机关（Obrigkeit）的自由裁量。不言而喻，这些诉讼的利益必须总是由父亲取得。

B. 以其自己的名义。只有这种情形才属于我们这里所说的特殊权利，因其之故，迄今所明确指出的也都是类似的一些情形，因为只有在这种情境中，该情形才可能根据其性质而被正确地理解。——原则上，儿子不能以自己的名义起诉，因为他自己不享有那些通过诉讼而得以实现的权利[14]：他不能请求返还所有物（vindiciren），因为他没有所有权；他不能提起债务诉讼（Schuldklage），因为他不能是债权人。因此，这种无能力的根据是实体性质的，绝不是要将儿子特别排除于诉讼行为外；所以，儿子不得基于发生在父权存续期间的此等事实而起诉，在父权消灭之后

---

[13] L. 18 § 1 *de judic.* (5.1.). L. 17 *de reb. cred.* (12.1.).

[14] L. 13 § 2 *quod vi* (43.24.)."［拉贝奥］还说，在特有产的事件中，没有人被认为会针对家子暗中行事；因为如果某人知道他是家子，那么这个人就不会被认为为了隐瞒家子行事，*因为他确信家子对自己没有任何诉权*。"(Idem ait, adversus filiumfamilias in re peculiari neminem clam videri fecisse；namque si scit eum filiumfamilias esse, non videtur ejus celandi gratia fecisse, *quem certum est nullam secum actionem habere*.)

通常也是如此。⑮——但是也存在重要的例外情形，家子能够以自己的名义起诉，这正是我们提及的特殊权利，现在必须立即对其进行具体阐述，并且为了这个缘故，此一整个考察被前置了。⑯特别重要的是，要将这些例外情形与上文提及的那些情形作细致区分，在上文的情形中，儿子不是以自己的名义，而是作为推定的诉讼代理人起诉；我们的学者经常将两者混为一谈。——其中主要的区别在于，在儿子以自己之名义出庭的这类情形中，当局机关的裁量，特别是父亲的异议，并无影响，但是

---

⑮ 例如，某物从儿子的特有产中被偷走时，是父亲而非儿子取得盗窃之诉（furti actio），因为盗窃侵害的是父亲而非儿子的权利；脱离父权也不能对此加以改变。不过，假设儿子租赁了一匹马，而这匹马被偷了，那么父亲或儿子的权利都没有受到侵害；但是儿子有义务赔偿出租人，由此，盗窃之诉被转移给儿子，就像是被转移给作为自权人（sui juris）的承租人一样（L. 14 §16 *de furti*s 47.2.），并且当父权消灭后，儿子可以独立地进行诉讼，因为其对出租人的债务始终是继续存在的。（在父权存续期间，该诉讼处于中止状态，因为父亲对此没有利益，L. 14 §10 *de furtis* 47.2.）L. 58 *de furtis*（47.2.）也由此而得到解释："如果家子被盗窃，在他成为家父时能正当地以他的名义起诉。但是如果租给他的东西被盗窃，他成为家父时同样能够起诉。"（Si filiofamilias furtum factum esset, recte is paterfamilias factus eo nomine aget. Sed et si res ei locata subrepta fuit, paterfamilias factus ibidem agere poterit.）该篇章中提到的第一种情形只能被理解为一种军营特有产（castrense peculium），因为直至 Julian 的时代，只有在这种情形下，人们才能说针对儿子实施了盗窃。也许 Julian 表达了这一点，而编纂者却省略了它，因为编纂者记得在他们那个时代，儿子除此之外也可以拥有自己的财产。关于这个篇章，Vgl. Cujacius obs. XXVI. 5，以及几乎相同文字的以下篇章，Recitat in Juianum, Opp. VI. 500.。

⑯ L. 8 *pr. de proc.*（3.3.）一般性地说明了此等例外的存在："如果这是他自己可以提起的诉讼。"（si quae sit actio qua ipse experiri potest.）然而，L. 9 *de O et A.*（44.7.）中的说法更为明确："正如 Julianus 认为的那样，除侵辱之诉、制止暴力和欺瞒令状、寄托之诉和使用借贷之诉外，家子没有任何*以自己的名义*的诉权。"（Filiusfamilias *suo nomine* nullam actionem habet, nisi injuriarum, et quod vi aut clam, et depositi, et commodati, ut Julianus putat.）其中，"以自己的名义"（suo nomine）这一用语与 L. 18 §1 *de judic.*（5.1.）中推定委托的情形相比，形成了鲜明的对比。然而，正如马上就会指出的那样，除了这四种诉讼以外，还有许多其他类型的诉讼可以由儿子以自己的名义提起，由此就产生了问题，即应如何解决这种矛盾。或许相较于其他情形，这四种情形更早被人注意，且得到一般性的承认。

78

在上文提及的一般情形中，父亲的异议无疑会阻碍儿子的诉讼。⑰如果通过此类诉讼取得了财产权，例如通过金钱支付而取得，则该收益总是属于父亲，虽然儿子能够且实际上已经以自己的名义起诉。

然而，一项在早期诉讼程序中存在的困难必须被提及。在大多数诉讼程式中，原告被称为权利的持有人（Inhaber），例如：如果奴隶根据市民法被证明属于［原告］奥卢斯·阿格里乌斯＊（si paret hominem ex jure quiritum Auli Agerii esse），或者：如果被证明［被告］努梅利乌斯·内吉迪乌斯＊＊应当向［原告］奥卢斯·阿格里乌斯支付一万塞斯特斯（si paret N. Negidium A. Agerio SS. X. Milia dare oportere）。在第一种情况下，原告被称为所有权人，在第二种情况下则被称为债权人，然而家子通常并不能成为这二者。这种困难如此重要，以至于儿子因此能够通过要式买卖为父亲取得，但不能通过拟诉弃权（in jure cessio）取得，因为后者系以所有权之诉（Vindication）为基础（尽管只是象征意义上的）。⑱在我们所讨论的具有特殊性质的情形中，应如

　＊　奥卢斯·阿格里乌斯，原告空白名。——译者注

＊＊　努梅利乌斯·内吉迪乌斯，被告空白名。——译者注

⑰　当然，L. 18 §1 *de jud.*（注13）中并未明确指出，儿子作为父亲的诉讼代理人起诉，但基于下列原因，必须作此假定。首先是考虑到与 L. 9 *de O. et A.* 中"以自己的名义"所形成的对比，"以自己的名义"起诉显然仅适用于特定的具体情形，而 L. 18 *cit.* 中提及的儿子的权利则具有如此普遍的性质，以至于对此只说明了具体的例子。其次，根据 L. 18 *cit.*，儿子只是在没有人以父亲的名义起诉（si non sit qui patris nomine agat）时才应享有这一权利；通过任何真正的诉讼代理人，甚至经由父亲的反对，儿子将因此被排除在诉讼之外。最后，此种推定的委托，只是众多血亲与姻亲（Affinen）情形中同样委托的一种具体适用（L. 35 *pr. de proc.*）。此处特别提及了与儿子相关的这种委托，并对此详尽地辨明，这是因为原则上家子根本不能作为原告出庭（参见注14）。

⑱　Gajus Ⅱ. §96.

何解决这种困难呢？通过两种方式。首先，通过一项"涉及事实的程式"（formula in factum concepta）*，其中，作为判决条件而被表达出来的并非如同上述程式中那样是原告的权利，而仅是单纯的事实。为了我们所讨论的具有特殊性质的情形而特别引入此类程式并非绝无可能，至少值得注意的是，Gajus 所提及的关于涉及事实的程式的几个情形，同时也属于具有特殊性质的情形，于此儿子能够以自己的名义（suo nomine）起诉。[19] 其次，以一种更彻底的方式，此时法律争议一般并非由一名审判员或通过一项程式作出裁判，而是由一名执法官（Magistratus）以非常审判（extraodinatia cognitio）的方式来裁判。[20] 第一种方式，仅仅适用于家子的具有特殊性质的诉权，而第二种方式则具有极为广泛的适用范围，而且其因此也为奴隶的具有特殊性质的请求权特别提供了诉讼程序形式（Prozeßform），我们很快就会对此加以论述。

此处提及的关于家子诉讼能力的所有内容，不同性别均得适

---

* 在程式诉讼中，原告针对被告所提出的诉讼主张，要么涉及权利（in ius concepta），即保护特定的法律关系或者法律状态，要么涉及事实（in factum concepta），即保护违背法律明确规定的事实状态。——译者注

[19] Gajus II. § 46, 47. 由此可以解释 L. 13 *de O. et A.* (44.7.). "家子也可以提起事实之诉。"（In factum actiones etiam filiifamiliarum possunt exercere.）这个篇章经常被人误解，好像儿子可以提起所有类型的事实之诉（actiones in factum），这与 L. 9 *eod.*（见上文注 16）中的观点存在尖锐矛盾。根据后者的观点，对于所有情形只允许提起一个诉讼，而 L. 9 *cit.* 对此类诉讼的列举可能并不足够充分。然而，L. 13 *cit.* 的真正意义即在于此：在关于涉及事实的程式中，家子并不会因诉讼程序的形式而被限制提起诉讼；因此，家子通常是可以利用这些诉讼的，前提是他们也有起诉的实体权利。此外，下述对立也能够与这一区分关联起来：存在于事实而非法律中（in facto potius quam in jure consistit），但并非仅与该区分关联。

[20] L. 17 *de reb. cred.* (12.1.) "非常审判（extraordinario judicio）"。（注 13）【非常审判，与程式诉讼相对，并在之后成为主要的诉讼形式。——译者注】

用，因此对于儿子和女儿以相同方式适用。[21]

不过，迄今为止，所有内容都是从早期法的立场加以考察的；之后引入的有关父权影响的修正，也导致了巨大变化，这些内容将在下文予以更充分的讨论。

---

[21] 关于儿子与女儿相同的债务能力，参见附录5.——关于诉讼能力的特别适用所涉及的内容，L. 8 *pr. de proc.* （3.3.）对于二者以完全相同的方式提了。同样以此方式，L. 3 §4 *commod.* （13.6.）进行了更为精确的考察，其中相当偶然提及的第二项主张：涉及家子的情形时（cum filio autem familias）等，并未对于女儿进行重复，这毫无疑问是因为法学家假定每一位读者都会自动做这样的考虑。如果法学家认为两个性别存在差异，那么其必然会采取另一种表述。——女性通常不得充任诉讼代理人（L. 1 §5 *de postul.* 3.1.），即使为了父亲，也只是在例外情况下，即经事实性审查（causa cognita），当父亲没有其他的诉讼代理人时，女儿才能充任。L. 41 *de proc.* （3.3.）。

第七十二节　权利能力和人格减等方面的特殊权利（续）

104　　该特殊权利的性质在第七十一节已经确定，现在我将转而阐述属于特殊权利的具体情形。它们大致可以分为四种类型。

Ⅰ. 与生活供养（Lebensversorgung）有直接关系的权利

通过所有权，如同通过产生所有权的债务，我们获得了达致目标的手段，但是在选择及形成目的时，以及在运用手段时，我们的自由必须绝对地占据支配地位。因此，当上文将财产解释为扩展的个人权力时（§53），其恰恰意在表达，我们的意志对于实现不特定目的之外在手段的这一支配地位。这种关系可以通过任何财产权能够分解出的金钱价值得到最清晰的解释。金钱本身并没有可使用性（Brauchbarkeit），其意义仅仅是不特定目的之手段，因此是得到无条件扩展之自由的手段。然而，当前存在某些权利，其固然也能够照顾到我们的目的和需求，但借此获得的

105　自由要么全部消失，要么减弱（zurücktritt），以至于我们自己就处在某种监护之下。在这些权利中，权利能力的一般限制有时看起来完全消失，有时则看起来被修正了。一个例子会让这个对立变得清楚。如果要向一个穷人提供免费食物，可以这样来进行，即每月为其向旅馆支付一定金钱，从而使其获得每天在旅馆吃饭的权利。这就是这样一种具有特殊性质的权利，此种善行要与监护性限制相结合。然而，基于相同目的，也可以在每月月初以现金形式支付给那个穷人同等数目的金钱，从而使其能够获得与第一种情形相同的利益。只是在后一种情况下，他的自由将不会受到限制，他还可以将这笔钱用在别处，无论是好是坏，例如，他可以满足于廉价的食物，而将大部分金钱分给其他穷人，或者挥

霍在赌博上。——在罗马法的一个篇章中，它对那些具有特殊性质的债作出了恰当的表达："被认为有实物给付"（naturalem praestationem habere intelliguntur）①，也就是说，它们旨在基于生活必需的直接馈赠而进行实物给养（Naturalverpflegung），而没有像处分一笔钱时那样通过我们的自由予以促成。因此，当我们的法学家希望对这一表述赋予与万民法、诚信（bona fides）甚至自然之债（naturalis obligatio）的一般性关联时，这是完全错误的；特别是最后一种解释可以通过这样的方式直接反驳，即所引篇章中提及的是一种可诉的债（市民法之债［civilis obligatio］）。

属于这类情形的具体法律制度如下。

A. 扶养必需品的遗赠（Legat von Alimenten）

这里的扶养必需品采取严格意义，仅是一种维持身体存续的手段。为对抗饥寒，食物、衣服和住所均属扶养必需品；所有其他东西都在此概念之外，特别是实现精神享受和精神发展的手段。② 此外，只有在上述严格意义上，我们才能发现某些相同的且普遍有效的内容，因为为满足这些目的所提供的必需品对所有人来说都是一样的，尽管满足的方式和范围可能有所不同。因此罗马人在这里极大地偏离了权利能力的一般规则，因为连奴隶也可以享有这些权利，并且也不会因最大人格减等而消灭。然而，必须被理解的是，当扶养必需品被遗赠给一般的奴隶时，这并不是我们所说的特殊情形；他的主人由此而获得了节省奴隶供养成本的利益，主人通过奴隶取得这一权利，就如同其可以取得遗赠

---

① L. 8 *de cap. min.* （4.5.）.
② L. 6 *de alim. leg.* （34.1.）："食物、衣服和居住权作为扶养必需品的遗赠应归于［受遗赠人］，因为没有这些东西，身体就不能被扶养；其他有关学习的东西，不包括在遗赠中。"（Legatis alimentis cibaria, et vestitus, et habitatio debebitur, *quia sine his ali corpus non potest*: cetera, *quae ad disciplinam pertinent*, legato non continentur.）

给奴隶的任何所有权一样,所以这也不构成权利能力规则的例外。③ 与之相对,特殊权利适用于以下情形。第一,在无主奴隶的情形下。刑罚奴隶(servus poenae)*可以取得此种遗赠,而且一个取得该遗赠的自由人也不会因最大人格减等而失去遗赠;除此以外,给予一个刑罚奴隶任何其他的遗赠都是无效的,因为他本人是无能力的,而且他也没有主人从而可以为该主人取得遗赠。④——此外,此种特殊权利在许多情形下是显而易见的,在这些情形下,奴隶自己的主人会被强制要求向其奴隶提供扶养必需品使其免于挨饿;当奴隶未来的自由或该奴隶被转让给其他主人已经得到了法律上的保障时,上述情形就会发生。⑤——不过,

---

* 刑罚奴隶,指因犯罪而被判处死刑或者苦役刑的奴隶。——译者注

③ L. 42 *de condit* (35.1.) "……如果食物被遗赠给 Titius 的奴隶们,毫无疑问,遗赠是主人的而非奴隶的。"(…si cibaria servis Titii legentur, procul dubio domini est, non servorum legatum.) L. 15 §1 *de alim. leg.* (34.1.).

④ L. 3 pr. §1 *de his quae pro non scr.* (34.8.) "如果给被判处矿场苦役刑的人除了出于扶养原因以外的东西,这个东西就没有写[在遗嘱中](作者注:因此,扶养必需品是有效的),但也不属于国库;因为奴隶是刑罚奴隶不是皇帝的奴隶,从而 Pius 皇帝这样批复。"(Si in metallum damnato quid *extra causam alimentorum* relictum fuerit, *pro non scripto est*, nec ad fiscum pertinent; nam poenae servus est non Caesaris et ita D. Pius rescripsit. etc.) L. 11 *de alim. Leg.* (34.1.). "一个被按年提供扶养必需品的人,被判处矿场苦役刑,由于君主的仁慈而恢复了[权利]。我认为他已经正当地取得了之前年份的扶养必需品,接下来[年份]的[扶养必需品]也归于他。"(Is cui annua alimenta relicta fuerant, in metallum damnatus, indulgentia Principis restitutus est. Respondi eum *et praecedentium annorum recte cepisse alimenta*, et sequentium deberi ei.) praecedentes anni(之前年份)指的是在恢复前,因此在奴隶状态期间,而不是作出有罪判决前,在此方面无论如何应无疑问。

⑤ L. 17 *de alim. leg.* (34.1.). L. 16 *de annuis leg.* (33.1.). "一个奴隶被命令在十年后获得自由,并且从主人去世的那天起,每年留给该奴隶一笔遗赠;遗赠将在他已经自由的那些年里归属于他;*但在此期间,继承人不得不为该奴隶提供扶养必需品。*"(Servus post decem annos liber esse jussus est, legatumque ei ex die mortis domini in annos singulos relictum est: eorum quidem annorum, quibus jam liber erit, legatum debebitur: *interim autem heres ei alimenta praesstare compellitur*.) 最后一种情形是需要特别注意和说明的。年金的遗赠是一般性的遗赠,奴隶对此是无能力的;因此,在受遗赠人仍然是奴隶的受限制的期间内,遗赠被转化为奴隶有能力的、扶养必需品的遗赠,且奴隶自己的主人被强制支付,这完全符合立遗嘱人的毋庸置疑的意义。

这种原则以何种形式实行并非完全清楚；但其无疑是根据遗产信托（Fideicommisse）的形式，因此可能也只有自遗产信托获得法律效力时，通过当局机关以非常审判方式（extra ordinem）实现的。⑥

这一情形不能和另外一种外在和表面上具有相似性的情形相混淆。定期金（periodischen Geldrente）遗赠（年金遗赠或月金遗赠［annuum，menstruum legatum］），和任何其他类型的金钱遗赠具有相同性质，因为它赋予了受遗赠人对每次的金额极为自由的处分，而这和扶养必需品遗赠完全不同。正因如此，它并不属于我们的特殊权利，奴隶对此没有能力。⑦尽管如此，这样的遗赠也被认为不因人格减等而消灭。⑧但是，相较扶养必需品的情形，此种遗赠有一个完全不同的理由。亦即，此种年金（Jahresrente）被看作似乎是不同的、彼此独立的遗赠，因此，例如受遗赠人脱离父权不应剥夺他对未来的、尚未被提供之遗赠的

---

⑥ 这在 L. 17 *de alim. leg.*（34. 1.）中被称为"审判员职务"（officio *judicis*），但并不构成有效的反对理由，因为在 L. 3 *eod.* 中，它也被称为"审判员们通常在扶养必需品案件中对被解放的奴隶进行分配"（Solent *judices* ex causa alimentorum libertos dividere），从篇章的发展及题引（Inscription）中可以清楚地看出，这也就是执政官（Consuln）的意图（Vgl. §1 *J. de fid. her.* 2. 23.）。较为一般性的名称"judex（审判员）"在此可能被用以同样包含执政官（Consuln），以及遗产信托裁判官（Fideicommissarprätor）。但至少确定的是，在普通诉讼程序中，奴隶是不能在城市裁判官（praetor urbanus）面前出庭的。【遗产信托裁判官，即由克劳迪皇帝设置的、专门负责审理遗产信托案件的裁判官。城市裁判官，即负责审理发生在罗马市民之间的争议案件的裁判官，并且只限在罗马城内行使其司法权。——译者注】
⑦ 根据 L. 3 *de his quae pro non scr.*（注4），超出扶养必需品的对于刑罚奴隶的所有遗赠均为无效；年金遗赠（annuum legatum）同样如此。——同样在 L. 16 *de ann. leg.*（注5）中的情形，为使年金遗赠对奴隶得以适用，其首先会被转化为一种扶养必需品遗赠（Alimentenlegat）。
⑧ L. 10 *de cap. min.*（4. 5.）. L. 8 L. 4 *de ann. leg.*（33. 1.）.

请求权。⑨ 这种情形被作为与用益权（Usufructus）完全类似的情形来对待，当用益权逐年重复，或在因人格减等而消灭的情形中重复，或者以明确规定的一段期间（终身或 10 年）被遗赠时，其也例外地不应因人格减等而消灭。⑩ 此种用益权当然不是特殊权利，而是受到权利能力一般规则的制约，且人格减等只是不应破坏用益权所包含的未来的（尚未被提供的）遗赠。

B. 居住权（habitatio）和劳作使用权（operae）的遗赠

居住权，顾名思义是指在特定建筑物中居住的权利，它也因此构成扶养必需品这个完整概念的要素之一（注 2）。因此，如同完整意义上的扶养必需品一样，居住权自然被认为具有更多事实上的属性，而非法律上的属性，因此在权利能力和人格减等方面也具有类似的独立性。只有后面这一点被明确表达，而且其恰要回溯到关于该制度之事实属性的理由。⑪ 因此，这是基于以下考量。如果一个人想要给予他人居住利益，可以为达成此目的使用不同的手段。他可以给他人金钱供其购买或租赁房屋；他也可以向他人给予房屋的所有权或用益权。在所有这些情形中，另一方均得以维持广泛的自由空间，因为即使是在其获得用益权的情形

---

⑨ 罗马法学家是否有时并没有忽略这种区别，可能是有待确定的。人们可能会这样认为，根据 L. 10 *de cap. min.* （4.5.）:"如果一个遗赠被每年或每月提供，或居住权被遗赠，……［发生了］人格减等……［遗赠］继续存在，*因为这种遗赠是存在于事实而非法律中的*。"（Legatum in annos singulos, vel menses singluos relictum, vel si habitatio legetur,…capitis deminutione…interveniente perseverat, *quia tale legatum in facto potius quam in jure consistit.*）这个理由恰当且真正地描述了我们的特殊权利（§71）。正如很快将会指出的那样，事实上它也适用于居住权（habitatio），同样也适用于扶养必需品遗赠，但不适用年金遗赠。然而，我们也不能明确断言早期法学家是否确实应该就此而受到指责，因为这种表象可能只是因为摘录是从上下文中截取而来这种方式而产生的。

⑩ L. 1 §3 L. 2 §1 L. 3 *pr.* §1 *quib. mod. usus fr.* （7.4.）. L. 8. *de ann. leg.* （33.1.）. *Fragm. Vat.* §63.64.

⑪ L. 10 *de cap. min.* （见上文注 9）. L. 10 *pr. de usu* （7.8.）。

下，他也可以将该房屋出租并挥霍租金。即使使用权涵盖使用整栋房屋，使用权人也能够出租该房屋的空余部分。然而，如果此种权利被严格限制于他人可以在房屋中获得的居住利益，那么这就和上文所述的分配免费救济食物这种情况极为相似，并且这是处于一种严格监护之下的部分供养，也就是说，不给权利人的自由留有任何空间，换言之，这是一种实物给付（naturalis praestatio），因此人格减等自然对此没有适用余地。⑫此种类型的遗赠经由后来善意的解释而被扩张，首先法学家对"使用权"的范围进行了扩张，之后优士丁尼对"用益权"的范围进行了扩张，这与当前的解释并不矛盾⑬；这类扩张属于该制度的后期改造，与之相伴，如果仍然维持产生于早期受限制性质的排除人格减等，则是前后矛盾的。假使居住权总是被视为一种房屋使用权或用益权（usus oder usufructus aedium），那么绝对没有理由认为它比任何其他使用权或用益权具有更少的法律属性。

类似的情况发生在关于劳作使用权（operae）的问题上，劳作使用权即通过特定奴隶获得劳务（Dienste）的权利。这种利益也可以通过对该奴隶的所有权或用益权来实现，这两者都是严格的法律关系；然而，它也可能作为实物给付而发生，类似于居住权。想要找到劳作使用权与对奴隶的使用权之间的区别，当然不太可能；这种劳务（Bedienung）不像住宅一样属于严格的生活

---

⑫ Thibaut Abhandlungen N.2 认为，根据术语，"居住权"（habitatio）一词的意思是作为施舍穷人的临时住所（Quartier），因此它与扶养必需品处于相同的地位，并且出于纯粹的慈善，排除了人格减等的适用。在大多数情况下，"居住权"很可能被赋予这种意义，但这纯粹是偶然的巧合，其法律特性的真正依据并不在此。

⑬ L. 10 *pr. de. usu*（7.8.）. L. 13 *C. de usufructu*（3.33.）. § 5. *J. de usu*（2.5.）.

需要，因而也不属于扶养必需品。尽管如此，在罗马法中，如果某一形式的奴隶劳务对于每个自由人来说通常极为必要，那么基于和居住权相同的原因，在劳作使用权的情形中，因人格减等而消灭同样被排除。⑭ 这项权利与用益权一样，后来也被大大扩张，以致最终被允许转移给继承人，至于其原因我们并不知晓。⑮——此外，涉及该特征的这两项权利，一般都单纯作为遗赠的客体而被提及，因此我们并无理由认为它们有不同的产生方式。⑯

C. 妻子的嫁资权（Dotalrecht）

这一重要法律制度的特点大部分可以用此处所述的特殊性质加以解释，该制度也具有此种特殊性质，并且近期法学家的错误之所以会产生或者变得根深蒂固，主要就是因为他们忽略了从这个角度来理解该制度。但是，该制度的这一特殊性质在婚姻期间以及婚姻消灭之后，都得以展现。

在婚姻期间，嫁资（Dos）完全属于丈夫的财产，而非妻子。丈夫对于嫁资中的物享有真正的市民法（ex jure quiritium）和善

---

⑭ L. 2 *de op. serv.* (7.7.).

⑮ L. 2 *de usu leg.* (33.2.) 此外，在此处总结的诸多权利中，这似乎是唯一一种可被转移给继承人的权利；但是，其依据无疑只能是其新近的改造，而不能是被列入特权权利之内的这个概念。——其他人就此只承认使用权的权限。L. 5 *de op. serv.* (7.7.).——对于被流放者的考虑或许是这种变化的实践诱因，因为被流放者可以以这种形式取得或保有奴隶提供的劳务，然而他既没有能力取得或保有所有权，也没有能力取得或保有用益权或使用权。

⑯ 通过拟诉弃权而成立，并不适合于这种制度的非严格法律性质。当所有权人在让与房屋时，为己保留了居住权，那么他所保留的是一般的使用权，而不是居住权的特殊权利。L. 32 *de usufr.* (7.1.).——该权利能否引起一项诉讼未被说明，但其至多可能就是"涉及事实的程式诉讼"，例如，如果居住权遗赠被证明属于 Gajus（si paret habitationem legatam Gajo esse）等。

意拥有（in bonis）*的所有权⑰；如果提供嫁资者并不是嫁资的所有权人，那么丈夫可以时效取得嫁资（pro dote usucapiren）；丈夫也可以就嫁资提起所有权之诉，如果妻子占有嫁资的话，丈夫甚至可以对妻子本人提起这一诉讼⑱；丈夫还可以将嫁资让与，甚至可以将其让与给妻子本人⑲，并且当实在法（《Julia 法》）特别禁止丈夫转让嫁资中的不动产时，恰恰是此种实在法禁止的可能性和必要性，构成了丈夫享有真正所有权的决定性证据。不过另一方面，嫁资也被认为属于妻子，并且是她的财产（patrimonium）。⑳ 这种表面上的矛盾，只能通过承认整个制度中的特殊性质来解释。丈夫拥有嫁资这一财产，同样其也需要承受婚姻的负担（Lasten），主要是扶养妻子的负担。因此，妻子获得了嫁资的利益及享用（Genuß），但这不被任何现有的诉讼所保护，而只是通过婚姻生活的一般性安排（Einrichtung）来保护。因此，妻子的利益也属于实物给付，并且实际上可以说，她的权利是"存在于事实而非法律中"（in facto potius quam in jure consistit）。优士丁尼曾以如下文字表达了同样的观点㉑："因为这些财产在一开始就属于妻子，而且天然地一直在其所有权中。因为事情的真相没有被法律的精妙之处所破坏或混淆，根据该法律，该财产被认

---

* 善意拥有，是典型的古典法制度，表现为一种与市民法所有权相平行的特殊所有权，这种所有权受到裁判官法的保护。善意拥有制度主要适用于未严格按照市民法的程式接受或取得物的情况，例如，采用简单的让渡方式取得要式物，而未采用要式买卖或者拟诉弃权，在此情况下，物的取得者向裁判官申请对其善意拥有状态的司法保护，以对抗原所有主的返还请求。——译者注

⑰ L. 75 *de j. dot.* (23.3.) "即使嫁资在丈夫的财产里，嫁资也是妻子的……即使*所有权在丈夫这边*"（Quamvis *in bonis mariti dos sit*, mulieris tamen est…quamvis *apud maritum dominium sit*）等。Gajus Ⅱ. § 63.

⑱ L. 24 *de act. rer. amot.* (25.2.).

⑲ L. 58 *sol. matr.* (24.3.).

⑳ L. 75 *de j. dot.* (见上文注 17). L. 3 § 5 *de minor.* (4.4.)。

㉑ L. 30 C. *de j. dot.* (5.12.).

为在丈夫的个人财产中。"（cum eaedem res et ab initio uxoris fuerint, et naturaliter in ejus permanserint dominio. Non enim, quod legum subtilitate transitus earum in patrimonium mariti videatur fieri, ideo rei veritas deleta vel confusa est.）这里并不像许多人所认为的那样，在基于"善意拥有"（in bonis）和市民法（ex jure quiritium）之间，或者其他新创造的所有权分类之间存在着对立，相反，该段只是指出了由"存在于事实而非法律中"（in facto potius quam in jure consistit）这句话在其他地方表达过的内容。——现在，非常自然的是，无论妻子是否处于父权之下，她所享有的此种事实上的利益都完全相同，甚至也不会因为人格减等而受到影响。[22] 嫁资财产的独特命运也可以由此得到解释。亦即，如果妻子的丈夫处于父权之下，那么他的父亲是嫁资的真正所有权人，但无论如何，该嫁资都不会像父亲的其他财产一样被对待。因为，如果儿子脱离父权、被收养或被剥夺继承权，同样地，如果儿子在父亲死后只能获得父亲遗产的一部分，那么嫁资总是和他父亲的其他财产相分离，该嫁资与婚姻的负担不可分割地联系在一起，而跟随着丈夫。[23]

婚姻解除后，构成早期妻物之诉（actio rei uxoriae）之内容的债替代了上述关系，之前的那些特征也被保留在该诉讼中，甚至正是在此处，那些特征才相当明显。根据债的目的，此种债的标的应当构成实物给付的基础（且即使在婚姻消灭后，也可能产生新的婚姻），因此，此类诉讼在很大程度上独立于受限制的权

---

[22] 因此，对于作为父亲之自家继承人（sua heres）的妻子而言，也有必要授予嫁资。L. 1 *pr.* § 8 *de dotis coll.* (37.7.).

[23] L. 1 § 9 *de dote praeleg.* (33.4.). L. 46 L. 20 § 2 L. 51 *pr. fam. herc.* (10.2.). L. 45 *de adopt.* (1.7.) 结合 L. 56 § 1.2 *de j. dot* (23.3.).

利能力和人格减等的影响。㉔ 这一重要的基本原则在以下适用中得到体现。如果丈夫遭受人格减等,根据适用于其他债务的规则(§70注10),他的嫁资债务本应必然消灭;然而,事实上该债务并不消灭,而是继续与丈夫本人结合在一起(注23),以至于就其他债务所规定的返还对此是不需要的。——对于处于父权之下的妻子而言,提起妻物之诉(actio rei uxoriae)的权利无疑属于其父亲,但她不仅可以通过提出异议来阻止这一诉讼㉕,而且她也经常能自己提起这一诉讼:如果其父亲处于精神错乱状态或基于其他原因不能提起,那么她可以以其父亲的名义提起㉖;如果其父亲品行卑劣,则她能以自己的名义提起,甚至违背父亲的意愿。㉗ 如果她脱离了父权,那么她的债权几乎不会受到此种人格减等的损害,恰恰相反,这一完整权利现在不受限制地移转至她自身。㉘ 即使是由流放而引起的中等人格减等,也不会剥夺她

㉔ L. 8 *de cap. min.* (4.5.) "那些被认为有实物给付的债务,显然不会因为人格减等而消失,因为市民法上的理由不会破坏自然权利。*因此,在善良公正之诉中的嫁资之诉,即使是在人格减等后也依然存在。*"(Eas obligationes, quae naturalem praestationem habere intelliguntur, palam est capitis deminutione non perire, quia civilis ratio naturalia jura corrumpere non potest. *Itaque* de dote actio, *quia in bonum et aequum concepta est*, nihilo minus durat etiam post capitis deminutionem.)这里的问题首先涉及人格减等,但也正是基于同样的理由,一开始就无权利能力常常也并没有什么影响。

㉕ L. 22 §1 L. 3 *sol. matr.* (24.3.). Ulpian Ⅵ. §6. *Fragm. Vat.* §269.

㉖ L. 22 §4.10.11. *sol. matr.* (24.3.). L. 8 *pr. de proc.* (3.3.).

㉗ L. 8 *pr. de proc.* (3.3.).

㉘ L. 44 *pr.* L. 22 §5 *sol. matr.* (24.3.). L. *un.* §11 *C. de rei ux. act.* (5.13.).【原文是 L. *un.* §11 *C. de rei ux. act.* (5.12.).,似有误。——译者注】——L. 9 *de cap. min.* (4.5.) "因此脱离父权的女性可以在*任何时间起诉*"(Ut *quandoque* emancipata agat),也就是说,脱离父权可能发生在婚姻消灭之前或之后,特别是对于后一种情况,注意到这一点是重要的,因为这里父亲显然已经取得了诉权。L. 9 *cit.* 中的规则,无疑是从上述 L. 8 中推论而来,但其绝非唯一的推论,因此,想要用 L. 9 中被推导出的规则来限制 L. 8 *cit.* 的意义,就是完全错误的。

在之后的时期利用这一诉讼的权利。[29]——同时，此种诉讼属于"善良公正之诉"（§71 注 5），并且罗马人自己认为，这种诉讼的性质和此前描述的特殊性质相关（注 24）。然而，"善良公正"或"更加善良公正"的表达蕴含着一种重要实践意义，即相对于普通的诚信诉讼而言，法官拥有更为自由的权力，因此，法官能够且应当特别防止一方使不谨慎的另一方付出代价而得利，此种得利在其他债中绝不会被排除。[30]

值得特别注意的是，关于嫁资关系独特性的几乎全部内容都被优士丁尼毫无改变地保留了下来。他引入的最重要的改变是，将以前不可继承的嫁资诉权（Dotalklage）转变为一种为可以继承的诉权，他表达这种转变的具体方式是，将原本（不可继承的）妻物之诉，在此后总是替换为一种依要式口约之诉（actio ex stipulatu）*，后者的可继承性是显而易见的。

D. 近亲属之间的扶养必需品诉权

该诉讼在尊亲属和卑亲属相互之间都是适用的。有关受限制的权利能力及人格减等的一般规则对此种诉讼根本没有影响，因为不仅在孩子处于父权支配期间，而且在他脱离父权之后，其都

---

* 依要式口约之诉，即在缔结了要式口约的情况下，要约人据以要求承诺人履行产生于要式口约的义务的诉讼。此种诉讼属于对人之诉。在优士丁尼法中，如果要式口约的标的是一笔确定的钱款或特定的物品，有关诉讼也被称为请求给付特定款之诉或者请求给付特定物之诉；相反，如果要式口约的标的是不特定的，有关诉讼则被称为依不特定要式口约请求给付之诉。——译者注

[29] L. 5 *de bonis damn.* (48. 20.).

[30] L. 6 §2 L. 12 §1 *de j. dot.* (23. 3.). L. 9 §1 *de minor.* (4. 4.)，其绝不应被限于未成年女性，正如与此前篇章中完全类似的表述的对比所清晰展示的那样。L. *un. C. si adv. dotem* (2. 34.).——然而，由于相较于大多数其他诉讼而言，法官在此种诉讼中被赋予了更大的裁量自由，但对此绝不应主张这是一种绝对的自由，尤其是不能主张其与其他类似形式的诉讼完全相同。例如，在侵辱之诉中，法官可以完全根据自由裁量来决定刑罚，但在妻物之诉中，他就要受到所受领的嫁资范围的限制。

对其父亲享有该诉权,所以,人格减等不可能消灭这一诉权。[31]此外,如果家子享有军营特有产(castrense peculium),或者所谓的非常外来产(adventitium extraordinarium),那么毫无疑问,他的父亲对其享有该诉权。——虽然此种诉讼没有被明确指称为一种"善良公正之诉",但实际上的确如此,因为与绝大多数其他诉讼相比,法官在此类诉讼中不可避免地以更为广泛的自由裁量,来确定当事人的需求和支付能力的范围。[32]——此外,需要注意的是,这里扶养必需品的概念,相较于扶养必需品遗赠的情形(注2),其范围要自由得多,尤其是它也包含了精神的发展。[33]然而就此而言,这里的特殊权利本身所受限制更大,因为在这种情形下,只有父权与最小人格减等才被认为不应构成权利的障碍,但在扶养必需品遗赠的情形中,甚至奴隶状态与最大人格减等,也不应构成权利的障碍。

E. 女儿针对父亲关于嫁资的诉讼[34]

在这种情况下,女儿处于父权支配之下也不构成该诉权的障碍,因为这甚至是此种诉讼的条件。此外,根据其性质,此一权利与上述权利同时发生,因为嫁资本来就是父亲向女儿提供扶养必需品的另一种形式。而且,关于这项权利,完全可以确定的是(而在扶养必需品债权中则是一种推测),它是通过当局机关的非常审判方式(extra ordinem)来主张的,而非通过普通诉讼来主张的。

---

[31] L. 5. §1 *de agnoscendis* (25.3.).

[32] L. 5. §2.7.10 *de agnosc.* (25.3.). 它在这里表述上略有不同,被称为"这件事来自公正"(ex aequitate haec res descendit)。这里的自由裁量与丧葬之诉中的自由裁量非常相似,但这并不是善良公正之诉。参见§71注9。——然而,扶养必需品之诉很可能通常不是普通诉讼程序(ordinarium judicium),而是执法官前的非常审判(extraordinaria cognitio)。Zeitschrift für geschichtl. Rechtswiss. B. 6. S. 238.

[33] L. 5. §12 *de agnosc.* (25.3.).

[34] L. 19 *de ritu nupt.* (23.2.).

第七十三节　权利能力和人格减等方面的
特殊权利（续）

Ⅱ．以惩罚（vindicta）为目的的诉权。①

诉权作为权利侵害之特有效果而产生（为了惩罚而被给予 [quae poenae causa dantur]），它以不同的层次而存在。一些诉权应当仅仅填补侵害本身，例如欺诈之诉（doli actio），其限于对被欺诈者的赔偿。其他诉权应当使受害人得利（Bereicherung）（罚金 [poena]），并且，有时只有得利（如在盗窃之诉 [furti actio] 中），有时则与赔偿一并适用（如在暴力抢劫之诉中 [vi bonorum raptorum actio]＊）。最后，第三类诉权虽然首先是指向财产权的，但是和第一类诉权不同，财产权不是目的，而是手段：诉权的真正目的是惩罚。然而，惩罚不应理解为我们在日常生活中所说的复仇，复仇是通过别人的痛苦来满足我们的情感，反之，惩罚则是为了补偿在我们个人中被破坏的法律秩序，所以就此而言，是由个人践行国家通过全部刑法所践行的使命。这些权利在许多方面也偏离了权利能力和人格减等的一般规则，其也建立在这样的基础上，即这些权利涉及自然意义上的人，而非法

＊　暴力抢劫之诉，即针对以暴力抢劫他人财物的人提起的诉讼，此诉讼可导致被告不名誉，并且可处以4倍于被抢劫财物价值的罚金；如果诉讼是在抢劫行为实施的1年后提起的，此诉讼则变为损害赔偿之诉。在优士丁尼法中，它具有混合诉讼的性质，也就是说，既可判令被告返还财物，又可再对之科处罚金。——译者注

①　在法律渊源中，其包括了这样的诉讼：涉及复仇的（ad ultionem pertinet），判定单独惩罚的（in sola vindicta constitutum est），包含惩罚的（vindictam continet）。L. 6. 10 *de sepulchro viol.* (47.12.), L. 20 § 5 *de adqu. vel om. her.* (29.2.). 当代的人则说：显示惩罚的诉讼（actiones quae vindictam spirant）。Vergl. Burchardi, Grundzüge des Rechtssystems der Römer, S. 231，他错误地拒绝对这些诉讼的整理。

律意义上的人（财产持有人［Vermögensinhaber］）；因为这些权利直接建立在一种道德需求之上，就如同第一类权利是建立在维持生活的需求上一样。以下情形即属此类。

A. 侵辱之诉（Actio injutiarum）

当家子受到侵辱时，该行为涉及两种完全不同的侵害：一是对父亲的侵害，因为儿子处于其保护之下；二是对儿子本人的侵害。每一种侵害都可以产生一个单独的侵辱之诉（Injurienklage），通常指向金钱；属于这里的是因儿子本身受到侵害所产生的诉权。一般而言，该诉权系由父亲行使，因为他通常可以通过儿子取得所有种类的诉权；儿子的异议对此也不能加以阻止。② 然而，在例外情形下，当父亲下落不明或受到其他阻碍，且没有被诉讼代理人（Prokurator）代理时，经裁判官许可后，儿子本人可以以自己的名义提起诉讼；当父亲的卑劣品行（Nichtwürdigkeit）表明其完全缺乏名誉感（Ehrgefühl）时，儿子甚至可以违背其意愿提起诉讼。③ 如果儿子脱离父权，则诉权无条件地转移给他，因此，人格减等不会破坏诉权。④ 此外，家子以此种方式提起诉讼所获得的金钱，毫无疑问是属于父亲的，因此儿子总是处于一种混合的关系中：出于惩罚的目的，是以自己的名义；出于被诉请和取得金钱的目的，则是作为父亲的代理人。正是基于这种混合关系，才建立起针对儿子被允许起诉情形下的诸多限制。但是，如果侵害非常严重，以至于能够依照《Cornelia 法》起诉时，那么所有这些限制都不复存在，儿子拥有

---

② L. 1 § 5. L. 41 *de injur.* （47.10.）. L. 30 *pr. de. pactis* （2.14.）. L. 39. § 3. 4. *de proc.* （3.3.）.

③ L. 17 § 10 - 14. § 17. 20. L. 11 § 8 *de injur.* （47.10.）. L. 9 *de O. et A.* （44.7.）. L. 8 *pr. de proc.* （3.3.）. L. 30 *pr. de pactis* （2.14.）.

④ L. 17 § 22 *de injur.* （47.10.）.

一项无限制的诉权。⑤

这里所讨论的一般的、指向金钱的侵辱之诉，属于"善良公正之诉"⑥，因为罚金数额（Strafsumme）完全取决于主观的感受（Gefühl），由此其在很大程度上具有专断性（willkührlich）。该诉权也不可继承，且通常不属于财产权。然而，一旦实际提起诉讼后，这两方面就会发生变化。⑦

B. 侵犯陵墓之诉（Actio sepulchri violati）

尤其是对此具有人身关系的人享有对于侵犯陵墓的诉权，即被埋葬者的子女（即使他们放弃了继承）或继承人。他们的诉权通过依意志专断确定的金额而指向单纯的惩罚，因此该诉讼属于"善良公正之诉"⑧。据此，该诉权不会因人格减等而被剥夺。⑨ 如果那些特别的权利人不愿提起诉讼，那么任何公民（Volk）都能够提起诉讼，此时，诉权指向100个奥里斯（aurei）*，且该诉权

---

* 奥里斯（aureus），古罗马金币单位。——译者注

⑤ L. 5 §6 *de injur.* (47. 10.) ——此外，这种诉权"虽然是为了公共利益而行使的，但仍然是私人的"（etsi pro publica utilitate exercetur, private tamen est.） L. 42 §1 *de proc.* (3. 3.).

⑥ L. 11 §1 *de injur.* (47. 10.) 仅仅说：是基于善良公正的（ex bono et aequo est），这一表述本身模棱两可（§71）。但是，L. 18 *pr. eod.* 和 L. 34 *pr. de O. et A.* (44. 7.) 中的暗示使这一点毋庸置疑，即那些表述出现在告示的诉讼程式之中，而且对罚金数额完全专断的确定证实了这种观点。

⑦ L. 13 *pr.* L. 28. *de injur.* (47. 10.). 因此，诉权的放弃也并非让与或财产减少；不合义务遗嘱之告诉（querela inofficiosi）的放弃与此也完全相同。L. 1 §8 *si quid in fraud. patr.* (38. 5.)，对比§7 *eod.*。

⑧ L. 3 *pr.* L. 6. 10. *de sep. viol.* (47. 12.). L. 20 §5 *de adquir. hered.* (29. 2.).

⑨ 根据 L. 8 *de cap. min.* (4. 5.) 中的一般规则，在每一种"善良公正之诉"中均承认这一点。人们可以想象出以下情形。死者将遗产留给了自家继承人（suus），他放弃了继承，并在之后被收养：在这种情形下，被收养之自权人（Arrogirte）仍然享有诉权。如果他没有放弃继承，则养父将通过他成为实际的继承人，并且现在养父自己就是诉权人（ad quem ea res pertinet [与这个诉讼有关的人]）。

不再具备上述特征。

C. 倒泼致害之诉（Actio de effusis）

如果一个自由人因他人从房屋里倾倒或抛掷出的物品而受损，则适用一项依专断意志（willkührlich）确定数额的诉讼。这一诉讼指向惩罚，不可继承，且属于"善良公正之诉"，所以根据一般规则，其也不受人格减等的影响。⑩

D. 危险动物致害之诉（Die Klage wegen Verwundung durch gefährliche Thiere）

当此种诉讼是基于动物主人的疏忽时，它同样属于"善良公正之诉"，因此，这种诉讼和此前提及的诉讼具有相同特性。⑪

E. 制止暴力和欺瞒令状（Interdictum quod vi aut clam）

这属于家子能够以自己的名义提起的一类诉讼。⑫ 其原因在于，该诉讼指向惩罚，因为该行为无视抗议而侵害了个人尊严（Würde）（暴力行为［vi factum］），对尚处父权之下的儿子也有可能造成这种侵害。⑬ 此外，原告就被侵害之物享有权利，而家

---

⑩ L. 5 §5 de his qui effud. (9.3.). 这一篇章的通常表述"源自善良公正"（ex bono et aequo oritur）不能证明任何事情（§71）。但是，在所保留的告示篇章中，直接包含以下文辞："为此缘故的、审判员认为公正的数额。"（quantum ob eam rem aequum judici videbitur.) L. 1 pr. eod.

⑪ L. 42 de aedil. ed. (21.1.). "审判员认为符合善良公正［的数额］。"（quanti bonum aequum judici videbitur.) Vgl. §1 J. si quadr. (4.9.).

⑫ L. 9. de O. et A. (44.7.). L. 19. L. 13. §1 quod vi (43.24.).

⑬ L. 13 §1.2 quod vi (43.24.) 这里明确指出，儿子在某种程度上可能被暴力侵害（vi），但是不可能被欺瞒（clam），因为儿子不可能有诉权，而欺瞒的目的可能就是回避诉权。因此也就是说，对于暴力行为（vi factum）的令状属于父亲和儿子，而对于欺瞒（clam），令状只属于父亲。——毫无疑问的是，儿子的诉权也不会因人格减等而消灭。

子当然有可能不享有，这对诉讼而言也非必要⑭；而且，被告实际上的物理不法行为亦非必要。⑮ 此外，令状的直接效果包括对所实施之任意变更的恢复原状（Restitution）⑯，此类效果无疑可以用于实现作为原告的家子的利益，例如，当儿子住在他父亲的房屋，或者向他人租赁的房屋内时，其被邻居的任意建造行为所侵害。但是，假如由此引发一起诉讼（Rechtsstreit），那么恢复原状最终会呈现为一笔金钱数额，具体数额为可证明的利益⑰，再一次地正如侵辱之诉一样，金钱由父亲取得。由于这类诉讼具有完全确定的标的（恢复原状或利益），故绝非"善良公正之诉"⑱。

F. 基于传唤受审（in jus vocatio）而对解放自由人的诉权

未经裁判官的特别许可，解放自由人被禁止向庇主本人或庇主的孩子提起传唤受审：若违反这些禁令，将产生 50 奥里斯的

---

⑭ L. 13 § 5. L. 12 *quod vi* (43. 24.).——因此，当人们想要将家子的这种权利也扩展到占有令状（possessorischen Interdicte），这一观点是完全错误的，制止暴力令状（Int. quod vi）绝不属于这种情形（例如，Burchardi, Archiv für civil Praxis, B. 20, S. 33）。因为占有令状以法律上的占有为条件，这是原告的一项关系，虽然它最初的确是事实上的，但其后果类似于一项权利（Savigny, Besitz, § 5. 6）；对于此种关系，家子是完全没有能力的。因此，由于儿子被从特有产的土地（fundus peculiaris）上驱赶出来，父亲取得令状，除行使父亲的所有权之诉的权利外，儿子没有其他更多的权利。原因在于，制止暴力令状（Int. quod vi）的目的在于惩罚（vindicta），反之，制止暴力剥夺令状（Int. de vi）与所有权之诉（Vindication）的目的相同，在于追求一般的私人利益。【制止暴力剥夺令状，是恢复占有令状的一种，针对以未使用武器的暴力剥夺他人对物正当占有的人采用，恢复原有的占有状态；制止暴力令状，是排除他人以暴力方式实施的有损于权利人的令状。——译者注】

⑮ L. 1 § 2. 3 *quod vi* (43. 24.).

⑯ L. 1 *pr.* § 1 *quod vi* (43. 24.).

⑰ L. 15 § 12 *quod vi* (43. 24.).

⑱ 反之，毫无疑问，与侵辱之诉一样，该令状不可继承。L. 13 § 5 *quod vi* (43. 24.) 中的明显矛盾之处仅涉及特别情形，即应受谴责的行为发生在被继承人死亡之后而继承开始之前，在此情形下，侵辱之诉也可以由继承人取得。L. 1 § 6 *de injur.* (47. 10.).

罚金诉权（Strafklage）。如果此种侵害是针对儿子的，且父亲下落不明，则该诉讼就属于儿子可以自己提起诉讼的情形，和侵辱之诉类似。[19]

G. 不合义务遗嘱之告诉（Querela inofficiosi）*

此种诉讼，也当然指向纯粹的财产权，属于特殊权利。这里必须对此进行特别证明与解释。

对于那些在无遗嘱情形下本将成为继承人的近亲属，如果遗嘱人在遗嘱中对其完全未作考虑或过少顾及，那么人们会因此产生一种想法，即那些被遗嘱排除在外的人肯定是由于做过某种恶劣或无情的行为，才招致此种惩罚。假如这种想法完全是毫无根据的，那么，因其对那些近亲属的名誉造成了不应有的侮辱[20]，受害者便有权采取以下法律手段来将此消除。他有权控告该遗嘱"不合义务"（inofficiosum），并且如果他的主张有着充分的理由，那么就可以假定该份遗嘱是立遗嘱人在盲目的激情下作出的，类似处于一种精神失常（Wahnsinn）的状态[21]；遗嘱得被撤销，开始适用法定继承，由此，那些被遗嘱排除之人的清白能够以公开且庄严的方式得到肯认。然而，对此问题的处理措施表明，与侵辱之诉类似，这种诉讼亦属于我们所说的具有特殊性质的法律手段（Rechtsmittel）。例如，当家子遭受此种侮辱时，如他的母亲

---

* 不合义务遗嘱之告诉，也可译为"遗嘱逆伦诉""疏忽之遗嘱之诉""遗嘱非义之诉"，即当遗嘱人以严重违反自己对其近亲属义务的方式处分遗产时，相关法定继承人为维护自己的法定继承份额，可要求全部或部分撤销该遗嘱。——译者注

[19] L. 12 *de in jus voc* (2.4.). 此种诉讼指向惩罚，且不可继承（L. 24. *eod.*），但由于该诉讼的标的被严格确定，其不可能是"善良公正之诉"。Gajus Ⅳ. § 46 明确指出，就此情形，适用"涉及事实的程式"（formula in factum concepta）。

[20] 它被称为 injuria（侵辱），L. 4 L. 8 *pr. de inoff. test.* （5.2.）.——也被称为 indignatio（愤怒），L. 22 *pr. eod.* ——"一切都与儿子所应得的有关。"（Totum *de meritis filii* agitur.）L. 22 § 1 *eod.*

[21] L. 2. 4. 5 *de inoff. test.* （5.2.）.

或外祖父在遗嘱中对其未作必要考虑,尽管他实际上可以通过父亲的诉权而成为实际的继承人,但这被视为儿子的高度个人化的事务(远超过侵辱之诉)。因此,父亲不能违背儿子的意愿提起诉讼,甚至在儿子死亡之后也不能起诉。[22] 然而,反过来说,当父亲在遗嘱中被加以考虑时,即使父亲本人对此予以肯认,儿子也可以违背父亲的意愿提起诉讼。[23] 因此,同样毫无疑问的是,即便儿子人格减等,也并不会影响这一单纯以道德理由为基础的诉权。——并且,此种诉权很自然地也无法转移给继承人。[24] 它不可能是"善良公正之诉",因为其具备一项非常确定的标的;然而,法官对此享有极为宽泛的自由裁量,不仅是在判决的范围方面(正如该诉讼的名称所指称的那样),而且在判决的准许(Zulassung)本身方面也是如此,因为此种判决取决于对原告道德举止的考察,这显然是没办法像其他诉讼的判决一样,可以归于明确的规则。

关于不合义务遗嘱之告诉的性质,自古以来就存在诸多争论,且至今仍被反复提起。有些人认为它是一种对物之诉(in rem),特别是要求继承之诉(hereditatis petitio)的一个特别类型;另一些人则认为其绝不构成一种特别的、独立的诉讼,而只是一种其他诉讼的准备;最近的观点则致力于将其视为一种对人

---

[22] L. 8 *pr. de inoff. test.* (5.2.). 对于不适当地被遗嘱排除在外的子女而言,其反对父亲提起告诉(Querel)的异议权(Widerspruchsrecht),与女儿反对父亲向她的丈夫或丈夫的继承人提起妻物之诉的异议权,是完全相似的。

[23] L. 22 *pr.* §1 *de inoff. test.* (5.2.).——然而,父亲自然不能被强迫违背自己的意志来接受继承。因此,在这种情形下,一旦法定继承不可变更地开始,法定继承就归于原告以外的其他人,这在其他情形中同样可能发生,L. 6 §1 *eod.*。尽管如此,儿子还是达到了他的目的,因为他的名誉得到了公开的恢复。

[24] L. 6 §2. L. 7. L. 15 §1 *de inoff. test.* (5.2.). 亦即,它通常不构成"善意拥有"(in bonis),且放弃该诉权之人,其财产均不会因此而减少,正如侵辱之诉的情形一样(上文注6)。

之诉（in personam actio）。㉕ 在此当然不可能对该争议展开讨论。然而，这里所阐述的区别，也即该诉讼的直接标的与那些虽然与之联系更远、但同样重要的目的（该诉讼的全部特征都以该目的为基础）之间的区别，或许可以有助于调和这些争论的观点，因为正是在这种区别中，各方在对立意见中引发最多的不满得到了化解。出于这一目的，现在应当再次简短概述整体关系。被排除在遗嘱之外的人要求通过废弃遗嘱，从而使自己成为法定继承人，由此主张继承权，这毫无疑问是一种纯粹的财产权。但这一诉权的特殊目的在于庄严而公开地恢复其因遗嘱而受损的名誉；其中，原告与已故立遗嘱人看起来处于一种敌对关系，后者给前者的名誉带来了危害，正因如此，该诉权指向惩罚。侵辱之诉的目的同样是恢复受侵害的名誉，因此，这两种诉讼在其目的中具有某种共性。在侵辱之诉中，实现此目的的手段是一项金钱债务的请求；在不合义务遗嘱之告诉中，手段则是继承权的寻求，而这应当首先通过司法行为来开启。这两种诉讼的特点可以从诉讼的本质目标与最临近的法律标的之间的不同得到解释，而后者应当只被用作达致最终目标的手段。

H. 所有的民众之诉（populares actiones）

这些诉讼是为了向原告支付罚金，但公共利益也会由此而被追求并得到保护㉖；因此，在这类诉讼中，原告系以其政治身份而非法律（或私法）身份而活动（§71）。如果此种情形下的个人由于遭受侵害而同时享有一种特殊的利益，则其将较之所有其

㉕ Vergl. Klenze, querelae inoff. test. natura Berol. 1820. Mühlenbruch Forts, von Glück B. 35, §1421 e.

㉖ L. 1 *de pop. act.* （47.23.）．："我们把保护人民自己权利的［诉讼］称为民众之诉。"（Eam popularem actionem dicimus, quae suum jus populi tuetur.）

他原告获得优待[27];由此这种诉讼具有了一种混合属性,不再呈现出其完整特性。[28] 本节所述的具体债之关系中有一些属于此类范畴,如侵犯陵墓之诉(B小节)。但是,当享有这种利益的主体不复存在,或者不愿起诉时,情况就会有所不同。作为一般性安全(Sicherheit)的代理人,每一个民众都可以提起此种诉讼,此时其就像作为国家的诉讼代理人(Procurator)那样出现,但其并不承担一名私人的诉讼代理人所负担的担保义务(Cautionspflicht)。[29] 因此,每位家子无疑都享有这种权利[30],同样,任何人都不会因最小人格减等而丧失这一权利,因为其当然不会因此而不构成"人民的一员"(unus ex populo)。诉权本身在一开始也根本并非财产的构成要素;但是通过争诉程序(Litiscontestation),它转变成了此种要素,现在变成了与先前不同的一种真正的债之关系[31],而且,这种债权以及由此被强制之罚金(Geldstrafe)的所有权,当然再次地由起诉的家子为其父亲取得。——此外,纯粹的民众之诉并不属于"善良公正之诉",而是通常指向一笔特定数额的金额,该金额会基于所有人在提起诉

---

[27] L. 3 §1 *de pop. act.* (47.23.). L. 42 *pr. de proc.* (3.3.). L. 45 §1 *eod.*

[28] 参见注 29。

[29] 参见上文注 26。L. 43 §2 *de proc.* (3.3.) 【原文是 L. 43 §2 *de proc.* (3.2.),似有误。——译者注】:"在民众之诉中,当某人像人民的一员那样进行诉讼时,他不应像诉讼代理人那样被强迫提供辩护。"(In popularibus actionibus, ubi quis quasi unus ex populo agit, defensionem ut procurator praestare cogendus non est.) ——由于他如同诉讼代理人,所以其不能再指定诉讼代理人(L. 5 *de pop. act.* L. 42 *pr. de proc.*);同样,那些通常不能担任诉讼代理人的人,因此亦没有能力提起此种诉讼(L. 4. 6 *de pop. act.*)。然而,当原告同时追求个人利益时,也就是说它并非纯粹的民众之诉时,在这两方面的规则便有所不同。LL. citt. 以及 L. 45 §1 *de proc.* (3.3.)。

[30] 同样在刑事诉讼中,家子也可以是控告人(Ankläger)。L. 6 §2 L. 37 *ad L. Jul. de adult.* (48.5.) 绝不是想要将其限制在通奸。

[31] L. 7 §1 *de pop. act.* (47.23.). L. 12 *pr. de V. S.* (50.16.). L. 32 *pr. ad L. Falc.* (35.2.). L. 56 §3 *de fidejuss.* (46.1.).

讼时的权利加以衡量。

公共令状（Interdicta publica）或民众令状（Interdicta popularia）在性质上与民众之诉类似㉜，同样相似的还有优待受保护的公权力（publici juris tuendi gratia）而发布的新施工告令（operis novi nunciatio）㉝；与民众之诉的区别在于，这些法律手段并不指向罚金的支付。不过，所有这些法律手段在以下方面是彼此一致的，即在使用它们的权利方面没有限制，从而独立于有关权利能力的一般规则。

㉜ L.1 *pr.* L.2 §1 *de interd.* (43.1.), L.2 §34 *ne quid in loco* (43.8.), L.1 §9 *ne quid in flum.* (43.13.).

㉝ L.1 §16.17, L.4, L.5 *pr. de op. novi nunc.* (39.1.).

第七十四节 权利能力和人格减等方面的特殊权利（续）

134 Ⅲ. 这些特殊权利的第三类是下列关系，即这些关系本身具有纯粹的事实性质，而且只是通过与真正权利的密切联系，才分享了这些权利的法律性质。

A. 合伙（Societät）

合伙存在于一种为了共同事业之而存续的事实联合，在这种联合中，居于支配地位的考虑是自然意义上的人所具有的特质（他的诚信和技能）。因此，根据合伙的一般存在，合伙自身与由此产生并通过合伙人之诉（actio pro socio）而实现的债有所区别。

因此，当一名家子加入一个合伙时，即便在脱离父权之后，情况也不会发生变化；反过来，合伙同样既不会因自权人收养而被解散，也不会被转移至新的父亲。① 由此，最小人格减等对此种关系完全不会产生影响，只有因产生民事死亡的最大人格减等

135 和中人格减等（§69），合伙才往往被解散。② 不过，就合伙人之诉而言，其遵循通常的规则。因此，在儿子脱离父权之后，父亲

---

① L. 58 §2. L. 65 §11 *pro socio* (17.2.).

② L. 63 §10 *pro socio* (17.2.). Gajus Ⅲ. §153. 因此当 L. 4 §1 *eod*. 中说："合伙因退伙、死亡、人格减等和贫穷而解散"（Dissociamur renuntiatione, morte, *capitis minutione*, et egestate），此处表述的不明确性不应被视为其表征了普遍性，而应被视为通过添加"最大或中等"（maxima vel media）这几个字施加限制。Haloander的文辞是"最大人格减等"（*maxima* capitis deminutione），因此在篇章中部分地采纳了上述观点，因此而受到 Augustin. emend. Ⅲ. 6 的批评。然而，可能真正的通行本就是如此，至少在 ed. Jenson s. a 和 ed. Koberger 1482 中的文辞是这样，手稿对此必然具有决定性。但是，我并不认为此种文辞是正确的，而认为佛罗伦萨（Florentinische）版本是正确的，因为通过对最大人格减等的明确表示，中等人格减等便被排除在外，这与所引用的证据完全相反。

只能基于儿子先前的行为而被提起诉讼,且只能提起特有产之诉(de peculio);针对儿子提起的诉讼,既可以基于先前交易(Geschäften),也可基于之后的交易。③ 基于先前交易而主动使用诉讼的权利,单独属于父亲,甚至在儿子脱离父权后也是如此,因为诉权已经不可变更地被父亲事先取得;而基于之后交易时,则上述权利归属于儿子。

一个奴隶也可以处于合伙中;奴隶个人不因此而负担义务,但由于奴隶的行为,合伙人之诉是针对主人的,就像特有产之诉或依令行为之诉(actio quod jussu)*那样④;毫无疑问,相同的诉讼也可以针对任何这样的第三人提起,即那些使用奴隶作为合伙的工具,以及其本身被视为通过奴隶来行事的第三人。然而,如果奴隶被让与,迄今存在的合伙就会终止,表面上似乎是延续的合伙,只能被视为是一个新的合伙。⑤

通过把合伙本身和由此产生的债严格区分开来,仅据此就能解释,为什么前者不可继承,而后者则如同所有其他债一样能够被继承。

B. 委托(Mandat)和无因管理(negotiorum gestio)

委托与合伙具有完全相似的性质,因为就委托而言,委托关系本身是事实性的、不可继承的,且大多指向自然意义上的人所具有之特质,其也应与基于委托而产生并通过委托之诉(mandati actio)而实现的债相区分,这种债在性质上与任何其他

---

* 依令行为之诉,即当他权人根据主人或家父的命令或指示与他人缔结债之关系时,该他人可以针对下达命令或指示的主人或家父提起此诉讼,要求其对他权人的负债行为承担清偿责任。此诉讼属于主人或家父责任之诉。——译者注

③ L. 58 § 2 *pro socio* (17.2.)。在基于先前交易对儿子提起的诉讼中,自然必须对恢复原状加以考虑,参见§70 注20。

④ L. 18. L. 58 § 3. L. 63 § 2. L. 84 *pro socio* (17.2.)。

⑤ L. 58 § 3 *pro socio* (17.2.)。

债完全相同。在这方面，无因管理与委托具有同样的性质。

因此，儿子能够接受其父亲的一项真正委托⑥，尽管在他们之间不可能成立具备市民法效力的债（§67）。如果家子接受外人的一项委托，并且此后其脱离父权，那么先前的委托无变化地继续有效，因此人格减等不会对此产生影响。⑦ 如果外人的委托是使家子为该外人缔结副要式口约（Adstipulation），那么父亲并不因此取得诉权，因为父亲个人在此并未被信赖；同时，对儿子个人而言，产生副要式口约的诉讼在此期间中止，否则，诉讼所获得的金钱将由父亲取得；因此，只有在儿子已经脱离父权而且并未人格减等时，诉讼才能被主张，因为人格减等会导致要式口约之诉完全消灭。⑧

奴隶也可以相对于任何人而处于委托或无因管理的关系中，并且这种关系在奴隶被解放后仍继续存在而保持不变。但是，由此产生的诉讼，仅因奴隶被解放之后所为的行为，而非先前的行为，才能针对他提起，因为奴隶的契约行为通常不会产生诉讼（§65）；此种限制的例外存在于下述情形中，即之前的事务执行和之后的事务执行存在不可分割的联系，因为此时，这种诉讼会同时包含之前和之后的行为。⑨

C. 寄托之诉（Actio depositi）

Ulpian 认为，当父亲下落不明时，家子时常可以作为其推定的诉讼代理人而以其名义提起诉讼，但总是要获得裁判官的特别许可；他例举了因盗窃、毁损、委托、消费借贷而引发的诉讼以及寄托之诉（这并不意味着排除了其他诉讼）。⑩ 反之，Paulus 列

---

⑥ L. 8 *pr. in f.* L. 35 *pr. de proc.* (3.3.)，参见上文 §71。
⑦ L. 61 *mandati* (17.1.).
⑧ Gajus Ⅲ. §114. 见上文 §67 注 11 和 §70 注 9。
⑨ L. 17 *de negot. gestis* (3.5.). 参见上文 §65 以及附录 4 注 13。
⑩ L. 18 §1 *de judic.* (5.1.). 参见上文 §71 注 13。

举了儿子能以自己的名义提起诉讼的少量例外情形，在这类情形中，无须考虑父亲的意愿或下落不明，甚至无须得到裁判官的许可，他在这些例外中列举了寄托之诉[11]，Ulpian 在另一个篇章中与此观点一致。[12] 这两种可能性就其本身而言完全不同（§71），而且由于二者在涉及寄托之诉方面部分地由早期法学家确立（这就排除了早期法学家针对这一问题存在争议的观点），这里就存在一个表面上的矛盾，对此只有通过以下区分才能化解。如果儿子将某些属于其父亲的物，如特有产中的物，交付给他人保管，父亲将因此而取得寄托之诉，因为重新获得该物或者获得金钱赔偿，正是父亲的利益所在。此时，儿子除非作为父亲的诉讼代理人（Procurator），否则完全不能起诉，Ulpian 的第一个篇章中指向的就是此种情形，而且该情形是最常见的一类情形。然而，寄托（Depositum）也可能是这样的，即父亲对此根本并不享有合法利益，例如儿子从外人处以租赁的方式，或作为使用借贷（Commodat）或寄托获得某物，或者儿子盗窃了某物。在此种情形下，儿子对起诉具有双重利益，而这与父亲并不相关：首先，在许多情形下（例如当儿子作为承租人或借用人取得某物时），因为儿子借此重新获得持有（Detention）和使用该物的事实利益，而该物并非他的财产，所以也并不归属于父亲；其次，在这里描述的所有情形中，由于是儿子本人对他人负有返还该物或金钱赔偿的义务，故此种义务再次地不会涉及父亲。既然通常而言，保管人（Depositar）、盗窃人等人将某物交由他人保管后，

---

[11] L. 9 *de O. et A.* (44.7.). 参见上文§71 注 16。

[12] L. 19 *depositi* (16.3.) "Julianus 和 Marcellus 认为，家子可以正当地提起寄托之诉。"（Julianus et Marcellus putant, filiumfamilias depositi recte agere posse.）此处的寄托显然被认为是一种特殊情形，这与 Ulpian 在 L. 18 §1 *de jud.*（注10）这个篇章中所采取的方式完全不同，在后一个篇章中，寄托之诉与其他许多诉讼一起仅被作为例子。

便取得了针对后者的寄托之诉[13],那么在上述情形中,儿子也享有以自己名义的寄托之诉,这正是 Paulus 的篇章以及 Ulpian 的第二个篇章中所指向的情形,因此其与第一个篇章并不矛盾。如果该诉讼并非以返还原物(由此上述目标将会完全实现)结束,而是通过金钱赔偿结束,那么该笔金钱当然由父亲取得,他可以对此任意处分;然而,儿子因之前的使用借贷或盗窃而负有义务,如果儿子利用这笔金钱赔偿时,其债务由此而被清偿,在此情形下,上述目的仍然得到实现;事实上,他也可以根本不亲自提起诉讼,而是通过将该诉权转让给他的债权人,来确保相同目标的实现,从而以此种方式清偿其债务。——还值得注意的是,在寄托中恰恰出现了一种"涉及事实的程式"(formula in factum),这使儿子有可能以自己的名义提起诉讼。[14]——现在,这些关系在多大程度上会受到人格减等的影响,亦即受到脱离父权或对他权人之收养(datio in adoptionem)的影响?以父亲名义的诉权当然不再存续,因为推定代理的理由已消失;但以儿子名义的诉权仍然存续,因为该诉权本身的理由及目的仍然存在;特别是上文所述针对人格减等的恢复原状所产生的对第三人的债务仍然存在。

然而,对于寄托某物的奴隶而言,所有一切就截然不同了:只要他是一名奴隶,他就不能提起这些诉讼,因为他通常对于所有的诉权都没有能力,即使在被解放之后也是如此,因为他无论如何都欠缺儿子所拥有的主要利益(对第三人所承担的可诉的义务)(§65)。由于奴隶在实施寄托时是在为主人服务,所以主人总是享有诉权。[15]

---

[13] L. 16. L. 1 §39. L. 31 §1 *depos* (16.3.).
[14] Gajus Ⅳ. §47.
[15] L. 1 §30 *depos.* (16.3.).

第二章 作为法律关系承担者的人

在寄托之诉的权利中呈现的类似考量，同样体现在因寄托而产生的义务中。如果家子接受了寄托，且在脱离父权之后仍然继续占有寄托物，则诉权指向家子（此时甚至当然没有恢复原状），而完全不是作为特有产之诉指向父亲[16]；因为此种诉讼涉及对自然占有的完全事实性的恢复原状，而这独立于特有产中的法律关系。人们的确会认为这是相当特殊的，且正是基于上述理由，根据对奴隶作为受寄托人这种情形所采取的完全类似甚至更具有特殊性质的处理方式，这一点得到了无可争辩的解释：如果奴隶被解放之后仍然占有寄托物，则寄托之诉指向奴隶，尽管在其在作为奴隶期间所生的其他契约之诉绝对不能向其提起。[17]

D. 使用借贷之诉（Actio commodati）

使用借贷与寄托的情况完全类似，我们无疑可以认为，上文确立的规则也适用于使用借贷。其中最重要的一个规则甚至已经得到了明确承认，如果其他规则没有被同样承认，则只能被视为偶然。此外，使用借贷之诉被明确包含在家子得以自己名义例外

---

[16] L. 21 *pr. depos.* (16.3.).

[17] L. 21 §1 *depos.* (16.3.). 注释16中已经引用了整个篇章的前一半，整个篇章如下："如果把物寄托在家子那里，且在他脱离父权后仍保有该物，则父亲不应在一年内因为特有产被控告，而应当是儿子自己［被控告］。—除此之外，Trebatius还认为，如果把物寄托在奴隶那里，且在他被解放后仍保有该物，*也应对他自己提起诉讼，而不是他主人*，*尽管在其他情况下不对被解放的奴隶提起诉讼*。"（Si apud filium-familias res deposita sit, et emancipatus rem teneat, pater nec intra annum de peculio debet conveniri: sed ipse filius. - Plus Trebatius existimat, etiam si apud servum depositum sit, et manumissus rem teneat, *in ipsum dandam actionem*, non in dominum, *licet ex ceteris causis in manumissum actio non datur*.）这一例外在其他地方已经被提及，参见§70注18和附录4注12。假如解放自由人没有占有该物便不能对其提起此种诉讼，甚至在他自己作为奴隶实施欺诈（dolus）而有过错时也是如此。L.1 §18 *depos.* (16.3.).

提起的诉讼类型中。[18] 这毫无疑问是基于相同的理由,且适用相同的区分,其在寄托中同样得到了阐述。因此,在使用借贷中,就像在寄托中一样,也存在"涉及事实的程式"[19]。

有人可能会提出疑问,家子是否也可以提起一项租赁之诉(actio locati),从而请求返还其租赁物?如果这个问题只涉及返还请求(Rückforderung),那么当然此种关系将与上文提及的寄托之诉和使用借贷之诉中的关系完全类似。但是,这一点在这一关联中并未被提及,可能是因为这里的诉权也同时直接指向租金的支付,因此,返还请求大多与一种纯粹且完整的财产权的实现相混合。

E. 自然占有(natürliche Besitz)(单纯持有 [bloße Detention])

处于父权之下的孩子,就像奴隶一样,没有法律上占有的能力,但他们有持有(Detention)的能力,因为持有是纯粹事实性的。[20] 这种持有的能力在下列应用中得到体现。

如果父亲通过要式口约为儿子取得具有法律属性的东西,如所有权,那么该要式口约是有效的,因为给予儿子的所有权便类似于给予要式口约的父亲本人所有权一样。然而,如果要式口约指向的是某种具有纯粹事实性的东西,例如儿子的持有,或者儿子通过特定的道路,则该要式口约无效,因为这些事实无法纳入父亲的财产权,以至于它被认为像要约人为不能代表的他人所缔结的要式口约。反之,如果儿子通过要式口约使父亲获得所有

---

[18] L. 9 *de O. et A.* (44.7.). 参见§71 注 16.——这里同样适用这一规则,即甚至是盗窃者也可以提起诉讼(L. 15. 16 comm. 13. 6.),因此,作为出借主体而将某物交给第三人的借用人(Commodatar)或保管人(Depositar),也当然可以提起诉讼。

[19] Gajus Ⅳ. §47.

[20] Savigny, Recht des Besitzes, §9. 26.

权，或持有，或通行的许可，那么所有这些都是有效的，因为儿子通常可以代表父亲。最后，如果儿子通过要式口约为自己获得持有或道路通行，这也是有效的，而且是在这个意义上有效，即父亲（而非儿子）因债务人拒绝持有或通行而取得对债务人的利益之诉（Interessenklage）。关于儿子的所有这些内容，对于奴隶而言亦同样适用。㉑

另一项适用体现在由家子享有的遗产中。家子就像其他任何无从属之人一样，必须承受针对自己的要求继承之诉（hereditatis petitio）*，因为此种义务以自然占有为基础。如果此时家子也被自权人收养（arrogiren），那么人格减等不会对此产生任何变化，甚至不需要恢复原状（Restitution），以使针对他而提起诉讼此后变得可能。㉒

F. 遗产信托的强制返还（Die erzwungene Resitution eines Fideicommisses der Erbschaft）

如果父亲被指定为继承人且有义务将遗产返还给儿子，当遗产存在危险时，儿子仍然可以强制父亲开始继承并［向自己］返还财产，因为此种强制产生的结果是，所有的债务都转移至儿子，父亲仍然不承担任何危险。㉓ 然而，如果主人被请求解放他的奴隶，同时将遗产返还给后者，那么情况就有所不同。因为奴

---

* 要求继承之诉，即继承人据以要求实际获得被继承人财产的诉讼手段。它是一种对物之诉，以享有合法继承人资格为依据，一般针对非法占有遗产的人提出，要求其向自己返还该遗产。遗产中的任何组成部分均可以成为要求继承之诉的标的，无论是有形物还是无形权利；由被继承人善意占有或者以任何名义持有的物也可成为诉讼的标的。这种诉讼早期曾经采用返还所有物之诉的形式。原告除应证明自己的继承人资格外，还应当证明有关的遗产已分配给了他并且现在正由被告所占有。——译者注

㉑ L. 130. L. 37 § 6. 7. 8 *de V. O.* （45. 1.）. § 2 *J. de stipul. serv.* （3. 17.）. Vgl. Cujacius in Lib. 15 quaest. Pauli（L. 130 *de V. O.*），opp. T. 5 p. 1107.

㉒ L. 36 § 1 *de her. pet.* （5. 3.）.

㉓ L. 16 § 11. 12 *ad Sc. Treb.* （36. 1.）.

隶不能因法律行为而承担可诉的义务（§65），所以，对主人施加开始继承的强制也没有使奴隶承担义务；因此，奴隶在解放之后，可以拒绝接受返还，在此情形下，主人仍然将承受遗产债务（Erbschaftsschulden）的负担。[24]

父亲和儿子之间的这种特殊诉权的基础在于该通过诉讼强制的行为是一种单纯的形式（Formalität），由此是某种单纯的事实，对被告而言没有任何法律效力。诉讼程序的形式并非障碍，因为此种强制系由遗产信托的当局机关通过非常审判方式（extra ordinem）加以实施。

Ⅳ. 最后，第四类特殊权利涉及旨在导致亲属关系发生变化的这些行为的强制。通常情况下，此类行为完全是自愿的；然而，在其被允许施加法律上的强制时，该强制也独立于权利能力的一般规则，因为这类强制的目的就在于对这些规则进行修改。下列情形属于此类。

A. 解放信托（Fideicommissaria libertas）

当遗嘱人给予其奴隶直接解放（directa libertas）时，这并不涉及对权利能力之规则的偏离。奴隶会直接转化为一名自由人的状态，因此，看起来没有必要允许其在尚处奴隶状态时行使诸如对继承人提起诉讼的权利。如果立遗嘱人通过遗产信托的方式，向他自己的奴隶，或他的继承人的奴隶，甚或第三人的奴隶，赋予自由，规则便有所不同。因为基于该遗产信托，奴隶获得了直接向其主人要求被解放的诉权，以及向非其主人的继承人要求购买（Ankauf）和被解放的诉权。这种法律关系对罗马人而言非常常见且重要，其并非通过使用普通的诉讼，而是通过当局机关的

---

[24] L. 16 §13.14 *ad Sc. Treb.* (36.1.).

非常审判（extraordinaria cognitio）得以实现。㉕

B. 当继承人或受遗赠人因遗产信托而有义务使其孩子脱离父权时，这种义务实际上不受普通遗产信托司法管辖的保护；但是例外地，若父亲通过接受继承或接受遗赠而使自己负有义务实施一项行为却事后拒绝实施，此处通过皇帝的影响，也可能对父亲施加强制。㉖——如果一个未成年人被自权人收养后，并且在其成年后请求脱离父权，可能甚至在普通诉讼程序中便可以强制脱离父权。㉗

C. 然而，更重要的仍是由《Julia法》引入的规则，即如果父亲在没有正当理由的情况下拒绝同意子女的婚姻，则通过当局机关的影响可以迫使其同意。㉘

㉕ § 2. *J. de sing. reb.* （2.24.）. Ulpian. XXV. § 12. 18. Tit. Dig. de fid. libert. (40.5.).

㉖ L. 92 *de cond. et demonstr.* （35.1.）.

㉗ L. 32. 33 *de adopt.* （1.7.）. 人们当然也可以将 L. 32 *pr. cit.* 这个篇章中所提及的"审判员"（judex）理解为"执法官"（magistratus），附加的 causa cognita（经事实性审查）这个词似乎指明了这一点；如果是这样，它将是一种非常审判（extraordinaria cognitio）。

㉘ L. 19 *de ritu nupt.* （23.2.）.

第七十五节　权利能力和人格减等理论在当代的可适用性

148　　现在还需要补充讨论的是，上文所阐述的关于权利能力和人格减等的理论（§64－74）在我们当代的法律中还存留着何种意义。

我们没有留存罗马的不自由制度，因此也不可能谈论罗马奴隶的无权利能力的问题。

同样地，在我们这里很少存在市民籍（Civität）或拉丁籍（Latinität）身份，与之对应的是异邦人身份；因此关于异邦人受限制的权利能力也在我们这里也消失了；而"拉丁人"受限制的权利能力，通过优士丁尼的立法，无论如何都已经消失了。

反之，在我们当代的法律中当然仍存在着对父权的从属，因而建立在此基础上的受限制的权利能力，也在某种程度上保持不变；事实上，即使被基督教皇帝的制定法进行了实质性修改的部分，它仍然只有结合早期的法律才可能被正确地理解和适用。

149　　我现在转向人格减等。由于我们不再有任何的奴隶和异邦人，最大人格减等和中人格减等也变得不可能了；同时，罗马人就此所承认的民事死亡（§69）也是不可能的。

不过，最小人格减等确实可能发生；如果一个无从属之人允许自己被另一个人自权人收养，那么他将受到通常适用于家子权利能力的所有限制，因此，他的权利能力将受到不利的改变。另一个问题是，对于这样的人，人格减等的那些完全特殊的实在法效力（§69）是否仍然会发生，出于这些效力，这个概念及其术语曾具有实践价值?然而,这个问题的答案是必须否定的。因为,由此消失的宗亲关系自优士丁尼最新的立法以来,已经不再具备任何实践上的意义。庇主关系根本不再存在了。优士丁尼明确废除了最小人格减等对人役权(persönlichen Servituten)的影响。最后,在优士丁尼法中的通过人格减等导致债务消灭,并不是实践中的法,而只是推测较早时期的法;然而这种法也早已完全失去了它的实践影响。因此我们必须申明:尽管关于人格减等的理论在历史上和注释中(exegetisch)是重要的;但就实践中的法律而言,这一概念及其名称都已经完全没有必要。

早期法律观点中最生机勃勃的延续仍然可以在具有特殊性质的法律制度中找到,这些制度完全或者部分独立于对权利能力的实在法限制(§71-74)。其中许多也已经完全消失,例如,对奴隶的扶养必需品遗赠(§72)和奴隶因遗产信托而获得解放(§74)。反之,嫁资权、对于扶养必需品与对于嫁资的诉权(§72)、侵辱之诉、不合义务遗嘱之告诉(只要人们想要使其在第115号新律之后仍然有效)(§73)、合伙和委托等(§74)的特殊性质被保留下来。

此外,这里就关于前述法律规则的适用范围所确立的主张,与近期学者的观点并无任何矛盾。尽管近期法学家在这些问题上的解释可能经常不那么明确和充分,但我们仍然可以相当有把握地认为,如果对这里确立的观点中的大多数进行解释,其中不会发现太大的矛盾。因此,即使是 Glück 观点[①]中所存在的

[①] Glück B. 2 §128.

表面矛盾，也仅能被用来证实我的观点。他认为，如果某人委身为农奴（Leibeigene），或者被判处在堡垒或监狱中终身监禁，就仍然可能发生最大人格减等；同样，假使某人失去了德意志某一特定邦国的市民权，或者甚至一般的德意志市民权，也可能发生中人格减等。然而，Glück还补充到，罗马法中的规则不能适用于这些情形。但这正是这里涉及的问题，特别是罗马法意义上权利能力的废止与减少。没有人会否认，在所有时代中，人的状况都会发生各种各样的变化；但将这些变化都当作人格减等来处理和命名，只会导致空洞且令人困惑的文字游戏。

同样的问题也特别发生在民事死亡；我们的学者在这个问题上提出罗马法的概念②，但并不是要以此来确定其实际适用。在法国，这个问题长期以来呈现出不同的面貌，虽然这个问题不在我们的任务范围内，然而我还是附带来处理这个问题，因为它可以作为一个警示性的例子：不熟练地适用被误解的历史上的法概念会导致多严重的结果。

Domat在几行文字中谈及过民事死亡（mort civile），然而，这给他留下了两个巨大错误的可能。他说，民事死亡是被判处死刑或被判处某种带有没收财产之刑罚的人的状态，使用这个术语，因为他是刑罚奴隶（esclave de la peine）。③ 然而在现实中，民事死亡和财产没收（Confiscation）没有任何关系，因为在战争中被俘的罗马人在没有没收财产的情况下遭受民事死亡，而被较

---

② 因此，例如Mühlenbruch T. 1 §184。
③ Domat Liv. prélim. Tit. 2 Sect. 2 §12.

轻流放者（relegatus）*根本不遭受民事死亡，尽管对他来说，有时（并非总是）会发生财产没收。此外，被流放者在遭受民事死亡的同时，并没有成为刑罚奴隶。

以上是对这个问题在理论层面的讨论。在实践中④，民事死亡的概念适用于终身在橹舰上划桨的刑罚和流放刑罚（Galeeren- und Verbannungsstrafe）的情形；在一些其他情形中就其适用存在争议。最重要的适用是路易十四颁布的针对宗教流亡者（réfugiés）的制定法**，并且因此调动了全部邪恶的狂热；但是因为该制定法与公众意见相对立，所以该法在适用时经常被忽略，尤其是涉及那些流亡者的子女时。

大革命爆发了，并且不久后极为重要的新适用出现了，在

---

* 较轻流放，也被译为"轻流刑"，作为一种刑罚，较轻流放可能涉及流放到某地（通常是一个岛屿），或者只是被排除在罗马、意大利或特定省份之外。刑罚可能有时间限制（ad tempus）或终身（in perpetuum）。但即使是终身刑也不涉及市民籍的丧失；立遗嘱的权力也没有丧失。自由也仍然存在。被较轻流放者可以从遗嘱中获得收益，拥有财产，并拥有对其儿子的权利。——译者注

** 该法律即是《枫丹白露敕令》（Édit de Fontainebleau）。1598年法国国王亨利四世在南特颁布了宽容新教的《南特敕令》，其目的是缓和国内在宗教问题上的尖锐矛盾。敕令规定，凡1597年8月底之前有过公开的新教宗教活动的地方均可继续这些活动，每个司法区的两个城市和拥有高级司法权的领主家中亦可举行新教仪式。新教徒应享有与国王其他臣民同等的权利，可以进入大学、慈善堂、职业团体，可担任官职、领受爵位，此外敕令还保证他们的司法公正：高等法院中设立等员法庭，其中两种教派的法官人数相等。新教徒继续保留其省一级和全国性的教务会议；根据秘密条款，他们得到了军事上的保证：其军事设施将来可以用来抵抗或反叛。1685年，路易十四通过《枫丹白露敕令》将《南特敕令》废除。新教牧师遭流放，原新教徒被禁止外逃，违者服苦役，新教徒的学校被责令关闭，"新改宗者"的孩子须受洗。总体上说，这一法令得到舆论的热烈赞同，但撤销南特敕令的后果是多方面的和悲剧性的。尽管政府严厉追捕逃亡者，但外逃现象仍很普遍。大约有30万新教徒成功地离开了法国。他们中间有所有社会阶层的代表，有家中的幼子、商人、农民以及一批真正的技术精英和企业主，他们移居日内瓦、荷兰和柏林——向所有的"避难所"迁移，这些地方变成了敌视法国和它的国王的中心。——译者注

④ The Merlin Répertoire art. *Mort Civile* 详细论述了这一点，其中可以找到对本文后续命题的补充。

1793年3月28日*和9月17日**所颁布的制定法中,民事死亡被适用于流亡者和被流放者。早期法学的武器库,如今不得不拿出武器来迫害流亡者。

最后,《法国民法典》被制定。许多人相信这部法典完全是灵机一动地产生于新的革命智慧,但这大错特错了。恰恰相反,最初的编纂者,作为后来的枢密院(Staatsraths)成员,带来了他们来源于早期法学时代的所有知识和错误。以下是现在被认为适用民事死亡的情形。

1. 流亡者(Emigranten)。尽管针对流亡者的制定法在8世纪就已经被废止,而且大多数想废止该制定法的人都从流亡者名单中被剔除,因此使他们再一次地免于民事死亡;但一方面,还有一些人仍然没有返回,另一方面,即使流亡者重新入籍,但在

---

* 1793年3月28日,国民公会颁布《惩治流亡贵族法》,规定:凡在1789年7月1日以后离开法国领土又没有在1792年5月9日以前返回的法国人,凡不能证明自己在1792年5月9日以后一直不间断地居住在国内的法国人,都将被视为逃亡贵族。逃亡贵族被永远驱逐出法国领土,并被判定为"民事上的死亡",他们的财产被共和国没收,违反该流放法者将被处以死刑。——译者注

** 该法律为《嫌疑犯法》(loidessuspects),即1793年9月17日法国雅各宾专政时期国民大会颁布的打击封建残余势力实行革命恐怖的法令,共10条。宣布凡有下列情节之一者,属嫌疑犯:(1)凡行为、社会关系、言论或著述表示拥护专制政治、联邦制及敌视自由者;(2)凡未能按本年3月21日颁布的在各市乡设立监视委员会的法令规定证明其身份和履行公民义务者;(3)凡被拒绝发给爱国证者;(4)被国民公会或其特使停职或撤职而尚未复职的官吏,特别是根据同年8月12日法律曾予或应予撤职的那些官吏;(5)贵族及其夫、妻、父、母、子、女、兄弟、姐妹,或亡命贵族的代理人,未经常表现其热爱革命者;(6)自1789年7月1日始至1792年4月8日法律公布止,出逃法国的亡命者,包括该法律规定期限内或以前返归法国者在内。该法令规定由监视委员会负责编制嫌疑犯名单并下令逮捕嫌疑犯;武装司令在接到逮捕令后应立即执行,违者撤销其职务;嫌疑犯名单置逮捕理由及搜获文件由监视委员会送交国民公会的治安委员会;被逮捕的嫌疑犯监禁至和平恢复为止。颁布此法令后,各地革命委员会逮捕的嫌疑犯达20余万人。根据该法令,同年10月3日国民公会清除了136名同情吉伦特派的议员,革命法庭于同年10月16日处死王后。——译者注

过去发生的婚姻和继承方面,他们既不应当也不能够摆脱民事死亡的影响。⑤

与之相反,在今后自愿解除与祖国的关系,也不应被视为民事死亡,而是废止了法国人身份(art. 17 - 21)*,然而这种变化并不重要。

2. 被判处死刑的人:部分涉及他们在被处决前的中间阶段,部分涉及因逃亡而逃避处决的情形(art. 23)。**

3. 被判处某些其他刑罚的人(art. 24)。***《法国民法典》(Code civil)在这一点上保留了更详细的规定,而《法国刑法典》第18条(Code pénal art. 18)将民事死亡与终身强制劳动(Zwangsarbeit)(在橹舰上划桨[Galeeren])、流放联结在一起;而后一种情况被正确地认为是最严重和最困难的,因为被流放者应当在流放地自由地生活。

---

* 1804年《法国民法典》第17条:"法国人资格因下列原因而丧失:一、入外国国籍者;二、未经国王准许,接受外国政府所授与的公职者;三、在国外建立事业,无意返国者。"第18条:"所有丧失法国人资格的法国人,取得国王的许可重返法国,且声明其有意在法国定居并放弃一切与法国法律相违反的特殊称号者,得请求恢复此种资格。"第19条:"法国妇女与外国人结婚,依从其夫的地位。如该妇女成为寡妇,得要求恢复法国人资格,但以其居住于法国,或取得国王的许可重返法国并声明有意定居于法国者为限。"第20条:"依第10条、第18条与第19条规定的情形,请求恢复法国人资格者,仅于完成各该条所定的条件后,始得主张此种资格,并始得行使其自此时起开始享有的权利。"第21条:"法国人未经国王的许可,服务于外国军队或参加外国军事团体者,丧失法国人资格。前项之人仅于取得国王准许后,始得重返法国,并须完成外国人成为公民的条件,始得恢复法国人资格;以上一切,对于刑法就法国人过去或将来持有武器反抗祖国所定的刑罚,不生影响。"——译者注

** 1804年《法国民法典》第23条:"受死刑宣告者,并发生民事死亡。"——译者注

*** 1804年《法国民法典》第24条"其他终身身体刑,仅法律定有民事死亡的效果者,发生民事死亡。"——译者注

⑤ 关于流亡者制定法的引用,Merlin l. c.,p. 373.——在枢密院关于法典的辩论中,流亡者制定法的持续效力和重要性得到了明确承认,特别是与流亡者的民事死亡有关的制定法。*Conférence* du code civil T. 1 p. 76. 77.(关于 art. 24)

然而，根据第 25 条*的规定，民事死亡最重要的效力可以表达为下列主要规则。

1. 民事死亡人的全部现存财产，在该事件发生时，即属于其法定继承人。

2. 民事死亡人将来无能力享有所有的民事权利（droits civils），但有能力享有所有的自然权利（droits naturels）。⑥ 这一根本的区别在以下几点得到适用。

a. 除被遗赠的扶养必需品外，他不能通过继承取得任何财产。

b. 他既不能有遗嘱继承人，也不能有法定继承人。在民事死亡期间内取得任何东西，在他自然死亡时归国家所有（art. 33）。**

c. 除扶养必需品外，他既不能赠与他人财产，也不能受领赠

---

* 1804 年《法国民法典》第 25 条规定："民事死亡，使受刑人丧失其对于全部财产的所有权，其财产继承为其继承人的利益而开始，与其自然死亡而并未立有遗嘱因此遗产归属于继承人的情形相同。民事死亡人不再继承任何财产，亦不能以此名义移转其此后所取得的财产。民事死亡人不能以生前赠与或遗嘱的方式，处分其财产的全部或一部；除受扶养的原因外，亦不能以赠与或遗赠的名义有所受领。民事死亡人不能被指定为监护人，亦不能参与有关监护的行为。民事死亡人不能为要式行为或公证书的证人，亦不许为诉讼上的证人。民事死亡人不能为诉讼上的原告或被告，仅得由受诉法院所任命负担特别财产管理人职务之人，以其自己的名义为之。民事死亡人不能缔结产生任何民事效果的婚姻。民事死亡人以前所缔结的婚姻，就一切民事效果说，视为消灭。其配偶与继承人就其自然死亡开始的权利与诉权得互相行使之。"——译者注

** 1804 年《法国民法典》第 33 条规定："受刑人在民事死亡存续中取得并于其自然死亡时仍占有的财产，由国家按无人继承的权利取得之。但国王得为受刑人的寡妇、子女或父母的利益为适应人道主义的决定。"——译者注

⑥ 这一点在文字上表达于 Projet de code civil Liv. 1 Tit. 1 art. 30："被剥夺*民事权利本身的利益*。"（privés des avantages du *droit civil proprement dit*）§ 31："他们仍然有能力实施一切*自然权利的和人的行为*。"（Ils demeurent capables de tous les actes qui sont du *droit naturel et des gens*.）民法典本身并不包含这些形式上的规定，而只是（通过举例）列举了被撤销的最重要的个人权利，但其意义仍然相同。这一点从枢密院的辩论中可以清楚地看出。Vgl. Toullier droit civil Français Liv. 1 § 279.

与物。⑦

d. 就所有民事效力而言，其迄今存在的婚姻被解除。

e. 他此后可能缔结的婚姻，就民事效力而言，是无效的。

f. 反之，除了上述行为外，他有能力通过任何其他法律上的行为，取得并让与财产。因此，他有能力购买、互易、收益租赁（Pacht）、使用租赁（Miethe）和消费借贷（Darlehen），以及享有所有因侵辱（Injurie）或其他私犯（Delicte）所产生的诉权。⑧

针对这种范围的界定，我们现在可以提出以下反对意见。民事权利和自然权利的区分，显然是源自于罗马法，但这两者在罗马法中有着完全不同的意义，因为罗马的万民法是自身发展起来的，同样也是实在法（§22）。然而，罗马法上的这种对立悄然被一种不同的对立替代，其是一种更实在法的、更任意的与更自然的、更不证自明的法律制度之间的对立。然而，后者一方面对于适用并不重要，另一方面在范围界定上摇摆不定且不明确，这一点在下面的适用中可以清楚地看到。以下完全是前后矛盾的，即被流放者可以取得财产，但其财产在他死后应当属于国家，这大体上只是一种部分财产没收，因此只是一种半吊子措施。在罗

---

⑦ 《法国民法典》第25条在文字上表达了这一点。与此相反，Toullier§282认为，民事死亡人有能力通过现实赠与（donations manuelles），亦即通过交付而赠与动产，来取得和让与财产，但没有能力通过赠与不动产，或此等必须以书面形式签订的赠与取得和让与财产。因此，现金或国债（Staatspapieren）中的大量财产可以被有效地赠与，这与制定法完全是相悖的。Projet de Code civil第32条和第33条允许受领少数动产和扶养必需品的赠与，另一方面，允许无条件地通过赠与进行让与。

⑧ Projet de code civil第31条明确列举了被允许的行为，《法国民法典》本身对这些行为没有规定，不过意思是一样的。Vgl. Toullier§280.283.以及Tronchet在枢密院上的意见，Coférence T. 1. p. 119.。

马法中，确实存在同样的法律规则⑨，但该规则在一开始进行财产没收时就具有前后一贯的延续意义，然而法国法却拒绝了这一点。被流放者仅仅被视为异邦人，他可以留下遗产给继承人，因为国家从不继承异邦人的财产。法国法的规则无疑不能根据所有继承法的实在法性质而取得正当性，但法国法规则的基础似乎就尽在于此。——更值得注意的是针对赠与的处理，赠与无疑不会比买卖和使用租赁更具实在法的性质。民法典在这一问题上也偏离了法典草案（Project），而法学家们再一次地走了自己的路（注 7）。Toullier 对于赠与的民事性质给出了理由，即赠与受制于实在法的形式，但这根本不能决定什么；因为只要买卖和使用租赁的价值超过 150 法郎，其也受制于实在法的形式（art. 1341）*，但被流放者可以无条件地缔结此类契约。

但最为重要的是对婚姻的处理。在这个问题上，自然、民事和宗教的因素是相互区别的⑩；但是，由于人们否认婚姻具有民事效力（effets civils），毫无疑问人们对此指的是否认所有以及任何法律效力，正如在辩论过程中也明确承认的那样。因此，关于被流放者的婚姻，由于它在法律上是不存在的，通奸与重婚都是不可能的。被流放者的孩子只能是非婚生的孩子，即私生子（bâtards），他们没有父亲，没有继承权，甚至对旁系亲属的财产

---

* 1804 年《法国民法典》第 1341 条："一切物件的金额或价额超过一百五十法郎者，即使为自愿的寄托，均须于公证人前作成证书，或双方签名作成私证书。证书作成后，当事人不得更行主张与证书内容不同或超出证书所载以外的事项而以证人证之，亦不得主张于证书作成之时或以前或以后有所声明的事项而以证人证之，虽争执的金额或价额不及一百五十法郎者，亦同。前项规定不妨碍商法所定规则的适用。"——译者注

⑨ L. 2 *C. de bonis proscript.* (9. 49.).
⑩ Co*férence* T. 1 p. 86. 92. 98.

第二章 作为法律关系承担者的人

也没有继承权。⑪ 无论被流放者是继续先前的婚姻，或是在流放期间才缔结婚姻，在这两个方面也根本不存在区别。——让我们将其与早期的法律进行比较。

根据罗马法，被流放者的婚姻根据市民法是无效的，但根据万民法却是有效的，因此与 Caracalla 普遍性地授予市民籍之前数百万行省居民（Provinzialen）的婚姻一样，完全同样有效。⑫ 这些原则导致的后果是，此等婚姻中的孩子，不处于被流放者的父权之下，也不会处于被流放者亲属的宗亲关系之下。反之，他们是婚生的，他们在法律上有特定的父亲，他们与他们的父母和他们的亲属存在真正的血亲关系，他们可以因此主张任何基于血亲关系的继承权（除了他们父亲的财产，这些财产总是被没收）。所有这些规定都是出于纯粹法律一致性的考虑，而非宗教观点，因为这些规定早在基督教取得统治地位之前就得到了承认。——然而，由于在《法国民法典》的起草过程中，罗马市民法所特有的效力与法律效力被混淆了，因此悄然出现了一个奇怪的结果，即法国被流放者的婚姻不是等同于（本来是很自然的）罗马被流放者的婚姻，而是等同于罗马采矿劳役之人（Bergwerkarbeiter）的婚姻，后者必然因为被判处刑罚的丈夫的奴隶状态而逻辑一贯地被消灭。事实上，人们就此而言比后期的罗马法走得更远；优士丁尼废除了此类被判处刑罚者的奴隶状态，所以他们的婚姻能

158

159

---

⑪ *Coférence* p. 86. 110.——Toullier § 285. 293 主张子女的合法性，因为婚姻的联系（vinculum matrimonii）(le lien [联系])确实存续着。这显然和制定法是矛盾的。他所辩护的是枢密院的少数派所希望的，目的是实现对草案的修改；然而，他们的意见落空了，草案未经修改就被通过了。正是因为有了上述全面的争论，制定法的真正含义是不容置疑的。

⑫ 事实上，出于人道，即使是某些严格的原则也被让步了；本来只应伴随着正当婚姻（justum matrimonium）而存在的嫁资，在这里被允许继续存在，尽管婚姻不再是正当婚姻。

够延续（Nov. 22 C. 8），但是即使是这种缓和，对法国的被流放者而言也被否定了。

旧有的法国法律，特别是 1639 年的法令（ordonnance），其严苛性始终与公众意见相冲突，因此其受到法院的默示反对，法院承认早先缔结的婚姻作为圣礼（Sacrament）而继续存在，因此随后在该婚姻中出生的孩子是婚生的，并对其所有亲属享有继承权。⑬

新的制定法的提案也引起了极为激烈和全面的反对：首先是来自巴黎上诉法院方面的反对⑭；然后是来自枢密院的第一执政方面的反对（他在这个问题上作了非常明智的发言）以及司法大臣和其他成员方面的反对⑮；最后，是来自法案评议委员会（Tribunals）*方面的反对，枢密院的编纂交由法案评议委员会审查。⑯ 这一提案遭到了质疑，部分是基于罗马法和旧法国法，部分是基于人道；特别是波拿巴（Bonaparte）指出，被流放者的妻子，其分担被流放者之不幸的高尚忠诚值得尊敬，但却被制定法贬为姘妇，这将是多么令人厌恶。然而这一切都是徒劳。尽管如此，该制定法还是通过了，以下不同的原因共同导致了这一结果。其一，基于历史上错误的前提而产生僵化的一致性，大多数法学家因对罗马法的肤浅了解而受到了错误的影响，他们从年轻

---

* 也有学者译为保民院或护民院，法案评议委员会由 100 位护民官组成，被授权讨论所提之法令议案，并提出劝告。——译者注

⑬ *Conférence* p. 89. 90.

⑭ Observations des tribunaux d'appel sur le projet de code civil p. 38.

⑮ *Conférence* p. 86. 87. 88. 也请特别参见 Maleville analyse raisonnée T. 1 p. 47 - 50.。

⑯ *Conférence* T. 1 p. 174 - 176.

时就接受了错误的教育，以致他们现在无法克服这些错误。⑰ 其二，革命所带来的对被流放者的仇恨，尽管他们中的大多数人已经被赦免，其余的人也早已失去了他们的重要性和危险性。其三，为严格排除宗教观点对法律的早期影响而做出的谨小慎微的努力。在 Tribune Gary 所作的推荐通过当今法典的最终草案的辩护演讲中，这些动机的获胜成果相当引人注目。他承认，当妻子跟随被流放者而被流放，很难将他们的孩子视为非婚生子，同时将她视为是姘妇；但是，法律在其他方面还存在困难，并且这样的妻子可以得到她的良心、宗教和其他人评价的安慰，制定法对此根本完全没有妨碍，而制定法的一致性高于一切。⑱ 毫无疑问，公众意见总是会削弱法律，甚至法院也是如此，就像它之前所做的那样，在适用中悄然削弱它，但它的充分可谴责性并没有因此而被减少，而无疑是更多了。

最后，如果有人问这一制定法未来效果是什么，对这个问题可以回答如下：对于被判处死刑或终身强制劳动的人来说，它几乎完全无关紧要，因为他们所受刑罚的性质，使得承认民事死亡可能令人疑虑的所有方面，无论如何都不可能发生；因此，在这里，即时继承是唯一剩下的效果，而且对这一点的反对意见最少。制定法对于流亡者是重要的，这是由于流亡期间所产生的法律关系的结果。不过这种重要性必然会逐渐消退。剩下的重要后

---

⑰ 如果有人认为我在这里只是武断地假定了罗马法（出于错误观点）的影响，而事实上并非如此，那么他应该查阅 Merlin, Répertoire 中的 Mort civile 一文，在这篇文章中，作者以最大和最多余的烦琐对学说汇纂篇章进行了解释甚至文本批判；他在它处生拉硬扯了完全不合适的复境（postliminium），以及在第 373 页将 L. 4 *de capt.* 的文辞"一个向敌人投降的人返回的话，不被我们接受"（An *qui hostibus deditus*, reversus, nec a nobis receptus est），解释为投敌者（Überläufer）、背叛祖国的孩子（enfant ingrat de la patrie），并与《法国民法典》的第 18、19、21 条相联系，这几乎超出了人们的想象。

⑱ Code civil suivi des motifs T. 2 p. 86.

果主要是针对被流放者；由此人们想要建立一个具有政治重要性和有计划的制度，然而直到今天这种制度还没有达到成熟的程度。在这里，上面所指出的所有缺陷得到体现。为支持法律的这一规定而提出的辩护理由认为，通过更广泛的权利能力而提供给被流放者一定手段以逃跑或实施敌对活动，这是危险的[19]，但这个主张完全没有根据。因为，即使没有民事死亡，通过单纯的禁令，且此种措施与其他一些刑罚一起被实际适用，就完全足以防止上述危险。[20]

在这一原则的具体适用中，最知名的是其对 Polignac 侯爵的适用。1830 年 12 月 21 日巴黎法院（Pairshofes）判处其终身监禁，取代了不可实行的流放，并且作为这项刑罚的结果，他同时被明确地宣告为民事死亡，以及承受制定法附加给流放和民事死亡的所有后果。但他的婚姻在汉姆（Ham）继续存在，他的孩子也出生了，因此这个案例特别有助于说明，完全如此处所阐述的一样，关于民事死亡的法国制定法值得谴责。

1831 年成立了一个委员会，以修订刑法典中的某些条款，通过这个委员会，许多修订事实上得以发生。该委员会承认关于民事死亡的制定法值得谴责，并以最强烈的措辞进行了描述。但是委员会放弃提出废止该制定法的提案，只是因为委员会正确地认识到，如果不同时对私法上的同类事项引入许多新的规定，就不可能作出这种修订，但这已经超出了委员会的任务范围。[21] 因此这个问题至今保持这个状态。

---

[19] Conférence T. 1 p. 128.

[20] Code pénal art. 29. 30. 31.

[21] 委员会的报告是在 1831 年 11 月 11 日下议院的会议上进行的。Vgl. Moniteur 1831 vom 12. November.

在这里，由于法国关于民事死亡的立法所依据的错误已经被详细地展示出来，因此，同时也为更全面地考察涉及其在当代可能且妥当的适用这个课题扫清了道路。如果考虑到法国法的这部分内容也被引入德意志邦国的制定法中，并且很容易进一步引入，那么这样的补充也不会被认为是完全多余的了。

在罗马法中，对于最严重的罪行，有四种后果：刑罚、最大人格减等、民事死亡和没收财产。这四种后果彼此之间的关系常常被错误地认识，这也是最严重的误解的基础。

最大人格减等与刑罚不能被完全等同，因为较轻的流放（relegatio）是一种不涉及人格减等的刑罚[22]；另一方面，如果罗马市民成为战俘或进入拉丁殖民地，则会遭受人格大减等，没有人会把二者看作是刑罚。因此，这两个法律概念是相互独立的，而且人们只能说，人格减等作为实在法的结果而与若干刑罚结合在一起，但这并不意味着这种人格减等本身就是一种刑罚。

民事死亡（mors civilis）这一表述在近代才出现；为了更准确地表达这个概念，我想将其称之为"拟制死亡"（die Fiction des Todes），即把一个活着的生物人当作死人来对待。这一拟制是作为一个完全实在法的结果附着于每一个最大人格减等上，而不是从人格大减等的概念本身中推导出来的（§69第71页）。因此，拟制死亡和刑罚的关系，就像人格减等和刑罚的关系一样；战俘会遭受拟制死亡，但被较轻流放人则免于拟制死亡，并且因此人们也只能说这个拟制作为实在法的结果而与若干刑罚相结合。即便拟制死亡呈现为这样一种关联，罗马法也未将其视为一种刑罚，或者视为另一种刑罚的加重，或者视为对刑罚道德印象的加强；拟制死亡仅仅是一种合理、简单以及便利的权宜之计，

---

[22] L. 7 §5 *de bonis damn.* (48.20.).

以解决在继承情形中可能出现的困难。遭受此等判决的人,由于他的人格减等,而不能成为继承人[23];现在为了避免仅因他的单纯存在而妨碍其他人继承遗产,前者被拟制为死亡,这样一来他的存在就完全不在继承的考虑范围之内。但正是出于这个原因,这种拟制只能是服务于特殊的目的,因此也只有在考虑到与生命相联结的民事效果时才可以适用,除此以外人们对此不能加以考虑,因此在这个问题上,字面上的逻辑一贯是不能被期待的。例如,被流放者可以取得财产和缔结婚姻,即使众所周知,死亡的生物人对于二者都完全没有能力;在此,这一能力是基于万民法而非市民法。

没收财产,无论发生在哪里,都属于真正的刑罚。它似乎只是偶然地、外在地与最大人格减等相联系(§69注2),所以这两个法律概念完全是相互独立的。在自由的共和国时期,没收财产通常不会与最严厉的刑罚同时发生。[24]然而在帝政时期,没收财产是任何作为刑罚而施加的最大人格减等的合乎规则的后果[25];但是也进行了缓和性的一些修改。部分财产早就已经让与给罪犯的子女,而且在法律规则的各种变动之后,优士丁尼皇帝最终规定,除了叛国罪(Majestätsverbrechens)以外,为了罪犯卑亲属以及最近三等的尊亲属的利益,国库的权利应当被完全废止。[26]

---

[23] 其一度没有遗产占有(Bonorum possessio)的能力(L. 13 de B. P.),因此更没有遗产继承(hereditas)的能力。

[24] 一个被判处刑罚的弑亲者(Vatermörder)以通常的方式被继承,唯一的疑问是他在被判处刑罚后是否还能订立有效的遗嘱。Cicero de invent. Ⅱ. 50. Auct. ad Herenn. Ⅰ. 13.

[25] L. 1 pr. de bonis damn. (48. 20.).

[26] L. 1 §1. 2. 3. de bonis damn. (48. 20.). L. 10 C. de bonis proscr. (9. 49.). Nov. 17 C. 12.——最新的制定法是 Nov. 134 C. 13,与 Auth. Bona damnatorum C. de bonis proscr. (9. 49.)【原文是 Auth. Bona damnatorum C. de bonis proscr. (9. 46.),似有误。——译者注】稍有偏离。

然而，与此相反，在所有形式的人格减等以外，没收财产仍可以实施。㉗因此，没收财产和拟制死亡同样会偶然地同时发生，但是这两个概念却是相互独立的。事实上，如果我们坚持拟制死亡的严格概念，那么其结果不是没收财产，而是继承，因为实际死亡人的财产不是被没收，而是被继承。

在被判处刑罚者的遗嘱能力方面，我们仍然需要对这里所确立的规则进行特别适用。在没收财产情况下，很明显，被判处刑罚者的任何遗嘱必须无效，无论遗嘱是在他被判处刑罚之前还是之后所订立的。因此，这一理由在当代的立法中消失了，因为没收财产一般都不被承认。

对于罗马人来说，人格减等是任何之前的遗嘱在此等刑罚情形下必须无效的决定性理由，因为即使是最小人格减等也会产生这种效力。但是，如果当事人在死亡时恢复了先前的状态，那么根据市民法，之前无效且保持无效的遗嘱，应由裁判官维持。㉘在判处刑罚后，遗嘱不可能被订立，因为异邦人不享有遗嘱能力（testamentifactio）。㉙这种障碍在现代立法中不可能出现，因为我们不承认罗马法上的最大人格减等。

最后，如果严格实行拟制死亡的规定，自然会导致被宣告者之后订立遗嘱变得不可能，因为死者无法订立遗嘱。反之，之前所订立之遗嘱的效力肯定不会受到影响，因为即使是实际的死亡也不会导致已经订立的遗嘱失去效力，相反它更是有效的。这一点在一个情形中表现得特别清楚，在该情形中，相当特别地出于这一目的，拟制死亡是由一个正式的平民会决议（科尔内利法

㉗ L. 7 § 5 *de bonis damn.* (48. 20.).

㉘ Gajus Ⅱ. § 145. 147. Ulpian. XXIII. § 4. 6. L. 1 § 8. L. 11 § 2 *de B. P. sec. tab.* (37. 11.). L. 8 § 3 *de j. codic.* (29. 7.). L. 6 § 5 - 13 *de injusto* (28. 3.).

㉙ L. 8 § 1 - 4 *qui test.* (28. 1.).

[Lex Cornelia］）宣布的。也就是说，如果一个作为战俘的罗马人死亡，那么他将被拟制为在被俘虏时就已经死亡；因此之前订立的遗嘱仍然有效，假如没有这一拟制，该遗嘱将会因最大人格减等而无效。㉚

因此，在罗马法的概念和法律规则中，如果我们把它们前后一贯地适用于已经改变的法律状况中，那么在当代立法中，没有力的理由否定被判处刑罚者之遗嘱的效力。

这些考虑绝不应与我们时代的刑法典中对民事死亡的接受相矛盾；应当消除其与我们传统实在法的概念和规则有关的欺骗性假象，这些欺骗性假象可能会诱使我们完全为毫无根据的逻辑一贯留下空间。在这方面可以确定的是，这是一些全新的内容，其独立于迄今生效的法律，其不能基于历史的理由，而必须从内在的合目的性角度进行正当化。这也特别适用于被判处重刑的人的遗嘱是否应被承认有效的问题。

㉚ L. 6 § 5. 12 *de injusto* (28. 3.). L. 12 *qui test*. (28. 1.). Ulpian. XXIII. § 5.

第七十六节　不名誉对权利能力的限制——导论

迄今为止所阐述的对权利能力的限制，被视为是当代罗马法的组成部分，原因有二：第一，因为私法体系自古至今都与这些限制密切相关，如果对这些限制没有准确了解，同样不可能彻底了解它们的最新形态，也不可能避免极为混乱的错误。第二，因为这些限制中相当多的内容也已经体现在最新的法之中，如果脱离了先前的联系，就无法正确理解其真正的本质。

这两个原因在其他一些限制中都不存在，这些限制对权利能力向来只有孤立的影响，但是我相信，这些限制在最新的法之中已经完全消失了。我所指的是不名誉（Infamie）和宗教差异（Religionsverschiedenheit）。两者都属于罗马法，它们必须被视为过时的制度。但由于主流意见与这里所表达的意见并不完全一致，因此这些制度仍然经常被认为是当代共同法（gemeinen Rechts）的组成部分，根据本著作的计划，不能排除对这些制度进行批判性的阐述。

不名誉是这些制度中的第一个，为了在不名誉的困难研究中奠定坚实的基础，我不会从确立其概念和种类开始，也不会从其历史开始，而是从其在优士丁尼法律渊源中出现的形态开始。很明显的是，这种研究不能建立在对早期法律状况完全进行歪曲的基础上；因为在文辞上逐字被采纳的裁判官告示（Praetorian Edict）是其基础①，而其他的一切仅仅是对其补充或修改。我们的

---

①　告示篇章见于 L. 1 *de his qui not*. (3.2). 。关于这个篇章中直接包含的情形，为了简洁起见，我将只引用告示作为渊源，因此总是意味着 L. 1 *de his qui not*. 中所包含的告示文本。这一点必须被特别注意到，因为我们还部分拥有一个不同的且非常不一致的文本，它可能取自 Paulus 的注释，*Fragm. Vat.* §320（注释§321）。这个差异将在下文和附录7讨论。

认识现在主要依赖于以下法律渊源：

Tit. Dig. de his notantur infamia (3.2).

Tit. Cod. ex quibus causis infamia irrogatur (2.12). 罗马的平民会决议（Volksschluß），通常被称为 Heracleensis 表，其中很大一部分与此显著相关②，对此下文将提供更多信息。

在这一导论中，下列近期学者同样需要被指出：

Donellus Lib. 18 C. 6 - 8.

Hagemeister in Hugo's civil. Magazin B. 3 Num. Ⅷ. (1803) S. 163 - 182 der Ausg. des dritten Bandes von 1812.

G. Chr. Burchardi de infamia. Kilon. 1819. 4. ③

Th. Marezoll über die bürgerliche Ehre. Giessen. 1824. 8. ④ （关于该制度在当代的状况）

Eichhorn deutsches Privatrecht vierte Ausg. § 83 - 90.

---

② Tab. Heracl. lin. 108 - 141 in Haubold monumenta legaia ed. Spangenberg Berol. 1830 p. 122 - 129.——该制定法于罗马纪元 709 年通过，并且它的真正名称是 Lex Julia municipalis（自治市的 Julia 法）。Zeitschrift für geschichtl. Rechtswissenschaft, B. 9, S. 348. 371.

③ Burchardi 本人说（第 5、11 页），他的观点大部分来自他所听到的我的讲座。如果情况确实如此，他青出于蓝而胜于蓝了，因为他的作品，我才注意到这一研究的几个重要问题。——此后，该学者修改了他的观点，认为我们算作私法的许多东西事实上是公法（juris publici），因此像通婚权（connubium）、通商权（commercium）、遗嘱能力（testamentifactio）都落入不名誉的后果中（Grundzüge des Rechtssystems der Römer S. 272）。如果这种观点是正确的，那么正如他自己在提到《Julia 法》和 Constantins 的规定时所主张的那样，不名誉的这种后果，就不会以如此之晚，或以如此有限和个别的方式被引入。

④ 这是一部非常认真刻苦的作品，我一般会引用其丰富的材料，作为我自己简短论述的补充，尽管我并不认为其中许多主要观点是正确的。我将特别省略帝国时期制定法中的许多较为细微的补充内容，这些内容对制度的本质没有任何影响。

第七十七节　不名誉的具体情形

如同在我们的法律渊源中所确立的一样，不名誉的具体情形可以分为五类。

Ⅰ. 因刑事犯罪被判处刑罚

这一情形逐渐才发展成为一种一般规则。但是告示本身只将不名誉和对在刑事诉讼程序中犯下的诬告罪（calumnia）*或虚意控告罪（praevaricatio）**联结起来，并且这一情形也出现在Heraklea 表中（lin. 120. 122）。——元老院决议将不名誉作为一个具体犯罪即私人暴力（vis privata）的后果。① ——无论是哪种重刑，都发生不名誉的后果；这并不重要，因为只要刑罚（因此至少丧失市民籍）得到了执行，不名誉就没有意义；因此，在下述情形中不名誉才会被察觉，即当被判处刑罚者获得了刑罚的免除而没有同时获得不名誉的免除时，且在这种情形中通常不会给予不名誉的免除。② ——最后被确立的一般规则是，在公共诉讼（publicum judicium）中的任何有罪判决，其必然会产生不名誉。③ 因此，基于非常犯罪（crimen extraordinarium）而判处刑罚则被排除在外，因为它只是在某些情形中例外地产生不名誉，

---

* 诬告罪，即编造虚假情况对无辜者提出控告的行为。——译者注

** 虚意控告罪，指为使某人免受更为严重的控告而故意提出能够减轻其罪责或者对其有利的指控的行为，也被纳入诬告罪的范畴。对于犯罪人，将按照被试图减轻的较重罪行可能遭受的刑罚处罚。——译者注

① L. 1 *pr. ad. L. Juliam de vi priv.* (48.7.).
② L. 1 § 6. 9 *de postulando* (3.1.). Marezoll S. 127.
③ L. 7 *de publ. jud.* (48.1.). L. 56 *pro socio* (17.2.). Coll. LL. Mos. Tit. 4 § 3，对比 § 12。在 tab. Heracl. lin. 117. 118. 111. 112. 中可以发现更早的仅仅部分相对应的规定；该制定法影响到所有在这个城市通过某种公共诉讼所判处刑罚的人，就像每一个在罗马被驱逐出意大利或在某个地方基于 Plaetoria 法（ex L. Plaetoria）被判处刑罚的任何人一样。这一区别的基础将在 § 80 中说明。

其在下文中马上就会被提及。

反之，某些类似的情形同样被认为是不名誉的产生理由，似乎是出于刑事判决的拟制，而该判决实际上并没有真正地被作出。属于这种情况的包括（作为告示本身提到的第一种情况），将一名士兵从军队中耻辱地（schimpfliche）驱逐[④]；此外还有与通奸有关的妻子的情形（未被判处刑罚）[⑤]；违反宣誓和解（beschwornen Vergleichs）或免除契约（Nachlaßvertrags）而犯下的伪证罪[⑥]；最后还包括，向国库提出的控告，但不能被指控者证实。[⑦]

作为这里所述的罗马法不名誉理论的最新扩展，人们可以参考 Frederich 一世的《安全居住法》（Auth. Habita）[*]，其用以保护法学学生。任何人对法学学生进行侮辱，或者以报复为借口进行抢劫或伤害，都应当是不名誉的，且应当支付四倍的赔偿，并且（如果行为人是官员的话）将被免职。

Ⅱ. 某些私犯行为，并且根据告示本身包括盗窃、抢劫、侵辱和欺诈。这里，败诉判决首先产生不名誉后果，但只有当被告以自己的名义被判决时才会产生。这一限制有两层含义：当被告

---

[*] 《安全居住法》（Authentic Habita）是神圣罗马帝国皇帝腓特烈一世于1158年在龙卡利亚会议上须布的特许状，这个特许状常被历史学家看作博洛尼亚大学真正建立起来的标志。特许令记叙了学生离开舒适的家园，远行千里求学；老师用他们的学识开启光明；因此要授予他们以特殊的皇家保护。任何人伤害他们将处以四倍重罚，急行此令的官员将被罢黜并受到不名誉的处罚。当大学的人员被提起民事或刑事起诉时，只能由学校的主管或者这个城市的主教审理。——译者注

④ L. 1 pr. de his qui not. (3.2.)：“基于耻辱的原因而被领从军队驱逐的人。"（qui ab exercitu ignominiae causa ab Imperatore... dimissus erit.）这一情形在 tab. Heracl. lin. 121. 也有提起。

⑤ L. 43 §12.13 de ritu nupt. (23.2.)：“妇女被抓住通奸，就相当于在公共诉讼中被判有罪。”（Quae in adulterio deprehensa est, quasi publico judicio damnata est.）

⑥ 因此，只有那些旨在解决有争议的法律关系的契约才会被提及。L. 41. C. de transact. (2.4.).

⑦ L. 18 §7 L. 2 pr. de j. fisci (49.14.).

人通过诉讼代理人而进行诉讼时,被告人和他的诉讼代理人都不会成为不名誉的。⑧ 自然的结果就是,由于普遍允许诉讼代理人,不名誉的这种威胁被削弱了,因为每个被告人都可以通过选任诉讼代理人而轻易地避免不名誉。在这种情况下,告示本身将和解与败诉判决并置[或遭受败诉判决,或订约(damnatus pactusve erit)]。然而,这个规定只能被理解为通过私人协议的方式进行金钱补偿;因此,它既不能被理解为司法调解下的补偿,也不能被理解为无偿免除。⑨

如果在上述私犯的情形中,没有提起私人诉讼,而是就非常犯罪提起诉讼,那么应同样产生不名誉,而这就是上文所述的例外情况,此时,非常犯罪也会产生通常只会在公共诉讼中才会产生的不名誉效力。⑩ 无论私犯是否保留其通常的名称[盗窃(furtum),侵辱(injuria)]⑪,还是它以一个特殊的名称成为刑事审理的对象[掠夺遗产罪(expilata hereditas)]*,交易欺诈罪[stellionatus]**),这也不会产生什么区别。⑫ 在所有这些情况下,即在私人诉讼中可以通过诉讼代理人的选任而产生免于不名誉的后果,这是不可能发生的。⑬

---

* 掠取遗产罪,即继承人将尚未向其分配的遗产据为己有的行为;这种行为类似于盗窃,但由于主体身份特殊而被排除在外。对于此种犯罪,可以通过非常审判进行惩治,并且可判处鞭笞和强制劳动。——译者注

** 交易欺诈罪,一类范围宽泛的犯罪行为,可表现为:用他人的物品为自己提供质押,出卖已经抵押给他人的物品,以欺诈方式隐匿已经出售给他人的物品,等等。对于此种行为,一般通过非常审判加以惩处。——译者注

⑧ L. 6 § 2 *de his qui not.* (3.2.). L. 2 pr. *de obsequ.* (37.15.).
⑨ L. 6 § 3 *de his qui not.* (3.2.).
⑩ L. 7 *de publ. jud.* (48.1.).
⑪ L. 92 *de furtis* (47.2.). L. 45. *de injur.* (47.10.).
⑫ Marezoll S. 134 – 136,其中在 L. 13 § 8 *de his qui not.* (3.2.) 和 L. 2 *stellion.* (47.20.) 之间存在的表面上的矛盾得到了圆满的解决。
⑬ Marezoll S. 167.

在会导致不名誉的私犯中，在一定程度上我们也可以将高利贷（Zinswucher）纳入进来，因为至少在早期法律中，它导致私人惩罚（Privatstrafe）。不过这一点现在在优士丁尼立法中确实不再被承认，但不名誉在其中仍被规定为高利贷的后果。[14]

Ⅲ. 私犯之外的债之关系

在其中一些情况下，败诉判决同样产生不名誉。根据告示文本，下列诉讼属于此类：合伙人之诉（pro socio）、监护之诉（tutelae）、委托之诉（mandati）和寄托之诉（depositi）。这种说法很大程度上与西塞罗和 Heraklea 表的几个篇章相吻合。[15] 但有一个显著的区别，后者都省略了寄托之诉，而它们都承认信托之诉（fiduciae actio），不过信托之诉作为过时的制度自然不再出现在优士丁尼法之中。并非不可能的是，在早期没有信托的寄托事实上不会构成不名誉的理由，随着后来不再使用信托，并且在优士丁尼之前（L. 10 C. depos），寄托就已经普遍取代了信托的地位。——此外，在这些诉讼中，应当可以通过选任诉讼代理人来避免不名誉的后果（以自己的名义……遭受败诉判决［suo nomine…damnatus erit］）。——此外，只有通过直接诉讼（directa actio）才应导致不名誉［在反诉中不遭受败诉判决（non contrario judicio damnatus erit）］。但在例外情况下，当被告人被指控有某种特别的不诚实行为（Unredlichkeit）时，不名誉也可能

---

[14] L. 20 C. *ex quib. caus. inf.* (2.12.).

[15] Cicero pro Roscio Com. C. 6, pro Roscio Amer. C. 38.39, pro Caecina C. 2（在结尾）和 C. 3. Tab. Heracl. lin. 111. 对于监护人来说，不名誉的产生不仅是在监护之诉（tutelae actio）中败诉判决的结果，而且还因为他作为嫌疑人（Suspectus）被撤销监护。§ 6 J. *de susp.* (1.26), L. 3 § 18 *eod.* (26.10.), L. 9 C. *eod.* (5.43.).——甚至当监护人与被监护人在其法定的年龄前结婚或让被监护人与监护人的儿子结婚时，不名誉也会发生，因为这应等于故意（dolus）。L. 66 *pr. de r. n.* (23.2.), L. 7 C. *de interd. matrim.* (5.6.).

由反诉（contraria actio）产生。⑯——关于直接诉讼，我们的法学家对以下重要问题的意见存在差异，即这种诉讼是否会一般性地产生不名誉，还是仅在故意（dolus）条件下才会产生不名誉，且在这里与在其他地方一样，故意与重大过失（lata culpa）具有相同的效果。告示篇章主张第一种较为严厉的意见，其没有以故意为前提，而一般性地认为：″被标记为不名誉的是……在合伙人之诉、监护之诉、委托之诉、寄托之诉……中遭受败诉判决的人″（Infamia notator...qui pro socio, tutelae, mandati, depositi...damnatus erit）。另外几个篇章同样模糊且一般性，与该告示篇章一致。⑰ 与之相反，另外其他几个篇章对此提出了异议，并明确指出不诚实行为是基础，且因此也是不名誉的条件。⑱ 对此，有人回答说，被告在这些诉讼中任由程序发生而不自愿支付的情事，已经是一种轻率诉讼（temeritas litigandi），其应被视为故意，并应受到不名誉的惩罚。这个回答引出了以下规则，并且在这些规则中上述相互冲突的观点可能得以协调。（1）对于真正的欺诈、贪污（Unterschlagung）等类似的情形，绝对是没有争议的。（2）但是，如果监护人或保管人先前没有欺诈，而是直接拒绝交付财产或保管物，则这种情形与其他情形完全相同。（3）在仲裁诉讼（arbitraria actio）中，仲裁人（arbiter）在作出裁判之前要求被告支付一定数额的金钱，而被告却没有支付而交由裁判决定，这种情况也可以被认为是不名誉。在这一点上就像在其他

178

179

---

⑯ L. 6 § 5. 7 *de his qui not.* （3. 2.）.

⑰ § 2. *J. de poena temere litig.* （4. 16.）. Tabula Heracl. lin. 111.

⑱ L. 6 § 5，6，7 *de his qui not.* （3. 2.）.；″信赖（fidem）″″行事卑劣（male versatus）″″不诚信（perfidia）″。L. 22 C. *ex quib caus.* （2. 12.）.；″背信弃义（fidem rumpens）″。Cicero pro Caecina C. 3；″欺诈（fraudavit）″.

效力方面一样[19]，这样的拒绝出庭（contumacia）可能与故意一样被等同对待。(4)然而，除此之外，我们不能更进一步，而是必须在所有其他情况下否定不名誉。因此，如果受托人犯有轻过失（levis culpa），但是由于委托人的过分要求而交由诉讼程序决定，现在该受托人被判处适度的金额，人们不能指责受托人恶性地好讼，从而在这种情形下认定其为不名誉，否则就会违背健全的法感情。[20]

然而除此之外，不区分所有的债务，破产是不名誉的发生原因（被占有、公告、拍卖的财产［bona possessa, proscripta, vendita］）。许多早期法证据明确这样认为。[21] 在优士丁尼法中发现了这种理论的一个明确无误的、间接的痕迹，其中认为，财产转让（cessio bonorum）以及随之而来的财产出卖，并不会导致不名誉[22]；这显然是对比实际的破产，因此破产被认为是不名誉的理由。这一法律规则何时以及在何种情况下消失，我们无法确切地指出。只有当人们假设不名誉总是只在拍卖（venditio）完成时才发生，而不是在准备拍卖时尤其是财产占有（possessio bonorum）时就已经发生，古法中的财产拍卖（bonorum venditio）的废除才能解释不名誉的消失。[23]

Ⅳ. 涉及性关系的行为。这种情形里有很多模棱两可的地方，部分原因是渊源不充分，部分原因是许多关于这些问题的法律规

---

[19] 因此，例如关于［诉讼物］估价宣誓（jusjurandum in litem）。L. 2 §1 *de in litem. jur.* (12.3.).

[20] 对这里所采纳的较温和观点的出色阐述，特别是通过细致的解释来对抗基于个别篇章的反对意见，可见于 Donellus ⅩⅧ. 8 §8-13. 对较严厉观点的详细辩护，可见于 Marezoll S. 148-155，他错误地将 Donellus 引用为同一观点的倡导者。

[21] Cicero pro Quinctio C. 15. Tabula Heracl. lin. 113 - 117. Gajus Ⅱ. §154.

[22] L. 8 C. *qui bon.* (7. 71.). L. 11 C. *ex quib. caus. inf.* (2. 12.).

[23] 盖尤斯当然只提到了拍卖作为不名誉的一个理由，如果将西塞罗和 Heraklea 表的篇章按字面解释的话，其表达了相反的意见。

则本身特别不确定且不稳定。这方面的具体情形如下。

1. 守丧期的违反

告示本身（正如我们在《学说汇纂》中所发现的那样）规定：如果寡妇在守丧期期满前缔结新的婚姻，那么新的丈夫，如果他是家父的话，他将会被处以不名誉，如果他不是家父的话，那么他的家父将会被处以不名誉；但除此之外，如果寡妇是处于她父亲的父权之下，且她的新婚姻因父亲的许可而成为可能，那么寡妇的父亲也会被处以不名誉。关于人们会首先预料到的寡妇本人的不名誉，却没有提及。——但是，根据推论，寡妇本人也当然适用不名誉。㉔

关于这个问题，早期法学家指出，在这种情形下处以不名誉的原因不在于违反对死者的虔敬，而是仅在于血统混乱（sauguinis turbatio）的危险，也就是说由于两个彼此时间相近的婚姻，父亲身份（Paternität）会变得不确定；由此完全逻辑一致的结果是，即使在死者因某些特殊原因（例如谋反罪）而不被守丧的情形中，也会导致不名誉；但另一方面，寡妇在丈夫死后不久就分娩，这时新的婚姻立即就被允许（因为不可能导致血统混乱）；此外，任何其他不进行守丧的情形都不会导致不名誉，即使是对最亲近的亲属。㉕ 这无疑是优士丁尼法中的情况；但早期法中的证据明显相互矛盾，如果不进行非常细致的研究，就无法获得确定的结论（参见附录 7）。

此外，前述守丧期一直都被确定为 10 个月，这与生理规律

㉔ L. 11 § 3 *de his qui not.* (3.2.). 在这里，手稿在 si quis（如果任何人）和 si qua（如果有女人）这两种文辞样式之间摇摆不定；后一个文辞样式根据上下文关联是必然的。——L. 15 C. *ex quib. caus.* (2.12.). L. 1.2 C. *de sec. nupt.* (5.9.). L. 4 C. *ad Sc. Tert.* (6.56.).

㉕ L. 11 § 1.2.3. L. 23 *de his qui not.* (3.2.).

完全符合，根据生理规律怀孕的最长时间就是 10 个月（附录 3）；根据基督教皇帝的制定法，这一期限被延长至 12 个月。㉖——对于此种情形，教会法完全废除了不名誉。㉗

2. 重婚或双重婚约（Doppelte Ehe oder doppelte Sponsalien）

告示规定：当一个人同时处于重婚或双重婚约之中时，如果他是家父，就会导致不名誉，如果他不是家父，则导致其准许此事的父亲的不名誉。在这里，告示也只提及了男性㉘；然而，根据推论，它同样应该被扩展到女性。㉙

假如同时存在的关系之一因为某种法律原因而无效，不名誉也不能因此而被避免，因为不名誉只取决于意图。㉚ 若非如此，由于重婚导致的不名誉就是不可能的，因为在既存的婚姻之外，任何新的婚姻都是无效的。㉛

不仅重婚或双重婚约会导致不名誉，而且婚姻和婚约同时存在时也会导致不名誉。㉜

3. 女性以卖淫为业（Unzüchtiges Leben der Frauen als Gewerbe）（通过肉体［corpore］且公然地［palam］或从多人处

㉖ L. 2 *C. de sec. nupt.* (5.9.).
㉗ C. 4. 5 *X. de sec. nupt.* (4.21.).
㉘ 在如此烦琐描述的守丧期的情形中，很明显，其仅涉及参与的男性；但在双重婚姻的情况中就不那么清晰了。如果只是阳性的 quive 一词造成了困难，则女性并未被排除，因为在其他情况中，quis 同时指涉男性和女性（L. 1 *de V. S.* 50.16）。但在这个篇章中，quive 肯定是专指男性，这不仅是类比守丧期的情况，而主要是因为以下的文辞："以自己的名义……或以在支配权中所拥有的男人或女人的名义……"（Quive suo nomine…ejusve nomine *quem quameve* in potestate haberet）等。由于最后提到了两种性别，所以在篇章的开头，第二种性别被有意省略了，因为裁判官并没有想到这一点。
㉙ L. 13 § 3 *de his qui not.* (3.2.).
㉚ L. 13 § 4 *de his qui not.* (3.2.). L. 18 *C. ad L. Jul. de adult.* (9.9.).
㉛ § 6.7 *J. de nupt.* (1.10.).
㉜ L. 13 § 3 *de his qui not.* (3.2.).

[vulgo] 获利并谋生 [quaestum faciens]）

《学说汇纂》中的告示根本没有提到这种情形。《Julia法》禁止这些女性与元老院的成员及其男性后代结婚，但在此并没有使用不名誉的表述；同样，该法禁止所有的生来自由人与特定的女性结婚，但在这方面没有提到这一特殊情形。这些区别只能通过精确的历史考察来解释（附录7）。

4. 男性如果委身于另一个人的肉欲（Wollust）（娈男 [muliebria passus]）*，根据告示肯定处以不名誉㉝，即使不考虑金钱利益。

5. 根据告示的规定，淫乱职业者也产生不名誉（拉皮条者 [qui lenocinium fecerit]），Heraclea 表（lin.123）与此一致。㉞——在这种情形下，应在多大程度上将不名誉归于两性，这又是一个需要特别研究的主题（附录7）。

Ⅴ. 某些职业（除了在第Ⅳ小节中所提到的职业）也同样会导致不名誉，而且根据告示，以下人应当是不名誉的（ehrlos）。

---

* 直译为"委身于他人肉欲的男性"，进一步而言，指的是在男性同性性行为中扮演女性角色的一方。而拉丁文 muliebria passus，如果直译的意思就是"处于女性那样的受动地位"，暂且将其翻译为"娈男"。——译者注

㉝ L.1 §6 *de postulando* (3.1.). L.31 *C. ad L. Jul. de adult.* (9.9.).——muliebria passus（娈男）并没有出现在关于不名誉的一般告示中（L.1 *de his qui not.* 3.2.），但仍然比后者中的情形受到更不利的对待。这一区别将在下文中再次考虑。——tab. Heracl. lin. 122. 123 仅在金钱利益的前提下对待这种情形："或是通过身体获得*利益*的男人。"[queive corpori (corpore) *quaestum* fecit fecerit.]

㉞ 拉皮条（lenocinium）在这里应被理解为一种真正意义上的淫乱营业者（gewerbliche Hurenwirthschaft）。L.4 §2.3 *de his qui not.* (3.2.). 形象地说，每一个帮助通奸（adulterium）或奸淫（stuprum）的人也被如此称呼，例如当一个丈夫为了钱而允许他的妻子通奸。然而，这些情形并不属于我们所说的那一类，而只是作为通奸（adulterium）处理，并因此受到公共诉讼（publicum judicium）的制约。L.2 §2 L 8 *pr.* L.9 §1.2 *ad L. Jul. de adult.* (48.5.).

1. 曾作为演员公开登台过的人。㉟

2. 那些将自己出租出去用以斗兽的人，即便他们实际上并没有出场过；那些出现在圆形竞技场斗兽过的人也是如此，即使没有金钱报酬。㊱

如果我们将这些存在巨大差异的不名誉的发生原因相互比较，就会发现其中存在两个方面的一致性。首先，这些事由都是一种自己个人的行为，而不名誉作为结果与这些行为联系起来。㊲其次，产生不名誉的是行为本身，而绝不是一种如体罚（körperliche Züchtigung）那样的惩罚种类。㊳

㉟ 为了从事演艺或朗诵而*出现*在舞台上的人。（Qui artis ludicrae pronunciandive causa in scenam *prodierit*.）角斗士经纪人（lanistatura）也被包括在内（Tab. Heracl. lin. 123），但不包括运动员（Athletae）和剧院工作人员（Designatores）（L. 4 *pr.* § 1 *de his qui not.* 3. 2）。——此外，根据元老院决议，贵族们被绝对禁止出现在舞台上，因为轻浮的年轻人为了满足他们对演员生活的爱好，他们首先会在一场涉及不名誉的诉讼中遭受败诉判决，这样他们就通过这种方式获得了登台的能力。Suetonii Tiber. 35.

㊱ L. 1 § 6 *de postul* (3. 1.)。这一情形同样不属于一般情形，而是属于更严重的不名誉的情形。也参见 Tab. Heracl. Lin. 112. 113。

㊲ 与此不同的是，在最近的制定法中，犯有谋反罪（Hochverräther）之人的儿子被宣布为不名誉，但这向来也激起了理所当然的憎恶。L. 5 § 1. *C. ad. L. J majest.* 9. 8.

㊳ L. 22 *de his qui not.* (3. 2.)。在德国，人们往往对这一问题有不同的看法。

第七十八节　不名誉的法律意义

我首先将在具体的规则中总结关于不名誉的法律本质，这直接来源于对所列举具体情形的考察。

（1）我们必须就不名誉给出一个清晰而明确的概念，因为不仅告示单独列举了这些情形，而且早期法学家还对这些具体情形的范围进行了详细的考察。这一点同样也体现在以下表述上，该表述将不名誉扩展到一个新的情形上："显然，根据元老院决议，他将像不名誉一样，丧失所有荣誉职位。"（et videlicet omni honore, *quasi infamis*, ex Senatusconsulto carebit.）① 很显然，一个固定的、众所周知的法律概念的术语，被元老院适用于一个新的情形中。

（2）因此，我们可以进一步推断，一些特定的法律效果必然与不名誉相关联，否则，精确界定这个概念就对早期法学家没有实践意义。

（3）所列举的情形有两类。在某些情况中，不名誉取决于司法判决，没有司法判决，不名誉就不可能发生。而在其他情况中，不名誉则取决于某些司法外的事实，因此这些事实被假定为直接确定或众所周知的。不名誉之条件的不同性质使我们当然有必要确定，在第一类情形中能够产生不名誉的判决性质。② 当代学者在此对不名誉进行了分类，将不名誉分为间接不名誉（mediata）与直接不名誉（immediata），这不仅是多余和无益的，而且由于使用了拉丁文表述，可能会导致人们错误地认为这些表述已经存在于渊源中。

---

① L. 1 *pr. ad L. Jul. de vi priv.* （48.7.）.
② 关于这一点的详细论述，Marezoll. S. 123 fg.。

（4）除了法律所规定的不名誉以外，还有一些情形，在这些情形中，基于具有法律意识和理智的人的道德判断，有时是因为特定行为，有时是因为整个生活方式，同样确定地否认名誉，就像不名誉的条件实际存在一样。③ 当代学者以此为基础，将不名誉划分为"法律上的不名誉"（juris infamia）和"事实上的不名誉"（facti infamia）。实际上，只有第一种情形才可以在法律上使用"不名誉"这一名称，上述术语应被拒绝，这不仅是因为它们在渊源中不存在，也因为它们很容易诱导人们采取一个错误的做法，即为"事实上的不名誉"再度寻求明确的条件和效果，而这些条件和效果只适用于真正的不名誉（法律上的不名誉）。所有试图归属于"事实上的不名誉"的效果都消解于完全的自由裁量，有时是由最高权力及其政府机关做出（关于官员的任命），有时由法官做出（例如，关于证人的可信度，以及兄弟姐妹的不合义务遗嘱之告诉）；因此，"事实上的不名誉"这一中间性的概念不仅看起来没有必要，而且容易诱使混乱与错误。所谓"事实上的不名誉"和真正的不名誉之间完全的不同，主要体现在前者完全缺少确定性，部分原因是糟糕的意见可能体现于极为不同的层次，没有任何固定的界限；部分原因是公众舆论往往是错误的，因为它基于偏见而非道德理由，或者基于毫无根据的假定事实。

当某些身份和职业被认为是不光彩时，还会有更多的意见分歧，而此等流行观点却不能被道德理由正当化；对这些状况的命名，以及处处发生的对法律关系的影响，都是不确定且摇摆不

---

③ 这一关系相当清楚地表达在 L. 2 *pr. de obsequ.* （37.15.）这个篇章中。——关于这一点，也参见 Donellus Lib. 18 C. 6. §7.

第二章　作为法律关系承担者的人

定的。④

那么，对罗马人来说，不名誉的效力是什么？只有根据这一点，才能形成明确的、具有实践意义的不名誉概念，我们合理期待能从我们上文所进行的考察中得到。

如果我们从这个概念直接出现在法律渊源中的关联来探寻，一切都会显得简单和容易。《学说汇纂》在文辞上包含了告示的篇章，其中列举了一些不名誉的情形，其后的所有规定都是建立在此基础上。然而，裁判官之所以要在告示中提到不名誉，是因为他不想让不名誉的人为他人提出庭上主张（postuliren），即在他的法庭前提出申请（Anträge）。*因此，在《学说汇纂》中"关于被标记为不名誉的人"（de his qui notantur infamia）这个标题紧随在"关于庭上主张"（de postulando）这个标题之后。因此，即使一个不确定的不名誉概念可能一直存在，类似于我们的法学家所称的"事实上的不名誉"（infamia facti），裁判官似乎也首先从法学角度构想它，赋予它确定的范围和明确的效果。因此，我们似乎可以这样定义不名誉这个法律概念：它是一种状态，处于这种状态的人通常没有能力为其他人提出庭上主张。⑤

但更仔细考察一下，这种解释似乎是站不住脚的。最重要的是，每个人都必须意识到，在这个问题上这种解释在手段和目的

189

190

---

* 在罗马法中，"postulare"一词的意思是在有管辖权的法官面前陈述或辩护。因此 Ulpian 这样定义："而 postulare 是指，在法律审中，在有管辖权的［法庭长官］面前陈述自己的或朋友的诉请，或反对他人的诉请。"（Postulare autem est, desiderium suum vel amici sui, in jure apud eum, qui jurisdictioni praeest exponere; vel alterius desideris contradicere.）L. 1, §2 *de postulando* (3. 1.).——英译者注

④ 适用于这种情形的表述是"可耻的、低贱的、卑劣的、卑微的人们"（turpes, viles, abjectae, humiles personae），Vgl. Marezoll S. 270 fg.。

⑤ 这其实是大多数人的观点，只是表达的清楚程度或多或少。此外参见 Marezoll S. 99. 208. 212. 。

之间存在着巨大的不相称。即使不考虑明确的法律后果，不名誉性（Ehrlosigkeit）也无疑是一件某种严重和重要的事情。这种重要的道德关系被引入法律领域，仅是为了表明没有能力为其他人提出庭上主张！对裁判官来说，保持他的法庭不被不体面的人所污染，可能确实是一件重要的事情；这也肯定是他在告示的这个篇章中，乃至在整个告示中，谈论此事的唯一动机。但他事实上完全实现了这一目的，因为他已经列举了这些人，而没有对他们使用不名誉这一重要术语。如果人们说裁判官认为道德上的不名誉也必须在法律上得到严格的对待，因为他把这些人排除在能为他人提出庭上主张的人的范围之外，那么也应该考虑到，这对大多数人来说也是不重要的；因为大多数人本来就对为他人提出庭上主张都没有特别的需要，而那些恰巧想这样做的人可以悄然出现在裁判官面前，他们的不名誉根本就不会因此被发现。因此，对个人来说，这种不利益事实上几乎是难以察觉的，这就是上面所批评的手段和目的之间成问题的不相称。

但针对上述观点，更有决定性意义的是告示本身的实际内容，对此现在应当说明。裁判官把被禁止提出庭上主张的人分为三类，因此就这一事项产生了三个告示。⑥

第一类（或第一个告示）包括了那些绝对没有能力的人，因此甚至不允许他们为自己提出庭上主张。它包括所有17岁以下的人和所有的聋人⑦；除后者外，哑人本也可能被排除在外，但本来也无须考虑他们的口头申请。

第二类是那些可以为自己但却绝对不能为他人提出庭上主张

---

⑥ L. 1 §1.7.9 *de postulando*（3.1.）"为此，他分了三类——裁判官制定了不能提出庭上主张的三个类别——如果他是第三告示所包含的那些人之一。"（Eapropter tres fecit *ordines*——tres *ordines* Praetor fecit non postulantium——si fuerit inter eos, qui *tertio Edicto* continentur.）

⑦ L. 1 § 3 *de postul.*（3.1.）

的人。这类人包括女性[8]、盲人和某些高度不名誉的人（被标记为污名的人们［in turpitudine notabiles］）；尤其是那些委身于他人肉欲的男性，那些因重罪而被判处刑罚的人和那些将自己出租用以斗兽的人。[9]

最后，第三类人包括那些可以为自己但通常不能为他人提出庭上主张的人，但可能在特殊关系的前提下存在例外，诸如亲属关系、姻亲关系、庇主关系以及被代理人无依无靠。[10] 这类人包括：

（1）所有因平民会决议、元老院决议或皇帝的告示或裁决（Edict oder Decret des Kaisers）而被特别贬低到这种地位的人。

（2）但除此之外，那些被裁判官告示标记为不名誉的所有人，也被包括在这个告示中（hoc edicto continentur etiam alii omnes, qui Edicto Praetoris *ut infames notantur*）。[11]

正是这最后一项规定，促使裁判官为阐明该规定而设立一个不名誉的名录，因此，这无疑构成了第三个告示的一个重要部分，第三个告示涉及那些（全部或部分）没有能力提出庭上主张的人。[12]

---

[8] 然而，女性存在一些例外：如果父亲不能找到其他代理人，她们可以为父亲提出进入事实性审查（causa cognita）的庭上主张（L. 41 *de proc*. 3.3.）；此外，如果为了自己的利益（in rem suam），她们也可以为任何第三人承担与辩护人有关的工作（cognitoriam operam）（Paulus I. 2 §2）。因此，女性没有被拒绝通过让与来取得债权。

[9] L. 1 §5. 6. *de postul*. （3.1.）. 这些在不名誉中最突出的情形，已经在上文所有不名誉的行列中被列举出来了（§77）。

[10] L. 1 §8. 11. L. 2 – 5 *de postul*. （3.1.）.

[11] L. 1 §8 *de postul*. （3.1.）.

[12] Donellus Lib. 18. C. 6 §1. 这个文献认为，裁判官可能在一个特别的告示中处理不名誉；但更有可能的是，L. 1 *de his qui not*. 中的告示篇章与 L. 1 §8 *de postul*. 中的告示篇章直接相关，并且只是为了解释关于不能提出庭上主张［的人］的第三告示（tertium Edictum de non postulantibus）。Donellus 似乎被《学说汇纂》编纂者对这一问题的描述所误导。

193　　从这些没有进入法律渊源中但清晰地呈现在我们面前的法律规则的关联中，可以得出结论认为，概念和术语的系谱与上文我们当代学者所阐述的内容完全不同。裁判官不会认为：我禁止某些人提出庭上主张，并就此将他们称为不名誉者；部分原因是这一名称完全没有意义，部分原因是没有任何理由认为，这个新造的名称为何不应该同样适用于§6所列举的被标记为污名的人（in turpitudine notabiles），且这个名称本可以逻辑一贯地被用来指代所有因道德原因而无能力的人。相反，裁判官认为，属于第三类无能力者，此外还包括所有不名誉者（只要他们在第二类中没有被具体列出）。因此，根据这种表述，裁判官将不名誉者的概念预设为一个古老公认的法律概念，其适用范围对他来说没有任何疑问。然而，为了避免在这一点上可能出现错误或被指责存在错误，他为了谨慎起见，设置了一份名录，列出了这些属于第三类不能提出庭上主张的不名誉者。但是，在这里不把那些已经在第二类中被具体列举出的人纳入该名录，尽管这些人同样是且应当被称为不名誉者，这种做法根据其实践目的是完全逻辑一贯的。[13]

194　　因此，裁判官并没有新发展出不名誉这个概念，而是发现了早已存在的概念，只是偶然地将这个概念用于与其职务关系有关的具体目的。这也与以下观点没有任何矛盾，即早期法学家曾经如此描述过不名誉，以至于人们可能认为，这些法学家想要把不

---

[13]　可能有人会反对说，一个因公共诉讼诬告而被判处刑罚者（calumniae in judicio publico causa judicatus）出现在 L.1 *de his qui not.* 的不名誉者中，因此位于 L.1 §6 *de postul.* 中的第二告示（secundum edictum）中。但在§6中，根本没有说因诬告（calumnia）而被判处刑罚者属于第二类（secundus ordo）（也即，他绝对不能为他人提出庭上主张），而只是说，对于他而言，元老院特别规定，他甚至也不能在助理审判员（judex pedaneus）之前提出庭上主张。因此，因诬告而被判处刑罚者（calumniae damnatus）并没有在这两份告示中体现，而是一个关于他的具体注释被进行评注的早期法学家插入到并不完全正确的地方。

名誉的起源归于告示。⑭ 因为告示肯定是出现不名誉的第一个成文文书,当法学家希望相对明确地描述不名誉这一法律概念时,他们自然会参阅这一文书证据,由于它的确定性和清晰性,法学家更愿意采用新的成文法而非早期的不成文法来描述他们的想法。

---

⑭ L. 5 §2 *de extr. cogn.* (50. 13.):"……或平民被鞭打,或被判决进行公共劳役,或某人落入永久告示中所列的、被算作不名誉的情况中。"(…vel cum plebejus fustibus caeditur, vel in opus publicum datur, vel cum in eam causam quis incidit, *quae Edicto perpetuo infamiae causa enumeratur.*)——L. 2 *pr. de obsequ.* (37. 15.) "因为尽管*根据告示的文辞*,被作出如此判决的人*不被视为不名誉*"(licet enim *verbis Edicti non habeantur infames* ita condemnati) 等。

第七十九节　不名誉的法律意义（续）

根据迄今的研究，裁判官没有将不名誉作为一项法律制度引入，而仅是发现了它。那么在告示之前，不名誉有什么意义呢？

在我们所处的时代，我们首先会将不名誉视为一种刑罚手段，要么是单独出现，要么是作为另一种刑罚的加重而出现；它是国家通过其机关对个人表示轻蔑的非常有效的表达方式。但是为了以这种方式发挥作用，它就必须在具体情况下被特别表明；只要它仅仅取决于一项一般规则，那它就没有生机勃勃的效力。或者换句话说，这种观点可能在某种程度上符合所谓的"间接不名誉"（因为在此，法官宣布了一项判决），但它并不适合于"直接不名誉"。甚至在"间接不名誉"的情形，这也是值得怀疑的，因为罗马人显然只将不名誉视为这一判决的自然后果，从未在判决本身中表达过，这在很大程度上强化了将不名誉视为一种刑罚的清晰印象。

关于个人名誉或不名誉的公众意见无处不在，但在像罗马一样的共和国那里，所有的权力和主权都来自人民选举，这种公共意见就变得倍加重要。该公共意见从本质上来说，就像一般大众的感觉意识一样，是不确定且善变的；如果人们能够成功地引导和加强它，就会获益良多。罗马人有两种直接且主要致力于这一目标的制度安排①：两者虽然本质不同，但又彼此类似且互为补

---

① 坦率地说，大多数刑罚都会对名誉产生间接的影响。因此，在 L. 5 § 1.2.3 *de extr. cogn.* (50.30.) 中，"名誉"（existimatio）被解释为"完好无损的声望地位状态"（dignitatis inlaesae status）。名誉（existimatio）有时可能被减损，有时可能被剥夺；前者除其他方式外，也因不名誉而发生，但此外它还因没有附加不名誉的某些刑罚而发生；后者则是因丧失自由或丧失市民籍而发生，从而之前的市民被完全排除在市民名誉存在的范围之外。关于该篇章，参见附录6，第4、5小节。

第二章 作为法律关系承担者的人

充；两者也都服从于执法官。这两种制度是不名誉和监察官（Censoren）的自由权力。Cicero 在《为 Cluentius 辩护》（pro Cluentio）的演讲中，非常清楚地谈到了这两者。不名誉取决于早期的、固定的且因传统流传下来的毋庸置疑的规则（传统［moribus］）：它独立于所有个人的专断意志，尽管在某些（并非全部）情况下它是以判决为条件。但是，由于这些固定的规则不足以满足实际生活，所以它们在监察官的自由权力中获得了有效的补充，监察官根据良知而在各个层级中分配不名誉。因此，监察官可以根据其个人的判断，将一个人驱逐出元老院或骑士阶层（Ritterstand）；将其调入一个较低的部落（Tribus）*，将其驱逐出所有部落，通过这种方式被驱逐者（Ausgestoßene）就成了一个最下层市民（aerarius）**，并失去了他的表决权[②]；监察官也可能仅仅满足于通过在市民登记册中对罗马人的姓名附加一个"监察官记过"（nota censoria）*** 来宣布谴责。[③] 这样的处分未必是基于对事实的详细调查，相反，它们也可能更多地受到单纯

197

---

* Tribus，译为部落或部族，即罗马社会早期的行政管理单位，以居民的居住地域作为划分标准，其权力机构为部落民众会议（comitia tributa）。根据有关历史文献记载，罗马最初的原始部落有 3 个，后来不断增加，达到 35 个，其中 4 个位于罗马城内，被称为城市部落，31 个建立在城外扩张土地上，被称为乡村部落。——译者注

** 最下层市民只支付人头税，没有投票权。——译者注

*** 监察官记过，即监察官针对市民品行的书面评价报告，常常作为对行为不检点或违反基本道德规范者科处的处分，使受处分者遭到社会唾弃，可导致对受处分者公共职务的撤销、该人被排除在某些贵族等级之外、参加民众会议资格的取消等后果。——译者注

② "被赶出元老院……被列入最下层市民，或被赶出部落"（de senatu moveri... in aerarios referri, aut tribu moveri）Cic. pro Cluentio C. 43. —— "留下了最下层市民"（aerarium reliquissent）ib. C. 45.

③ 单纯的监察官记录或记过（subscriptio oder notatio censoria）经常出现，例如 pro Cluentio C. 42. 43. 44. 46. 47. ——具体的行为被提及，例如"因盗窃和掠夺钱财而标记"（furti et captarum pecuniarum nomine notaverunt）C. 42，或者"违反法律受领钱财而被记录"（contra leges pecunias accepisse subscriptum est）C. 43.

151

谣言的影响，甚至是受到一时的政治意见的影响。④ 因此经常发生这种情况，即此等监察官意见（censorum opinio）也会因同事的反对，或因继任监察官的决议，或因判决，或因平民会决议，而再次失效。⑤ 因此，它绝没有确定的持久性⑥，并且在这方面它和不名誉是完全不同的，不名誉对于整个生命产生不可改变的影响。⑦ 所以，如果因可能存在专断意志和不公正的情形而使对市民名誉行使监察官的权力是危险的⑧，那么这种危险至少可以通过这种方式得到缓解，即每一个所遭受的不法都能够从很多方面再次得到纠正。不名誉因其不可变更的持久性而更加危险，但不名誉取决于固定的且众所周知的规则，因而每个人都可以避免它。

将不名誉和关于名誉的监察官权力进行比较整理，直接把我们引向所探寻的不名誉实践概念本身。这个概念不外乎是市民籍

---

④ pro Cluentio C. 45 和 C. 47："在这些记录中寻求某人在民众中的社会评价……在所有记录中谣言和民众的掌声被寻求。"（in istis subscriptionibus ventum quendam popularem esse quaesitum... ex tota ipsa subscriptione rumorem quendam, et plausum popularem esse quaesitum.）

⑤ pro Cluentio C. 43.

⑥ pro Cluentio C. 47："我们每个人都认为所有监察官记录都必须是固定的且永久有效的理由是什么？"（quid est, quamobrem quisquam nostrûm censorias subscriptiones omnes fixas, et in perpetuum ratas putet esse oportere?）

⑦ pro Cluentio C. 42."根据有罪判决而污名的人，被永远剥夺了所有的荣誉职位和要职。"（turpi *judicio damnati*, in perpetuum omni honore ac dignitate privantur.）——与此并不矛盾的是，皇帝（以前是民众）或元老院可以对名誉恢复原状（restituiren）；而具体当局机关的专断意志却不能对名誉恢复原状，甚至在共和国时期恢复原状也可能很少或从不发生。裁判官不能这样做，除非是间接地，因为他可以通过通常的恢复原状来消除不名誉的理由，例如，当一个未成年人因为疏忽的诉讼进行，而在导致名誉失去的诉讼中（famosum judicium）中遭受败诉判决，裁判官对其恢复原状，而新的审判员驳回了诉讼。L 1 § 9.10 *de postul.*（3.1.）.

⑧ Cicero 的论述可能会产生误导，好像这种不公正比比皆是；然而，必须考虑的是，西塞罗必须使监察官的判决无效，因此为了他当事人利益的考量，以使这些判决得到普遍怀疑。毫无疑问，监察官在大多数情况下，都是以严肃和明智的严格态度行使职权，否则他们就不会保持如此大的威望。因此，人身攻击（Persönlichkeiten）的情况可能确实发生过，但肯定只是罕见的例外，而其可能性在于该职权本身的性质。

持续存在但丧失了全部政治权利。因此不名誉者就会成为最下层市民,他丧失了表决权和任职权(suffragium et honores),因此,不名誉者的定义现在必须被完整地表述为:

> 作为一项一般规则(而非监察官专断意志)的结果,在市民籍持续存在时,一个失去了其政治权利的罗马人被称为不名誉者。

在我试图提供支持这一论断的证据之前,我将首先确立以其真实性为前提所必然产生的某些规则,从而有助于更进一步界定该论断。

(1)不名誉是作为人格减等的一种形式而出现的,而且实际上是作为一种部分的或不完整的中人格减等,因为它只是剥夺了政治领域中的市民籍,而私法领域中的市民籍却没有受到影响。因此,公法权利能力被剥夺了,私法权利能力继续存在。

(2)因此,根据其特殊的性质,不名誉属于公法,尽管除此之外它也可能产生私法效力。⑨

(3)不名誉的效力和监察官权力最大限度适用的效力是相同的,区别仅在于前者是根据一般规则发生,因而是不可变更的。

(4)不名誉的规则不是以实定法为基础,而是以早期的民族确信(Volksansicht)[传统(moribus)]为基础,而对其同样的承认与遵守因此是以合乎政制的监督为前提的。而这一监督再次被委托给监察官,每次他们在重新记录元老院议员或部落等的成员时,就会有机会将不名誉者列为最下层市民,并因此将此人排除在所有部落之外。因为,监察官按照固定的规则行事,而在

---

⑨ 不名誉重要的公法性质首先是由 Burchardi 所坚持的;此前,Hagemeister 已经指出过这一点,因为在他的论文结尾部分(第 181 页)将这一理论划归到了市民权(jus civitatis)的位置。

其他情形中可以根据个人的判断而行事，所以他们产生了双重影响：首先他们适用不名誉的规则，其次他们通过自己的裁量予以补充。[10] 不过，当监察官行使职权存在疏忽时，任何执政官或裁判官都当然也可以通过举行民众会议（Comitien）来拒绝不名誉者，如果该不名誉者以候选人的身份出现，甚至当他只想行使表决权时。

（5）不名誉的这一意义在帝国时代必然失去了其重要性，因为市民籍的政治权利退居幕后，并且早期的部落形式和市民登记册等不再保持其纯粹性。自这个时代起，不名誉只在附带效力中可见，而这也解释了为什么它以令人迷惑的形态出现在我们的法律渊源当中。

---

[10] 关于这一点，特别参见 Niebuhr B. 2 S. 448 - 451（ed. 2 und 3.）。

第八十节　不名誉的法律意义（续）

现在，我将提出证据用以证明，不名誉的本质事实上就是罗马市民丧失所有的政治权利；首先对这些权利（任职权［honores］和表决权［suffragium］）的两个组成部分中的每一部分进行分别的说明，然后对二者做统一的说明。

（1）任职权（honores）的丧失。* 这一表述必须在广义上理解为任何较高的政治职位（要职［dignitas］），而不仅仅是执法官（Magistraturen）。此外，它具有双重意义，即失去一个当前的荣誉职位（Auszeichnung）以及对于任何将来荣誉职位的无能力。

我的主张的这一部分是最不应该被怀疑的。Cicero 就曾经明确地表达过，不名誉者总是被排除在荣誉职位（honor）和要职（dignitas）之外（§79 注 7）。同样，被排除在所有荣誉职位之外属于不名誉者的本质，这一点在一项元老院决议中也获得了承认（§78 注 1）。——此后，在整个帝政时期，这一法律规则都得以保留。[①] 只是在这里，由于政制的变化，它的地位也发生了很大变化。它不再像以前那样有一项清晰明确的法律规则，对所有实施机关都有不可变更的拘束力，而更多是一项在具体情形下皇帝将做之事的通知，其中当涉及职位的授予时，皇帝自然会将根据情况限制或扩大不名誉概念的权力保留给他自己。因此，Consantin 的一项命令中非常模糊的表达得到了解释，当然其对于早期的政制而言是不合适

---

* honores/honor 这个词含义很多，本书的译法是，在其作为权利与表决权并列时，译为任职权；其仅指代荣誉时，译为荣誉职位。——译者注

[①] L. un. C. de infam. (10.57.), L. 3. C. de re mil. (12.36.), L. 8 C. de decur. (10.31.).

的，但在该制定法的时代是完全合适的。② ——此外，Heraklea 表也证实了这一法律规则，下文将对此进行更明确的阐释。

（2）表决权（suffragium）的丧失，或者同样可以说，被驱逐出所有部落，并在最下层市民中移动。③

这是一个乍看起来可能让人怀疑的规则。因为尽管在完整或者不完整地授予其他城市以市民籍时，表决权和任职权总是被一起列举，但对于像不名誉这样的实在法制度，仍然可以考虑，较高的任职权可能从不名誉者身上被剥夺，而较低的表决权却留给了他。然而情况并非如此，毋宁是不名誉者也失去了表决权，这一点可以从以下的证明中得出。首先，在上文已经引用过的篇章

---

② L. 2 C. de dign. (12.1.)：*"通往要职的大门，不会向声名狼藉者、被标记的人、因犯罪或生活不检点而污名的人、因不名誉而被隔离在受人尊敬的团体之外的人打开。"*"Neque famosis, et notatis, et quos scelus aut vitae turpitudo inquinat, *et quos infamia* ab honestorum coetu segregat, *dignitatis portae patebunt.*" ——Burchardi 第 58 页正确地指出，这里放弃了明确的法律上的不名誉概念，取而代之的是不明确的事实的不名誉（infamia facti）。在其中寻求对不名誉法律理论的改变这种做法是不正确的，而且更没有理由假定是优士丁尼的文字改动。结束语只不过是很明确地说："这样的恶人在任何时候都不能期望从皇帝那里获得荣誉职位"。在这里，没有任何的法律规则要求详细确定的条件，或受详细确定的条件的影响。

③ 以下所述可作为这一表述的正当理由。只要罗马存在三个完全分离的民众会议（Comitien），参加其中的某个部落就只是在部落民众会议（tributa comitia）中享有表决权的一个条件，而与其他的民众会议无关。但这一点早就被改变了。库里亚（Curien）消失了，它们的记忆只是被保留在一种空洞的形式中；然而，百人团（Centurien）与部落相结合，以至于它们被视为部落的一部分（参见 Cicero, pro Plancio C. 20 和其他几个篇章）。从这时起，人们普遍认为表决权与某个部落中的地位是同义的，而被驱逐出部落成为最下层市民的人就失去了部落和表决权，并丧失了定期服兵役的能力和义务。Niebuhr B. 1 S. 492 - 495 ed. 4 (521—524 ed. 3)；vergl. B. 3 S. 346 - 352, S. 383 - 384.【部落民众会议，即以部落为单位举行的市民会议。在共和国时期，是与百人团民众会议平行的议事组织。据说，当时共有 35 个部落，其中 4 个为城市部落，31 个为乡村部落。部落民众会议兼有选举、立法和司法三项职能；它通常选举的是下级执法官。——译者注】【百人团最初是由百人长领导的古罗马军事组织，公元前 5 世纪后期，人们对百人团制度进行了改革，按照财产状况将居民划分为 5 个等级，并以此等级和年龄为基础组建了 193 个百人团。这些百人团，除其中一部分主要履行军事职责外，开始成为共和国的市民组织单位，它们通过百人团民众会议发挥着自己的政治作用；那些由富有者组成的百人团在罗马城邦投票选举中享有一定的特权。——译者注】

中（§79 注 2、7），Cicero 阐述了监察官毁损名誉（Ehrenkränkung）和不名誉之间的关系，虽然前者可能更容易且更恣意地发生，但后者在它的效力上似乎更强大且更有害。实际上，他将市民被贬低为最下层市民描述为监察官专断意志的极端目标，但不名誉的效力不可能被认为比这种专断意志的极端效力更不严重。

上述论断在几个篇章中得到了更直接的证实，这几个篇章在与演员相关的论述中一致认为：逐出部落（tribu moventur）。因此，在作为某种特殊的东西而谈到源自奥斯坎人（Oskern）的阿特拉闹剧（Atellanen）*的演出时，Livius 和 Valerius Maximus 都认为，它并没有像通常的戏剧那样导致演员从他们的部落被逐出，或不适合在军团中服役。④ 同样，Augustin 对于演员一般性地认为，

---

* 奥斯坎人：古意大利居民。古希腊人称其为奥皮坎人（Opikoi, Opikes）。原始住地在坎帕尼亚一带，可能与历史上的奥伦奇人（Aurunci，在坎帕尼亚西北）属于同族。其地域逐渐缩小，终由萨拜利人（Sabelli）占据。但其语言为后来者所采用，并在意大利中南部地区有广泛影响，埃奎人、马尔西人、萨宾人、萨莫奈人、卢卡尼人、布鲁提伊人等均使用奥斯坎语。奥斯坎语（萨拜利语）与翁布里语构成印欧语系古意大利语族的两大语言集团之一。在意大利有教养的阶层中，曾长期（至少到帝国初期）使用奥斯坎语；后逐渐为拉丁语所取代。参见王觉非主编：《欧洲历史大辞典·上》，上海，上海辞书出版社 2007 年版，第 121 页。

阿特拉闹剧，即滑稽性的小型闹剧，名称来自其发源地康帕尼的阿特拉镇。阿特拉闹剧发明于公元前 2 世纪，表现类型化的滑稽人物：笨蛋马库斯，贪嘴又吹牛的布哥，吝啬又可笑的老头帕普斯，又驼又刁的学者道塞努斯。后为罗马喜剧演员（表演时戴着面具）继承，或作为悲剧的补充演出，被认为是假面喜剧的源头之一。——译者注

④ Livius Ⅶ.2.："年轻人保持奥斯坎人接受的娱乐种类的话，就允许他们不因是演员而被不名誉。至此该惯例保留，阿特拉的演员*既不被逐出部落，又可以像没有从事演艺的人那样服兵役*。"（Quod genus ludorum ab Oscis acceptum tenuit juventus, nec ab histrionibus pollui passa est. Eo institutum manet, ut actores Atellanarum *nec tribu moveatur, et stipendia, tamquam expertes artis ludicrae, faciant.*）——Valer. Max. Ⅱ.4 §4.："也就是说，*既不被逐出部落，也不被排斥在军团服役*。"（Nam neque *tribu movetur*, neque *a militum stipendiis* repellitur.）

他们（在进入这个职业后）被监察官逐出他们的部落。⑤ 由于演员当然是不名誉的（§77），因此没有什么比这一事实更加自然的了，即认为他们被从有权表决的市民名单中除名仅是他们不名誉的一个后果，由此恰恰证实了我们的论断。事实上，Augustin 在前引篇章中几乎在文字上表达了这一关联，因为他将演员的不名誉与他被逐出部落直接联系起来，并且这两者在某种程度上可以等同视之。⑥

---

⑤ Augustinus de civitate Dei Ⅱ. 13.：" 但是，就像 Scipio 在 Cicero 面前说的那样，人们认为所有的表演和戏剧都是无廉耻的，他们不仅希望避免这类人有其余市民的荣誉职位，还希望他们因监察官记过而被逐出部落。"（Sed, sicut apud Ciceronem idem Scipio loquitur, cum artem ludicram scenamque totam *probro ducerent*, genus id hominum non modo *honore* civium reliquorum carere, sed etiam *tribu moveri nòtatione censoria* voluerunt.）Burchardi（第 46 页）将这个篇章视为反对理由，因为根据这个篇章，导致演员被驱逐出部落的仅是监察官的意志，因此并非不名誉本身；他明白这一反对意见只有通过承认 Augustin 的一个错误来达成，并且他用当时监察官早已不再存在的事实来解释。但是，如果考虑到有关不名誉规则的执行是监察官的职责（第七十九节），而且每当编制新的部落名单时，他们就将那些自上次人口登记（Census）以来变得不名誉的市民排除在名单之外，那么在这一篇章中不存在对我们共同观点的矛盾，最多只能责备 Augustin 没有足够谨慎地使用通常适用于监察官专断意志的表达方式，但是这种表达方式本身也并非不适合于（他所提及的）真正的不名誉。

⑥ 从 tribu movere（逐出部落）这一表述的显而易见的模糊性来看，当然可能有怀疑的余地。tribu movere（逐出部落）在字面上的意思是：让市民从他迄今为止所处的部落中离开。此外，有两种情况是可以想象的：市民可能被转移到另一个、只是较低的部落（从一个乡村部落［rustica］进入一个城市部落［urbana］），或根本不进入任何部落，因此成为一个最下层市民（Niebuhr Ⅱ. 448）。如果这个表述被用来表示监察官的意志专断行为，那么它很可能使用的是第一种含义，并与列入最下层市民（in aerarios referre）的含义相区别。因此，Cicero 使用了它（§79 注 2），而且表达方式同样出现在关于这个术语的最值得注意的篇章中（Liv. ⅩⅣ. 15），这将在下面解释（§81 注 3）。——反之，如果 tribu moveri 被用以指称一般规则的结果（如这里关于演员），那么它毫无疑问与列入最下层市民（in aerarios referre）同义；部分原因是，如果不是这样的话，由于缺少新的较低部落的名称，所以该陈述是相当不完整的；部分原因是，单纯地贬到到较低的部落，很适合于监察官的任意处分，但作为一般规则的结果来考虑的话，它实在是太微妙和琐碎了，因此不可能这样认为。然而，Livius 和 Valerius Maximus（注 4）都把 tribu movere 理解为逐出所有部落，由于与之联系在一起的服兵役方面的无能力，这一点完全是毋庸置疑的：因为服兵役方面无能力只能是被驱逐出所有部落的结果（注 3），而非单纯的被贬低到一个较低的部落的结果。

第二章 作为法律关系承担者的人

现在可以指出 Herakles 表和告示在不名誉方面的某种模糊联系。体现在题引中的平民会决议对于不名誉未置一言，但它将裁判官所列举的不名誉情形进行了整理，虽然有少数偏离。然而，在所提及的平民会决议中，这种整理仅仅意味着，其中所描述的人被禁止在其城市担任元老院议员（Senatores）、市政委员会成员（Decuriones）和被列入元老院名单的元老（Conscripti），被禁止在市政委员会投票，获得与该地位相联结的名誉，同样被禁止获得能够进入元老院的执法官职位（Magistraturen）；所有无能力但却试图挤入的人，会被处以 50 000 塞斯特斯（2 500 塔勒）的罚款（Lin. 109－110. 124－141）。在这里，人们可能想要发现对我们所提出之观点的部分证实和部分反驳：证实的是，告示列举为不名誉者的那些人，在此几乎也被排除在所有的荣誉职位和要职之外；反驳的是，剥夺表决权并没有同时与上述特征联系起来。这一反对意见不能通过以下假定来推翻，即自治市和殖民区在当时已不再有任何民众会议，因为该法甚至明确提到了民众会议。⑦ 真正的关系不如说就是如此。因为参加决定整个帝国最高利益的罗马民众会议，比参加具体城市的民众会议要重要得多。所以，以下事实没有什么不一致的地方，即那些自古以来在罗马被视为不名誉者，被排除在罗马民众会议之外，但却被允许进入自治市的民众会议中，尽管在自治市中他们也被剥夺了所有更高的荣誉职位。此外，这是在皇帝治下越来越完整实施的城市贵族团体变革的重要的第一步⑧：如果市民籍在整个意大利的巨大扩张不应是完全没有意义的，那么这一措施无论如何都是不可避免的。——如果人们从这个角度来看待这件事，上述模棱两可的平

---

⑦ Tab. Heracl. lin. 132.；"任何人都不得将他列在民众会议或平民会议中。"（neve quis ejus rationem *comitiis conciliave* habeto.）

⑧ Vergl. Savigny, Geschichte des R. R. im Mittelalter, B. 1, § 6. 7.

民会决议仅借此就可以变得清晰,那么我们就会发现,我们关于所有不名誉本质上的公法性质的一般观点得到了进一步的确认。

　　如果我们现在比较一下不名誉的具体情形,它们一方面在告示中被列举,另一方面在 Heraklea 表中被列举,我们会发现大多数情形完全一致,并且每一项情形都已经在上文(§77)都提及了。Heraklea 表有时显得更加严格(§77 注 3),这可以通过它只想将不名誉者从更高的荣誉职位中排除这一事实得到很自然的解释,在此情形下,人们当然可以更严格地处理。更值得注意的是,该法相反没有提到裁判官告示中列举的某些情形,尤其是操之过急的第二个婚姻和重婚这种情形;同样值得注意的是,它只排除了出于金钱考虑而委身于他人肉欲的男性(§77 注 33)。在此必须承认,在该法颁布后,人们对于不名誉的观点变得更加严格,并且这种更大的严格性被纳入了告示之中;也许是在《Julia 法》和《Papia Poppaea 法》时期,这一补充被引入告示之中;也可能(如果告示的这些篇章更早)Heraklea 表考虑到了意大利许多地方可能存在的家庭法的差异,而且人们恰恰不想通过这一纯粹政治性的制定法来加以干涉。在平民会决议中缺乏暴力抢劫之诉(actio vi bonorum raptorum)带来的困难较少;因为我们知道,这一诉讼只是由于内战才被引入的[9],并且以临时状况为基础的这个起因,可能就是关于自治市的持久性制定法没有提及该诉讼的原因。

---

　　[9] Savigny in der Zeitschrift für geschichtliche Rechtswissenschaft, B. 5, S. 126-130.

第八十一节　不名誉的法律意义（续）

以下证据最终在其整体关联中证实了我关于任职权和表决权的论断，因为它们承认不名誉是人格事项（Kapitalsache），是人格减等，这只能根据这里所述的市民籍在政治领域的丧失这个观点出发而得到解释。

谈到产生不名誉的三种诉讼（信托之诉，监护之诉，合伙人之诉）时，Cicero 在他的《为 Roscius 辩护》（pro Roscio）（Cap. 6）演讲中指出，它们是"最重要的与名誉［有关］的、*且我几乎可以说是与人格［有关］的［诉讼］*"（summae existimationis, *et paene dicam capitis*）。——Cicero 的另一个演讲，即《为 Quinctius 辩护》（pro Quinctio），涉及他的当事人是否事实上遭受了法律上有效的破产［财产占有（possession bonorum）］这个问题，他多次提到这个问题，并明确表示这是一个基于人格相关原因［的诉讼］（capitis causa）（Cap. 8. 9. 13. 22），这只能根据与破产相结合的不名誉（Ehrlosigkeit）而得到解释（§77）。事实上，在这篇演讲的一个篇章中，Cicero 直接把他试图为他的当事人避开的严酷命运称为不名誉（Cap. 15），因此，这篇演讲的上下文毫无疑问地表明了不名誉与人格减等的同一性。

更直接的证明是 Tertullian 对演员处以不名誉的篇章，其同时将他们的状况称为人格减等，并具体地描述为剥夺所有的名誉和荣誉职位（Auszeichnungen）。[①]——与此一致的是 Modestin

---

[①] Tertullianus de Spectaculis C. 22.："驾马车竞技表演者，演员……显然因*耻辱和人格减等*而判罚，远离市政委员会、讲坛、元老院、骑士和其他荣誉职位。"（Quadrigarios, scenicos…manifeste damnant *ignominia et capitis minutione*, arcentes curia, rostris, senatu, equite, ceterisque honoribus.）如果人们承认这位学者的每个具体表述都是完全精确的，那么除了其他失去的权利外，rostris 只能意指出现在讲坛之前，也即参加民众会议；那么，在这个篇章中，再次存在关于不名誉者成为最下层市民的直接证据。

引用的 Severus 皇帝的批复，根据该批复，从元老院中罢免不应被视为人格减等。② 使用这种表述，只是为了将仅丧失担任元老院议员要职的能力与存在于不名誉中的没有能力担任所有要职严格区分开来，因此皇帝想真正表达的是：元老院议员的罢免并不产生不名誉；由于他通过否认人格减等来表达这种意义，人格减等与不名誉的同一性也因此同样得到承认。

最后，与此有关的还有上文提到的 Livius 的一个值得注意的篇章（XLV.15）。在早期，所有的解放自由人不停地被安排在四个不太受人尊敬的城市部落中。然而，这种限制或者因为某些合乎规则的例外而被缓和，或者只是因为滥用而被忽视，导致解放自由人散布在所有部落中。为了根除这一弊端，监察官 Gracchus 最后决议将解放自由人从所有部落中移除出去，也即让他们成为最下层市民，或者剥夺他们的表决权。但他的同事 Claudius 反对这项措施，认为它是暴力且不公正的。最后，两位监察官达成一致，即解放自由人不丧失表决权，但应将他们送回城市部落，并且实际上不是分配到所有四个部落，而是单独地集中到通过抽签决定的一个部落。在 Claudius 反对完全排除解放自由人的演讲中，他这样表达道："他否认……监察官可以在缺少人民之命令的情况下，从任何［解放自由］人手中甚至是［他们的］整个阶层手中，拿走表决权。如果［监察官］可以从部落中驱逐［某个

---

② L. 3 *de senator.* （1.9.）："Severus 皇帝和 Antoninus 皇帝允许对被元老院除名的元老不进行人格减等，反而居留在罗马。"（Senatorem remotum senatu *capite non minui*, sed morari Romae, D. Severus et Antoninus permiserunt.）在这里，应否认存在不名誉，这一点通过附加 sed morari Romae（反而居留在罗马）而特别显现出来，这是值得注意的，否则，即使确实发生了人格减等，也不会妨碍在罗马居留。这一附加涉及被耻辱性免职的军人（他们实际上是不名誉的）必须离开罗马和皇帝的任何其他居留地（L. 2 § 4 *de his qui not.* L. 3. *C. de re mil.*）。因此，批复的意思是，人们不应被这种表面上的相似性误导认为，被免职的元老院议员会（与上述军人一样）变得不名誉或者必须离开罗马。

解放自由人],即命令其更换部落,于是[该解放自由人]*可能被全部35个部落驱逐,即被剥夺市民籍和自由,但显然不能如此。*"(negabat... *suffragii lationem* injussu populi censorem cuiquam homini, nedum ordini universo, adimere posse. Neque enim, si tribu movere posset, quod sit nihil aliud, quam mutare jubere tribum, ideo *omnibus* XXXV *tribubus emovere posse, id est civitatem libertatemque eripere.*)③ 这里明确指出,剥夺表决权或被驱逐出所有部落,是市民籍的丧失(即市民籍在政治领域而非私法领域的丧失)。如果人们通过第八十节中所提供的证据,表明不名誉者将被排除在所有部落之外,那么,根据Claudius在这个演讲中的表述,必须同时归于不名誉者的是(政治上的)市民籍的丧失,因此是一种人格减等。

不过在帝国时期,市民籍所包含的政治权利很快丧失了其早期的重要性,这件事本身所发生的变化不可能不对法学家的观点和术语产生影响。自此,capitis deminutio(人格减等)和capitalis causa(致重刑之原因)的表达也就不再适用于单纯不名誉的情形,而仅仅适用于丧失全部且完整的市民籍的情形。正因如此,人格减等的概念第一次获得了与私法权利能力的排他性

---

③ 在这里,仅移转到较低的部落,最为清晰地与真正意义上的逐出部落区分开来,而且只有前者才被称为tribu movere,这也只是发生在监察官意志专断的情况下,因此,这证实了上文(§80注6)详细界定的术语。同一章中接下来的篇章也是如此,在该篇章中,同一个监察官认为:"比起被[监察官的]上级[驱逐],更多的人被[监察官]从元老院除名,以及被命令卖掉马。所有人都同样由两位[监察官]之一*逐出部落,并成为最下层市民。*"(Plures, quam a superioribus, et senatu emoti sunt, et equos vendere jussi. Omnes iidem ab utroque *et tribu remoti, et aerarii facti*.) 在这里,正如在Cicero(§79注2)那里一样,两者被认为是不同的。——此外,当Claudius在他的演讲中否认监察官将市民从所有部落驱逐的权利(或使他成为最下层市民)时,Livius让他把其论战观点推进到了极端;因为事实上,监察官有这种权利,它不仅体现在西塞罗的证时中(§79注2),甚至体现在该Claudius自己的行为中,这是根据刚刚对被驱逐的元老院议员和骑士的叙述,他和他的同事一起使这些人成为最下层市民。

关联，我们在法律渊源中看到了这一点（附录 6 第 8 小节）。——Modestin 在以下值得注意的篇章中明确提到了这一术语变化：

L. 103 *de V. S.* (50.16.).

"尽管对那些说拉丁语的人来说，*capitalis* 被认为是一切事关名誉的考量，然而 *capitalis* 一词应被理解为导致死亡或丧失市民籍［的原因］。"（Licet *capitalis* latine loquentibus omnis causa existimationis videatur, tamen appellatio *capitalis*, mortis vel amissionis civitatis intelligenda est.）

也就是说：根据当下通行的术语（法学家和帝国制定法的术语），仅仅是死亡和丧失市民籍构成了人格罚（Kapitalstrafe），尽管在古典学者中［latine loquentibus（说拉丁语的人）］，不名誉也已经被称为人格罚。[④]——在该篇章中被作为法律术语而一般性表述的东西，被出现于其他很多篇章中的适用所充分证实。[⑤]

[④] 因此，Modestin 指的是古代和现代术语的对比，该对比与非法学和法学的对比相重合，因为现代术语是因法学家的反思而形成的。Marezoll S. 112. 113 错误地将 latine loquentibus（说拉丁语的人）解释为普通生活的语言，并认为上文所引用的 Cicero 的篇章是演说家的夸张；在 pro Roscio 这个篇章中，这也许说得通，但在 pro Quinctio 这个篇章中完全不可能如此，在该篇章中，这个表达频繁出现，而且完全是被作为众所周知的事情而被使用。

[⑤] §2. *J. de publ. jud.* (4.18.):"我们说涉及重刑［的诉讼］，是那些能使人被判处极刑，或禁用水火，或流放，或矿场苦役刑［的诉讼］。其他诉讼，*如果是判处不名誉和罚金的*，这确实是公共诉讼，但不是涉及重刑的诉讼。"（Capitalia dicimus, quae ultimo supplicio afficiunt, vel aquae et ignis interdictione, vel deportatione, vel metallo. Cetera *si quam infamiam irrogant* cum damno pecuniario, haec publica quidem sunt, *non tamen capitalia.*）§5. *J. de cap. dem.* (1.16.), L. 28 *pr.* §1 L. 2 *pr. de publ. jud.* (48.19.), L. 14 §3 *de bon. libert.* (38.2.), L. 6 *C. ex quib. caus. inf.* （关于最后这个篇章，参见附录 6 第 5 小节）——Severus 的批复与此并不完全一致（注 2）。然而，在术语这样一种无疑是逐渐发生的变化中，有些摇摆可能并不奇怪，此外，所提到的批复只是消极地因此是间接地指向早期术语，而不是把自己的主张建立在该术语之上。

第二章 作为法律关系承担者的人

第八十二节 不名誉的附带效力

到目前为止，我们已经表明，不名誉在本质上具有公法属性；然而，它也附带对私法产生了一些影响，这一点也是不争的事实，现在必须加以说明。

（1）不名誉的第一个私法效力在于限制了提出庭上主张的能力，这一点上文已经提到（§78）。亦即，不名誉者只被允许为他自己，或为那些与他有特殊亲近关系的人在裁判官面前提出申请（§78 注9）；因此，他通常不能为陌生人提出申请。

因此，首先在通常情况下（即除已经提到的个人关系外），不名誉者不能成为要式诉讼代理人（Cognitor）①；同样地，他也不能成为略式诉讼代理人（Procurator），因为要式诉讼代理人的

---

① Fragm. Vatic. §324.：''对于污名者和声名狼藉者，确实（手稿：某人）被禁止担任要式诉讼代理人，但不被禁止在执法官面前为奴隶声请自由，除非其声请自由被裁判官所怀疑。''（Ob turpitudinem et famositatem prohibentur quidem (ms. *quidam*) *cognituram suscipere*, adsertionem non, nisi suspecti praetori.）Paulus Ⅰ.2 §1.：''所有被禁止起诉的不名誉者，即使根据的对方当事人的同意，*也不能成为要式诉讼代理人*。''（Omnes infames, qui postulare prohibentur, *cognitores fieri non possunt*, etiam volentibus adversariis.）——人们可能在第一个篇章中试图通过以下方式来挽救手稿中的 quidam，即认为它指向亲近之人的例外；但是，一方面，quidam 可能适合表达一个例外，却不适合表达一个主导性规则（在这里就是一个主导性规则），另一方面，通过与要式诉讼代理人的对立，quidem 得到了充分的理由说明。法学家悄然略过了例外情况，因为他只需处理上述对立。——早期法的这一规则以一种值得注意的方式误入《格拉提安教令集》（Gratians Decret）中，c. 1 C. 3. q. 7.：''不名誉者既不能成为略式诉讼代理人，也不能成为要式诉讼代理人。''（Infamis persona nec procurator esse potest nec cognitor.）这一规则在这里被归于罗马教会会议（Romana synodus），并且该会议无疑是从 Breviarium（罗马教皇法令辑要）中采纳了该规则。只是该规则的此种文辞既未出现于 Paulus 的篇章中，也未出现在我们的解释（Interpretatio）中；然而，它可能出现于后来的某个修订中（Savigny, Gesch. des R. R. im M. A., B. 2 §20）。

资格障碍也会一般性地适用于略式诉讼代理人。②

然而,据此也进一步产生了一个重要的规则,即不能将诉权让与给不名誉者③,因为这种诉权让与总是以指定要式诉讼代理人或略式诉讼代理人的形式实施。④ 但是,在没有实际指定一个要式诉讼代理人或略式诉讼代理人的情况下,一旦人们开始允许通过扩用之诉的方式允许此种诉权让与,那么不名誉的这一最为重要的私法效力就被剥夺了;因为,每一个诉权受让人事实上无论如何都是在追求自己的利益,不名誉者也不应被排除在外,而且人们也不能提出以下反对意见,即不名誉者在形式上是略式诉讼代理人,因此通过告示的文辞而被排除在外。⑤

最后,由此也导致不名誉者没有能力提起纯粹的民众之诉(Popularklagen),这种诉讼虽然课予罚金,但只是为了通过这种处罚来实现对公共利益的重视和保护。因为,在这种诉讼中,原

---

② Fragm. Vatic. § 322. 323.

③ Paulus Ⅰ.2 § 3.：" 能够作为*自己事务要式诉讼代理人*或*自己事务略式诉讼代理人的人,是能为所有人提出庭上主张的人*。"(*In rem suam* cognitor procuratorve ille fieri postest, *qui pro omnibus postulat*.) 这里指的不是在第二个或者第三个关于庭上主张的告示(Edict de postulando)中的那些人。此外,解释(Interpretatio)还将该规则非常正确地关联到排除不名誉者。——从字面上看,人们也可以将其关联到排除女性,但紧接着的 § 2 作出了与此完全相反的阐释:"女性不被禁止承担自己事务要式诉讼代理人的工作。"(Feminae in rem suam cognitoriam operam suscipere non prohibentur.)(因此也不被禁止作为略式诉讼代理人。)

④ Gajus Ⅱ. § 39. *L*. 24 *pr. de minor.* (4.4.). *L*. 3 § 5 *de in rem verso* (15. 3.).

⑤ *L*. 9 *C. de her. vel act. vend.* (4. 39.):"某人被允许有效地以自己名义推进[诉讼]。"(*utiliter* eam movere *suo nomine* conceditur.) 也就是说,就以自己的名义(suo nomine)而言,他现在没有略式诉讼代理人的特殊权利和限制;另一方面,针对被告而言,该诉权无疑始终还是让与人原来的旧诉权,因此也受制于所有之前的抗辩。

告只是作为国家的诉讼代理人。⑥ 反之，如果原告也有要追求的个人利益，那么该诉讼由此就具有混合性质，不名誉者就不被排除在提起这种诉讼之外。⑦

这一整个限制最初是以裁判官的威严为基础的，除非必要和出于单纯的专断意志，否则不名誉者是不应当出现在裁判官面前的，因此，正如 Paulus 明确指出的那样，即便对方当事人同意，也不会有任何不同（注1）。但是，在诉讼程序中，对方当事人通常也不应被强迫与不名誉的要式诉讼代理人或略式诉讼代理人共同审理，同时为了维护这一独立的权利，对方当事人被赋予一项诉讼代理人抗辩（procuratoria exceptio），裁判官当然不能仅出于对不名誉者的宽容而剥夺对方当事人的该项抗辩。优士丁尼通过制定法废除了这一抗辩，因为该项抗辩本来就已不再常见⑧；但这并不意味着不名誉者此后能够不受限制地提出庭上主张，否则就与学说汇纂中极为明确的规则相矛盾，而是只有当局机关才

---

⑥ L. 4 *de pop. act.* (47.23.).："民众之诉被授予名誉无损之人，即根据告示被允许提出庭上主张的人。"（Popularis actio integrae personae permittitur: hoc est, cui per Edictum postulare licet.）女性也同样被排除。L. 6 *eod*.——关于这一诉讼，参见第七十三节 H 小节。

⑦ 这仅仅明确提到了女性。L. 6 *de pop. act.* (47.23.)。但毋庸置疑，其也适用于不名誉者。

⑧ §11 *J. de except.* (4.13.)："然而，过去可因委任人或诉讼代理人自身的不名誉而提出抗辩，反对该诉讼代理人；由于我们发现［该抗辩］在审判中很少被运用，我们规定予以禁止，以免对此发生争论，从而拖延对诉讼本身的处理。"（Eas vero exceptiones, quae olim procuratoribus propter infamiam, *vel dantis vel ipsius procuratoris*, opponebantur: cum in judiciis frequentari nullo modo perspeximus, conquiescere sancimus: ne dum de his altercatur, ipsius negotii disceptatio proteletur."）——Marezoll, S. 215 – 217，其中，他正确地理解了这一新命令的目的和效力，但他对 nullo modo 一词的解释相当勉强。这一篇章正常的含义可能是这样的："所提到的抗辩现在确实很少发生，据此阐明了它们没有实践需要；因此现在，我们通过制定法上废除了它们，以便它们不可能在具体情形中被翻出来，并被滥用以拖延诉讼。" frequentari nullo modo 这个文辞指代的是很少使用一项法律制度，与通过习惯法废除法律制度有所不同。然而，Theophilus 可能轻易误导人采纳后者。

能够拒绝不名誉者,不允许对方当事人提出这样的抗辩或者仅仅是作为借口而滥用这一抗辩来拖延诉讼程序。

仅仅从最后提到的优士丁尼的这一命令(注8)中,我们才偶然得知,类似的抗辩也阻止了不名誉者为他自己指定略式诉讼代理人,这一限制同样被优士丁尼废除。其原因可能是如果原告亲自出庭,被告可以会更成功地主张不名誉的原告不值得信任。当局机关的公职威严与此没有关系,因此,并非像前述限制那样交由当局机关来依职权拒绝一个不名誉者委任的略式诉讼代理人。因此,随着该第二种略式诉讼代理人抗辩的废除,以此为基础的整个法律规则也同时完全消失了;为何在优士丁尼法典的剩余部分没有保留这第二项限制的痕迹,这就是自然的原因。然而,这在早期法中是相当重要的,因为不名誉者据此被阻止让与任何其所享有的债权,这在当时这只能通过形式性的让与来实现,也即仅通过指定一个略式诉讼代理人或要式诉讼代理人来实现。

(2)不名誉的第二个私法效力在于对婚姻能力的限制。这一限制对早期法来说是陌生的,《Julia法》为其奠定了基础,但法学家的解释才首先推动了它的发展。⑨ 这一法律规则的发展过程如下:

《Julia法》禁止元老院议员及其男性和女性后代,与解放自由人以及某些被具体列举的卑贱之人结婚。所有作为生来自由的男性也被禁止与某些同样被具体列举的卑贱女性结婚。但对卑贱情形的这两类列举只是部分一致。

法学家们以两种方式发展了这种禁令:首先,将卑贱的情形从一个类别转用到另一个类别;其次,将这些情形追溯到不名誉

---

⑨ 基于渊源上的证据对这一规则的完整阐述,参见附录七。我在这里只是把其结论予以简短总结。

的一般概念，因此确立了这样的规则：对元老院议员和对生来自由人的禁令适用于所有在告示中被确定为不名誉者。

这首次提供了将不名誉也涉及女性的机会，从而扩张了不名誉的早期概念。这些被承认的新情形事后被补充进了告示。

然而，《Julia 法》的禁令并不意味着那种被禁止的婚姻应当是无效的，而只是意味着该婚姻不应被赋予因该制定法而与婚姻状态相联结的利益，或者换句话说，该婚姻不能避免对独身的处罚。

虽然这一禁令的效力被 Marc Aurel 时期的一项元老院决议扩张到婚姻无效，但这不适用于对于生来自由人，而仅适用于元老院议员，即使是后者，也仅适用于元老院议员与解放自由人或者因某些职业而成为卑贱之人（如演员）的关系以及元老院，但不适用于元老院议员与整体意义上的不名誉者之间的关系。

当基督教皇帝通过制定法整体废除了对独身的处罚后*，《Julia 法》中的此类婚姻禁令也就不复存在了。而这一禁令对元老院议员的扩张则被优士丁尼完全废除。

现在，不名誉也再次完全失去了适用于女性的可能性，由此逻辑一贯的结果是，编纂者在将裁判官关于不名誉者的告示纳入学说汇纂中时，从中再次删除了事后写入的与不名誉的女性有关的篇章。

根据不名誉这个词的真正法律概念，这里所列举的附带效力是唯一可以合理地归于不名誉的效力。但是，相当多的其他效力

---

* Cf. *Cod. Theod.* Ⅷ.16.1；*Ib.* 17.2.3；*Cod. Just.* 58.1；*Ib.* 59. 值得注意的是，对独身的处罚是由两位执政官通过法律（《Papia Poppaea 法》）所制定的，他们都不是已婚男人。——英译者注

被我们的法学家们以错误的方式纳入其中。

222 　　这样的效力包括不名誉者没有能力作为证人出庭，也没有能力在仪式性的法律行为中作为证人。[10] 然而，罗马法从未制定过这样的一般性规则。在早期制定法中，由于某些具体的犯罪而被判处刑罚者被特别剥夺了证人能力（Zeugenfähigkeit）。优士丁尼最后规定，只有杰出的人才能被允许作为证人，他们因良好的声誉和外在的地位而同样值得信赖。[11] 这一无论如何不切实际的规定与不名誉这个确定的法律概念没有任何共同之处，这是不言而喻的；它甚至逾越了已经非常不明确的事实上的不名誉（Infamia facti）这个概念（§78）。[12] 因此，就最新法律的结果而言，我们必须完全否定不名誉者绝对没有能力担任证人（无论是在司法上还是在仪式性的行为中）。但是，关于他们在司法作证中的可信度，这一点无论如何只能由法官在每个具体案件中的自由裁量来判断，而关于不名誉的严格法律规定对此也无关紧要。

223 　　最后，关于不名誉和不合义务遗嘱之告诉之间的所谓关系，情况也基本相同。有人认为，被排除于遗嘱之外的兄弟姐妹只有在优先于他们的继承人是不名誉者时，才能主张不合义务遗嘱之告诉。但制定法的规定却完全不同。不合义务遗嘱之告诉的主张取决于这一状况，即被指定之继承人由于其个人的品性，其所享有的优先性在某种程度上特别有害。优先性对于被排除者有害的例子有：不名誉，声誉不良（即使其程度比较轻微），以及解放自由人地位（Libertinität），除非他是为死者立下特殊功绩的解

---

　　[10] 这一观点十分流行。Vergl. u. a. Linde, Lehrbuch des Civilprozesses §258 (4te Auflage).

　　[11] Nov. 90.

　　[12] 关于这一问题的详尽处理，Burchardi §6 以及 Mazeoll S. 220-227。

放自由人。⑬ 因此，在这里也很明显，全部都是由法官自由判断的，此时具有非常明确界限的不名誉这个法律概念并非决定性的因素。

---

⑬ L. 27 C. de inoff. test. (3.28.).："如果被指定的继承人是不名誉的，或污名的，或有轻微污点的，或是解放自由人错误、且不值得……被指定的。"（si scripti heredes infamiae, vel turpitudinis, vel levis notae macula adspergantur：vel liberti qui perperam et non bene merentes... instituti sunt.）这一谕令的基础是狄奥多西法典（Theodosischen Codex）中的两个篇章，L. 1. 3. C. Th. de inoff. (2.20.)【原文为 L. 1. 3. C. Th. de inoff. (2.19.)，似有误。——译者注】关于这个问题，参见 Marezoll S. 246，其观点与这里所确立的观点有部分差异。

第八十三节　不名誉理论在当代的可适用性

224　　　现在需要说明的是，在上述已确立的关于不名誉的规则中，哪些适合该法律制度的当代适用。

首先，不名誉在优士丁尼法中呈现出什么形态？除了不名誉者为他人提出庭上主张而出庭的能力受到限制之外，该法并没有保留任何其他的规定，即使是上述限制，也只在法官本人想要主张的情况下才有效，而不再是对方当事人所享有的个人权利了（§82）。不名誉的公法意义早已消失，即使不名誉者无能力担任荣誉职位，尽管它仍然被这样表达，但是，其含义与早期的法律规则完全不同，而仅是一种字面上的和表面上的继续存在而已（§80）。同样，在很长一段时间内与不名誉密切相关的对婚姻能力的限制也完全消失了（§82）。

225　　　即使是早期法律制度的残余也无法在罗马向现代欧洲法过渡的过程中得以保留，因为它与罗马特殊的法院组织形式有关，因此事实上也再次受到国家法各种关系的制约。

根据现代的法院组织形式，所有的诉讼代理人，要么是原告代理人（Procuratur），要么是辩护代理人（Advocatur），它们有时由同一个人来担任，有时由不同的人来分开担任。此外，这两类工作（根据各个国家的不同法律）要么与公职联系在一起，要么独立于公职而因此是纯粹的私人事务。在第一种情形中，它们和所有其他职务一样，属于公法范畴，因此根据正确的观点，它们完全独立于罗马法的规定。特别是关于不名誉者没有能力担任法庭略式诉讼代理人（Gerichtsprocuratoren）这一点，上文关于没有能力担任公职的所有内容在此同样适用。——在第二种情况中，可能会涉及罗马法规则适用的问题。这可能具有以下意义

(有些人实际上也这样认为),即不名誉者无权为他人起草诉讼文书:这是在提到私人律师或者当代的庭上主张时所经常想到的。但即使是这种受限制的适用,也最多只能表达罗马法规则的字面意义而非真正意义。因为根据罗马人的观点,不名誉者出现在裁判官面前,这是一种对于公职威严的贬损,其不能通过追求自己的利益而被正当化。无论起草人(他甚至可能仍然不为人所知)的品行如何,起草诉讼文书不可能被视为侵害司法声望。如果人们认为,一个不名誉的起草人也有曲解法律的嫌疑,那么这个问题就会涉及一个与罗马法规则完全不同的领域,即监督诉讼程序中的行为这个领域。然而,法官一旦要干涉这些事项,就要考虑完全不同的因素:部分是道德上的;部分是智识上的,特别是一定程度的法律知识。在此,完全通过实在法确定条件的不名誉就无关紧要,取而代之得以适用的是个人可信赖程度这个不确定的概念。

这里提出的理由,尽管通常没有以这里所提供的形态和确定性而被承认,因此没有被人们清晰地意识到,但对现代学者仍不乏影响。仅根据这一点,就可以解释学者们所持的极为摇摆不定的意见,这些意见是关于不名誉的罗马法基本规则所具有的可适用性程度。①

然而,即使在这些众多的意见中,也可以发现一些共同的观点,其最深思熟虑的大多数部分是一致的。② 首先,其包括对罗马法规则的极大限制,通过这种限制,就其最终结果而言与这里所辩护的观点非常接近。在没有司法判决的情况下产生的不名誉情形(直接不名誉)不再适用。此外,所谓的间接不名誉也并不能适用于有关私犯或契约的判决。据此,作为法律制度的不名誉

---

① Vgl. Marezoll S. 346 – 349.
② Eichhorn, deutsches Privatrecht, §87. 88, 4te Ausg.

（因为事实的不名誉都与我们完全无关）只是作为被宣判之刑罚的结果而遗存，基于非常犯罪（crimen extraordinarium）而判处刑罚是否也被排除在外这个问题也被搁置（§77 注 3）。这种限制肯定不再适合我们当代的刑法。——Carolina 法典特别提到了不名誉，将之作为对作伪证者以及为自己的妻子和子女拉皮条者的处罚。③ 其他的帝国制定法将不名誉作为侵辱的结果予以承认④，或针对某些特定犯罪而威胁将不名誉作为特别新设的处罚。⑤

被如此狭窄限制的不名誉，在当代法中仍会产生以下效力。

（1）无能力担任荣誉职位（Ehrenämtern），包括行政区职位（Gemeindeämter）。

（2）无能力担任辩护代理人、原告代理人和公证人（Notariat）。

（3）无能力加入行会和市民团体。

（4）最后还包括由罗马法规定的所有私法效力，特别是关于不合义务遗嘱之告诉。

就上述最重要的事项，我已经详细地表达了我的观点，并特别指出，第（4）项所称的效力事实上根本不存在。帝国制定法特别规定了无能力担任公证人这个结论。⑥

---

③ C. C. C. art. 107. 122.

④ 1668 年和 1670 年帝国议会决议（Reichsschlüsse）。Sammlung der Reichsabschiede Th. 4. S. 56. 72.

⑤ 对记录犹太教徒向基督教徒进行让与行为的公证人的处罚，R. A. 1551 §80.。对反抗的手工业工人的处罚，1731. Sammlung der Reihesabschiede Th. 4. S. 379.。

⑥ 1512 年《公证人法》§2："法律禁止如下之人担任该职务，例如，……被称为 Infames 的不名誉者……以及总而言之所有那些被法律剥夺作证资格的人，因为公证是被用来代替作证的。"这一规定显然构成了较多法学家以下错误观点的基础，即根据罗马法，不名誉者是绝对无能力进行任何作证的。

人们可以看到，还遗留的纯粹实践性争议范围很小，在可靠的当代学者的上述理论中，罗马法不名誉的最可疑情形已经被清除了。⑦但是，即使存在如此大的限制，我也不能根据上述理由同意罗马法不名誉的任何适用。就此而言，也许可以承认的只是下述内容。

在日耳曼观点的影响下，自中世纪以来，在不同的国家发展出了几乎相同的有关名誉和不名誉的规则，这些规则部分地具有法律制度的性质，特别是涉及对可能参加各种团体时。这样的法律规则的确立，一部分是根据真正的制定法，一部分是根据习惯法，特别是根据这些团体本身的规章和惯例（Observanzen）。然而，在这些规则确立的过程中，多数是由法学家参与其中的，罗马法（或多或少被误解）的规定产生了不小的影响。

罗马法对当代不名誉法律的间接影响是一目了然的；然而，它仅仅是建立在关于该法律制度的上述真正性质的误解之上的，而且并没有多大的重要性。一些帝国制定法在具体情形中，或者假定不名誉是有效的，或者新规定了不名誉（§83注3、4、5、6），这些制定法也属于这种误解，因此不能用这些制定法来反驳这里所确立的反对不名誉在共同法中的可适用性的理由。

我们的刑法中仍遗留了一些不名誉的情形，它可能是作为一种被宣判的处罚，或者作为某些种类的处罚的结果，但是，根据这里所阐明的理由，我仍不能承认不名誉具有通常所认为的在具体情形中的特定法律效力。但是，我也绝对不想质疑不名誉作为

---

⑦ 最可疑的是一些所谓直接不名誉的情形。例如在双重婚约（bina sponsalia）的情形，也即在没有明确解除先前的婚约的情况下订立新的婚约；还有监护人或其儿子与被监护人在法定期间之前结婚（§77注15）。在这两种情况下，如果该事件本身明显是清白的，则可以认为是完全没有恶意地违反了仅仅形式性的规定。然而，没有任何一个法律制度能够像不名誉制度那样，能够忍受与公众舆论的尖锐对立。

一种重要刑罚手段的现实性和有效性。当法官宣判不名誉时，或者当不名誉被视为所实施处罚的必然后果时，公众舆论就会被不可避免地影响，这本身就是实实在在的不好的事情，即使其他的具体法律后果还不能被证实。

第八十四节　宗教对权利能力的限制

自从基督教取得了统治地位以来，在罗马法中逐渐发展起了这样一项规则，即在宗教信仰上的特定差异，应当伴随着对权利能力的限制。以下是与此相关的情形。

Ⅰ. 异教徒（Pagani）。虽然早期宗教教徒的统治和压迫在很长一段时间内不利于基督教，但现在轮到他们来或多或少地忍受了，事实上有不少极为严苛的刑法都对他们适用。恰恰根据这些刑罚的严苛程度，可以清晰地看出，权利能力的限制并未被直接提及，毕竟该限制总是以平静的容忍状态为前提，灭绝性的措施使它毫无用处。针对由私人进行的任意迫害，异教徒有时会受到特别制定法的保护。①

Ⅱ. 犹太教徒（Judaei）。犹太教徒原则上应当享有与基督教徒相同的权利。② 只是基督教徒和犹太教徒之间的婚姻是被完全禁止的，并应处以通奸的法定刑。③ 这项规定完全具有实在法的性质，并且它无论如何都不能被认为是剥夺异邦人通婚权规则的适用。因为欠缺通婚权并非禁令，也不会招致任何处罚；此外，历来就有个别犹太教徒取得了市民籍，并且 Caracalla 皇帝赋予帝国所有臣民以普遍的市民籍，这当然也延伸到了当时的犹太教徒和他们的后代。

Ⅲ. 异端者（Haeretici）。其教义被教会会议宣布为异端（Ketzrei）的基督教徒，会遭受通常很严厉的各种刑罚的迫害，这些刑罚或者涉及当时重要的个别异端（Irrlehren），如摩尼教徒

---

① L. 6. C. *de paganis* (1.11.).
② L. 8. 15 C. *de Judaeis* (1.9.).
③ L. 6. C. *de Judaeis* (1.9.)

(Manichäer)* 和多纳图派教徒**(Donatisten)，或者普遍地涉及所有异端。在这些刑罚中，还特别包括权利能力的限制。最常见的是，他们被剥夺了取得遗产或设立遗嘱的权力；此外，也存在对赠与和出卖的禁令，事实上是对于所有的契约、诉讼和法律上的行为的禁令。④

Ⅳ. 叛教者（Apostatae）。针对脱离正确的教会教义而选择信奉上述三类错误教义的人，特别的制定法被颁布。这些制定法或者只涉及其中一类人，或者则涉及几类人或全部类别的人，因此叛教者这个名称根据情形和需要以不同的含义被使用。在这里，与异端者的情形一样，经常出现权利能力的限制，特别是禁止成为继承人或订立遗嘱。⑤

在所有这些规定中，只有一项保留在当代罗马法中，尤其是在德意志共同法中，即禁止犹太教徒和基督教徒通婚的规定。异教徒（Heiden）、罗马帝国制定法意义上的异端者（Ketzer）以及在这种关系上的叛教者，在我们国家已经不再存在，因此，甚至

---

* 摩尼教，伊朗古代宗教之一。公元 3 世纪由摩尼创立。在琐罗亚斯德教二元论的基础上，吸收了基督教、佛教、诺斯替教等思想材料而形成了自己的独特信仰，以二宗三际论为根本教义，三封、十诫为主要戒律。3 世纪～15 世纪在亚、非、欧很多地区流行。摩尼在世时曾得到萨珊王朝统治者沙波尔一世的保护，在瓦拉姆一世时被斥为异端并遭到禁止。摩尼在世和死后不久，该教已西传至叙利亚、小亚细亚、埃及和北非，又从北非传至罗马、高卢南部并进入西班牙等地，东传至中亚各地。其教义对希腊哲学和西欧基督教的一些异端如鲍格米勒派、阿尔比派都有重要影响。——译者注

** 多纳图派，公元 4 世纪基督教派别之一，由迦太基主教多纳图创立。该教派认为教会是义人的教会，罪人无份；而罗马教会让叛教者受任主教职，已成"罪人之子"，故不能列入圣教会。主张只有义人施行的圣事才有功效。该派教会在北非曾拥有主教三百人，同罗马教会分庭抗礼，虽经罗马教会多次绝罚，并遭罗马帝国武力镇压，但仍继续发展，直到 7 世纪阿拉伯人进入非洲后才逐渐消失。——译者注

④ L. 4 L. 19 *pr.* L. 21. L. 22 *C. de haeret.* (1.5.). Auth. *Item* 以及 Auth. Friderici *Credentes* C. eod. ——L. 7. 17. 18. 25. 40. 49. 58 *C. Th. de haeret.* (16.5.).

⑤ L. 2. 3. 4 *C. de apost.* (1.7.). L. 1. 2. 4. 7. *C. Th. de apost.* (16.7.).

这个适用的可能性也消失了。犹太教中的叛教者当然不能主张这种不可能性；然而，从当代罗马法的角度来看，几乎没有人会为罗马制定法在这种情形下的适用进行辩护。

自从宗教改革以来，其他的对立使欧洲发生分裂，此时根据一方或另一方的胜利，产生了与罗马时期类似的严苛与相互排斥。只有在德国，很早就出现了某种平衡，这是由稳定的制定法规则所形成的。从那时起，在共同法中，三大宗教派别之间不再有差别；但根据个别国家的特别法，这种差别更大了，并且这种差别在《威斯特伐利亚和约》（Westphälischen Friedens）*的规定中也有其假定的理由。

自1815年联邦法案（Bundesakte）**颁布之后，情况有所不同。该法为属于德意志联邦的所有邦国的基督教宗教派别规定了完全平等的市民权利和政治权利，而且它是无条件的，不存在个

---

* 《威斯特伐利亚和约》结束了三十年战争，1643年在德国威斯特伐利亚开始谈判，1648年10月27日签订。在宗教方面，其规定加尔文宗和路德宗享有同等的地位作为一方，天主教作为另一方，都在各国内部合法存在。德国加尔文宗获得完全的权利，归还教产敕令被彻底废除，教产的归属以1624年的持有情况为准。同时仍然保留世俗诸侯决定其臣民宗教信仰的权力，但对这一权力稍作限制，规定1624年各领地上存在的不同崇拜形式，各派仍然可按照当时情况继续采用。路德宗和加尔文宗内部，则同意以和约签订的时间为准，并协议以后臣民由一派新教改奉另一派时，世俗统治者不能强迫其改宗。但由于皇帝的坚持，奥地利和波希米亚的新教徒未得到任何权利。和约以当时天主教和新教实际控制范围为依据，粗略地划定了两大教派的分界线。至此，欧洲大陆的宗教改革运动基本结束，现代欧洲各国的政治格局大致形成。——译者注

** 德意志联邦法案，亦被译为"德意志同盟条约""德意志联邦条例""德意志邦联条约"，即1815年6月8日维也纳会议通过的建立德意志联邦的法案。规定德意志联邦由34个邦和4个自由市组成，成立联邦的目的是"保持德国外部和内部的安全，以及德意志各邦的独立的神圣不可侵犯"。联邦事务由各邦代表组成的联邦会议（设在美因河畔的法兰克福市）执行，奥地利担任主席，奥地利和普鲁士等居于统治地位。参加联邦的都是独立的国家，德国仍然处于分裂状态。——译者注

别邦国的法律偏离于此的任何空间。⑥ 至于犹太教徒关于市民权利的享有仍留待未来规定。

---

⑥ 《联邦法案》第 16 条:"德意志联邦的邦国和领土内基督教徒的宗教派别的差异,并不构成在享有市民和政治权利方面的差别对待的理由。"

第八十五节　法人——概念

Digest. Ⅲ. 4. Quod cujuscunque universitatis nomine vel contra eam agatur.

Digest. XLVII. 22. de collegiis et corporibus.

学者：

关于该理论的历史层面：

Wassenaer, ad tit. D. de coll. et corp. L. B. 1710. (Fellenberg, jurispr. ant. I. p. 397 – 443).

Dirksen, Zustand der juristischen Personen nach R. R. (Abhandlungen B. 2, Berlin, 1820, S. 1 – 143).

关于实践层面：

Zachariae, liber quaestionum Viteb. 1805. 1808, Qu. 10, de jure universitatis.

Thibaut, Civilistische Abhandlungen, Heidelberg, 1814, N. 18. Über die rechtlichen Grundsätze bei Verteilung der Gemeindesachen.——参见该作者的 Pandektenrecht, §129 – 134 der 8ten Ausg。

J. L. Gaudliz s. Haubold, de finibus inter jus singulorum et universitatis regundis Lips. 1804, in Hauboldi opusc. Vol. 2, Lips, 1829, p. 546 – 620, p. L XIII-L XXIX.①

Lotz, Civilistische Abhandlungen, Coburg und Leipzig, 1820, N. 4, S. 109 – 134.

---

① 这本著作通常以解答者作为作者而被引用，我在引用该著作时以 Haubold 为作者，因为事实上两者有时都被认为是作者，Vgl. Opusc. Vol. 1 p. XV.。

Kori, Von Gemeinheits Beschlüssen, und von Pseudo Gemeinheits Sachen, in: Langenn und Kori, Erörterungen praktischer Rechtsfragen, B. 2, Dresden und Leipzig, 1830, N. 1. 2, S. 1 - 39.

在上文中，权利能力被描述为与个体的生物人概念是重合的（§60）。现在我们将权利能力扩张至人为的、通过纯粹拟制而被承认的主体上。我们将此种主体称为法人（juristische Person），也即，仅是为了法律目的而将其承认为人（Person）。这样，在个体生物人之外又出现了法律关系的一种承担者。

但是，为了妥当地界定这个概念，有必要限缩其权利能力所涉法律关系的范围；由于缺乏这一限缩，关于这一主题的论述犯了不少错误。

首先，我们在这里仅涉及私法领域，因此，法人的人为权利能力仅涉及私法关系。在国家法中最为常见的是，一种公权力只能通过多人而被共同行使，也即只能通过一个集合统一体（einer collectiven Einheit）而被行使；但是，比如说，如果因此而将每一个裁判官团（Richtercollegium）都称为法人，那么这只会使法人这一概念晦暗不明，因为绝大多数此类团体都不具备法人的本质（财产能力），尽管此类团体有些也能具有在裁判职务之外的与此完全不同的法人特征。同样，如果人们将世袭君主制中的所有君主都称为一个法人②，这也是完全不正确的。非常明显的是，对于长期生活在共和政体中的罗马人而言，此种公法关系是非常常见和熟悉的。他们在这个意义上谈及执政官团或者平民护民官（Volkstribunen）团。③ 同样，如果一个城市的执政官同时有两

---

② Hasse, Archiv B. 5. S. 67.
③ Livius X. 22. 24. Cicero in Verrem Ⅱ. 100，pro domo 47.

人，罗马人也将他们视为一个整体，仿佛仅有一个个人担任该职务。④ 此外，如果在一个法律争议中指命了多个审判员（judices），并且其中的部分甚至全部审判员被其他人替换掉，尽管如此，审判庭（Judicium）仍然是同一个。⑤ 但是，所有这些表述和规则都仅适用于国家法或者程序法，远远不能将其与法人的私法理论做出任何联系，现代学者没有避免这种不同事物之间的混淆。即使各阶层（Classen）、诸百人团（Centurien）和各部落（Tribus）都是重要的政治共同体，但它们似乎从未被作为法人，也即共同财产的持有者。⑥

其次，对法人概念的一个很重要的限制是其仅涉及财产关系，由此排除了家庭关系。所有的家庭关系在原初概念上都仅涉及自然人，对家庭关系的法律处理都是派生性的和从属性的（§53.54）；因此，家庭关系不可能适用于非生物人的主体。但是，财产就其本质而言，是一种权力的扩展（Machterweiterung）（§53），即对自由行为的保障和提升。这种关系可以同样适用于法人和个体的生物人：法人的目的（法人概念之所以被采纳即取

---

④ L. 25 *ad munic*. (50.1.).："自治市的执法官们履行一项执法官职务时，他们被认为是承担了一个人的职务。"（Magistratus municipales, cum unum magistratum administrent, etiam unius hominis vicem sustinent.）

⑤ L. 76 de judic. (5.1.).——同样，Nov. 134 C. 6 篇章中认为，对某行省官员所作出的批复（Rescript）也应被其后继者所执行。

⑥ 但我不想对此做出确定无疑的断言。Sueton. Aug. 101 表明，August 在其遗嘱中遗赠给民众 200 万塔勒【Taler，货币单位——译者注】，同时遗赠给每个部落 5 000 塔勒："遗赠给罗马人民四千万塞斯特斯，遗赠给部落三百五十万塞斯特斯。"（Legavit populo Rom. quadringenties, tribubus tricies quinquies HS.）（即 HS 等于 10 万塞斯特斯）【该拉丁文篇章的原文的货币单位是 sestertium 而非 HS，sestertium 是 10 万塞斯特斯（sestertius），而 HS 是 sestertius 的缩写，即 HS=塞斯特斯，作者在此处引用原篇章所标记的单位似有误。对于遗赠给罗马人民和部落的数额，作者在对应到塔勒时也似乎有误。——译者注】可是这也能够理解为，200 万塔勒是被遗赠给国库，5 000 塔勒应被分配给每个部落的个体成员。Vgl. auch Averanius Ⅱ.19.

决于该目的）与个体生物人的目的都同样能够通过财产而被实现。不过，家庭所涉及的人为扩展存在两种类型（§55.57）：有些与生物人的单纯状态联系在一起，该状态由此被形成或者保护，故其不能适用于法人；其他一些以财产关系为基础，故同样能够适用于法人。

因此可以认为，法人可以发生以下法律关系：所有权和他物权（jura in re），债，通过继承的取得；此外还有对奴隶的权力和庇主权；在新法中还有农奴权（Colonat）。相反，以下法律关系不能适用于法人：婚姻、父权、亲属；此外还有夫权、受役状态（Mancipii causa）和监护。我们现在能够更详细地界定法人这一概念了：法人是一种具有财产能力的人为创设的主体。——在这里，法人的本质被确立为仅是私法上的财产能力，但这绝不是说，现实存在的法人的这种性质是唯一的或者重要的。相反，法人始终预设着一个独立的目的，该目的恰恰通过财产能力而被实现，并且该目的本身比财产能力要重要得多。[7] 仅是对私法体系而言，法人的本质才仅是具有财产能力的主体，法人本质的所有其他方面都不属于私法体系的范围。

我在此使用了"法人"（juristischen Person）这一术语［与此对应的术语是"自然人"（natürlich Person）］，即个体的生物人，仅是为了表明，法人只是因为其法律目的才被作为主体而存在。此前通常使用"道德人"（moralischen Person）这一术语，但我因为以下两个原因而不采用该术语：第一，该术语根本未触及概念本质，伦理关系与此无关；第二，该术语更适合于指代那

---

[7] 例如，"城市"的基础性质是政治性和行政性，其私法性质，即作为法人而存在，则远不那么重要。罗马法中关于城市作为政治的和行政的实体，Digest. Lib. 50 Tit. 1‑12，因此，在我讨论所涉私法理论的第八十五节中，一开始所列举的渊源里不包括这一篇章。

些并非不道德的个体生物人,因此,该术语会让我们想到完全不同的领域。——罗马人也没有关于所有法人的一般性术语。当他们想一般性地表达这类主体的性质时,就只是说这类主体具有人的地位⑧,这就等于认为它们是拟制的人(fingirte Presonen)。

---

⑧ L. 22 *de fidejuss*.(46.1).:"*因为遗产如同一个'人'那样发挥功能,就像自治市、官员社团和合伙一样。*"(Hereditas *personae vice fungitur*, sicuti municipium et decuria et societas.)这里恰恰说的是遗产占有人(bonorum possessor)代替继承人(vice heredis),或者类似继承人(loco heredis est)。L. 2 *de B. P.*(37.1.),L. 117 de R. J.(50.17.),Ulpian. XXVIII.12:"他们被置于类似继承人的地位……他们被拟制成继承人。"(heredis loco constituuntur...heredes esse finguntur.)如同遗产占有人是拟制的继承人一样,法人是拟制的人。

第八十六节　法人——种类

242　　如果我们认为法人实际存在于我们的法律状态中，我们就应当承认法人存在以下区分，其中的不同之处对其法律性质并非没有影响。

（1）一些法人可以被认为是自然的甚至必然的存在，另一些法人则被认为是人为的或者意志性的（willkührlich）存在。自然的存在包括行政区（Gemeinden）、城市（Städte）和街区（Dörfer）*，它们比国家本身（在其当前的统一性和边界意义上）要古老得多，并构成了国家的基本组成部分。其法律的存在几乎从未有人质疑；在它们之中，也会出现意志性创设的情形，但这只是例外，且只是最初行政区的模仿。这种意志性的创设包括罗马的殖民区（Colonieen）［不同于自治市（Municipien）］，其数量和重要性在我们当代国家中不可同日而语。行政区的统一性是地理意义上的，其基础是住所和土地所有权之间的地缘关系。

243　　人为的或者意志性的法人是所有财团（Stiftung）和会社**（Gesellschaften），它们都被特别附加了上述特性。显而易见的是，它们的存在仅仅是因为一人或者多人的意志性决定。

此外，此种区分并不是基于非常清晰的界限；毋宁说，也有一些法人在一定程度上处于上述两种法人之间。这些法人包括手工业行会和其他同业公会，它们有时与行政区联结在一起，并且

---

* Dörfer，直译为"村庄"，但根据本书第八十七节第 251 页的描述，在这里指的是罗马的 vici，故翻译为"街区"。奥古斯都将罗马城划为 14 个区（regiones），每个区又分为更小的街区（vici），有自己的神龛、祭坛、活动中心和标志建筑，由街区长官（magistri vici）负责。——译者注

** 民事主体意义上的 Gesellschaft 这个词在中文中很难翻译，结合本书的上下文，暂且将之翻译为"会社"，以区分于"社团"（Corporation）。——译者注

第二章 作为法律关系承担者的人

是行政区的独立组成部分。

（2）一些法人通过一定数量的成员而具有可见的外观，这些成员联合为一个整体而形成法人；相反，另外一些法人不具有此种可见的基础，而是一种更为精神性（ideale）的存在，其以通过法人而达成的统一的目的为基础。

对于第一种法人，我们借用一个拉丁文术语称之为"社团"（Corporationen），因此，这个术语如果用于指代所有法人就过于狭窄了。属于这类法人的首先是所有的行政区，还有同业公会，此外还包括被赋予法人权利的会社（Gesellschaft）。但是，所有社团的本质是，权利主体并非具体的成员（其本身也不是所有成员的集合），而是理念上的整体；由此得出的一个特别重要的结论是，个别成员甚至全部成员的变更不会影响社团的本质和统一性。①

另外一种法人，通常用"财团"（Stifung）这个术语来指代。财团最为重要的目的包括：宗教活动（各种各样的教会机构即属于此类）、思想教育、慈善事业。②

但是，我们在这里也会发现并不罕见的过渡类型，这些类型

---

① L. 7 § 2 *quod cuj. un.* (3.4.)："在涉及市政委员会成员或者其他团体时，[成员]们是否都保持不变，抑或仅有一部分不变，又或全部变更，这都无关紧要。"(In decurionibus vel aliis universitatibus nihil refert, utrum omnes *iidem* maneant, an pars maneat, vel omnes immutati sint.) iidem（相同的，阳性复数主格）这个单词的毫无疑问的勘正来源于 Jensius stricturae p. 12 ed. L. B. 1764.；手抄本和公开本中是 idem（相同的，阳性单数主格）。该规则更为充分的阐释是 L. 76 *de jud.* (5.1.) 这个篇章，尽管其不是在法人中的应用，而是在为法律争议而任命多位审判员中的应用，其中个别审判员的变更不能被认为是另一个审判庭。

② 将"社团"（Corporationen）这个术语用于所有法人是多么得不妥当，这在很多财团中会很明显地被察觉到。例如，如果将医院作为一个社团，那么谁是成员，这些成员的集合统一体能够被认为是财产的主体？在医院里被治疗的病人肯定不是成员，因为他们仅是慈善事业的对象，而不是医院机构财产的合伙人。权利的真正主体是一个被承认为人的观念，也即博爱这个目的，这个目的在此处以特定方式通过特定手段而被实现。

使法人上述两种类型的界限并不清晰；事实上，甚至同一种类的机构在不同的时代，有时被认为是这种类型，有时被认为是另一种类型。例如，教士会（Domkapitel）和牧师教团（Chorherrenstifter）不仅是宗教活动团体，也同时是真正的社团。高等教育机构在最初产生时是真正的社团，进一步来说，根据各国家的不同情况，有时是教师组成的社团，有时是学生组成的社团[③]；但是在当代，高等教育机构更多地变成了国家的教育机构：它们不再是社团，尽管仍然是法人，即享有财产能力的主体。

（3）社团又再次被区分，有些社团拥有人为构建出来的组织结构（Verfassung），例如城市行政区和大学（当它们曾经是或者仍然是社团时），而其他社团仅拥有有限目的所必需的机构，例如街区行政区和（至少大多数情形中的）手工业行会。现代学者通过以下术语指代这种区分：组织化的团体（universitas ordinata）和非组织化的（inordinata）团体。

完全特殊的并且不被这些区分所涵盖的，是所有法人中最庞大和最为重要的法人：国库（Fiscus），也即国家本身被视为私法关系的主体。如果人们将国库理解为一个社团，是所有的国家成员的社团，这个观点就极为牵强，很容易导致将不同类型的法律关系混为一谈。

[③] Savigny, Geschichte des R. R. Im Mittelalter, B. 3, §59.

第八十七节 法人——历史

在罗马人那里，我们已经发现在其最古老的时期，存在着各种类型的持存的团体（Genossenschaften）：特别是宗教团体和工商业（gewerbliche）团体，还有那些下级官员（untergeordneten Officiant）［例如扈从（Lictor）］的团体，这种社团后来在书记处职员（Kanzleipersonal）方面得到了很大的扩展。然而，它们的存在并不意味着迫切需要发展法人的概念，因为对它们来说，只有共同的活动和政治地位才是重要的，而财产能力与之相比则不重要得多；因此，例如虽然祭祀仪式（Gottesdienst）产生不小的开支，但是其开支是由国家承担的，故而祭司团体（Priestercollegien）或者神庙（Tempel）本身的社团财产就不那么必要了（注15）。此外，那些希望通过财团促进祭祀仪式者的虔敬目的，可以通过将为此目的之特定物献祭（Consecration）*这种方式而最为容易地实现，由此，这些物被剥夺了所有权，所有权既不属于神庙，也不属于祭司（Priests）。

由于国家的扩张，法人的概念最初在从属的行政区（abhängigen Gemeinden）［自治市（Municipien）** 和殖民区（Colonieen）***］

---

* 在民事方面，献祭是指一种宗教仪式，通过此种仪式使某物变成神圣物，它通常表现为向神明捐献该物。——译者注

** 共和国时期，自治市（拉丁文：municipium，复数为"municipia"）一词指的是业已存在的意大利城镇，其居民被授予无选举权的罗马公民权。这些城镇有一定的独立性，但外交事务交由罗马官员掌控。得到这一地位的城镇有时是同盟城镇，或是被征服地区的城镇。公元前1世纪初，所有意大利共同体被授予选举权之后，自治市公民成为罗马全权公民。随着帝国的扩张，意大利以外、居民并非罗马公民的城镇也被授予自治市的地位。在这些情况下，罗马公民权只授予地方官员，有时授予所有城镇议事会成员。因此，在帝国初期，自治市包括罗马公民或是由罗马公民管理的非公民。自治市的地位较殖民城低。——译者注

*** 殖民区，又译为殖民城，是国家为组建一个自治共同体所建立的新聚居区或殖民地，通常具有战略防御功能。——译者注

方面，得到了显著的使用和明确的发展；因为这些从属行政区与自然人一样，一方面有财产的需要和取得财产的机会，但另一方面具有从属性，且因此这些行政区可被起诉。在后一点上，它们与罗马国家（Römischen Staat）不同，罗马国家不受任何法官的管辖，其财产关系更多被认为是一种行政关系；因此，对罗马共和国及其财产的观察并没有为法律人格的承认及其权利的发展提供最初的动因，尽管如此，为了国家的安全，与为了私人的安全一样，相同的法律形式（Rechtsformen）得到了适用，关于担保土地买卖的法律（jus praediatorium）*就是一个例子。

然而，一旦为了从属城市的缘故而确立了法人的概念，这一概念也逐渐适用到以下情形，即仅就这种情形而言，法人的概念原本是不容易被创造出来的。现在，法人的概念被适用于前述古老的祭司（Priester）团体和手工业者团体；然后被适用于国家，现在人们通过某种人为的反思，国家从其自身中显现出来，在国库（Fiscus）的名义下被认为是一个人，从而被置于法官的管辖之下；最后被适用于完全精神性的主体，如诸神（Götter）和神庙（Tempel）。

随着基督教取得统治地位，上述最后一种适用获得了最广泛的扩张和多样化。这样发展起来的法律制度在日耳曼诸国家中不仅得以持续，甚至还得到了进一步的发展，因为在这里，这些国家之间的联结较为松散，故而呈现出各种形式的意志性社团（willkührlichen Vereinen）这种明显倾向。在现代，中央国家权力的优势地位再次将社团更多地赶到了幕后，正如在上文（§86）提到大学时的例子时已经注意到的那样；然而，法人的本质并没有因此而被改变。

在这个临时性的概述之后，现在必须集中论述存在于罗马法

---

* 担保土地买卖，是将债务人担保给国家的土地予以买卖，此买卖是通过公开拍卖进行的，其条件由 praedintoria 法确定。——译者注

中关于法人的最重要例子。

Ⅰ. 行政区

整个意大利自从处于罗马的统治之下开始,就被划分为大量的城区(Stadtgebieten),因此在很长一段时间内,城市曾是唯一独立的行政区。所有这些城市同时被视为真正的国家,只不过从属于罗马;事实上,其中许多城市[自治市(Municipien)]在此前是独立的,只是在后来才具有从属性。这种对城市的看法在我们整个现代法中是陌生的,只存在于极少数的例外情况中。——法律渊源中关于这一点的以下表述需要注意。

罗马城(Civitas)。①

自治市(Municipes)。② 这是一种最为通常的术语,比 municipium 更常见,此外,还因为这一术语同时涵盖了自治市(Municipien)的市民和殖民区(Colonieen)的市民。这一术语已经变得非常普遍,它甚至被用来指代城市本身,而城市则是与个体公民相对比时被提及的。③

---

① L. 3. 8 *quod. cuj. univ.* (3.4.), L. 6 § 1 *de div. rer.* (1.8.), L. 4 C. *de j. reipub.* (11. 29.), L. 1. 3 C. *de vend. reb. civ.* (11. 30.).

② L. 2 L. 7 *pr.* L. 9 *quod cuj. un.* (3.4.), L. 15 § 1 *de dolo* (4.3.)(参见注9), Gajus Ⅲ. § 145.——但是,municipium 也具有相同的含义,例如在 L. 22 *de fidejuss.* (46.1.)中。

③ L. 1 § 7 *de quaest.* (48.18.):"在批复中经常写道,*属于一个城市的奴隶可以在针对该城市的某市民的案件中被拷问。因为这一奴隶不属于该市民,而是属于共同体。对于其他的属于团体的奴隶也应该这样说,因为有关的奴隶不是属于多个人的,而是属于团体本身。*"(Servum *municipum* posse in caput *civium* torqueri saepissime rescriptum est; quia non sit *illorum* servus, sed *reipublicae*. Idemque in ceteris servis corporum dicendum est; nec enim plurium servus videtur, sed corporis.)在这里,municipes 显然是 republica 的同义词,而(单独的)市民(cives)构成了对比,后面的"illorum(那个)"指的就是市民。(关于这一问题本身,参见 L. 6 § 1 *de div. rer.* 1.8.)——Ulpian. ⅩⅫ. § 5【原文是 Ulpian. ⅩⅩ. § 5,似乎有误。——译者注】中的语言用法仅是在表面上不同而已,"*自治市或其成员都不能被指定为继承人,因为这是一个不确定的形体*"(Nec *municipia*, nec *municipes* heredes institui possunt, quoniam incertum *corpus est*)。他的意思是:指定继承人(Erbeinsetzung)同样是无效的,无论立遗嘱人使用的是 municipium 还是 municipes 的表述。因此,乌尔比安本人对这些用语完全不加区分,正如他随后提出的理由所清楚地表明的那样。

公共团体（Respublica）。④ 在自由政制（freien Verfassung）时期，这一没有附加词的术语指代的是罗马国家；但与之相反，在早期法学家那里，这个术语通常指代的是一个从属的城市行政区（abhängige Stadtgemeinde）。

罗马城或自治市公共团体（Respublica civitatis oder municipii）。⑤

自治团体（Commune），共同体（Communitas）。⑥

但是，除了作为主要行政区（Hauptgemeinden）的城市本身之外，城市的个别组成部分也作为法人而存在。下述情形即属此类。

市政委员会（Curiae）* 或市政委员会成员（Decuriones）。** 通常情况下，市政委员会成员要么只是作为与城市相对的个人（Einzelne）出现⑦，要么也代表事实上由他们统治和代理的城市本身。⑧

---

* curia，也被音译为"库里亚"，在早期罗马社会是一种民众组织；在公元 4 世纪，curia 是一些城市市政委员会的名称。——译者注

** decurio（复数 decuriones），又译为地方议会成员。在罗马帝国时期是罗马以外西方行省城市中的统治阶层，负责管理地方各项事务并监管税收。各城市的地方议会大小各异，人数不一，但进入地方议会必须满足一定的财产条件，这个条件也各不相同。在北部意大利的城市，最低财产资格大约为 10 万塞斯特斯。——译者注

④ L. 1 §1 L. 2 quod cuj. un. (3.4.), L. 1 C. de deb. civ. (11.32.). Cod. Just. Lib. 11 Tit. 29–32.

⑤ L. 2 C. de deb. civ. (11.32.), L. 31 §1 de furtis (47.2.)："……某自治市公共团体的……他关于其他公共团体与合伙也说了同样的话。"(… reipublicae municipii alicujus…Idemque scribit et de ceteris rebus publicis deque societatibus.) ceterae res publicae 这个词是殖民区（coloniae）、广场（fora）、集会场所（conciliabula）等。

⑥ Wassenaer, p. 409.

⑦ L. 15 §1 de dolo (4.3.)："但是，是否可以针对*自治市的市民*［团体］提起欺诈之诉，这是有疑问的。我认为，当然不能因为他们的欺诈而提起［诉讼］。事实上，*自治市的市民*［团体］可以实施什么欺诈呢？不过，如果他们获得某物是由于那些管理自治市事务的人的欺诈，那么我认为［诉讼］可以被提起。对于*市政委员会成员*的欺诈，将对这些成员本人提起欺诈之诉。"(Sed, an in *municipes* de dolo detur actio, dubitatur. Et puto, ex suo quidem dolo non posse dari; *quid enim municipes dolo facere possunt*? Sed si quid ad eos pervenit ex dolo eorum, qui res eorum administrant, puto dandam. De dolo autem *decuriotium* in ipsos *decuriones* dabitur de dolo actio.)

⑧ L. 3 quod cuj. un. (3.4.)："任何人不得以城市或者市政委员会的名义发起诉讼，除非法律许可"（Nulli permittetur nomine civitatis vel curiae experiri, nisi ei cui lex permittit）等等。

第二章 作为法律关系承担者的人

但有时，他们也会作为城市内的一个特别的社团（Corporation）而存在，并享有属于自身的财产。⑨

街区（Vici）。从政治上看，街区（Dörfer）完全没有独立性，因为它们总是从属于一个城区。⑩ 然而，它们就其自身而言也是法人，既能取得自己的财产⑪，也能进行诉讼。⑫

广场（Fora）*，集会场所（Conciliabula），堡垒（Castella）。

---

* forum（复数为"fora"），是城镇中一大块开阔地带，但该词专指主要的广场——集会场所、市场和政治中心，与希腊城镇中的集市（agora）作用相似。广场（forum）的形状一般为矩形，周围是公共建筑，往往还建有一排设有商铺和办事处的柱廊，提供带顶篷的通道和购物场所。在多数城镇里，广场为中心标志，但大城镇可能还有其他用于专门用途的广场。——译者注

⑨ L. 7 § 2 quod. cuj. un. (3.4.)："在涉及市政委员会成员或者其他团体时，……无关紧要"（In decurionibus vel aliis universitatibus nihil refert）等等。L. 2 C. de praed. decur. (10.33.).

⑩ L. 30 ad munic. (50.1.)："在街区里出生的人被视为以该街区所属之城市为原籍。"（Qui ex vico ortus est, eam patriam intelligitur habere, cui rei publicae vicus ille respondet.）因此，街区（vicus）本身不是城市行政区，而是城市行政区的一部分。这与 Festus v. Vici 中的说法并不矛盾："但是，对于街区，有部分［街区］有公共团体并进行判决；有部分［街区］完全没有［前述情况］，然而在那里为了进行商业而开设市场，且每年都任命街区长（magistri vici），也即坊里长（magistri pagi）。"（Sed ex vicis partim habent rempub. et jus dicitur; partim nihil eorum, et tamen ibi nundinae aguntur negotii gerendi causa, et magistri vici, item magistri pagi quotannis fiunt."）因此，它们只是一个行政区组织（Gemeindeverfassung）较多或者较少的部分；较完整的部分可能恰恰在其他地方通常被称为广场（fora）和集会场所（conciliabula）（注13）。这里提到的司法权（jurisdictio）不涉及地方法院，而涉及为了在这些地方审判而前往该地的城市执法官（magistratus）——因此，在这方面，罗马人的情况与我们完全不同：因为在我们这里，街区（Dörfer）［或没有街区的教区（Kirchspiele）和农民团体（Bauerschaften）］是独立的行政区，完全独立于城市（vgl. Eichhorn deutsches Privatrecht § 379.380）。事实上，如果一些街区例外地从属于城市，这与对罗马人而言完全陌生的领主（gutsherrlichen）关系有关。——此外，如今还有罗马人不知道的另一种同样是地理上的社团，即重要的马尔克公社（Markgenossenschaften），Vgl. Eichhorn deutsches Privatrecht § 168.372.

⑪ L. 73 § 1 de leg. 1 (30. un)："我们的皇帝的批复表明，街区可以接受遗产，就像城市一样。"（Vicis legata perinde licere capere atque civitatibus, rescripto Imperatoris nostri significatur.）

⑫ L. 2 C. de jurejur. propter cal. (2.58.)【原文是 L. 2 C. de jurejur. propter cal. (2.59.)，似有误——译者注】："为某些社团或街区或其他团体。"（sive pro aliquo corpore, vel vico, vel alia universitate.）

这些是在范围和重要性方面处于城市和街区之间的地区（Orte）；它们同样属于城区，无疑也享有社团权利。[13]

在后来的时期，整个行省也同样被视为法人，因此也被视为较大的行政区。[14]

在土地测量员（Agrimensoren）* 那里，行政区，特别是殖民区，被称为"公共的人"（publicae personae），这一表述很好地表明了它们所享有的作为私法人格之基础的政治本质。[15]

---

* 公元前1世纪到公元1世纪，尤利乌斯·恺撒和奥古斯都都将领手下的军事测绘员勘测了欧洲的大部分地区。测绘员可能负责划分百分田，建设军营、要塞和城镇（特别是退伍老兵分得土地的殖民城）以及道路建设。尽管现存有测绘簿，但其他文献资料较为匮乏。《罗马土地测绘员集成》（Corptts Agrimensorum Romanorum）是由不同著作家撰写的测绘簿合集，辑录时间大概为公元5世纪，后来又有所增补。在后期拉丁语中，测绘员被称为"gromaticus"（起源于测绘工具"groma"），但是更常用的名称是"agrimensores"（单数为"agrimensor"，意为"土地测绘者"）。"mensor"（复数为"mensores"）指绘员或测量员，他们可能是土地测绘员、军事测绘员、建筑测绘员甚至是平准员。测绘员主要是为满足日益增多的建筑项目而设的，到帝国后期，他们形成了等级分明的官员机构，最高官职为总测绘师。——译者注

[13] 值得注意的是，这些行政区在优士丁尼法律渊源中没有被提及。它们出现在 Heraklea 表、Lex de Gallia cisalpina 和 Paulus Ⅳ. 6. § 2 中。

[14] Cod. Theod. Lib. 12 Tit. 12, Dirksen S. 15.

[15] Aggenus ap. Goes. p. 56. "某些地区据称与公共的人相关。那些拥有在其他领域中所分配的某些地区（这些地区被我们通常称为特别区）的殖民区，也被称为公共的人。这些特别区的所有权显然归属于*殖民区成员*。"(Quaedam loca feruntur ad *publicas personas* attinere. Nam *personae publicae* etiam coloniae vocantur, quae habent assignata in alienis finibus quaedam loca quae solemus praefecturas appellare. Harum praefecturarum proprietates manifeste *ad colonos* pertinent) 等等。[因此在这里，coloni 意味着 colonia（殖民区），正如前述的 municipes（自治市），注2、3、7]——几乎相同的语词，p. 67. ——Aggenus p. 72.："这一铭文被认为是与*殖民区本身的人格有关*，它绝不可能远离公共事务而存在：例如，它可以承担起维护公共神庙或公共浴场的[责任]，或是负责把贫困者的葬礼安排在罗马市郊的某个地点。"(haec inscriptio videtur *ad personam coloniae ipsius* pertinere quae nullo modo abalienari possunt a republica: ut si quid in tutelam *aut templorum publicorum, aut balnearum adjungitur*: habent et respub. loca suburbana *inopum funeribus destinata.*)

第二章 作为法律关系承担者的人

第八十八节 法人——历史（续）

Ⅱ. 意志性社团（Willkührliche Vereinigungen *）

A. 宗教社团（Religiöse Vereine）

祭司团体（Collegien der Priester）［也被称为神庙团体（Tempelcollegien）］** 和维斯塔贞女（Vestalinnen）团体*** 即

---

* Vereinigung，也有学者译为"联合体"。——译者注

** 祭司（单数 pontifex，复数 pontifices）：pontifices 是罗马最重要的祭司团，早在王政时代就存在，其人数从最初的 5 人增至前 4 世纪末前 3 世纪初的 9 人，苏拉以后增至 15 人，恺撒以后进一步增至 16 人。罗马祭司团的最高祭司称为大祭司（Pontifex Maximus），是古罗马最高宗教职位。大祭司之职由部落大会选举产生，但和行政长官职位所不同的是，大祭司为终身职位，不拥有行政权力（imperium），原则上来说只是一个普通公民（privatus）。以大祭司为首的祭司团负责包括宗教法及礼仪在内的宗教事务，职责范围广泛，具体包括宗教祭祀仪式、观测记载天象、解释征兆规范日历、修订有关葬仪的律法、神庙奠基等。遗嘱继承、收养、古老的共食婚姻礼等也是大祭司的管理领域。此外，大祭司还负责监管维斯塔贞女。帝国时期的元首、皇帝垄断大祭司的头衔和职能。基督教徒身份的多位皇帝也继续保持这个头衔，直到 381 年，皇帝格雷先（Gratianus）最终放弃此称号。这一尊称则被基督教首领所采用，迄今仍是天主教教皇的正式称号。——译者注

*** 维斯塔贞女（Vestal Virgins，拉丁文单数 Vestalis，复数 Vestales）：维斯塔女神（Vesta）为灶（火）神，为十二大神之一。侍奉维斯塔女神的女祭司们奉职期为至少 30 年，奉职期间必须保持贞洁，因此得名维斯塔贞女，她们受大祭司的直接领导，主要职责是守护神庙中的长明火以及献祭牺牲仪式中所用的"盐粉"（mola salsa，盐与谷物的混合物，献祭时洒在牺牲上）。失贞的贞女会受到严厉的处罚，包括活埋以及活活饿死。但奉职期满后可以结婚。维斯塔贞女通常选自罗马元老阶层的家族，是地位尊贵的祭司，人数从 2 人增加到 4 人，后来稳定在 6 人，享有免于监护人等种种特权。维斯塔贞女是罗马城内唯一的女祭司团，394 年正式废除。但女祭司在罗马帝国的多神教宗教系统中并不鲜见，伊西斯（Isis）、维纳斯（Venus）、得墨忒耳（Demeter）等女神崇拜中都有女祭司奉职。庞贝城中的伊西斯和维纳斯女祭司们也都来自地方显贵家族。——译者注

属此类。两者都能取得所有权,并能通过遗嘱而被遗赠。①

B. 官员社团（Beamtenvereine）

政府为管理不同事务而使用的下级官员（untergeordneten Officianten），很早就作为社团出现（§87）。特别是成员数量和重要性始终不断增加的文书人员（Schreiberpersonal），其成员被用于所有的公共服务部门，而且就像我们的公证人（Notare）一样，也为私人处理类似的事务。② 他们以源于特定职业的不同名称而存在,如书记员（librarii）、财税人员（fiscales）、人口普查员（censuales）；然而，在早期，他们最一般性的名称是 Scribae（文书）。他们被安排在特定的部门（Abtheilungen）中,被称为 decuriae，而很偶然的是，这个本身是一般意义上的名称③被用作特殊称呼而变得很普遍。因此，在共和时期，没有其他附加词的 Decuriae 就被用来指代文书行会（Innungen der Schreiber），随后在帝国时代一直如此；个体成员被称为 decuriati，在后期被称为 decuriales。很自然的是，在罗马以及之后的君士坦丁堡，文书行

---

① Hyginus p. 206 ed. Goesii:"一些女祭司们、维斯塔贞女们或神职人员们，都是从土地的应纳税中得到报偿和安置的。"（Virginum quoque Vestalium et sacerdotum quidam agri vectigalibus redditi sunt et locati.）——L. 38 §6 *de leg*. 3（32. un）. 紧接着规定遗产信托（Fideicommiß）:"你把 2 000 索利都斯交付给某个神庙意志性社团。当该意志性社团随后解散了，这就会被问到"（MM. sol. reddas *collegio cujusdam templi*. Quaesitum est cum id collegium postea dissolutum sit）等。——Vgl. Wassenaer p. 415. Dirksen S. 50. 117. 118.【索利都斯（solidus）：约公元 310 年，君士坦丁把金币的重量从 1/60 减到 1/70 罗马磅。这种新金币"索里杜斯"成为罗马世界的标准货币单位，并一直延续到公元 11 世纪。——译者注】

② Niebuhr, Römische Geschichte, B. 3，S. 349－353. Savigny, Geschichte des R. R. im Mittelalter, B. 1，§16.111.140.——Vgl. J. Gothofred. in Cod. Theod. XIV. 1. Dirksen S. 46. 58.

③ Decuria 原本意指由 10 个人组成的社团（Verein），但也一般性地指代不考虑成员数量的意志性社团（Collegium）。这一用语也出现在涉及元老院时［在罗马和行省（Landstädten）］，此外也出现在涉及审判员（judices）时；但在这些应用中，它都没有像涉及文书人员（Schreibern）时的称呼那样通常和普遍。

会（Schreiberzünfte）被特别地进行奖赏并享有特权。④

C. 工商业社团（Gewerbliche Vereine）⑤

首先，古老的手工业行会（Handwerkszünfte）即属此类，它们存续于各个时代，且部分［如铁匠（Schmiede）］还被赋予特殊的特权。⑥ 此外，还有更为新近的行会，如罗马的面包师行会（Bäckerzunft），以及罗马和行省的水手（Schiffer）行会。⑦ 这些行会中的工作是同种类的（这构成了其社团的基础），尽管不是共同的（gemeinschaftlich）；像我们这里一样，每一个人在为自己的计算而工作。

此外，共同的工商业企业（gemeinschaftliche gewerbliche Unternehmungen）以法人的形态存在。这种结合的一般性名称是 Societas（合伙），大多数结合具有单纯的契约性质，它们产生债，可以因通知而解散，也可以因任何个体成员的死亡而解散。然而，其中一些结合取得了社团（Corporationen）的权利，但并没有因此而放弃合伙（Societates）的一般性名称。⑧ 从事采矿、采盐以及包税

---

④ 关于官员社团（Decurien）的主要篇章如下：Cicero in Verrem Ⅲ. 79, ad Quintum fratrem Ⅱ. 3. Tacitus ann. ⅩⅢ. 27. Sueton. August. 57, Claudius 1. ——L. 3 § 4 de B. P. (37.1.), L. 22 de fidejuss. (46.1.), L. 25 § 1 de adqu. vel om. her. (29.2.), Cod. Just. Ⅺ. 13, Cod. Theod. ⅩⅣ. 1. ——Vgl. Averanius Interpret. Ⅱ. 19 § 1.

⑤ Niebuhr B. 3 S. 349. Dirksen S. 34 fg. ——关于作为财产权利持有人（Inhaber）的现代行会，参见 Eichhorn deutsches Privatrecht § 371-373。

⑥ L. 17 § 2 de excus. (27.1.), L. 5 § 12 de j. immun. (50.6.).

⑦ L. 1 pr. quod cuj. univ. (3.4.), L. 5 § 13 de j. immun. (50.6.). ——此外，旧的和新的行会都不能被认为是城市行政区本身的组成部分和政治权利的主体。在这方面，旧的城市政制与德意志各邦国的政制有本质上的不同，因为在后者中，行会的地位和重要性可与罗马部落相比。

⑧ L. 1 pr. § 1 quod cuj. univ. (3.4.), L. 3 § 4 de B. P. (37.1.), L. 31 § 1 de furtis (47.2.)（参见上文 § 87 注 5）。在 L. 1 pr. cit. 这个篇章中，Haloander 版本中的文辞必须被采纳："合伙、意志性社团以及此类组织不得被任何人任意保有"［Neque societatem（佛罗伦萨抄本中是 societas），neque collegium, neque hujusmodi corpus passim omnibus habere conceditur］等等。——为了将这些社团性合伙（corporatioen Societäten）与纯粹的契约性（contractlichen）合伙区分开来，后者也可被称为私合伙（privatae societates）。

(Zollpachtungen)* 的会社（Gesellschaften）均属此类。⑨

D. 社交性社团（Gesellige Vereine），俱乐部（Sodalitates），Sodalitia，Collegia Sodalitia⑩

老加图（ältere Cato）（根据西塞罗的说法）讲述了他成年时期一开始成立［此类社团］时的情况，并非常愉悦地将其描述为是为了共同享用宴席的集会，集会是有节制的，但在愉快的交际中进行；同时，根据早期的习惯，这与共同的祭祀仪式（Gottesdienst）有关。⑪ 因此，它就是我们现在所说的俱乐部（Clubbs），而且如果我们发现这些社团此后被提及时，被作为并非无害甚至

---

* 罗马共和时期税收主要由包税人承担，出价最高的包税人从政府手中拍卖得到地方上的收税权，以私人身份在行省收税。包税人多来自骑士等级，通常由多人组成合伙（Societas）。大型的包税合伙出现于第二次布匿战争时期。包税人在地方上榨取的收入越多，盈利也就越高。在罗马文学和《新约》中，包税人常是贪婪的化身。以包税形式收税在帝国早期逐渐被废除。——译者注

⑨ L. 1 pr. quod cuj. univ. (3.4.), L. 59 pr. pro soc. (17.2.).

⑩ 最后这一用语出现在 L. 1 pr. de coll. (47.22). Holoander 版本中是 sodalitia（没有 collegia），Vulgata（通行本）中（根据注释）似乎也是这样，而一些佛罗伦萨旧版本中是 collegia sodalitia，例如，Venet. 1485，Lugd. Fradin. 1511. 在我的手稿中，缺少 collegia sodalitia neve milites 这几个字，所以它写的是 ne putiantur esse collegia in castris habeant. 因此，随后重复出现的 collegia 一词可能导致了错误的省略。——此外，单独的 sodalitia 这个词得到了早期权威的支持，所以它可能并非只是偶然地出现在法律渊源中。

⑪ Cicero de senect. C. 13. 此处，西塞罗列举了老年的快乐："但是何必讲别人呢？现在还是转向我自己吧。首先，我经常有俱乐部的成员们［一起］。俱乐部是由作为财政官的我成立的，这是由于对伊得山大母神献祭的接受。因此，我和俱乐部成员们适当地进行聚餐。但有的人曾血气方刚，随着年岁增长一切都日益温和。实际上，相比于肉体上的享受，我更愿意通过与朋友的聚会和聊天来衡量宴会本身的乐趣。"(Sed quid ego alios? ad meipsum jam revertar. Primum habui semper sodales; sodalitates autem me quaestore constitutae sunt, sacris Idaeis Magnae Matris acceptis; epulabar igitur cum sodalibus omnino modice; sed erat quidam fervor aetatis, qua progrediente omnia fient in dies mitiora; neque enim ipsorum conviviorum delectationem voluptatibus corporis magis, quam coetu amicorum et sermonibus metiebar.) ——FESTUS v. Sodales 提到了几个词源，从这些词源中可以看出，它们是由共同提供的菜肴组成的宴席［聚餐会（Pickenicks）］。

在政治上是危险的社团,那么完全不能由此认为,在那一表述下必须被理解为不同种类的制度,而只能认为,其特性是由每个时代的普遍性特征所决定的。早期的纯社交性俱乐部(geselligen Clubbs)在激动人心的时代(就像在我们的时代所发生的那样)成为政治派别的中心,事实上新的俱乐部现在无疑也不过是为了这种目的而被设立。——这同时就解释了此类俱乐部经常被禁止这种情况。在一些重大活动的场合,当公共场所被俱乐部和文书团体(Schreibercollegieen)占据时,元老院命令他们解散,并向民众提出建议,通过公共诉讼(publicum Judicium)的威胁以加强该命令。⑫ 此后,意志性社团(collegia)大体上被废除。⑬ 因此,在我们的法律渊源中也有一条长期的规则,即未经政府许可,不得设立任何社团,而且这种许可既不轻易也不经常授予;未经许可参加社团构成犯罪,而且可作为非常犯罪(extraordina-

---

⑫ Cicero ad Quintum fratrem Ⅱ.3:"根据元老院决议,俱乐部和官员社团应解散;并颁布了关于不解散者的法律,不解散者应被关于暴力的惩罚所束缚。"(Sc. factum est, ut sodalitates decuriatique discederent: lexque de iis ferretur, ut, qui non discessissent, ea poena quae est de vi tenerentur.)

⑬ Asconius in Cornelianam (p. 75 ed. Orelli):"在当时,经常会出现没有任何公共权威的乱党人士的集会,并对公众造成损害。由于这个原因,后来通过元老院的决议和一些法律,除了少数获得认可的、为公共利益所需要的社团,如工匠和雕匠的社团,其他的社团都被取缔了。"(Frequenter tum etiam coetus factiosorum hominum sine publica auctoritate malo publico fiebant: propter quod postea collegia Scto et pluribus legibus sunt sublata, praeter pauca atque certa, quae utilitas civitatis desiderasset quasi, ut fabrorum fictorumque.)[*lictorumque* 这个表述看起来更好;因为 fictor 更多指代的是雕匠的抽象概念(Abstractum),与之相较,陶匠被称为 figuli,其行会自然是非常古老的。Vgl. Plinius hist, nat. ⅩⅩⅩⅤ.12.] ——Asconius in Pisonianam (p. 7 ed. Orelli):"……而这些比赛也随着社团的取缔而被取消。在被取缔的九年后,作为平民的保民官,P. Clodius 颁布了一项法律来恢复意志性社团。"(…qui ludi sublatis collegiis discussi sunt. Post novem deinde annos, quam sublata erant, P. Clodius trib. pl. lege lata restituit collegia.)

rium crimen）加以惩罚。[14] 人们往往把所有这一切理解为所有社团被普遍废止；但没有人认为，例如古老的手工业行会甚至祭司团体也被禁止。人们认为被禁止的是派别性的和有政治危害的俱乐部，并认为也许没有必要更精确地指出被禁止的对象，因为反正每个人都知道说的是什么。[15] 然而，我们法律渊源中的这些规则有双重意义，而只是在语词上没有被明确区分：第一，如果没有公共许可，社团（Verein）一般而言根本不能成为法人，这个重要的法律规则仍然存在于现代法中，且与社团的无害或有害的特征完全无关；第二，未经许可的社团被禁止的且是可罚的，但这仅指那些真正有危害的社团，或者由于其不确定性而有可能变得有危害的社团（对它们来说，法律人格只是次要事项），而不是指纯粹的工商业企业（Unternehmungen）。

更为后期的穷人社团（Collegia tenuiorum）*看起来与共和

---

* 葬礼合作社（collegium funeraticium）和穷人团（collegium tenuiorum）起到类似的保险作用。罗马共和时期存在的各种行会都有为成员提供葬礼的功能，所以都可以把它们叫做葬礼合作社，但到了帝政时期的奥古斯都时代才出现穷人团。顾名思义，这是穷人的组合，"穷人"包括门客、解放自由人、奴隶等，他们组团有双重目的。其一，祭拜共同的保护神；其二，为死去的成员提供体面的葬礼。成员按月缴纳会费，形成一笔共有基金。"团"在其成员之一去世时，提供其遗嘱继承人葬礼费用或自行安排葬礼。如果成员死在离其城市 20 罗马里以外的地方，"团"会派出 3 名委员到场安排葬礼或报销已支出的葬礼费用。但自杀者不享有上述权利。——译者注

[14] L. 1. 2. 3 de coll, et corp. (47. 22.)，L. 1 pr. quod cuj. un. (3. 4.). 如果所尝试的这样一种结合（Verbindung）被反对和解散，因此从未作为一个法人存在过，成员自然可以取回共同带来的财产，并因此在成员之间进行分配。L. 3 de coll. et corp.："……但在其解散时，允许成员在他们之间分配任何尚存的共同资金……"(… permittitur eis, cum dissolvuntur, pecunias communes, si quas habent, dividere…) 有些人由此错误地得出结论，认为即使社团（Corporation）真的存在并且之后解散，其财产也必须总是在成员之间进行分配；在上述篇章所涉情形中，解散的仅仅是事实上的个人联合（Vereinigung），社团从未出现过。Vgl. Marezoll in Grolmans und Löhrs Magazin B. 4 S. 207.

[15] 关于这一禁止的历史，参见 Dirksen S. 34 - 47.——根据 Asconius（注 13），人们可能认为，只有少数团体被特别地排除在这一禁令之外，所有其他团体都被废除了。然而，不能根据文义而采取这一观点，因为几乎无法想象任何一个古老的手工业行会会被禁止，包税人合伙（Societäten der Zollpächter）被禁止则更不可能，而祭司团体（Priestercollegien）（这肯定也在该表述的文义范围内）被禁止则完全无法想象。

国（Republik）时期的俱乐部具有相似的特征，以下对其展开介绍。这种人数不多的社团虽然确实可以被许可，但每个月要集会一次，而且每月都要缴纳费用。任何人都不得同时成为数个此类团体的成员。奴隶也可以加入这些团体，但只有在其主人许可的情况下才能加入。⑯

关于所有这些通过意志（willkührlich）成立的社团（Corporationen），一致的意见是，它们被认为是对城市行政区的模仿，并同样有自己的财产和代理人（Vertreter），这恰恰构成了法人的本质（Wesen）。⑰——在此可以看到上文已经指出的区别（§86），即有些社团就像行政区一样，是基于持存的需要，如祭司团体、官员社团和手工业行会；而其他社团则是基于暂时的需要和更为意志性的决议（Entschließung），如合伙和俱乐部。

关于命名作补充说明如下。一些特殊的名称［decuriae（官员社团）、societates（合伙）、sodalitates（俱乐部）］前已述及。但有两个名称，即 collegium 和 corpus（社团），对所有这些社团而言是共同的，且如同上文已证实的 collegia templorum 和 colle-

---

⑯ L. 1 *pr.* §2. L. 3 §2 *de coll. et corp.* (47.22.).——人们错误地将这些穷人团与以下这个规则联系起来，根据该规则，一些手工业行会被授予的豁免权，只应由较贫穷的成员（tenuioribus）享有，而不应由富人享有，因为富人通过其财产（除了他们的手工业）而有充分的手段来承担城市的经济负担。L. 5 §12 *de j. immun.* (50.6.).

⑰ L. 1 §1 *quod cuj. un.* (3.4.):"当人们被允许在意志性社团、合伙或其他此类名义之下保有社团时，他们就类似于公共团体，有权拥有共同财产、共同的宝库、代理人或城市诉讼概括代理人，*就像在公共团体里那样*，应被所有人处理或行为的事情，都通过代理人来处理或行为。"(Quibus autem permissum est corpus habere collegii, societatis, sive cujusque alterius eorum nomine, proprium est, ad *exemplum Reipublicae*, habere res communes, arcam communem, et actorem sive Syndicum, per quem, *tamquam in Republica*, quod communiter agi fierique oporteat, agatur, fiat.)

gia sodalitia 那样被交替使用（注 1 和 10）。如果有时这些术语看似被区分，那只是因为个别社团不是交替使用这两个名称，而是仅使用其中一个；然而，无论它们使用哪个名称，都完全是偶然的。因此，例如当有人说"社团和此类组织不得被保有"（neque collegium neque corpus habere conceditur）（注 8）时，这就意味着：依意志而成立社团是不被允许的，无论其可能想要使用 collegium 还是 corpus 的名称。[18] 因此，这些用语中的任何一个都指代一个意志性社团，故与城市行政区形成对比。[19]

各个成员在彼此的相互关系上被称为 collegae（社团成员）[20]，也被称为 sodales（社团成员），因此这个名称比 sodalitas（俱乐部）有更普遍的意义和更古老的起源[21]；在更完全的意义上，他们被称为 collegiati（社团成员）和 corporati（社团成员）。[22]——在此等社团前已述及的某些类型中，成员被称为 Decuriati（文书行会成员）、Decuriales（文书行会成员）（注 4）、合伙人（Socii）（注 8）。

对于所有社团（Corporationen）、城市（Städte）和其他团体

---

[18] L. 1 *pr.* §1 *quod cuj. un* (3.4.)（参见上文注 8），rubr. tit. Dig. de collegiis et corporibus (47. 22.)，L. 1 *pr.* §1 L. 3 §1. 2 *eod.*，L. 17 §3 L. 41 §3 *de excus.* (27. 1.)，L. 20 *de reb. dub.* (34. 5.). ——根据 Stryk us. mod. XLVII. 22 §1，意志性社团（corpus）指的是由几个团体（Collegii）组成的社团（Corporation）；这种完全非罗马式的语言使用是基于一个非常偶然的情况，即在我们的大学中，整个校务委员会（Senat）被称为 corpus academicum，各个院系（Facultäten）被称为 Collegia。

[19] L. 1 §7 *de quaest.* (48. 18.).

[20] L. 41 §3 *de excus.* (27. 1.)，Fragm. Vatic. §158.

[21] 古老的 Sodales Titii 或 Tatii 就是如此，此外就是 Sodales Augustales 等，Tacitus, ann. I. 54. ——Vgl. L. 4 *de coll. et corp.* (47. 22.)，据此，《十二表法》中就已经包含了这种用语。

[22] L. *un. C. de priv. corporat.* (11. 14.). L. 5 *C. de commerc.* (4. 63.).

而言，其共同名称是 Universitas（团体）㉓，与之相反，自然人或个体生物人（Mensch）被称为 singularis persona（单个人）。㉔

Ⅲ. 财团（Stiftungen），或不可见（unsichtbare）的法人（§86）

自从基督教取得统治地位，财团出现了最大程度的扩张，发展出了最多的种类，并受到了许多优待。它们在法律渊源中没有一个共同的名称，现代人才为其创造了虔敬财团（pia corpora）的术语。㉕为了通过对比更清楚地凸显其真正的本质，首先考察一下前基督教时期罗马的状况将是有益的。

在早期，此等法人非常罕见，而且只存在于仅与宗教机构有关的情形中。某些特定的神例外地获得了特权，他们可以被指定为继承人。㉖当提及被指定给一个神庙的有效（gültige）遗产信

㉓ rubr. Dig. Lib. 3 tit. 4，L. 1 pr. §1. 3. L. 2 L. 7 §2 eod.（关于 L. 2 cit. 这个篇章，Vergl. Schulting notae in Dig.）.——这只是 universitas 这个表述的多种应用中的其中一种，该表述甚至指代的是人、物或者权利的所有整体（§56 注 14），因此也是与法人完全不同的概念。例如，在 L. 1 C. de Judaeis（1. 9）这个篇章中，universita Judaeorum in Antiochiensium civitate 仅意味着居住在那里的犹太人全体（universi Judaei），而非一个法人；因为，正是根据这个篇章，他们事实上不应构成一个法人，尤其不能对他们做出有效的遗赠。Vgl. Zimmern, Rechtsgeschichte, B. 1, §130.

㉔ L. 9 §1 quod metus（4. 2.）.

㉕ 许多这类用语同时出现于 L. 23 C. de SS. eccl.（1. 2.），L. 35. 46 C. de ep. et cler.（1. 3.）.——特别参见 Mühlenbruch T. 1 §201. Schilling Institutionen B. 2 §49.——当然也出现于 L. 19 C. de SS. eccles.（1. 2.）："出于*敬神目的的赠与*"（donationes super *piis causis* factae）；但这一用语指代赠与的虔敬目的，而非作为受赠人的法人。

㉖ Ulpian. XXII. §6："我们不能指定神为继承人，除非是元老院决议或皇帝谕令允许指定的人，例如塔尔培乌斯岩的朱庇特"（Deos heredes instituere non possumus, praeter eos quos Scto. constitutionibus Principum, instituere concessum est: sicuti Jovem Tarpejum）等。

托时㉗，或者提及属于一个神庙的奴隶和解放自由人时，无疑就与之有关，不过后者也许可以被视为所有神庙的共同权利，而不依赖于因遗嘱所生的特权。㉘

那么，如何解释在接受和对待此种法人方面的时代差异呢？在前基督教时代，罗马人无疑不会对他们的祭拜（Cultus）漠不关心；但这是国家祭拜（Staatscultus），国库承担了其大量开支；在罗马和帝国的每个城市都是如此。然而，此等开支仍然可以由属于国家或城市的特定财产特别负责提供，这些财产的收益被长期指定用于这种虔敬的（fromme）目的，而所有权本身仍然属于国家或城市（§87 注 15）。另一种观点随着基督教而产生出来，这可以用基督教的统一性和独立性来对其进行解释，特别是从基督教对人们的心灵（Gemüther）所具有的巨大力量来解释。——然而，就慈善机构而言，在共和国时期，这些机构具有较少的慈善性质，而更多地具有政治性质；因此，用于居民中的下层阶级维持生活和娱乐的巨大开支，部分由国库提供，部分由具体行政

㉗ L. 20 §1 *de annuis leg.*（33.1.）.一项遗产信托被赋予了某一特定神庙的祭司和仆人（Dienern）；这被认为是有效，并因此被解释为："他答复说……被提名者的职务已被指定，但赠与是给神庙的。"（Respondit…ministerium nominatorum designatum；ceterum *datum templo.*）

㉘ Varro de lingua latina Lib. 8（以前的 7）C. 41. 他想要证明，在语言中一般不存在类比，并举例说，许多专有名词来源于地方，其他的名词则完全不是，或者至少不是以正确的方式："有些人的名字来自于城镇；有些人要么没有名字，要么没有以应有的方式拥有名字。大多数的解放自由人都有来自于其被解放的自治市的名字，在这一点上，就像合伙和神庙的奴隶一样，没有保留类比理论。"（alii nomina habent ab oppidis；alii aut non habent, aut non ut debent habent. Habent plerique libertini a municipio manumissi；in quo, ut societatum *et fanorum servi*, non servarunt pro portione rationem.）该篇章其余部分的难度也不小，不在这里述及。Vgl. auch Cicero divinat. in Caecil. C. 17. ——事实上，经常提及的对神的赠与物（Geschenk），完全不能证明财产能力（Vermögensfähigkeit）；因为这样的赠与物（Geschenkte）无疑大多是神圣化的（consecrirt），因此就处于全部所有权的范围之外，所以根本不会以被赠与的神具有所有权能力为前提。

机关提供。后来，当一些皇帝进行慈善活动时，例如，Trajan 通过其卓越的财团（Stiftung）为意大利的贫困儿童捐赠，这源于偶然的、一时的个人意志（Willkühr）。这有赖于基督教将人类之爱（Menschenliebe）本身提升为重要的行动对象，且似乎体现在持续的、独立的机构中。

自那时起，在基督教首领（Fürsten）的统治下，教会机构作为法人而出现，那么我们在这里必须使其具有人格的要点是什么，或者我们应当如何精确地思考享有财产权利的主体？首先，与早期的如下对比在此是明确无误的。古老的诸神被认为是个体的人，类似于四处可见的个体生物人；最为自然的是，当在诸神庙中被崇敬的神又被设想为特殊的法人，甚至获得自身的特权时每个神都可以有自己的个人财产，而这只是同一思想的延续。[29] 与之相反，基督教教会建立在一神信仰之上，并通过对这一个神的共同信仰以及神的明确启示而联结为一个教会。因此，很容易将一体性（Einheit）同样引入财产关系中，而且这一观念事实上在完全不同的时期都有体现，既体现在学者的理论中，也体现在财团具体发起人的情感和表达方式中。因此，相当经常出现的是，被称为教会财产所有者的，有时是耶稣基督，有时是总体性的基督教教会，或者也是其可见的领导人即教皇。但在仔细考虑后，人们一定会相信，这种观念完全不适用于必然受到限制的法律领域，必须代之以承认个体的法人，在涉及教会财产时也是如此。

在这个意义上，优士丁尼的一项制定法已经包含了以下规定。[30] 如果立遗嘱人将耶稣基督指定为继承人，那么被指定的继

---

[29] Ulpian. XXII. §6.
[30] L. 25 C. de SS. eccles.（1.2.）；该篇章没有注释。【原文为 L. 26 C. de SS. eccles.（1.2.），似乎有误——译者注】

承人应被理解为立遗嘱人住所地（Wohnorts）的教会。如果立遗嘱人将一位大天使（Erzengel）或殉道者（Märtyrer）指定为继承人，那么被指定的继承人就被认为是立遗嘱人住所地的献给该大天使或殉道者的教会，或者（如果那里没有这样的教会时）该行省首府的此等教会。如果根据这些规则，在几个教会之间仍然不确定是哪个教会，则遗嘱人在生前表现出特别情感的教会优先，如果这一情况也无法决定，则这些教会中最贫穷的教会优先。——因此，继承权的主体是一个具体教区（Kirchengemeinde），也即属于该教会的基督徒社团（Corporation）。

相同原则可见于完全不同世纪的学者：宗教改革（Reformation）之前[31]和之后都是如此；在天主教徒[32]和新教徒[33]中都是如此。这些学者一致承认，具体教区的居民全体（Kirchengemeinde）是教会财产的权利人（Inhaber），因此特别是在堂区[*]

---

[*] 堂区，亦称"本堂区""牧区"。基督教教会的基层教务行政管理区。在罗马天主教和新教中，常被用来表示最小的地理和行政单位，同时代表该会众的成员。最初因教区规模小，堂区与教区无明确界限。中世纪末，教区分为几个小区，即"堂区"。实行主教制的教会通常由主教委派神父或牧师主管。一般由一所教堂组成，较大的堂区在一所总堂之下，还设有一所或数所分堂。——译者注

[31] Jo. Faber in Instit. § Nullius, de divis. rerum；14 世纪的法国法学家。

[32] Gonzalez Tellez in Decr. Lib. 3 Tit. 13 C. 2："应该说，教会的财产所有权存在于该财产被赠与的个别教会手中……不是单独的个人享有所有权，*而仅仅是共同体享有所有权*，但个人不是以这样的方式，而是*以共同体的一部分或共同体成员的方式*，对财产本身享有使用权。"（dicendum est dominium rerum ecclesiasticarum residere penes ecclesiam illam particularem cui talia bona applicata sunt pro dote…Nec persona aliqua singularis habet dominium，*sed sola communitas*，persona autem singularis non ut talis, sed *ut pars et membrum communitatis*, habet in ipsis rebus jus utendi.) Fr. Sarmientos de ecclesiae reditibus P. 1 C. 1 N. 21 "……而且这是基于注解的意见。"（…et haec est opinio in glossis posita.) Sarpi de materiis beneficiariis s. benef. ecclesiast. Jenae 1681. 16 p. 91 – 93. Sauter fundam. j. eccles, catholicorum P. 5 Friburgi 1816 § 854. 855.

[33] J. H. Böhmer Jus eccles. Protest. Lib. 3 Tit. 5 § 29. 30，Jus parochiale Sect. 5 C. 3 § 3. 4. 5.

财产（Pfarrgütern）方面，权利人就是堂区居民（Parochianen）*全体。㉞他们希望以此拒绝以下观点，即这种观点将所有教会财产作为共同财产而一般性地归于教会全体（Universalkirche），或将位于每个主教管辖之教区（bischöfflichen Sprengel）**中的教会财产作为共同财产而归于主教管辖的教会（Diöcesankirche）。他们认为，反对这种观点的决定性理由是，在两个堂区的堂区财产之间，可能会存在各种法律关系，尤其是通过时效取得和丧失权利，以及设立地役权（Prädialservitut），地役权只有在两个完全分离的财产这个前提下才可能发生。——由此可见，关于教会财产真正权利人的已确立的法律规则，绝非属于天主教徒或者新教徒的特有教义；两者都一致同意教会财产的这种个体化（Individualisirung），其间差异只涉及个体教会以及整体教会的概念和组织。㉟

和教会机关（kirchlichen Instituten）一样，类似的情况存在于所谓的慈善财团（milden Stiftungen），也就是说纯粹的慈善性质的机构（Anstalten），为穷人、病人、朝圣者、老年人、一般儿童特别是孤儿提供的庇护所均属之（注25）。在这种情况下，一旦存在承认法人性质的基础，每一个此类个体机构都必须被认

---

* 堂区居民，指经常参加本区教堂礼拜者。——译者注

** 教区（Diocese），基督教主教制教务区划之一。指基督教有些实行主教制的教会（如天主教会、新教圣公会等）中由主教管辖的教务行政区。基督教新教有些教会也有用以称一般教务行政区者。在早期教会中，其分区称"教会"，后称"教区"。该词最初指罗马帝国行政区划，即公元3世纪开始的罗马帝国十二郡的"郡"，后基督宗教借用指由主教负责的区域，其正式使用时间为13世纪。根据主教品位可划分为不同的教区。一般而言，每个主教区可以细分为教区，各自拥有指派的神父（或牧师）和信徒。——译者注

㉞ 关于堂区居民原本的概念，一个非常全面的考察可见于 J. H. Böhmer Jus paroch, Sect. 3 C. 2 §4 §9-25。

㉟ G. L. Böhmer, Princi. j. Canon. §190 所表示的意见涉及后一种区分，因此对于我在正文中主张的两个教会派别之间的一致性并无异议。

为是一个法人，事实上在基督教皇帝（christlichen Kaisern）时期就是如此。因此，每家医院等机构都是独立财产的权利人，就像个体生物人或一个社团一样。许多现代学者将那些机构的财产归于国家、城市行政区或教会，这一观点是错误的。然而，造成这种混淆的最普遍的原因如下。当个人进行施舍（Almosen）时，或当发生大饥荒（Theurung），国家从其金库（Kassen）和仓库（Magazinen）中提供救济时，也存在一种为慈善目的而实施的行动，但这种行动的个别性和一时性完全排除了法人的观念。当国家或城市采取此类长久性措施时，这些措施可能仅具有行政特征，而根本没有法律特征；那么问题始终仅涉及国家或城市的财产，其中一部分财产依意志而用于这些目的，而且可以依意志再次被改变。此外，一项法律行为也可以成为此等目的的基础，而不会因此产生一个法人；例如，如果一个立遗嘱人对其继承人施加义务，即只要该继承人还在世，其就有义务在每年特定的日期分配一定数额的施舍物，这一条款就像所有其他负担（Modus）一样受到保护（§128、129）；在此完全没有出现一个法人，毋宁说只涉及继承人的财产，以及对继承人施加的义务（Verbindlichkeit）。最后，这些目的当然也可以成为法人设立的基础，而且借此通常可以确保更大程度的确定性；法人的设立也取决于这些目的，这一点很快就会被论述（§89）。现在，人们习惯于将"财团"（Stiftung）这一术语用作与此处所述完全不同的情况，而这一术语的不确定性无疑大大增加了概念本身的混乱。我自己在这里使用了财团（Stiftung）这一术语，但只是为了指代一类法人，因此是以财团同样也被作为法人这一点作为明确的前提。

基督教皇帝的谕令（Constitutionen）展现出最大的照顾，将那些无论以何种形式出现的慈善目的，都置于其保护之下，并使其免受可能面临的阻碍。这一点体现在，只要有机会就承认其为法人。这在其他情况下是如何实现的，可以通过以下重要的例子来说明。如果立遗嘱人将穷人一般性地指定为继承人或受遗赠人，那么根据罗马法不能赠与不确定之人（incerta persona）的古老规则，该条款是无效的；Valentinians 三世的一项命令（Verordnung）废除了这一特别适用的规则。[36] 优士丁尼对这种遗嘱的解释是，遗产应归属于遗嘱人特别指定的贫民院；如果在这方面不确定，则归属于其住所地的贫民院；如果有几个贫民院，则归属于其中最贫穷的一个；如果住所地没有贫民院，则归属于其住所地的教会，它们有义务将其全部用于穷人。同样，如果被俘虏者被指定为继承人，则继承人应是当地教会，但其有义务将全部财产用于赎回俘虏。[37] 因此，在这种情况下，由于继承权已经被移转到一个已经存在的法人身上，慈善目的（Absichten）得到了促进。此外，优士丁尼还命令，死者的所有慈善处分都应置于主教（Bischöfe）和大主教（Erzbischöfe）的特别监督之下，因此，对实施这些处分的照管通常也移转给他们。[38] 这是由于照顾穷人被认为是教会活动的一个基本且重要的部分。——同样的原则也体现在教会法的规定中。由此形成了一种观点，即认为慈善财团的财产落入"教会财产"（bona ecclesiastica）这个一般性概念之下。这一名称有两层意义，即慈善财团的财产受教会上级（Kirchenobern）的影响和监督，并且其享有教会财产的特权；然而，此类法人的独立性绝不应因此而被否定，如果赋予该术语以此种含义，这纯粹是现代的误解。[39] 支持这一主张正确性的决定

---

[36] L. 24 *C. de episc.* （1.3.）.
[37] L. 49 *C. de episc.* （1.3.）.
[38] L. 46 *C. de episc.* （1.3.）；该篇章没有注释。
[39] Roßhirt 就通过这种方式完全否定了慈善财团的法人性质，并认为其财产就是教会的财产，Archiv für civilistische Praxis, B. 10，Num. 13，S. 322 – 324，327。

性证据，与上文为支持具体教会特别是堂区教会的个体人格所举出的证据相同。因为慈善财团也完全有能力处于这些各种各样的法律关系中，无论是它们彼此间的关系还是它们与国家、城市或教会间的法律关系，这只有以法律上的独立性作为前提才是可能的。

如果我们最后看看关于这一点的当代法律，我们会发现对待慈善法人的基本观点没有变化；它们只是更多样化了，且因此它们对国家而言所占据的地位也有所不同。在优士丁尼法中，它们似乎只是以不同的形式作为缓解贫困的手段，而自中世纪以来，它们大多都是为了满足差异极大的各种精神需求。因此，正如我们在优士丁尼法中看到的一样，财团专属于教会这种关系，必然受到很大限制。此外，济贫制度成为一项重要且发展完善的国家活动，因此，即使是旨在济贫的部分财团，其相对于国家和教会而言所占据的地位，较之在优士丁尼立法中所占据的地位也有所改变。

由前述可知，即使在当代法律中，慈善财团与社团一样都是独立的法人；但如果将慈善财团视为社团，或想要将适用于社团的制度完全适用于它们，这就是错误的。

Ⅳ. 国库（Fiscus）*

在共和国时期，国家作为财产权的权利人，通过 aerarium（国库）这一名称来指代，因为所有财产权，只要处于活跃的交易之中，就最终都会化为国库的收入或支出。同样，在帝国统治之初，各行省的划分，以及同样对于国家最重要的收入和支出的分配，都是在元老院（作为早期共和国的代理人）和皇帝之间进

---

* 根据本部分所述，fiscus 一词的含义有一个演进的过程，故视上下文语境的不同，将其译为"国库"或"皇室金库"。——译者注

行的。元老院的财产保留了早期的名称 aerarium（国库），而皇帝的财产[40]则被称为 fiscus（皇室金库），这个词的起源如下。起初，筐子被称为 Fiscus，它们是一种编织的容器，由于罗马人用筐子来储存并运输大笔的钱，这个名称就被转用在了所有金库（Kasse）上，因此皇帝的金库也被就称为 caesaris fiscus（皇室金库）。但是，由于皇室金库现在比其他任何金库（fiscus）都更经常被提及，所以没有其他修饰词的 fiscus 这个名称很快就被用来指代皇帝金库。不久之后全部权力都集中于皇帝，而国家财产也再次集于皇帝手中，国家财产现在被称为 fiscus，也就是说，这个术语与最初的 aerarium 这个词具有相同的意义。[41]

---

[40] 即他作为皇帝所拥有的那些财产，不同于他的私人财产（res privata Principis）。

[41] 两个公共金库合并为一个可能是逐渐发生的，至少不能按时间顺序精确说明。直到 Hadrian 时代，两个公共金库的物和名称都还被严格区分开，Tacitus ann. VI. 2. Plinius panegyr. C. 42. Spartianus Hadrian. C. 7. 然而，Hadrian 时期的元老院决议中被明确称为 Fiscus 的公共金库，我们很可能会想到是 aerarium，即关于落空遗产份额（caduca）的权利，L. 20 § 6 *de pet. her.* (5.3.). 后来，这两个用语被任意交替使用，以指代唯一的公共金库，即皇帝金库，§ 13 *J. de usuc.* (2.6.), L. 13 *pr.* § 1. 3. 4 L. 15 § 5 *de j. fisci* (49.14.), L. 1 § 9 *ad L. Corn. de falsis* (48.10.), L. 3 *C de quadr. praescr.* (7.37.). ——值得注意的是，Paulus V. 12 的标题（Rubrik）中提到了早期的对比："论国库和人民的权利"（de jure fisci et populi）；但并不能据此认为，在他的时代，存在两个金库真正的分离，毋宁说他可能只是在涉及早期时使用了这些表述而已。【落空遗产份额（caduca），即因继承人告缺或者丧失继承权而尚未予以分配的遗产份额。在一般情况下，落空遗产份额可以由其他共同继承人按照一定的比例分得，即：成为其他共同继承人的增添权的对象；在无其他继承人继承的情况下，则作为无人继承的遗产由 fiscus 或者 aerarium 取得。——译者注】。

第八十九节　法人——成立与消灭

275　　就法人在法律上有效成立的条件而言，实在法规则并非对所有的法人都有必要。大多数行政区的历史和国家一样悠久，甚至比国家还要悠久（§86），后来的行政区始终是通过政治行为［根据罗马法，通过开辟殖民区（coloniae deductio）］，而不是根据私法规则设立的。在国库（Fiscus）方面，也没有人试图探究其成立的方式。

　　然而，在其他法人情形中的规则是，不能仅仅通过几个聚集在一起的成员的意志，或通过个体捐助人的意志来取得法人的特性；对此，国家最高权力的许可是必要的，许可不仅可以明示授予，而且可以通过有意容忍或事实上的承认而默示授予。一般性的规则是：对试图设立未经许可之法人的禁止和刑事可罚性并非普遍适用，而只适用于特定种类的法人，尤其是不适用于工商业团体和财团（§88 注 14）。特别是适用于 collegia（社团）也即意

276　志性社团（§88）的规则是，其设立至少需要三个成员。① 然而，这一规则的含义仅仅是，此类社团只有在这一数量成员的前提下才能开始存在；因为每个团体（universitas）一旦设立，就可以

---

① L. 85 *de V. S.*（50.16.）："Neratius Priscus 认为，三个人组成一个社团，而这是应该遵循的。（Neratius Priscus tres facere existimat collegium；et hoc magis sequendum est.）"在罗马法中，存在像这样的少数格言，甚至在非法律人中也经常流传。——同样，家庭（familia）一词通常也仅被理解为包括至少三个奴隶的数量（L. 40 §3 *de V. S.* 50.46），然而在例外情况下，在制止暴力剥夺令状（Int. de vi）["或你的奴隶强行驱逐（他人）"（aut familia tua dejecit）] 中，只有一个奴隶也被认为是家庭，L. 1 §17 *de vi*（43.16.）。

仅有一个成员而继续存在。②

然而，这里提出的主张，即若无国家的许可性意志则法人不可能设立，在现代遭到了多个方面的反对。尽管在社团方面，该主张确实被承认了，部分原因是罗马法的某些篇章，部分原因是依意志（willkührliche）设立社团可能给国家带来危害。反之，在慈善财团方面该主张则被否定了，理由如下：第一，罗马法已经允许通过私人意志而依意志设立这种机构；第二，这种机构无论如何都是值得称赞和没有危害的。这种依私人意志自由设立不仅被主张用于救贫院（Armenanstalten），而且被主张用于所有那些致力于精神发展的财团。③ 罗马制定法（Gesetz）对此不具有决定性，部分原因是它并无注释④，部分原因是它只涉及为教会或穷人设立的财团，而且以教会的监督和许可为前提，然而教会与财团的关系在当代法中则完全不同（§88）。上述依私人意志自由设立这个观点的第二个支持理由，通过如下考察而被反驳。国家许可对于任何一种法人成立的必要性，有一个强有力的法律理由，这与所有的政治考虑无关。个体生物人的肉体外观（leib-

---

② L. 7 §2 *quod cuj. un.* (3.4.)："……当整个团体缩小至只有一个成员，最好承认他可以起诉与被诉，因为所有人的权利都集中于他一人，而团体的名义继续存在。(...si universitas ad unum redit, magis admittitur, posse eum et convenire et conveniri: cum jus omnium in unum reciderit, et stet nomen universitatis.)"——因此，在这种情况下，法人继续存在，甚至保留了其名称，因此，社团财产现在绝非变成了唯一剩余的那个成员的个人财产；(该篇章中可能被注意到的)特殊之处仅仅在于，这一个成员现在无须其他条件就可以参加诉讼程序，不需要通过 actor（代理人）或 Syndicus（城市诉讼概括代理人）而进行人为的代理（künstlichen Vertretung）。

③ 在关于美茵河畔法兰克福的施泰德艺术馆（Städelschen Kunstinstitut）的诉讼中，这一观点由该机构的辩护人特别提出。针对该观点，Mühlenbruch（Beurth. des Städelschen Beerbungsfalles, Halle 1828）当时为关于法人成立的正确理论而辩护。此外，这只是该诉讼案件判决中的因素之一；其他因素和判决结果都与这里讨论的问题关系不大。

④ 此即未被注释的 L. 46 *C. de episc.* (1.3.)。

lichen Erscheinung）就已经包含着他对权利能力的要求；这比大量奴隶构成重要例外的罗马人那里还要普遍得多。通过这种肉体外观，所有其他人都知道他必须尊重这个人的个人权利，每个法官都知道他必须保护这个人的这些权利。现在，如果个体生物人的自然的（natürliche）权利能力通过拟制移转到一个精神性的主体上，它将完全缺乏上述这种自然的确证（Beglaubigung）；只有最高权力的意志才能代替这种确证，因为它创造了人为的权利主体，并且，如果同样的权力被委诸私人意志，必然会导致法律状态极为不确定，即便不考虑私人意志的不正当所带来的巨大滥用。然而，除了这个有力的法律理由之外，还必须加上政治的和国家经济的理由。人们承认社团可能带来的危害；但财团，在上文所述的范围内，绝非必然有益而无害。如果为传播危害国家的、无宗教信仰的或违背道德的观点或书籍而设立一个资金充裕的财团，国家是否应当容许？⑤ 事实上，即使是设立救贫院，无论如何也不应委诸单纯的意志。例如，如果在一个济贫制度井然有序、捐赠充分的城市里，一个富有的立遗嘱人因为错误理解了慈善，设立了一个施舍（Almosenspenden）的财团，而公共救贫院的有益效果将被妨害或削弱，那么，国家至少没有理由通过赋予该财团以法人权利的方式而使这种财团更加稳固。此外，即使对于无危害的财团，也必须考虑到财产可能在死手（todter Hand）*中过

---

* 也有学者译为"永久管业""土地死手保有"。根据英格兰封建土地保有制度，监护、婚姻、地产继承的献纳等有价值的附带权利义务，在封臣死亡时即成为可要求的附带权利义务，但如果土地归属于永久管业者，或根本不可能结婚或死亡的法人，则不能成为可要求的附带权利义务。因此，自早期以来，永久管业制定法规定在土地归属法人而未为国王没收之前，须经制定法授权或国王特许。《永久管业法》于1960年被废除。——译者注

⑤ 如今，没有人会说这样的财团是不可能的。圣西门主义者（Saint-Simonisten）中有富人，为什么其中一个富人不会起心动念去设立大的财团来推广他们的观点？也许从来没有必要通过制定法或司法机关来与这种活动做斗争；但无疑国家不应该动用其权力来促进这种活动。

度积累的问题。当然，在既存的和得到许可的财团中，也可能发现这种积累；但如果无条件地委诸私人意志决定，从而总是可以设立新的财团，那么对它们的监督将变得完全不可能。

同样，已经设立的法人，其解散不能仅由现有成员——法人本身独立于成员的存在（§86）——的意志单独决定，最高权力的许可对此也是必要的。反之，如果法人对于国家的安全或利益变得有害，则可能因国家单方面的意志被终止，即便这违反成员的意愿。在其活动具有危险方向的所有类别的社团中，这种终止可能会借助于制定法所确立的一般性规则而发生（§88）；但是，也可能通过政治行动而发生，因此是在临时性的个别情况中，而没有长期的规则。⑥——至于具有国家机构性质的财团（§88），其被终止可以更多地根据自由裁量进行；也即，不仅因为既存的机构已经表现出危险性或有害性，而且因为共同目的可能以新机构的形式得到更充分的实现。

根据上述确立的规则，即任何社团仅有一个成员也可以继续存在（注2），许多人错误地推断认为，所有成员的死亡必然会使社团解散；然而，如果公共利益的持续性目的构成了社团的基础（§88），那么这一推论必然被完全否定。例如，如果在一个城市发生瘟疫，一个手工业行会的所有成员相继死亡，那么，认为该行会已经消灭，其财产是无主的或是国家财产，就是非常错误的。

此处所确立的关于单个法人的开始和终止的规则当然不是详尽无遗的，但这种不完整性是基于主题本身的性质。所有更多地进入细节的规则，与特定国家的政制和行政形式相关，因此超出了单纯私法的界限。

---

⑥ L. 21 *quib. modis ususfr.* (7.4.)："如果一项用益权遗赠给了一个城市，而该城市被夷为平地，以至于不再成为一个城市，就如发生在迦太基那里的情况一样，那么，用益权也就因此而像用益权人死亡一样不复存在。"(Si ususfructus civitati legetur, *et aratrum in eam inducatur*, *civitas esse desinit*, *ut passa est Carthago*; ideoque quasi morte desinit habere usumfructum.)

第九十节　法人——权利

281　　法人的权利有两类。有些权利涉及法人的本质，因此，之所以成为法人，只是因为据此能够享有这些权利。另一些权利则是更偶然的、更为实在法性质的，是赋予一些法人的特别优待（jura singularia［特殊法］）；更确切地说，特别优待有时被赋予法人本身，即属于法人的权利①，有时则被赋予法人的个体成员。② 在此罗列这些优待的意义有限，因为这些优待只有与以下法律制度联系起来才能被正确理解，即优待涉及该法律制度的个别例外。

282　　恰恰相反，此处是阐述一般性权利的适当的、事实上也是唯一可能的地方。

法人作为具有财产能力的权利主体，其概念本身（§85）为这些一般性权利提供了正确的立足点。除了特殊的家庭关系和一些不太重要的个别情况之外，财产权不可能自己产生，而只能经

---

① 其中包括国库的众多特权，例如其默示享有的甚至是特权性的一般抵押权（Generalhypothek），此外还包括将城市行政区及其债权置于第四类破产债权人之列，同样还包括罗马法赋予城市行政区的一般性的返还请求权，但现代法将其扩张得更广。

② 因此，根据罗马法，一些公益社团的个体成员享有许多豁免（Immunitäten），特别是监护的豁免，L. 17 §2 L. 41 §3 *de exus.* (27. 1.). Fragm. Vaticana §124. §233-237.——L. 5 §12 *de j. immun.* (50. 8.). ——Ulpian. Ⅲ. §1. 6.——然而在后期的帝国中，特权阶层化（kastenmäßig）越来越得到发展，这些社团也是一样。参加这些社团成为一种可继承的权利，但同时也成为一种可继承的义务，就像以类似的方式参加城市氏族团体（Curie）一样。L. 4 C. Th. *de privil. corpor.* (14. 2.), *tit. C. Th. de pistor.* (14. 3.).

由行为取得。③ 但行为的前提是一个有思想和有意志的存在，即个体生物人，而作为纯粹拟制的法人恰恰并非如此。因此，这里出现了内在的矛盾，即一个有财产权能力的主体，却无法满足取得财产权的条件。类似的矛盾（尽管程度较轻）也出现在许多自然人的情况下，特别是在未成年人和精神病人的情况下；因为他们除了完全没有行为能力之外，仍享有最广泛的权利能力。那么，无论在哪里发现这种矛盾，都必须通过作为人为制度的代理（Vertretung）而予以解决。对于无行为能力的自然人而言，代理通过监护而发生；而对于法人而言，代理通过其组织而发生。

然而，如果认为法人在自然意义上没有行为能力，基于此有必要进行人为的替代（Surrogat），那么这必须完全从字面上来理解。一些人把这件事设想成，社团所有个体成员的共同行为事实上是社团本身的行为，只是由于让所有成员就共同意思（Wollen）和行为达成一致存在巨大困难，所以替代才成为必须的。然而，事实上并非如此；毋宁说，成员的全体与社团本身完全不同（§86），而且即使所有个体成员无一例外地一致行动，也不能视为被称之为法人的这个精神性存在的行动（参见§91 注 16、§93 注 2 和 8）。法人可以与未成年人相对比；在组织化的团体（universitas ordinata）（§86）中，法人的监护由人为构建的权力来实施，而在非组织化（inordinata）的团体中，则由当前的成员

---

③ 必要继承人（necessarii heredes）依法当然（ipso jure）取得遗产由此取得财产，无须该继承人的参与协助；所有其他的遗产只有通过继承人的意思才能取得。所有权确实同样可以无须所有权人的参与而扩大［通过所谓的添附（Accessio）］，但这不是主要的方式。同样，取得对交易而言重要的债权，通常只有通过债权人的意思才有可能；如果债权的取得与意思无关，例如因遭受权利侵害而取得，则这种取得大多是有危险的且不受欢迎的。【必要继承人（necessarii heredes），指自继承指命确定之时起就当然地取得遗产的人，此种继承人无权决定是否接受继承，他们包括自家继承人和被在遗嘱中加以解放并设立为继承人的奴隶。——译者注】

实施。因此，成员与社团本身是不同的，就像监护人与他的被监护人也不相同一样。

284　　因此，下面的考察过程是这样的。首先阐述权利本身，然后阐述法人的组织。然而对于后者，这里必须立即确立一个真实的观点。就仅涉及作为私权利人的法人而言（因为法人常常拥有完全不同的且更为重要的目的），组织的存在仅仅是为了使那些通过代理方式而实施财产交易所必要的行为成为可能，这些行为包括取得、维持和使用财产的行为，以及改变财产组成（Bestand-theilen）的行为。

既然现在应当阐述法人可以取得的具体财产权利，那么我们只是还应指出一个重要的一般性原则，虽然它本来就可以从法人的概念推导出来，但却可能存在不少的误解。所有这些财产权完全且不可分割地只涉及作为统一体的法人，而（在提及社团时）绝非部分地涉及社团的个体成员。这一原则只有在适用于具体类型的法律关系时才能变得完全清晰。

第九十一节　法人——权利（续）

Ⅰ. 所有权

法人能够对所有种类的物享有所有权。① 即使根据严格的古老法律，它们也可以通过仪式性的行为取得所有权，例如通过要式买卖，前提是法人被一个已经由其享有所有权的奴隶来代理。② ——这种所有权与法人的任何其他权利一样，不可分割地涉及作为统一体的法人，而且个体成员对其不享有份额。③ 此外，这一点在罗马人中，体现在以下值得注意的适用中。在刑事调查中，根据一般规则，被告（Inquisiten）的奴隶不被允许作为对被告不利的证人接受拷问（对奴隶来说，拷问总是在刑具上进行）。如果一个城市行政区的市民受到刑事调查，属于该城市的奴隶被

---

① L.1 §1 *quod cuj. un.* (3.4.)："当人们被允许……保有社团时，他们就类似于公共团体一样，有权拥有共同的财产、共同的宝库。"（Quibus autem permissum est corpus habere. ... proprium est, ad exemplum Reipublicae, habere *res communes*, *arcam commune.*）（§88 注17）

② Taciti ann. Ⅱ.30："当被告否认时，通过酷刑拷问认出［笔迹］的奴隶，这是一个比较好的办法。且由于过去的元老院决议禁止在针对主人的案件中拷问奴隶，智慧的新法倡导人Tiberius规定将这些奴隶单独卖给公共代理人。当然，这样做是为了在不违背元老院决议的情况下，使其通过Libo来被调查。"（Negante reo, agnoscentes servos per tormenta interrogari placuit. Et, quia vetere Scto quaestio in caput domini prohibebatur, callidus et novi juris repertor Tiberius, *mancipari singulos actori publico* jubet; scilicet ut in Libonem, salvo Scto, quaereretur.）Plinius epist. Ⅶ.18 "你和我一起斟酌，提供给我们自治市的宴会的钱，在你死后如何能得到保障……就我自己而言，我没有发现比我自己所做的更令人满意的［计划］。较之［支付］50万塞斯特斯……我把我价值更高的土地卖给公共代理人。"（Deliberas mecum, quemadmodum pecunia, quam municipibus nostris in epulum obtulisti, post te quoque salva sit. ... Equidem nihil commodius invenio, quam quod ipse feci. Nam pro quingentis millibus numum. . agrum ex meis longe pluris *actori publico mancipavi*）等等。——在这两种情况下，actor publicus（公共代理人）都是被用于实施这个行为的奴隶，在第一种情况下，其所有权人是罗马国家，而在第二种情况下，其所有权人是一个城市行政区。

③ L.6 §1 *de div. rerum* (1.8.).

允许作为对市民不利的证人使用，因为该市民对这些奴隶不享有丝毫份额。④

如果所有权涉及奴隶，这些奴隶可以像所有其他奴隶一样被解放，而法人则因此取得完整的庇主权（Patronatsrecht），特别是庇主的继承权。这些规则在法学发达时期是无可争议的，而且既适用于城市行政区，也适用于所有其他类型的法人。⑤ 但它们的历史却不太清晰。自 Trajan 以来，《vectibulici 法》被援引，该法允许意大利城市解放他们的奴隶；Hadrian 时期的元老院决议将该法扩张到行省城市。⑥ Marc Aurel 最终允许团体（Collegien）解放他们的奴隶，并取得庇主权。⑦ 根据这些说明，人们可能会认为，在 Trajan 之前，法人完全不能解放奴隶。然而 Varro 就已经述及罗马国家、自治市、合伙（Societates）和神庙（fana）的解放自由人，并认为这相当普遍且众所周知⑧，所以根据他的表述，这种解放的无效性不可能被接受。这些表面上矛盾的证明只能通过以下方式来协调。诉请解放（Freilassung durch vindicta）* 是一种法律诉讼（legis actio），其只能由每个人自己实施，而不能由代理人实施。⑨ 法人对此并无能力，因此在早期，法人的解放自由人只能取得对自由的事实上占有，自《Junia 法》以

---

* 诉请解放（manumissio vindicta），是解放奴隶的合法形式之一，也是拟诉弃权（in iure cessio）的具体应用之一，具体形式是，释奴人在执法官面前为某个奴隶声请自由，宣布该奴隶是自由的，奴隶主不提出异议，执法官对上述声明予以认可。除此之外，解放奴隶的合法形式还有登记解放、遗嘱解放，以及裁判官法解放方式。——译者注

④ L. 1 §7 de quaest. (48.18.)（参见上文 §87 注 3）。

⑤ L. 1.2.3 de manumission. quae servis (40.3.), L. un. de libertis univ. (38.3.), L. 10 §4 de in j. voc. (2.4.), L. 25 §2 de adquir. vel om. her. (29.2.).

⑥ L. 3 C. de servis reipub. (7.9.). ——Bach Trajanus p. 152, Bach hist. juris p. 380 ed. 6.

⑦ L. 1.2 de manumission. quae servis (40.3.).

⑧ Varro de lingua lat. Lib. 8 C. 41（参见上文 §88 脚注 27）。

⑨ L. 123 pr. de R. J. (50.17.). L. 3 C. de vindicta (7.1.).

来，则只能取得拉丁籍。Varro 的篇章，应从这种奴隶解放的不完全状态来理解。Trajan 及其后继者的制定法允许法人偏离早期的市民法，赋予其奴隶以完全的自由和市民籍。⑩——社团的个体成员对庇主权也并不享有份额，这一规则也被证实。所以，例如一个城市行政区的解放自由人，对个体市民绝对无须像对庇主那样也保有卑躬屈膝的敬畏。⑪ 在此和所有地方一样，这种所有权最重要的客体是土地。但是，在此存在如下重要的区别。社团的土地所有权可以通过出租或自己管理而用于实现社团的目的；也可以用于个体成员的目的⑫；最后，还可能发生混合使用（ge-

288

---

⑩ L. 3 C. *de servis reip.* (7.9.)："……因此，如果你根据 vectibulici 法……解放了，你就获得了罗马市民的身份。"（…Si itaque secundum legem vectibulici…manumissus, *civitatem Romanam consecutus es.*) 等等。L. 2 eod.——所引篇章的这种协调可见于 Bach Trajanus p. 156.——在行省城市中，城市的市政委员会的决议和行省总督（Präses）的许可，被规定为实在法形式，以取代经常不可行的诉请解放。L. 1.2 C. *de servis reip.* (7.9.).

⑪ L. 10 § 4 *de in j. voc.* (2.4.).

⑫ Eichhorn deutsch. Privatr. § 372.——在德国的城市中，第一种情况经常被称为城市财产（Kämmereivermögen），第二种情况被称为市民财产（Bürgervermögen）。属于市民财产者，例如市民森林（Bürgerwald），即由城市享有所有权的森林，其木材每年在个体市民之间分配。同样，在城市和街区中，公共牧场（Gemeindeweiden）也属于市民财产。最后，还有作为所有权的其他权利，例如由所有个体公民使用的市民猎场（Bürgerjagd），但城市猎场（Stadtjagd）是为了城市金库的利益而被出租的。与我们现代的市民财产相似的是古罗马的公田（ager publicus），它也由个人使用。——其使用也可能只限于社团成员中的个别阶层，例如，罗马的公田最初只被推伸许可给贵族（Patriciern）使用，后来则被许可给贵族派（Optimaten）。【公田（ager publicus），最初是指位于罗马城以外的、用于放牧或耕作的土地，后来也包括被罗马人征服的民族的土地；这些土地归罗马国家所有，但国家允许市民临时占据和使用。随着农业的发展，对这些土地的占用逐渐丧失了临时的特点，而成为永久的和不可侵犯的。最终，部分公田被国家加以划分并且分配给个人，成为分配田，因此，使用者成为真正的所有主，并且有权对被分得的土地实行要式买卖。——译者注】——这种法律关系的真正基础是什么，可能常常相当成问题，这在政制发生变化的情况下特别成问题。正是这个疑问根本上导致了几年前在施维茨州（Schwyz） "角人（Hornmännern）"和"蹄人（Klauenmännern）"之间的激烈争论。【"角人"由富有的贵族组成，因为他们赶着有角的牲畜去放牧，所以被称为"角人"；而"蹄人"则由贫穷的乡下人组成，他们只能赶着小牲畜，如绵羊和山羊，在公地（Allmend）放牧，所以被称为"蹄人"。——译者注】

mischte Benutzung)的情况，即个体成员为使用土地而向社团的金库缴纳一定的（通常是数额不高的）使用费。在上述第二种情况下（关于个体成员的排他使用），所有权无疑类似于一种拟制，且更多的是对真正享有权利的个体成员的一种保护性权利；但它必须在法律上被作为所有权看待或对待。[13]——然而，我们必须将所有这些情形与以下情形妥当区分开，即在后一种情形中，所有权属于一些或者全体社团成员；此时只不过是共有，而根本不再是社团的所有权。[14]

Ⅱ. 役权

在某些役权的性质中，存在着其不适用于法人的理由。

用益权（ususfructus）完全适用于法人，因为取得孳息所有权是用益权的主要特征。用益权在法人情形中通常会存续一百年，此处这个期间替代了假定的自然人最长可能的寿命。[15] 作为例外，当法人本身消灭时，用益权就会终止。[16] 根据早期的法律，法人完全可以通过遗赠〔但只能通过直接遗赠（vindicationis legatum）*〕而依法当然（ipso jure）地取得用益权；而不能通过要式买卖取得，因为要式买卖对于用益权完全不适用；同样也不能通过拟诉弃权（in jure cessio）取得，恰恰因为任何奴隶（只有通过奴

---

* 直接遗赠（legatum per vindicaticmem），是罗马法中遗赠的主要方式之一，表现为遗嘱人直接将被遗赠物的所有权或者相关的权利转移给受遗赠人；如果受遗赠人没有得到该被遗赠物，有权向继承人提起返还所有物之诉。直接遗赠的典型表述形式是"我赠""我给""你取得"等等。如果被遗赠物是债权，受遗赠人可以为获得清偿而提起对人之诉。实行直接遗赠的基本条件是：被遗赠物在遗嘱订立时和遗嘱人死亡时归该遗嘱人所有；如果被遗赠物是可替代物，只要遗嘱人在死亡时拥有该物即可。——译者注

[13] Kori a. a. O.，S. 17. 18.
[14] Kori a. a. O.，S. 33 – 39，und S. 18.，在注释中。
[15] L. 56 *de usufr.*（7.1.），L. 8 *de usu et usufr. leg.*（33.2.），参见后文注 17。
[16] L 21 *quib*, *modis ususfr.*（7.4.）. 参见上文 § 89 注 6。

隶，对法人才能发生效力）都不得进行拟诉弃权。⑰ 在最新的法律中，役权通常是以更自然的方式（仅仅通过契约）设立的，因此设立的形式现在不再产生任何困难。

使用权（usus）不适用于法人，因为使用权的内容是权利人自身的、本人的（persönlichen）使用，这对于法人来说是不可想象的。

法人可以享有各种的地役权（prädialservituten），因为这些地役权只是其土地所有权的延伸。他们在任何时代都可以通过遗赠取得地役权，但绝不能通过拟诉弃权取得（注17）；与之相反，法人当然可以通过其奴隶的要式买卖取得地役权，前提在于该地役权是乡村地役权＊，而非城市地役权＊＊⑱。在现代法中，此处这

　　＊ 乡村地役权代表着役权的早期形态，以提高需役地所有主的农业生产和活动的效益为特点，例如通行役权、放牧权等。——译者注

　　＊＊ 城市地役权以维护役地所有主或其建筑物所有主的一般生活需求为特点，例如伸出役权、加高役权等。——译者注

　　⑰ Gajus Ⅱ．§96.——因此，法人在存续期间（inter vivos）不能被授予依法设定的用益权（ususfructus jure constitutus），而只能被授予用益权的占有（possessio ususfructus）（关于这一对比，Vgl. L. 3 *si ususfr.* 7.6.）。。在以下篇章中，这一点也会确定无疑，即 L. 56 *de usufr.* (7.1.)："是否可以*因用益权的缘故而给自治市一项诉权*，这曾是一个有争论的问题。……由此便产生了进一步的疑问，对自治市用益权的*保护*应该有多长的期限。最后终于有了比较好的办法，即这种*保护*应该持续 100 年，因为这是一个活得很长的人的生命界限。"（An *ususfructus nomine actio* municipibus dari debeat, quaesitum est...Unde sequens dubitatio oritur, quousque *tuendi essent* in eo usufructu municipes? Et placuit, centum annis *tuendos esse* municipes, quia is finis vitae longaevi hominis est.）当然，在 L. 8 *de usu et usufr. leg.*（33.2.）中也有类似的表述，其中提到了遗赠；然而，很有可能在那里指的是间接遗赠（damnationis legatum），这必然再次产生同样不完整的结果。【间接遗赠（damnationis legatum），是罗马法中遗赠的主要方式之一，表现为遗嘱人要求继承人向受遗赠人履行一定的义务，它的典型表述形式是："我的继承人有义务给付"。这种遗赠并不直接转移被遗赠物的所有权，但使受遗赠人获得对继承人的债权，前者可以据此对后者提起对人之诉，要求他履行给付的义务。此种遗赠可以任何物为标的，包括不属于死者所有的、但归继承人或第三人所有的物，例如归第三人所有的奴隶。——译者注】

　　⑱ Gajus Ⅱ．§29, Ulpian. ⅩⅨ．§1.——关于这个区别的一个明确的暗示，L. 12 *de serv.* (8.1.)："毫无疑问的是，可以*通过奴隶为自治市*的*土地*正确地取得一项役权。"（Non dubito quin *fundo* municipum *per servum* recte servitus adquiratur.）也就是说，奴隶可以通过要式买卖为土地取得一条路或一条水管，而为建筑物取得役权则是不被允许的。

种关于取得形式的困难也已经消失了。

Ⅲ. 占有

占有对法人的可适用性受到怀疑，因为占有完全事实上的性质，似乎并不像真正的法律关系那样能够与纯粹的拟制（法人当然是一种拟制）彼此协调。因此，人们认为，只有通过奴隶而占有，且是对属于特有产之物的占有时，这才是例外可能的；其他人甚至否认这一点，因为法人对奴隶本身没有占有，因此也不能通过奴隶而占有。[19] 在法学发达时期，城市和所有其他法人显然既可以通过奴隶，又可以通过是自由人的代理人（Stellvertreter）而取得占有。[20]

然而，上述怀疑向来只是在理论研究中被提出，而在适用中从未受到重视，这并非难以置信。其理由是，若非如此，根据严格的早期法律，法人取得任何一项财产权都将完全无法得到解释。当然，法人可以通过其奴隶取得财产权，但法人要如何取得对第一个奴隶的所有权呢？对此，除了时效取得（Usucapion）别无他法；但如果没有时效取得，财产的开端（Anfang）就是不可能的，因此，实践向来也必然赋予法人以占有能力，因为没有占有，时效取得就不可能。

法人取得占有是通过以下方式实现的。一般而言，法人向来能够取得权利，因为其代理人在法律上的行为被认为是法人自己

---

[19] L. 1 § 22 de adqu. vel am. poss. (41.2.) "自治市本身不能占有任何东西，因为无法形成合意。"（Municipes *per se* nihil possidere possunt, quia *universi* (al. uni) consentire non possunt.）最后一个词的意思不是说，为此目的将所有人聚集在一起太困难了，这肯定与不可能（Unmöglichkeit）并不相同；而是说，即使所有成员一致同意，这也不是作为精神统一体（universi）的社团本身的意愿，因此，这里不存在真正的占有人那里完全不可或缺的占有心素（animus possidendi）（§90，§93注2和注8）。——Vgl. auch Gajus Ⅱ. § 89.90.

[20] L. 2 de adqu. vel am. poss. (41.2.), L. 7 §3 ad exhib. (10.4.). Vgl. Savigny Recht des Besitzes §21（开始）§26 S. 354. 358. 367 der 6. Ausg.

的行为；这正是法人的本质。这在占有方面遇到了困难，因为占有纯粹的事实性质，它似乎无法与这种拟制相协调。当人们无视这一困难后，通过允许法人的一般代理人或负责人（Vorsteher）在占有的取得中也代替法人，就实现了法人取得占有。因此，所有事情现在都必须发生在负责人这个有形的人（psysischen Person）身上，而在通常的占有取得中，则必须发生在占有人本人身上；负责人自身必须具有占有意图（Bewußtsein des Besitzes）[*]，而且体控（Apprehension）[**]必须要么通过他，要么通过他的受托人（Beauftragten）（在罗马人中也通过奴隶）发生。因此，对此始终存在着与占有取得本应适用之规则有所偏离之处，即占有人本身（这里即法人本身）可以在没有自身占有意图的情况下占有。因此，这个难题以及其消除方式与以下情形中的相同，即未成年人应通过其监护人而取得占有，或精神病人应通过其保佐人取得占有。[21]

---

[*] 占有意图，即伴随着取得占有之物理行为的意图。——译者注

[**] 体控，即取得占有的物理行为。——译者注

[21] 对于在我的《论占有》一书中已实质确立的这一规则，学说提出了反对意见，Warnkönig, Archiv XX. S. 412-420，他主张，法人就像有形的人一样，只能通过其意识取得占有。他显然没有清楚地理解法人的本质，而且他在这一点上恰恰与许多其他学者一样都有误解，这一点从第420页的段落中可以看出："多数成员的决议构成社团本身的意思这个原则，是一项确定的观点。"从这一立场出发，确实无法解释，在法人取得占有的情况中，比起在有形的人的情况中或在取得其他权利的情况中，罗马人如何会遇到更大的困难。

第九十二节　法人——权利（续）

294　　Ⅳ. 债（Obligationen）

法人可以通过其合乎组织的（verfassungsmäßigen）代理人订立的契约取得债权并负担债务。在早期的罗马法中，出现了根据形式的区分，即一个法人可以通过其奴隶的要式口约，因此可以通过直接诉讼（directe Klagen）而依法当然（ipso jure）地取得债权①；但通过是自由人的代理人订立的合同，则只能以扩用诉讼*的方式取得债权。② 这种限制性的区分在最新的法律中消失了。——与之相反，并非单纯基于形式的限制得以维持，该限制就是在以给予（Geben）为基础的契约之债中，如消费借贷，只有在所给予的东西确实也被用于法人的利益时，法人才负担此义务。③ ——不太常见且不太重要的，也并非产生于意思和行为的债务，法人的情形与自然人的情形一样，以完全相同的方式发生。④

295　　然而，对于私犯之债，就法人因此而应成为债务人而言，意见分歧最大；因为法人因私犯所生之债权既没有疑问，也与自然人没有不同。然而，由于这个问题与完全类似的真正的法

---

* 扩用诉讼，即将适用于特定情况或关系的法定诉讼形式扩展应用于某些相似的情况或关系的诉讼；这种相似的情况或关系反映着受法定诉权保护的情况或关系的发展和衍生，由于法律来不及为其规定专门的司法救济手段，只好由执法官在司法实践中以变通的做法参照现有的法定诉讼模式提供司法保护。与扩用诉讼相对立的是直接诉讼。——译者注

① L. 11 §1 *de usuris*. (22.1.).
② L. 5 §7. 9 *de pecunia constit*. (13.5.).
③ L. 27 *de reb. cred*. (12.1.).
④ 例如，遗产分割、地界调整、排放雨水之诉（familiae herciscundae, finium regundorum, aquae pluviae actio）. L. 9 *quod cuj. un*. (3.4.). ——然而，根据罗马法，当法人的奴隶犯罪时，也同样存在损害之诉（Noxalklagen）。

人犯罪问题有着不可分割的联系，所以两者应当结合起来论述（§94）。

此外，在债的方面，第九十节所确立的一般原则再次得到确认。法人的债权和债务只涉及作为人为统一体的法人本身，而根本不涉及个体成员。⑤ 然而，与此原则完全协调的是，社团可以迫使其自己的成员出资支付社团债务；这种请求权是基于社团与其成员之间的内部关系，而完全独立于指向外部的债之关系。

Ⅴ. 诉权（Klagenrecht）

如果不赋予法人在诉讼中作为原告或被告出庭的能力，那么法人的权利能力就会产生相当成问题的后果。因此，这种能力也被认为是一般性的原则。⑥ 具体实施可通过法人为具体案件指定一名代理人（actor），且其享有诉讼代理人（Prokurators）的通常权利而实现。然而，也可以通过为处理法人的所有诉讼指定长期性的代理人（Vertreter）来实现，该代理人被称为 Syndicus；这是后期罗马法中城市行政区通常采取的形式。⑦——这种代理人也不仅被允许在真正的诉讼中使用，而且被允许在所有其他旨在法律救济（Rechtsverfolgung）的行为中使用，如保证约据（Cautiones）*、新施工告令（operis novi nun-

---

* 保证约据，即程式诉讼中，裁判官要求某一当事人提供的要式口约，据以保证：如果出现某种情况，将向另一方当事人支付一笔钱款。此类保证约据包括：潜在损害保证，已获授权保证等形式；它也被称为裁判官要式口约或者保证性要式的担保口约。保证约据可以表现为关于支付保证金的允诺，或者表现为由第三人提供的担保。——译者注

⑤ L. 7 §1 *quod cuj. un.* （3.4.）："当任何东西是欠团体的，则它不是欠团体的任何个体成员的，团体所欠的东西亦非成员所欠。"（Si quid universitati debetur, singulis non debetur; nec, quod debet universitas, singuli debent.）

⑥ L 7 *pr. quod cuj. un.* （3.4.）.

⑦ L.1 §1 L.6 §1.3 L.3 *quod cuj. un.* （3.4.）.

tiatio)*等。⑧ 因此，这样的代理人不应视为由个体成员因而是多个人指定的诉讼代理人，而应视为作为统一体之法人的诉讼代理人。⑨——如果社团除了一个成员之外的所有其他成员都即刻死亡，活着的那个成员可以直接承担诉讼的实施，然而他始终不是以自己的名义，而只是作为社团的代理人而出庭。⑩ 此外，每一个人都能够作为辩护人（defensor）而承担法人的代理事务（如同自然人的代理事务一样），只要他认为这样做是好的。⑪

如果法人被判决败诉，则判决的执行方式与对自然人执行的方式相同：通过授权占有（missio in possessionem）**、破产、出售其财产以及从其债务人处收取债权。⑫

当法人必须要在其自己的诉讼中进行宣誓（Eid）的时候，就会出现特殊的难题，因为宣誓本来就不是考虑当事人的法律人格，而纯粹是考虑当事人的生物人格（个体生物人的良心）。罗马法没有提到这种诉讼宣誓（Prozeßeides）的情况；但在完全类似的由遗嘱责成宣誓的情况中，则规定当责成一个城市行政区（因此是一个具有完善组织的社团）宣誓时，则应由其负责人进

---

　　* 新施工告令，即当所有主在自己土地上开始的建设或拆除作业有可能改变该地的原貌时，相邻土地的所有主如认为此作业会对自己造成潜在损害可以发出此告令，要求作业人提供潜在损害保证。这种告令采用口头形式在作业现场向有关的责任人发出。被告令者必须中止施工或者提供潜在损害保证；告令人也应当立即为证明自己的权利受到妨碍而提起诉讼，否则，裁判官可以根据被告令者的申请决定撤销新施工告令。当公共利益可能遭受正在开始的施工的侵害时，人们也可要求发布新施工告令。——译者注

　　** 授权占有，是程式诉讼中的一种执行手段，表现为执法官根据诉讼当事人的请求准许其对他人的财物实行占有，以此实现财产保全的目的。——译者注

⑧ L. 10 *quod cuj. un.* （3.4.）.
⑨ L. 2 *quod cuj. un.* （3.4.）.
⑩ L. 7 § 2 *quod cuj. un.* （3.4.），参见前述 § 89 注 2。
⑪ L. 1 § 3 *quod cuj. un.* （3.4.）.
⑫ L. 7 § 2 L. 8 *quod cuj. un.* （3.4.）.

行宣誓。⑬ 现代实践者认为，宣誓必须始终由社团的一些成员进行；但对于这些成员的数量及其挑选方式，学者的观点以及现代制定法的规定各有不同。⑭

---

⑬ L. 97 *de condit.* (35.1.)："自治市*如果宣誓*，则遗赠给自治市。这个条件并非不可实现。Paolus：但这如何能进行呢？将因此由处理自治市事务的人宣誓。（Municipibus, *si jurassent*, legatum est: haec conditio non est impossibilis. Paulus: quemadmodum ergo pareri potest? Per eos itaque jurabunt, per quos municipii res geruntur.）"——完全相同的意思，可见于 L. 14 *ad munic.* (50.1.)："自治市被认为*知道那些*被委托处理公共团体最高事务的人所知道的事情。"（Municipes intelliguntur *scire*, quod sciant hi, quibus summa Reipublicae commissa est.）1521 年的国土和平条例（Landfriede von 1521.）Ⅶ.9 规定，宗教或世俗自治团体（Commune）的清白宣誓（Reinigungseid）必须由团体委员会（Commun-Räth）的三分之二成员进行；这基本上是罗马的规定，只是有些更细致的发展。

⑭ Linde, Archiv für civil, Praxis, B. 10, S. 18 - 36. 他甚至认为，其实社团的所有成员都必须宣誓（不考虑明确的相反实践），或者至少那些支持宣誓的成员必须宣誓；这种观点与关于法人组织的相当流行的观点有关，对此将在下文作进一步说明。

第九十三节　法人——权利（续）

299

Ⅵ.* 继承权

相较于其他财产权制度而言，继承权制度被承认为适用于法人的时间要晚得多，并且这种区分是基于继承权本身相比于法人本质而言的一般性特征。对于财产的每一位权利人来说，其被继承的规则是极为重要和基本的，因为只有出于对未来继承人的考虑，才能为财产的积累提供持久的吸引力；然而，法人不被继承，因为它们不会死亡。相反，除了最近的亲属（但对法人来说，他们并不存在）这种例外情况，通过继承他人而取得财产是非常偶然和无法估计的事情，以至于不能认为，其对于自由且多种多样的财产交易来说存在紧迫的需要，即使对于这种取得不作出安排，也并不存在漏洞。既然法人一般只以涉入活跃的财产交易为目的，而与自然人类似（§85），那么就完全可以解释，为

300

什么在人们考虑赋予法人以继承能力之前，法人的权利早就在整体上得到承认和发展。当然，就最重要的情况（以遗嘱指定继承人）而言，首先被提出的是形式上的障碍；但这种障碍在其他情况（遗赠）中并不存在，甚至对于前一种情况，当向来显示出有巨大的实践需求时，也可以通过实在命令（positive Anordnung）来消除形式障碍。

现在应当对属于这里的具体法律制度分别进行阐释。

A. 法定继承权（Intestaterbrecht）

这种权利最重要的法律基础是亲属关系，这种关系对法人来说是无法想象的。根据市民法规则，出于形式上的理由，庇主权不能被赋予法人；但是，一旦通过对这些规则设置完全实在法性

---

* 原文是Ⅴ，但结合上下文，应当是Ⅵ，之后的序号依次修改。——译者注

质的例外而使法人获得庇主权，庇主的法定继承权作为庇主本身的必然结果，现在也毫无疑虑地得到承认；起初在城市，然后扩展到其他法人（§91 注5）。——此外，有些种类的社团获得了特别的特权，被允许由其自己的成员继承，但只是在缺乏所有其他继承人的情况下，因此，只是在若无此特权国库就会介入的情况下才会如此。①

B. 遗嘱继承（Testamentarische hereditas）

这对城市行政区来说是不可能的，因此对其他法人来说更是不可能的。Ulpian将这种不可能性的根据确立为，遗产的取得只能通过继承人的个人意思和行为才是可能的，这在法人的情况下是不可能发生的，法人根本不是作为生物个体存在，而只是作为法律上的拟制而存在。②——在例外情况下，元老院决议允许城

---

① Dirksen S. 99.
② Plinius epist. V. 7：“公共团体既不能被指定为继承人，也不能先取，这一点是很清楚的。”（Nec heredem institui nec praecipere posse rempublicam constat）——但特别地，Ulpian. XXII. §5：“自治市或其成员都不能被指定为继承人，因为这是一个不确定的形体，他们既不能所有人共同决定，也不能像继承人那样行事，不能成为继承人。”（Nec municipia, nec municipes heredes institui possunt; quoniam incertum corpus est, ut neque cernere universi, neque pro herede gerere possint, ut heredes fiant.）关于Nec municipia nec municipes一词，参见上文§87 注3。接下来的文字应这样来理解：如果一个城市行政区取得遗产，必须要么通过代理，要么通过自己的行为来实现；但对于遗产取得，代理通常是不被允许的，甚至不允许通过监护人取得遗产（L. 65, §3 *ad Sc. Treb.* 36. 1., L. 5 *C. de j. delib.* 6. 30.）；而自己的行为对城市来说是不可能的，因为城市通常只有拟制的（fingirte）或精神性的（ideale）存在，因此没有生物人自然的行为能力［因为是不确定的形体（quoniam incertum corpus est）］，所以取得遗产的必要行为［决定（cernere）或实施（gerere）］不可能由作为此精神性统一体（Universi）的城市来实施。（关于Universi的这一解释，参见§90. §91. 注19和下注8）。——通常而言，incertum corpus被理解为不确定的人（incerta persona），而 neque...universi...possint 被理解为不可能为此目的而将所有的市民聚集在一起。但这一解释必须被拒绝，理由如下。首先，如果这样，Ulpian就会把两个理由当作相同的理由，而事实上这两个理由是完全不同的；其次，把社团视为不确定的人是不正确的（见下文注16）。最后，在一个适中规模的城市中，将所有市民聚集在一起实施此等行为的不可能性根本不存在，而对于重要的继承，他们很容易全部出席，甚至没有一个人缺席。

市被其解放自由人指定为继承人并取得遗产（不考虑刚才提到的疑虑）。③ 这只不过是在这种情况下被允许的法定继承的自然发展，假如不对指定继承人进行许可，那完全就是相互矛盾的了。——Leo 皇帝在公元 469 年，首次完全一般性地允许城市行政区被指定为继承人。④

其他意志性社团（collegia，corpora）也同样不能被指定为继承人，只有社团中的个人通过个人的特权才能被指定。⑤ 这些社团从未享有一般性的法定能力。反之，基于适用于城市的同样理由，一旦此等社团对其自己的解放自由人之财产取得了法定继承权，就必须允许社团被自己的解放自由人指定为继承人。——学说汇纂中时而提到城市，时而提到其他社团，在这些情形中，城市或其他社团被有效地指定为继承人，但它们同时负有遗赠或信托返还（fideicommissarischen Restitution）遗产的负担，对此，总是以这些社团的解放自由人的遗嘱为前提。⑥

对于诸神（Göttern）而言也同样如此，其一般也没有遗嘱继承遗产的能力，但有时通过特殊的特权而有能力继承。⑦ 在后来的时代，对诸神的法定许可是完全不可能的，因为作为基督教取得统治地位的结果，早期的诸神本身也被废除。

C. 遗产占有（Bonorum Possessio）

在此，取得遗产占有的困难与遗产继承（hereditas）中的困难相同；但在这里，困难更容易被消除，因为，通常也可以通过

---

③ Ulpian. XXII. §5, L. un. §1 de libertis univers. (38.3.).

④ L. 12 C. de her. inst, (6.24.).

⑤ L. 8 C. de her. inst. (6.24.).

⑥ 属于此类者，L. 66 §7 de leg. 2 (31. un.), L. 6 §4 L. 1 §15 ad Sc. Treb. (36.1.). 这些篇章中的最后一个篇章，再次包含了对以下规则的值得注意的确认，即社团权利完全不涉及个体成员；其中说道，被指定为继承人的社团能够有效地负担义务，即将遗产作为遗产信托而向社团成员中的一人返还。

⑦ Ulpian. XXII. §6.

媒介人（Mittelspersonen）取得遗产占有，例如，通过监护人取得，而不需要被监护人的亲自参与。⑧ 一些篇章也明确表示，城市和所有其他社团完全有能力取得遗产占有。⑨ 因此，人们可能会被误导认为，通过引入遗产占有，法人完全没有能力被指定为继承人这个困难在实践中得到消除，因为现在被指定的社团只要求承认（agnosciren）遗产占有；Ulpian 反对城市被指定为继承人的理由（注2）似乎支持这种观点。然而，这种观点必须被彻底拒绝。因为 Ulpian 很明确地说："自治市或其成员都不能被指定为继承人。"（nec municipia, nec municipes heredes institui possunt.）这个无条件的格言与坚持通过遗产占有而指定继承人之间是不可调和的；尤其是，Ulpian 本人立即补充说，法人的解放自由人的遗嘱是例外，以及有可能通过遗产信托规避禁令，但他并没有提及遗产占有，如果遗产占有可以帮助规避禁令的话，这里不可能沉默。否则，Leo 皇帝废除该禁令实际上也就是多余的了。因此，Ulpian 事实上仅仅想表明阻碍上述指定继承人的最初理由，但并未因此想要将这个理由绝对地作为唯一的理由。因此，允许社团进行遗产占有的那些篇章（注9），在其作者的意识中，只能在被真正确立的继承权这个前提下来理解，因此只能在对这种社团的解放自由人的财产进行法定或遗嘱继承的前提下来理解。通过这种解释，所有那些表面上矛盾的篇章就完全协调了，而且还可以找到对这种解释的确认，因为所引用的篇章之一

304

---

⑧ 遗产（hereditas）和遗产占有之间的这种区别，清楚地体现在 L. 65 § 3 *ad Sc. Treb.* (36.1.)。但是，起初人们对此同样犹豫不决，就像在遗产（hereditas）问题上一样，这明确地表述在 L. *un.* § 1 *de libertis univers.* (38.3.)："因为他们不能达成合意的这一点影响了这一问题。"（movet enim, quod consentire non possunt.）关于这些文辞的意义，请参见 § 91 注 19 和 § 93 注 2 中完全类似的篇章，其中对此只写道"*universi...*non possunt"，但意义上与这里完全相同，不过这里没有 universi 一词。参见上文 § 90。

⑨ L. 3 § 4 *de bon. poss.* (37.1.)。

明确地将允许社团遗产占有与解放自由人的遗产联系起来。⑩ 此外，自 Leo 皇帝的命令（注 4）以来，在城市中，就不再提及这种限制了。

D. 遗赠（Legate）[包括特定物遗产信托（Singularfideicommisse）*]

在很长一段时间内，法人也不能被遗赠，尽管于此在取得形式方面完全没有障碍。——后来，城市被认为有能力取得遗赠。⑪ 此后意志性社团（Collegia）和神庙也有能力取得遗赠。⑫ 一个特别的批复（Rescript）也允许街区取得遗赠。⑬ 因此，人们现在也许可以将这种能力一般性地归于所有法人。——所引用的篇章的表述，特别是 Ulpian（注 11）的表述，是如此普遍，以至于以前的无能力必须与所有种类的遗赠相联系，而不应限于直接遗赠（vindicationis legatum）。当然，对于罗马民众的有效遗赠出现得

---

　*　特定物遗产信托，即遗嘱人以遗产的特定物委托其继承人或受遗赠人，在他死后移转于指定的第三人，与概括的遗产信托（fideicommissum universitatis）相对。——译者注

　⑩　L. un. §1 de libertis univ. (38.3.).

　⑪　起初由 Nerva 宣布，后来由 Hadrian 全面宣布。Ulpian. XXIV. §28, L. 117. 122 pr. de leg. 1 (30. un.). 这种能力的一个适用可见于 Gajus Ⅱ. §195. 也请参见 L. 32 §2 de leg. 1, L. 77 §3 de leg. 2, L. 5 pr. de leg. 3, L. 6 L. 21 §3 L. 24 de ann. leg. (33.1.). L. 20 §1 de alim. (34.1.), L. 6 §2 de auro (34.2.), L. 8 de usu leg. (33.2), L. 2 de reb. dub. (34.5.).——Plinius 当然说过：" 公共团体不能先取，这一点是很清楚的。"（nec praecipere posse rempublicam constat）（注 2），他生活在 Nerva 之后的时代。最简单的方式是从字面上看待他的篇章，即指先取遗赠（praeceptionis legatum），这在当时无疑是不可能被给予城市的，因为它与被拒绝的指定继承人（heredis institutio）密不可分。Dirksen S. 134 拒绝了这一解释（未附理由），并从 Nerva 的命令有所欠缺的角度来解释 Plinius 的篇章。

　⑫　L. 20 de reb. dub. (34.5.). Marcus 治下的元老院决议，涉及所有被许可的团体。——适用于某一特定城市的市政委员会成员（Decuriones）, L. 23 de ann leg. (33.1.).；适用于神庙社团，L. 38 §6 de leg. 3.——同样地，也允许对神庙本身遗赠。L. 20 §1 de ann. leg. (33.1.), L. 38 §2 de auro (34.2.).

　⑬　L. 73 §1 de leg. (30. un.). Marcus 的批复。

很早，只是其有效性不能根据在此所选择的间接（per damnationem）遗赠这种形式来解释（因为对其他受遗赠人而言，遗赠也会是有效的了），而应根据以下原因来解释，即国库（Ärarium）在其取得中，一般更多地是以行政方式来实施，而没有被严格的市民法中的限制性规则所约束。同样，并且出于相同的原因，当罗马民众多次被国王指定为继承人时，这也被认为是有效的。[14]

E. 遗产信托（Fideicommisse）

一个特殊的元老院决议允许城市通过遗产信托返还（fideicommissarische Restitution）的方式取得遗产。[15] 为祭司团体利益的有效的遗产信托，在上文已经提及（§88 注 1 以及 §88 注 27）。

许多现代学者将所有这些对法人继承能力的限制归因于这一原则，即在优士丁尼时代之前，任何不确定的人（incerta persona）都没有能力获得遗产或遗赠；但这种推导不能被认为是正确的。不确定（incerta）指的是这样的人，即被继承人绝不会把其设想为某一个体的特定人，而只是用一般的特质来描述，该特质可能偶然地归于极为不同的个体。[16] 这种概念完全不适合于法人，立遗嘱人确实知道并认为法人具有特定的特征，而就此并未将任何事情听任于偶然。情况不同的是，例如，如果遗赠给予那些在立遗嘱人死亡时属于某一城市的所有个体市民；这事实上是不确

---

[14] Dirksen S. 135 认为，所有对城市的间接遗赠向来都是有效的，据此他解释了许多对罗马国家遗赠的有效性。然而，关于许多国王将罗马国家指定为继承人，他也认为这些是独立于市民法规则的，并且是根据万民法进行判断的。我对这些指定遗嘱人的有效性的解释，就像前述遗赠一样，不考虑立遗嘱人的市民籍或外国籍（Peregrinität），而仅根据民众完全独特的地位来解释（§101）。

[15] Ulpian. XXII. §5, L. un. §1 de libertis univ. (38.3.), L. 26. 27 pr. ad Sc. Treb. (36.1.).

[16] 因此，例如当有两个人被指定为继承人或受遗赠人时，具体的那个人是在遗嘱写就后首先当选的执政官（Consulnwahl）。§25 J. de legatis (2.20.).

定的人，因为被继承人无法知道谁在他死亡时会是该城市的市民。但这样的情况恰恰不会轻易发生；因为，如果遗嘱中指定自治市市民（municipes）为受遗赠人，则其本身意味着指定自治市（municipium）为受遗赠人（§87 注 2）；同样，如果遗赠被指定给罗马城市民（cives），则被解释为给予罗马城（civitas）。⑰ Ulpian 的表述导致了此处被驳斥的观点，但事实上，该表述有不同的含义，不能被理解为是指不确定的人（注 2）。

截至目前所确立的有关继承能力的规则，涉及早期法学家已经知道的那些法人。然而，一旦基督教取得统治地位，就为最广义的教会财团［pia corpora（虔敬财团）］注入了全新的原则。现在，遗产和遗赠可以以最自由的方式给予所有的教会财团。事实上，这种新近被允许的通过遗嘱处分的自由并不仅仅局限于真正的法人，所有以虔敬和慈善为目的的遗嘱处分都应是有效的，而不会受到当时仍然有效的不确定之人这个限制的阻碍。例如，如果有人将其财产遗赠给其所在城市的穷人，那么这就涉及他死亡时现存的穷人；这些人当然没有形成社团，他们确实是不确定的人，尽管如此，遗赠仍被承认为有效，即使是在优士丁尼关于不确定的人的新规定很久之前。⑱——教会法不仅确认了基督教皇帝的这些有益的规定，甚至以各种各样的方式扩张了这些规定，而免除了这种内容的遗嘱所具有的其他很多有效的制定法限制，以此使其变得容易得多。⑲ 现代立法对死手（der todten Hand）取得的限制并不少见；但这些限制是出于政治和国家经济的原因，从未成为共同法的组成部分。

---

⑰ L. 2 *de rebus dub.* (34.5.).
⑱ L. 1. 26 *C. de SS. eccl.* (1.2.), L. 24. 49 *C. de episc.* (1.3.).
⑲ G. L. Böhmer princ. j. canon. §615. Eichhorn, Kirchenrecht, B. 2, S. 765.

第九十四节　法人——权利（续）

Ⅶ. 刑法与私犯之债

法人是否可以犯罪并遭受刑罚，向来就是一个非常有争议的问题。

许多人对这个问题的回答是否定的①，理由是法人只是通过君主授予的特权才取得人为的存在，但这种特权只是为了被许可之目的而被授予的；因此，如果法人犯罪，其在犯罪这个瞬间根本就不是法人，因此其本身也不能受到刑罚。

其他人对这个问题的回答是肯定的，因为他们的出发点是法人绝对的权利能力和意思能力，而这些能力在这种具体情况下不受任何实在法例外的限制。② 当然，人们会承认一些犯罪以及一些刑罚必须被排除在外；因为肯定没有人会以通奸罪指控一个城市，或以重婚罪指控一家医院；同样，对一个街区行政区课予驱逐出境的刑罚，或对一个教会或贫民院课予监禁刑，都会带来无法克服的困难；死刑的困难较小，因为在此它可以以消灭法人的形式适用。——然而，有人合理地指出，此等可能的例外情形不能一般性地排除法人犯罪并遭受刑罚这个规则的适用。

---

① 现代学者中采此说者，特别是 Zachariae l. c. p. 88. Haubold l. c. C. 4 §15. Feuerbach, Criminalrecht §28 ed. 12. 【中译本参见［德］安塞尔姆·里特尔·冯·费尔巴哈：《德国刑法教科书》（第 14 版），徐久生译，北京，中国方正出版社 2010 年版，第 37~38 页。——译者注】

② Stieber zu Haubold opuscula Vol. 2 p. L XXIII. Mühlenbruch l. §. 197. Sintenis de delictis et poenis universitatum Servestae 1825. 但是，后者认为，仅在社团的事务与其真正目的有关时，才存在社团的犯罪，例如当城市有造币和规定币制权（Münzrecht），而该权利被 2/3 成员决议伪造货币而滥用（p. 28. 32.）。这些限制似乎相当前后不一，如果一般而言 2/3 成员的意志具有约束力，那么当 2/3 成员为了城市金库的利益，而决议盗窃或抢劫时，看不出为何城市不应作为盗窃犯或抢劫犯而被判处刑罚。

有人合理地反对支持第一种观点的理由，认为它证明得太多了。如果一个外国人被接纳进一个国家，并在效忠宣誓（Unterthaneneid）时允诺服从法律，那么每一次犯罪，他都会违反他的接纳条件；然而，他既不会因此而丧失他的人格，至少不会丧失受刑能力（Straffähigkeit）。人们甚至可以从这一严格贯彻的理由推断出，一般而言法人不能被起诉，因为任何针对被告的诉讼都以权利被侵害为前提，但（根据第一种观点）法人的既有特权不能指向权利侵害。尽管如此，这种观点仍然是正确的，即使是刚才被反驳的理由也只是把错误的因素混杂到了正确的见解中。这种观点的正确性源自刑法本质与法人本质的对比。

刑法与作为一个有思想、有意志、有感觉之存在的自然人有关。然而，法人并非如此，而只是一个拥有财产的存在，因此完全不属于刑法的范畴。它的真正存在基于特定的个体生物人的代理意思，该生物人的意思，作为拟制的结果，被视为法人自己的意思。然而，这种没有自己意思的代理，通常只能在私法而非刑法中得到承认。

这与法人被起诉的能力并不矛盾，每一诉讼的确都以权利被侵害为前提。这种建立在权利侵害基础上的诉讼，具有纯粹物质的特征，在最多和最重要的适用中，与意图（Gesinnung）完全无关。属于市民法的诉讼只是为了维护个体法律关系的真正界限，或通过补偿来恢复此界限；然而，这种作用对于法人的财产，和对自然人的财产一样，同样是可能的，事实上只要财产应被承认之处，这种影响就是必不可少的。——同样，承认虽然法人不能犯罪，但却可能因他人犯罪而受到侵害，这里并不存在（如人们可能主张的）矛盾；因为法人无疑享有的财产存在，即足以具有此种可被侵害性；权利人的思想和意志在此无关紧要。事实上，即使侵辱（Injurie）有可能针对法人作出，这也不构成反对的理由,因为侵辱只涉及受侵害的人格(Persönlichkeit),而不太涉及受侵害的感觉(Empfindung)。

所有被认为是法人的犯罪,始终仅仅是其成员或其负责人的犯罪,因此是个体生物人或者说自然人的犯罪;在此,社团关系是否可能成为犯罪的动机和目的,也完全无关紧要。因此,如果一个城市的官员为了缓解城市财政困难,出于错误的热心而盗窃金钱,他个人不会因此就不是盗窃犯。如果人们现在想要因某项犯罪而对法人判处刑罚,就会违反刑法的一项基本原则,即犯罪人和被判处刑罚者的同一性。

那些主张法人有可能犯罪的人,其错误有两方面的根源。第一个根源是空洞地抽象出一种绝对的意思能力(Willensfähigkeit),且毫无根据地认为法人具有这种能力。法人拟制的意思能力实际上只在法人概念所限定的狭小范围内有效,也就是说,只在使法人参与财产交易所必需的范围内有效(§85);为此目的,合同能力、交付能力以及类似的能力是完全必不可少的,而实施犯罪的能力则远非必要,如果法人完全没有实施任何犯罪,整个财产交易反而会富有成效得多。对绝对的权利能力和意思能力的错误承认,可以从另一个角度得到清楚的说明。如果这种承认是对的,那么它在家庭关系的发生中也一定是有效的;例如,一个行会就必然可以通过收养获得对医院的父权。这种情况不可能发生,仅仅是因为家庭关系完全超出了进行法人拟制的领域界限。——一些学者给出了支持正确观点的理由,该理由应当被拒绝,但其中也存在正确的因素。(这些作者认为)法人不能犯罪,因为就犯罪所需的行动而言,它根本就不再是法人。这是正确的,但不是因为这种行动未经许可,而是因为它与法人的概念和专属目的不相符。

上述错误的第二个根源在于完全混淆了法人和其个体成员,

这种混淆是罗马法在许多适用情形中所坚决反对的（§86）。如果留意到人们认为不是所有的法人都具有犯罪能力，这种混淆对上述错误观点的影响将变得特别明显；事实上，人们仅仅主张社团具有犯罪能力，财团则不具有，尽管这一区分通常没有被表达出来。这样的区分肯定是逻辑不一致的，如果法人由于有一般的意思能力从而一般能够实施犯罪，那么教会和孤儿院也一定同样有能力通过其负责人的代理而实施犯罪。然而，这种不一致可以这样解释，即一个城市的大多数市民或一个行会所有工匠的行为，可能很容易地会被视为城市或行会所实施的行为；或者换句话说，它可以通过上文所反对的个体成员和社团之间的混淆来解释。

以下比较可能有助于使已确立之观点的正确性更加清晰。精神病人以及未成年人，与法人有相似之处，即他们有权利能力，但同时又欠缺自然的行为能力，因此通过代理人使他们取得人为的意思。在这两种情形中，存在完全相同的理由对这种拟制的意思给予无限的扩张，因此，如果监护人以监护人的身份实施犯罪，例如其为了被监护人的利益而盗窃或诈骗，就可以因监护人犯罪而对被监护人判处刑罚。据我所知，没有人在这种情况中认为有通过代理而犯罪的可能性；但对法人和未成年人予以区别对待，其不一致性显而易见。

第九十五节　法人——权利（续）

到目前为止，我们所谈论的都是犯罪和其刑法上的后果。然而，这也完全适用于私犯之债，由于前述这种内在的亲缘关系，在关于债的一般性考察中（§92），此等私犯之债暂时被忽略了。因为每一个真正的私犯都以故意（dolus）或过失（culpa），因此以意图（Gesinnung）和归责（Zurechnung）为前提，所以，私犯对于法人来说，就像对于未成年人和精神病人一样，是不被承认的。——如果在法人的契约关系中，考虑到其代理人的故意或过失，情况就不同了。因为这是一个与原债务（Hauptobligation）不可分离的变形，在这方面，法人的意图与有形之人的意图一样不重要，而因其代理人在合同中的故意或过失可归责。

在指出了犯罪和私犯及其后果不适用于法人之后，仍须阐明的是，就法人的负责人或其成员的犯罪或私犯而言，当然可能会对法人自身产生两种不利后果，这很容易呈现为犯罪或私犯本身被归责于法人的假象。对这些间接影响的承认，也许会有助于更可靠地避免在这个问题上重复错误的观点。

第一，对于具有政治性质的社团（如行政区），可能会发生一些看起来与刑罚类似但本质上不同的事情。可以设想，一个城市由于向敌人叛变（Verrätherei）而被摧毁，不再作为社团存在；或者，它只是失去了某些特权或荣誉称号。同样也可能发生这样的情况，即一个军团在战争中被剥夺了旗帜，直到通过新的表彰才重新获得旗帜。但这些都是政治行为，是行政权的行为，而非法官的行为；这些行为旨在给有责之人和外国人留下深刻的印象，且这些行为所造成的恶果几乎也总是落在无责任的个人身上，这在由法官所宣布的真正惩罚的情况下绝不可能如此。因此，毋宁说这些行为的性质类似于废止社团，该社团起初得到许可，但后来显示出普遍的有害性（§89）；甚至在没有实施什么犯罪时，社团也可能被废止。

第二，与私犯之债同时存在的，往往还有另一种完全不同的债，即基于归属于某人之财产而产生的债（obligatio ex re, ex eo quod ad aliquem pervenit），这毫无疑问可以发生于法人和未成年人。因此，如果社团负责人在处理社团事务时实施欺诈，则只有负责人本人要对欺诈负担义务；但是，如果社团的金库因欺诈而得利，则必须返还所获利益。——诉讼罚（Prozeßstrafen）的情况与之类似，诉讼罚其实并不是真正的惩罚，而是像诉讼费用和保证约据（Cautionen）一样，是诉讼机制的重要组成部分。法人如果希望参与到诉讼进程利益之中，就必须服从这些诉讼罚。①

迄今为止，我们对这个问题的处理仅涉及法人的一般性质，现在也应当来整理一下实在法的特殊规定。

罗马法完全证实了这里所阐述的原则。有一个篇章非常明确地表明，城市行政区不能通过欺诈之诉（doli actio）而被起诉，因为根据其性质，其并无欺诈的能力；如果城市行政区因其行政官员的欺诈行为而得利，它必须返还所获利益；但欺诈之诉本身是针对实施欺诈的个人，即针对个体的市政委员会成员（Decurionen）。②——如果某人以暴力驱赶一块土地的占有人，而且是以城市行政区的名义这样做，那么制止暴力剥夺令状（Interdict de vi）*就针对城市行政区，前提是它因该行为而获得了其对某物的

---

* 制止暴力剥夺令状，该令状针对以未使用武器的暴力剥夺他人对物占有的人提起。如果针对使用武器的严重暴力行为，则可提起制止武力剥夺令状（interdictum de vi armata）。——译者注

① Haubold l. c., p. 604.

② L. 15 §1 *de dolo*（4.3.），参见上文§87注7。

占有。③——另一个篇章的表述更加含糊不清。如果某人因受到威胁而被迫决定实施一项不利的法律行为，那么他就可以提起胁迫之诉（actio quod metus causa）* 以恢复到其先前的状态。Ulpian 说（在同一本关于告示的评论著作中，他认为社团并无实施欺诈的能力），无论个人还是民众、市政委员会（curia）、意志性社团（collegium，corpus），谁实施胁迫（Drohung）都是一样的；为了证实这一说法，他从其实践中举出了以下例子：Capua 城的市民勒索了一个人，使其做出某项书面允诺［允诺的保证（cautio pollicitationis）］；因此，正如被胁迫者会要求的那样，应当对 Capua 城提起诉讼或抗辩。④ 这里很清楚的是，社团本身应该能够被起诉，但这是由于前述诉讼不仅针对胁迫者，而且针对以下第三人，即该第三人是占有人，其处于能够进行恢复原状（Wiederherstellung）的地位。⑤ 在这里，Capua 城就是这样的第三人，因为作为社团，它事实上通过（虽然是被迫的）允诺（Pollicitatio）依法当然（ipso jure）取得了有效的债权；被胁迫者需要一个抗辩，以保护自己能对抗城市提起的诉讼，并需要一个诉讼，以依法摆脱他的债务。⑥——然而，最明确的观点可以

---

* 胁迫之诉，即由遭受胁迫的人提起的诉讼，它不仅可以针对实施胁迫的人提起，而且可以针对任何第三人（包括善意第三人）提起，要求其返还原物。——译者注

③ L. 4 *de vi* (43.16.)."如果有人以自治市的名义强行驱逐我，Pomponius 写道，*如果有什么东西落入自治市之手，将向我授予针对自治市的令状*。"(Si vi me dejecerit quis nomine municipum, *in municipes* mihi Interdictum reddendum Pomponius ait, *si quid ad eos pervenit*.) 上文已经表明，Municipes（自治市）这一用语总是表示社团本身。§ 87 注 2、3。

④ L. 9 § 1.3 *quod metus* (4.2.).

⑤ L. 9 § 8 *quod metus* (4.2.).

⑥ 关于允诺的可诉性，Vgl. L. 1.3.4.7 *de pollicitat*. (50.12.)。被胁迫的允诺依法是可诉的，且只有通过抗辩才会使允诺无效，对此，Vgl. § 1 J. *de except*. (4.13.)。

在 Majorian 皇帝的一项制定法中找到，根据该制定法，有罪判决绝不应对于一个作为整体的市政委员会作出（verurtheilt），而始终只应对于可罚的个体成员作出。⑦

在罗马历史上，可以找到不少严厉对待城市行政区的例子。最值得注意的是 Capua 城，它在第二次布匿战争（Punischen Kriege）* 中背叛了罗马。Capua 城被重新占领后，不仅其最有名望的市民被处决，而且该城市本身也被完全抹去了所有城市组织的痕迹。⑧ 这显然与罗马历史上所有类似的情况一样，是一种纯粹的政治行为，而没有通过司法权力的刑法适用。

Friedrich 二世皇帝偏离了罗马法的原则，规定凡是胆敢对教会进行敲诈勒索的行政区，都应当赔偿三倍价值，并被开除教籍（Kirchenbann）；如果敲诈勒索持续一年，那么该行政区也将从皇帝保护中被革出（in des Kaisers Bann）。⑨ 在此很明显的是，犯罪和刑罚都被错误地关联到社团本身。

---

* 第二次布匿战争，也称汉尼拔战争（前218—前202年）。汉尼拔以西班牙为基地，率领军队从陆路远征，翻越阿尔卑斯山向亚平宁半岛挺进。在战争的最初数年间，汉尼拔的军事天才使罗马军队屡受重创，前216年的卡奈战役更是罗马人有史以来所遭受到的最大一次惨败。罗马的战术、人力资源、征兵体制、战略决策、罗马与同盟间的关系等方方面面都经受了极大考验。其间，曾有盟友叛离。罗马人最终破格选出年轻的西庇阿为统帅，采取直捣迦太基老巢的方法，迫使汉尼拔退出意大利返回北非。前202年，西庇阿在北非的扎玛会战中击败汉尼拔，结束了第二次布匿战争。罗马的胜利果实之一是获得了新的海外领土西班牙。西庇阿本人则赢得阿非利加征服者的称号。——译者注

⑦ Nov. Majoriani Tit. 7（in Hugo's Jus civile antejust. p. 1386 §11）："市政委员会绝不会被行省的长官以一般性的有罪判决惩罚，因为无论如何公平和旧法的规则都会建议这一点，就像惩罚只会跟随［行为人的］人身那样，其他人或许不会因为某一个人的违法行为而遭受损失。"（Nunquam curiae a provinciarum rectoribus generali condemnatione mulctentur, cum utique hoc et aequitas suadeat et regula juris antiqui, ut noxa tantum caput sequatur, ne propter unius fortasse delictum alii dispendiis affligantur.）

⑧ Livius Lib. 26 C. 16.

⑨ Auth. *Item nulla und Item quaecunque* C. de episc.（1. 3.）.

在这个问题上，教会法没有保持统一。教皇 Innocenz 四世制定了一项与罗马法一致的规则，即开除教籍绝不应针对作为整体的社团，而只应针对可罚的个体成员。⑩ 但后来教皇 Bonifaz 八世又偏离了这一规则，在对神职人员进行压迫这个具体类型的情形中，他重新威胁对社团本身进行禁罚（Interdict）。⑪

德意志帝国的一些制定法中也包含针对社团本身的刑罚威吓：罚金，以及丧失特许权（Freiheiten）或特权。⑫ 但这只涉及危害帝国安全和安宁的犯罪，如破坏国家治安（Landfriedensbruch）和同盟（Conföderation），或者政治阴谋（Conspiration）。在此，侯爵和城市被置于相同的地位。因此，这些制定法其实也只是宣告了帝国对其个体成员的政治行为，尽管根据德意志帝国特有的宪法，对这些行为实际上采取了刑事处罚的形式，并作为刑罚由帝国法院宣告。此外，在这些制定法中，除了上述特殊的政治关系之外，没有一般性地提及社团受刑能力（Straffähigkeit）。

最后，关于这里讨论的问题，它在德国从未形成过决定性的实践。发生最多的和最重要的此类案件，显然具有更多政治上的而非刑法上的特征，并且完全证实了刚才关于上述帝国制定法的内容所做出的阐述。⑬

---

⑩ C. 5 *de sent. excommunicat.* in Ⅵ. (5. 11.).
⑪ C. 4 *de censibus* in Ⅵ. (3. 20.).
⑫ Aurea bulla C. 15 §4.——1548 年国土和平条例（Landfriede von 1548）Tit. 2 Tit. 14 Tit. 29 §4.——1555 年最高法院命令（Kammergerichtsordnung von 1555）Ⅱ. 10. §1.
⑬ 实践中案例的整理，可见于 Sintenis p. 60 sq.。

第九十六节　法人——组织

324　　　为了在现实生活中引入法人的概念，法人总是需要代理，它们所欠缺的行为能力必须通过这种代理而被人为地弥补，而且其目的仅仅是使法人得以进行财产交易；这种代理以法人的组织为基础（§90）。但是，由于法人总是也有其他的关系，而且这些关系往往比法人的私法人格要重要得多，由此同样就需要一个确定的组织，这种一般性组织的机关（Organe）同时也足以实现那些私法上的目的。——在罗马人中，这种私法代理的部分情形，也可以以另一种方式实现。亦即，如果一个法人只对仅有的一个奴隶享有所有权，那么根据早期市民法的严格规则，该奴隶就已经可以为法人取得任何一项财产权利（所有权和债权）（§65）。但这种代理仅限于此；它不适用于让与和义务承担，因此也不

325　适用于以下这些最常见且最重要的法律行为，即这些法律行为（如买卖）由相互的给予（Geben）和受领（Nehmen）构成；此外也不适用于各种诉讼上的行为；最后，也不适用于事务的上级指挥，而只适用于事务的具体执行。尽管如此，这种代理仍具有很大的重要性，因为借助这种代理，一直都可以通过仪式性的法律行为直接取得所有权，否则在这种情况下是完全不可能实现的。

　　　法人相互之间存在巨大差异，想要确立普遍适用于法人的实在法组织原则，完全是一项徒劳的企图。只能一般性地主张，出于未成年人情形中的相同理由，对所有法人的保护和监督都属于国家。对于一些法人来说，国家的影响仅限于此，因为除此之外，对国家来说，比起每个拥有财产权之自然人的存在，法人的存在不那么重要；但对于许多法人而言，则附加了更高

程度的和直接的国家利益,因为它们旨在为持续性的共同目的而活动,或者它们甚至可能是国家本身的构成要素(如行政区)。然而,自从中央权力得到更多的发展和巩固以来,国家对法人的这种双重影响,在现代比在罗马法时代更加明显且更加多样。[1]——与国家的这种肯定性影响截然不同的是国家的否定性影响,其目的是阻止有害的和危险的社团。这种目的在罗马法中可以找到,甚至比现代更强烈、更常见,上文已经对此进行了历史回顾(§88)。

在这种一般性的考察之后,现在应当考察罗马法对法人的组织有哪些规定。罗马法学家有太多的实践意识,以致未能在这个问题上确立一般性规则,由于法人的种类繁多,这种一般性规则只可能有非常有限的适用范围。我们在其中可以找到的规则,根本不涉及一般的法人,甚至也不涉及所有的社团,而仅仅涉及城市行政区,也就是说,最初涉及意大利的自治市和殖民区,但后来也涉及行省城市。在自由的共和时期,意大利城市的组织与罗马的组织非常相似:在这两者之中,公权力都在民众会议、市政委员会(Senat)和具体的当局机关(Obrigkeiten)之间划分。在帝国时期,民众权力很快就全部消失了,所有的权力都集中在市政委员会[ordo(市政委员会)或curia(市政委员会)],甚至执法官(Magistrate)也只被视为该市政委员会的组成部分[2];因此意大利的城市也变得越来越像行省城市。在法学发达时期,这种新的城市组织已经存在,并在优士丁尼的诸法律典籍(Justinianischen Rechtsbüchern)中得到描述。——以下是这种组织的基本特征。整个公权力属于ordo(市政委员会),但只有当至少三分之二的现存成员集合在一起时,ordo(市政委员会)的行

---

[1] Eichhorn, deutsches Privatrecht,§372.
[2] Savigny, Geschichte des Römischen Rechts im Mittelalter, B. 1,§8.87.

为才被认为是符合组织的。如果有三分之二的成员集合在一起，这样的大会（Versammlung）就代表了整个 ordo（市政委员会），而绝不应要求更多数量的成员甚至全体成员出席，否则几个市政委员会成员的阻挠就可能会妨碍所有事务的处理；如果不足三分之二的成员出席，大会就不被视为 ordo（市政委员会），也不能有效地通过决议。③ 在任何这样合法的大会中，在场成员的多数决是决定性的。④ 这项规则在前引关于公共的城市事务这个篇章中得到了确立，特别是也适用于代理人（actor）的选任，代理人要在法庭代表城市；为此，同样必须至少三分之二的市政委员会

---

③ L. 2. 3 *de decretis ab ordine faciendis* （50. 9.）："那些在没有法定数量的市政委员会成员集合的情况下做出的法令是无效的。"（Illa decreta, quae *non legitimo numero decurionum coacto* facta sunt, non valent.） —— "然而，自治市法中规定，除非有三分之二成员被邀请，否则市政委员会不得举行会议。"（Lege autem municipali cavetur, *ut ordo non aliter habeatur, quam duabus partibus adhibitis*.）——L. 46 *C. de decur.* （10. 31.）（也即 L. 142 *C. Th. de decur.* 12. 1.）："……少数人的缺席……不会破坏被多数市政委员会成员有益决定的事项，因为三分之二的市政委员会成员出席，相当于整个市政委员会参会。"（...ne paucorum absentia...debilitet, quod a majore parte ordinis salubriter fuerit constitutum; cum duae partes ordinis in urbe positae, *totius curiae instar* exhibeant.）这最后几个词十分明确地指出了，每一次由全体成员三分之二出席的大会都应被视为整个 Curie（市政委员会），或整个 Ordo（市政委员会）。

④ L. 46 *C. de decur.* （注3）【原文是注2，似有误，下文统改。——译者注】："被多数市政委员会成员"（a *majore parte* ordinis） L. 19 *ad municip.* （50. 1.）.；"市政委员会的多数成员所做的事情被视为整体做出的。"（Quod *major pars curiae* effecit, pro eo habetur, ac si omnes egerint.）（然而根据注3，Curia 指的是由至少三分之二的全部成员出席的大会）——L. 2. 3 *C. de praed. decur.* （10. 34）【原文是 L. 2. 3 *C. de praed. decur.* （10. 33），似有误。——译者注】："通过全体或多数［成员］参与的法令。"（totius *vel majoris partis* intercedente decreto,）"市政委员会成员的或市政委员会的多数成员的"（curialium *vel majoris partis curiae*） L. 19 pr. *de tutor. et curat.* （26. 5.）.："当有权指定监护人之人不在时，只要大多数人同意，市政委员会成员就被命令指定监护人。"（Ubi absunt hi qui tutores dare possmit, decuriones jubentur dare tutores; *dummodo major pars conveniat.*）等等。conveniat 这个词是多义的；它可能在实质意义上被使用［意思是聚集（zusammenkommen）］，在这种情况下，它将与有关三分之二（注3）的规则相矛盾；因此，它必须在同样普遍的比喻意义上被使用［意思是达成一致（übereinkommen）］，且又仅仅是多数决这个规则。

成员出席，而代理人的选任是根据出席者的多数决来决定的。⑤

---

⑤ L. 3. 4 *quod cuj. un.* （3.4.）【原文是 L. 3. 4 *quod cuj. un.* （3.4.），但本句仅出现在 L. 3 *quod cuj. un.* （3.4.）中。——译者注】："……除非……由三分之二或三分之二以上的市政委员会成员出席时指定。"（…nisi…*ordo* dedit, cum *duae partes adessent*, aut amplius quam duae.）此处又一次地，当三分之二成员出席大会时，也被视为整个 ordo（市政委员会）在行动。最近，关于所有市政委员会成员的大会要有三分之二成员出席这个规则被解释为，必须由多数成员作出决议，但并非出席大会的人的多数作出决议，而是由所有市政委员会成员的多数作出决议，因此，必须有三分之二成员出席只是徒增困难。（Lotz a. a. O., S. 115 – 120.）这种观点也许与所引用篇章的文字相矛盾；但除此之外，我们还应该考虑，这里所谈论的涉及事务处理的团体（Geschäftscollegium），同时也涉及日常的行政事务，这些事务必须以某种方式来协商决定；就此而言，相较在大会上出席的多数成员而言，任何其他的多数成员都是异样且不自然的，如同在我们的司法委员会（Justizcollegien）中所发生的那样。

249

第九十七节　法人——组织（续）

329　　现代学者对社团（而非一般的法人）的组织确立了以下一般性的原则。

　　社团由所有现存成员的全体组成。然而，不仅所有成员的一致意思被视为社团的意思，而且成员多数的意思也被视为社团的意思；因此，所有现存成员之多数人的意思，必须被视为社团权利的真正主体。这项规则以自然法为基础，因为假如要求全部成员的一致意思，社团的意思和行动就会变得完全不可能。但这项规则也可以通过罗马法来证实；为了证明最后这一点，可以引用与市政委员会成员的多数决有关的篇章。①

330　　这个建立在自然法的基础上并在罗马法中得到承认的基本原则，（人们认为）被罗马法的一项完全实在法性质的规定所修改，使其适用变得更容易。因为根据这一规定，不要求所有成员的多数达成一致，而只要求那些正当召开的大会中出席成员的多数达成一致；其前提仅是，出席者共计不得少于所有成员的三分之二。②

　　由于现在必须对这一理论进行考察，故有必要从该理论中可以承认其具有相对正确性的部分开始，即所谓多数决的权力。每当大会的意思必须做决定时，意见一致虽非不可能实现（因为例如在英国的陪审团中，意见一致既是被要求的，也是可以实现的），但意见一致是如此困难且取决于偶然事件，以至于大会的

---

　　① Zachariae p. 63. 64. Thibaut a. a. O. S. 389. 390, und: Pandektenrecht, §132. Haubold C. 3 §2. ——这些规则在诉讼宣誓方面的具体应用，在上文中（§92 注14）已有说明。

　　② Thibaut, Pandektenrecht, §131. Mühlenbruch §197.

生动活泼效果必然因此而受到极大的阻碍,这样,将共同意思的权力赋予任何一种多数都被认为是可取且适当的。如果是这样的话,那么最简单和最自然的方式就是承认简单的多数,也就是说任何超过单纯半数的多数,就可以被承认为共同意思的承担者;而任何其他的比例,例如四分之三或七分之六,都具有专断性的特征,如果没有一个实在法的规定,它将绝不会得到普遍承认。罗马法也是这样来考虑这个问题的,因为它不仅允许在市政委员会成员大会多数决(§96),而且允许在行省大会多数决③;事实上,甚至有一个篇章,似乎将多数决的权力作为一个适用于所有可设想情况的抽象原则来表述,尽管该篇章的原本的脉络可能让人毫不怀疑该篇章的作者仅仅考虑到了某种个别适用而已。④

但是,除了这一部分的正确性外,我们不能承认这一理论具有整体上的正确性。以下基本假设恰恰被拒绝,即在社团的事务中,真正的全权(Allmacht)属于成员全体,而多数仅应被进一步确立为自然的修正。我们否认全体(Gesammtheit)享有我们在一定程度上承认由一大半人享有的东西,无论这听起来有多么奇怪,但仍然有充分的根据,而绝不能被视为前后矛盾。我们让大会的某一多数有效,前提是大会本身享有某种处分权。但是,所有成员的大会本身有对社团进行处分的无限制的权力,这一点是我们所否认的。

该理论的支持者主张以多数决反对一致决,似乎这种对立是

---

③ L. 5 *C. de legation.* (10. 65.).【原文是 L. 5 *C. de legation.* (10. 63.),似有误。——译者注】——关于多数决的其他类似应用可见于 L. 3 *C. de vend. reb. civ.* (11. 32.)【原文是 L. 3 *C. de vend. reb. civ.* (11. 31.),似有误。——译者注】(见下文 §100 注 8)以及 Nov. 120 C. 6 §1. 2.。

④ L. 160 §1 *de R. J.* (50. 17.). "由大多数人公开所做的任何事情都被归属于所有人。"(Refertur ad universos, quod publice fit per majorem partem.) Vgl. Haubold p. 563.

我们唯一必须处理的，而且该对立可以迫使我们选择其中一项，但在这里完全还有其他更重要的对立需要考虑。该理论的最后一个基础是，在各种情况下一再将全体成员与社团本身混为一谈，罗马法多次告诫以反对这种混淆，而且首先是在关于社团权利的真正主体这个问题上（§86），但也在社团行为的真正主体这个问题上（§90，§91注19，§93注2和8）。该理论的最终基础是，对所有社团组织中绝对民主的一种默示且完全恣意的前提假设。因此，本质上就是将公法上的人民主权（Volkssouveränität）理论转用于私法中的法人之上。

但是，在这里事实上需要考虑的是完全不同的对立，其完全被上述争论问题（即应适用多数决还是一致决）所遮蔽，这些不同的对立如下。

第一个对立涉及上文（§86）所指出的关于社团状况的区别。许多社团出于独立于其私法人格的其他目的（§96），拥有一个人为构造的组织，在这样的社团中拥有各种公共权力机关。由于上述理论的支持者认为成员全体（不同于构建出来的公共权力机关）享有无限的权力，因此他们必须要么忽视这些机关，要么仅仅将这些机关视为从属的且非独立的日常管理工具；这两种观点都是完全毫无根据的恣意。这一点通过下述例子会变得更加清楚，这个例子是关于一类最频繁且最重要的社团。在德国的城市中，可以发现自古以来就有一个包含市长（Bürgermeister）和市政会（Rath）的组织，此外（有时还以各种各样方式设立的）市民代表（Bürgervertretung）也非常常见。上述理论的支持者现在必须认为，在德国的城市中，市长、市政会和市民代表只有有限的行政权，从属于享有全权的市民全体；与这种观点相比，在查明全体的意思方面究竟应适用一致决还是多数决这个问题，显然具有从属性。如果人们现在想要赋予上述理论一些立场和可能性，就必须完全排除该理论对此等具有完善组织的社团的适用，而只将上述理论限于其他的社团。对于这种区分，人们甚至已经准备好了可行的术语，即组织化的团体和非组织化的团体（uniorsitas ordinata oder inordinata）（§86）；但人们并没有使用而只是指出了这组术语，然而人们同时确立了个体成员享有全权的原则，且该原则一般性地适用于所有社团。——此外，对错误基本观点的这个适用，最不适宜转化到实际生活中，从而破坏实践，因为这里所预设的完善组织必然通过其内在的生命力而进行自然的且有效的抵抗；但随后的其他适用则与此不同，仅仅是法院的意见（在错误理论的影响下）就完全足以将其引入生活中。

上述理论未注意的、事实上完全忽视的第二个对立，是一般性的成员与权利不平等的不同阶级成员之间的对立。在德国的大部分地区，我们可以在街区行政区发现完全农民（vollbauern）和半农民（halbbauern），以及除农民之外的贫农（Kossathen）和茅屋农（Häusler）*，这些重要区别在确定社团意思方面的影

---

* 例如，在石勒苏益格（Schleswig）和荷尔斯泰因（Holstein）公国，完全农民拥有约 100 英亩的土地，半农民拥有约 50 英亩的土地，而贫农（Kathner）则只有约 15 英亩的土地。茅屋农属于更低的阶层，拥有一栋附有一小块土地的房子。See Field's Landholding and the Relation of Landlord and Tenant（1883），76，99，and 106.——英译者注

德意志农民大多在村落聚居，在各处耕地上拥有数额不等的"胡符"（即德国农民所拥有的土地面积计量单位，大小因地而异，大约在 7～15 公顷）。完全农民（Vollbauer）通常有 2～2.5 胡符，个别的也有多达 4 胡符的；而半农民（Halbbauer）及 1/4 农民（Viterbldbauer）则仅有半或 1/4 胡符。农民大多拥有役畜，而从事役畜赋役。无胡符的不得以农民称之，而代以 Instleute 或 Kleine，Leute 呼之，而各地又分别用 Kossäten、Garrtner、Hausler 等加以具有地方特色的称谓。这些人所耕种的大多是村外或农民保有地间隙耕地之外的土地。某处土地是否列入胡符，殆由习惯来定而不准个人随意更动。是以是否成为农民则与保有地的多少，乃至经济上富裕程度大多无关，但不拥有胡符，则不能成为农村共同体的成员，也无权参与农村共同事项的集体活动，是处于较农民为低的阶层。其中大多属于仅有几摩根土地的贫农层（Kossäten），但对领主仍负有赋役、贡纳的义务，其中仅极少数能提供役畜赋役，余下的多数只能以手工赋役来服务。对领主直领地上可免除的国家地租，却仍向属于农民以下阶层的土地来征收。参见董恺忱：《东亚与西欧农法比较研究》，北京，中国农业出版社 2007 年版，第 195 页。——译者注

335 响是如此自然，但一旦通过一项一般的原则，所有社团的个体成员被归于一个单纯数字上的存在，而这与个人的绝对平等不可分割，那么这些区别必然完全消失。

最后，上述理论没有注意到的第三个对立是（现在活着的）成员全体与社团本身之间的对立，社团持久存续而独立于个体的更替（§86）。我们现在处于这样一个领域，即在公法中和在私法中一样，双方都在该领域进行了最激烈的争论和片面的夸大。生机勃勃的当前（lebendige Gegenwart）有其特有的要求，它既不应无条件地被束缚在过往的意志中，也不应为了未来的利益而被牺牲。但是，它应当以智慧和节制而暂时支配持存之财产和目的，不应出于狭隘和自私而剥夺后代实现幸福状态的手段。根据上述理论，现在活着的成员被赋予了无限的权力，而没有考虑到后代的状况。如果我们试图弄清楚，这一理论在此处所述的对立方面可能会产生的后果，那么该理论将对我们显示出或多或少的危险性，其危险性视偶然的情况而定。相较其他社团，该理论在

336 行政区中更加危险，因为行政区对国家更重要；如果认为该理论在行政区中较不危险，这是因为，对自己几乎总是在行政区关系中之后代的关心，将避免许多对社团有害的决议：这种保障机制在诸如行会的情况下，不会以同样的方式存在。

不过，除了所主张的社团目前活着的成员的全权（到目前为止谈论的就是这点）之外，还应说明上述理论中的第二个且其本身的有害性小得多的错误，即认为如果社团的一项决议应由多数决通过，那么三分之二的全体成员出席是必要的，但同时也是充分的。所有人都援引上文（§96注3、注5）引述过的罗马法篇章，却没有考虑到，他们实际上是以双重方式将一种完全异质的意义强加给这些篇章。第一，这些篇章没有提及一般性的社团，而仅提及了城市行政区；第二（这一点更重要），这些篇章也没

有提及社团成员的三分之二，而是市政委员会成员的三分之二，因此这些篇章仅仅提及组织化团体（universitas ordinata）内的代表大会，而城区的全部土地所有权人（possessores）则是真正的社团成员。⑤——在这里，明智的做法也就是将组织化的团体首先排除在上述规则之外，而事实上，实践已经在帮助反对这一错误理论了。尽管学者们到处宣称三分之二成员这个理论毫无疑问地适用于所有社团，但在德国的城市中，它却既不适用于市议会（Bürgerschaft）*，也不适用于市政会（Stadtrath）（对于它们，可以首先主张类推真正的罗马法原则）。如果人们仔细研究一下三分之二成员这个原则在实践中得到了多大程度的贯彻，就会发现该原则只限于选任诉讼代理人（Procurators），以便街区行政区这一方的诉讼实施，而街区行政区总是有着非常不完善的组织，也就是非组织化的社团。在这种情况下，必须召集三分之二的成员来选任诉讼代理人，这种行为（不同于真正的罗马法术语）经常被称为设立代理人（Syndikats）。⑥

---

* 汉萨同盟中各市的市议会以及汉堡和不来梅的州议会。——译者注

⑤ Savigny, Geschichte des R. R. im Mittelalter, B. 1, § 21.——这两个混淆的中的第一个，被一些现代学者认识到并提出异议；而第二个更重要的混淆，他们没有注意到。Lotz S. 119. Kori S. 3-5.

⑥ 关于代理人的选任，现代学者的主流意见是，在非组织化的团体（街区、行会）中，必须召集三分之二的成员，而在组织化的团体（城市、大学）中则并非如此，其正式负责人自己就可以选任诉讼代理人。Glück B. 5 § 413. Martin Proceß § 78 ed. 11. 作为实践表达，该规则可能是有效的；但是就人们援引罗马法篇章来支持该规则而言，则是完全矛盾的，因为市政委员会成员（罗马法仅是对他们规定了三分之二的规则）恰恰属于组织化的团体。——Struben Bedenken I. Num. 80，其主张一般而言只有在选任代理人（Syndicaten）时才需要三分之二的多数，而在其他决议中则不需要；根据罗马法，这当然是错误的。——罗马法中的 Syndicus 一词只被用于城市的诉讼代理人，而且通常只被用于为城市的所有诉讼而选任的诉讼代理人；为某一个别诉讼而选任的城市代理人被称为 actor（代理人）。

第九十八节　法人——组织（续）

339　　通过考察法人可能从事的各种各样的活动，这里所述的关于组织的相反观点，其影响将变得更加明显。这种活动可能涉及两类对象：第一是属于日常管理的对象；第二是对法人本身的状况及其财产产生变化性影响的其他对象。然而，在这两类对象之间不可能划出清晰的界线，以至于许多过渡阶段是无法被观察到的。

　　在日常管理的事务中，上述观点的对立不太明显，部分原因是事务的重要性相对较小，部分原因是它们大多属于那种必须以某种方式处理的事务，而且还经常重复出现。因此，几乎在一切领域，要么以制定法，要么通过习俗，来确立此类事务的常规形

340 式，并且通过这种方式，上述理论的影响就会被排除或减轻。①这首先包括日常金钱收入和支出的管理；将之前已经出租过的土地重新出租（Verpachtung）；选择负责人和管理人员。在某种程度上，也包括接受新成员②；此外还包括实施诉讼。然而根据情况［的不同］，最后这个事项也可能属于更有疑问和更有危险的事务，因此在街区行政区，近期制定法经常规定这些事项必须得到上级政府机关的批准（§100）。

　　对于影响持久状况的事务，情况则不同。因为通过这些事务，有时这一状况不仅可能发生本质上的恶化，甚至社团的存在也可能被消灭或受到威胁。此外，这些事务也大多可能属于完全

---

①　Kori S. 23-25 正确地指出，对于许多此类无论如何都必须作出决定的事务，就连为了作出决定所召集的大会中的绝对多数，都并非总能获得，并且也非必要。

②　前社团成员的退出不属于此，因为原则上每个个体成员都可以自由退社，而且也许只受制于对一些共同负担的义务进行补偿。

不发生的类型，以及并非定期重复出现的类型，而只是偶尔出现，也许它们可能只出现一次，因此，对于这些事务，无论是制定法的规定还是习俗都没有确立任何规则。由于所有这些原因，一种处于支配地位的理论能够对这类事务产生很大影响，而这种影响恰恰在这里特别重要且危险。此类最重要的情形可能有如下几个。

（1）新规章（Statuten）*的制定，这确实一方面可能对社团的利益（Wohl）甚至社团的存在，另一方面也可能对个体成员的权利和安全，产生最危险的影响。

（2）性质完全类似的是为社团的目的而对个体成员征税，这事实上同样只是社团内部立法的具体分支。

（3）社团的解散。上文已经指出，如果没有国家的许可，社团的解散就不可能发生（§89）。但与此不同的问题是，在社团内部谁可以决议解散社团并申请解散的许可。——此外，这看起来是所有情况中最重要的情况，但在实践中恰恰是最无足轻重的。对于行政区来说，这种情况本来就不会出现，其仅仅在意志性社团中才有可能发生，在取得社团权利的工商业会社（Gesellschaften）中最多发生（§88），对于它们来说，人们在设立社团时不会轻易忽略对这种情况事先做出规定。

（4）社团财产的实质变化。这也可能常常更多地具有日常管理的性质，例如，当拖欠资金被偿还并以社团的名义重新投资时，或者当积累的资金被出借或用于购买土地时，即是如此。但是，其他属于此种情形的性质则更加危险，而且由于它们经常发生，所以总体而言恰恰是这里必须考虑的最重要的情形。特别是

---

* Statute，考虑到在本书中法人的类型很多，故不将其翻译为"章程"，而暂译为"规章"。——译者注

以下情形属于此类。

A. 通过赠与完全让与财产。对陌生人来说，这种慷慨是不可能轻易发生的，但对社团自己的成员来说则可能会发生，例如当城市财产或收取的货币资本（Geldkapital）在个体成员之间分配时即是如此。这种行为作为一种真正的赠与这个性质可能很容易被忽视，因为根据一种常见的概念上的混乱，社团的所有权原本习惯上就被视为成员的所有权。

B. 将迄今由社团享有所有权并由个体成员使用的土地（§91），例如市民森林和公共牧场，让与给个体成员。这种情形只是在程度上与前一种情形不同，因为在这里，所有权事实上也被放弃了，尽管是以一种非常有限的方式放弃。恰恰因为此时社团的损失不那么明显，所以人们对此常常完全没有疑虑；同时，这种情况最为常见，且因此在实践上更重要。——就此而言，人们把奇怪的或者错误的观点混杂在一起，由此把真正的事物关系遮蔽了。例如，人们可能会特别重视这样一种情况，即社团偶尔也还会从这些财产中获得一些利益，例如，任何想要使用公共牧场的人都必须向行政区金库缴纳少量的费用。③ 但这个情况并不那么重要，因为欠缺这种金钱收入可以很容易地以其他方式完全弥补，例如，通过对被分配土地之上的土地税来弥补。——以下这个观点并不重要，即该观点认为，迄今未给社团带来收益的所有权，其实仅仅是一个并无实质的空洞名称。④ 反之，必须记住，这种未带来利益的社团所有权可能会确保未来成员的富裕（持久性的社团当然对此享有利益），而经分配的财产可能会因为现有

---

③ Kori S. 15.

④ Kori S. 17. 18，但他在这种情况下也想要尊重实在法所确立的社团所有权。但是，对于在个人间分配时所适用的规则，即在第一种情况下需要一致决，而在第二种情况下只需要多数决，他将这一规则建立在行政区是否获得了金钱利益这一完全偶然且次要的情况之上；我认为这种区分是毫无根据的。

成员的轻率而被永远耗尽。例如，如果市民森林的所有权仍然属于社团，那么由社团管理就可能比由个体成员管理更好，而且后代仍然可以找到木材，否则在分配之后，所有的木材都可能被挥霍一空，并且仅仅把变成荒漠的土地留给几代人。

C. 单纯使用权的变更，使用权迄今属于社团，现在则被转移给个体成员（§91）。——虽然在这里，社团的所有权本身得到了保留，但这种变更仍然极为重要和危险，这不仅仅是因为金钱收益的减少，而且因为，根据前述 B 中所做的评论，这种变更很容易导致所有权的实际分配。

D. 相反的变更（将市民的财产变更为城市财产）。——这种变更对社团来说一点都不成问题，社团仅从中受益，但对个体成员来说也就更加不利，个体成员因此而失去了全部使用权。

E. 因借款而负担债务。——金钱借贷本身是一种交换行为，因为就所承担的债务而言，借款人获得了同等价值的现金所有权。然而，由于这种所有权可能因使用不当而轻易消逝得无影无踪，而债务无疑却继续存在，因此，这里所说的行为同样属于财产实质上的可能减少的情形。

第九十九节　法人——组织（续）

最重要的事务已经得到了阐述（§98），上文所一般性考察的理论（§97）对于此等事务的适用是可能的且重要的，在此之后，这一适用现在应在具体事务中得到实施和考察。

然而，首先必须注意到，上述理论在现代学者那里呈现出不同的强度。有些学者认为，多数人享有全权而不区分对象，仅当多数人的决议可能会导致行政区的毁灭时，才允许因考虑到公共福利而施加限制。[①] 相反，其他学者在实施该原则时，在两方面对该原则进行了重要的缓和：对第九十八节所论述的最重要事务，他们要求一致决，而非多数决，且在这些事务中，他们考虑到个人享有的参与权（Theilnehmungsrechte）的差异（§97），而成员的不同阶层即来源于此。[②] 这两方面的缓和固然避免了应用该原则带来的许多危险后果，但即便扣除这些缓和不算，该理论在以下方面仍然存在错误。

Ⅰ. 对组织化团体的固有性质的忽视，就组织化团体而言，由成员多数享有全权是完全不合适的（§97）。——然而，这一点在实践中不如在一般性的考察中重要，因为上述理论的支持者尽管使用一般性的表述，但事实上仅仅习惯于考虑到非组织化的团体，尤其是街区行政区，就我所知，没有人试图将这一原则也适用于城市，而不考虑城市特殊的组织。

Ⅱ. 全体的权利应可由三分之二成员出席的大会行使的规则

[①] Thibaut a. a. O.，S. 395. 397，Pandekten §132. 他在第 397 页明确拒绝了对不同的参与权的考虑，且在对社团所有权的每一次固定分配中，如果人们不能就分配标准取得一致，他要求根据成员人数平均分配。

[②] Haubold C. 4 §4 sq. Kori S. 11 - 20 S. 26.

（§97）。——虽然这项规则在给定范围内遭到彻底拒绝③，但该规则在实践中不那么重要。在大多数真正重要的情形中，成员之间事实上已经出现了意见分歧，那么，就不难将全体成员召集到大会上，由大会来决定对社团如此重要的事项，由此，上述错误本来就会丧失所有的影响力。

Ⅲ．最后，作为主要的错误，这里仍然遗留一项实践中最重要的主张，即把现有成员全体与社团本身等同视之，从而赋予现有成员全体对社团权利的无条件的权力；这个错误会因为简单多数决而在很多方面更为恶化，但该错误也会因为一些学者在很多情形中所要求的一致决而得到很大的缓和。

从经由这些考察所获得的观点出发，对于在第九十八节中已经被整理过的不属于日常管理的事务，我们现在应当进行具体考察。

（1）新的规章。

（2）征税。

在这两项事务中，授予多数人以无条件的权力尤为危险，因为很明显，由此可以对处于少数派的个人或整个阶层，进行最恣意且最不公正的对待，且这些少数派毫无防卫的可能。反之，在这一点上，所有成员的一致决并不那么危险，因为，根据事项的性质，对未来产生不可挽回的损害不太容易出现。倒不如说国家自身的利益可能会因此而受到威胁，例如，地方税的种类和标准可能会对国家税收产生不利。因此，无论如何都有必要进行一定

---

③ 在第九十七节中已经证实，三分之二的规则从未适用于所有社团的成员，而只是被罗马人适用于管理社团的市政委员会［市政委员会成员（Decurionen）］。即使通过类推而扩张适用范围，也是完全不被允许的；三分之二这个规则在市政委员会成员情形中之所以被容许，是因为为了对那些日常事务进行连续处理，他们实际上需要这个规则来缓和事务处理程序，但是，对财产实质上的处分和类似事务则可能完全不发生（§98），这样的缓和既无必要也不可取。

的监督，这同时也完全足以注意并防止对社团自己的未来可能的不利。

（3）社团的解散无论如何都需要得到国家的许可。但同时，多数人的决议对于解散社团不可能是充分的，因为无法理解，为什么少数人不能够延续该社团，而多数人却可以自由地个别退出社团。如果多数人不满足于此，而倾向于一般性的解散，这大多是由于他们同时要求分配社团财产；然而，由于分配社团财产的决议和解散社团的决议是相继发生和重合的，因此两者受制于相同的考虑。——所有成员对于解散社团的一致决议，始终需要得到国家的许可，因为第三人，例如债权人，可能因此受到损害。但是，如果存在国家的许可，那么，考虑到未来，就不可能存在此等解散决议的合法性障碍，因为现在社团已不再有其状况可能因该决议而处于不利中这样的未来。

（4）社团财产实质的变化。这种情况在所有情况中绝对是最重要的，因为一方面损失一旦发生就无法挽回，而另一方面，贪欲（Gewinnsucht）很容易诱使个体成员为无助的社团带来不利。

在这里，多数人的绝对统治所可能产生的不公正是尤其明显的。毫无疑问，在许多情况下，Thibaut 所容许的禀性（Temperament）会提供补救，即国家利益不能因行政区的崩溃而受到威胁。但仍存在许多未导致崩溃的不法，而且存在并非行政区的社团。用一个例子可以清晰说明这一点。假设一个工匠从德国一个城市来到印度旅行，取得了财产，并将一大笔资金遗赠给他以前作为成员所在的行会。如果这个行会由 15 名工匠组成，那么根据 Thibaut 的规则，其中 8 人作为享有无限权力的（allmächtige）多数，可以在他们之间分配这笔钱，而不给其余 7 人任何东西。Thibaut 所容许的限制在这里并无用处，因为在手工业行会的情形中，国家利益只限于有技能的和诚信的手工业企

第二章 作为法律关系承担者的人

业，而这与偶然取得的金钱财产完全无关。但是，国家在行使其司法职能时，作为一切权利的保护者，在这里和其他地方一样，都不会允许不法的发生。——在这种关系中，即使按照那些要求一致决的意见，也只能避免不法的一个方面。7 名成员不会再因 8 名成员而受到损害，但社团仍会因全部 15 名成员而受到损害。④ 在这里，上文（§90）提到的社团和未成年人之间的对比也会使一切变得更加清楚。如果一个被监护人有三个监护人，其中两个监护人不应把财产在两人之间分配，而将第三个人排除在外；但如果他们允许第三个监护人参与分配，那么对被监护人的不法不会因此而变得更少。

仍然需要特别考虑的情况是，市民财产转变为城市财产，或者个人使用转变为行政区使用。在此，多数人的决议也再一次应被完全拒绝，因为无论行政区由谁来代理，行政区本身都不得对个人的使用权作出任何决议⑤；反之，全体一致的决议是完全合法的（rechtmäßig），因为每一个个体成员现在都放弃了其个人的使用权，而他毋庸置疑有权这样做。

---

④ 这一点在以下情形中体现得相当突出，即如果在一个手工业行会中，除一人外的其他所有工匠，都因一场瘟疫去世，而幸存者想要将行会财产变为个人财产（§89 注 2）。这里无疑存在全体一致。

⑤ Eichhorn, deutsches Privatrecht, §372. 373.

第一百节　法人——组织（续）

352　　迄今为止的阐述似乎表明，对于社团来说，其财产必须不能发生任何的实质性变化。然而，在许多情况下这种变更是有益且可取的，而在另一些情况下，这种变更更是必要的。如何解决这一矛盾呢？

在未成年人情形中，其财产被托付给值得信赖的监护人管理；对于最危险的行为，后期罗马法，但更多的是大多数国家的现行法律，补充了一项完全特殊的监督；最后，未成年人通常在几年后就会具有行为能力，然后自己可以要求监护人报告（Rechenschaft）。——社团与未成年人的区别首先在于社团并无成年的问题，但更重要的是，恰恰在此处成问题的财产变化方面，社

353　团总是与其自身的代理人的个人利益发生直接冲突[1]；这种冲突在被监护人和监护人之间通常完全不存在，而且如果这种冲突偶然存在，也会立即引发另一个代理人的替换。[2]

因此，从这一对比中可以看出，对于社团而言，实施上述行为的法律可能性是由高等监护的保护权（obervormundschaftliche Schutzrecht）所赋予的，国家可以并且应当对所有需要保护的人，因此可以并且应当对社团，行使保护权。所以，国家在此积极行动，不仅是为了保护它自己的利益，国家在许多社团中，事实上在最重要的社团中当然也享有自己的利益，而且是由于一项

---

[1] 这种情况特别发生于每一次在个体成员之间分配社团财产时；无疑，在街区行政区和行会中这种情况最为突出，因为这种分配恰恰应由那些能从中获益的人作出决议；但在组织化的团体，例如城市行政区中，也是如此（尽管程度较轻）。因为决议分配的城市机关的成员并非处于行政区之外，这些成员对于分配的利益并非无关，这与监护人对于其为了被监护人所实施的行动不享有利益并不相似。

[2] §3 *J. de auctor. tut.* (1.21.).

在所有领域都同等地属于国家的权利。（§96）。

关于国家对社团的这种干涉，在近期有非常多的著述和争论：尽管很少是从私法的角度，而更多的是从政治的角度；不仅在德国如此，而且在法国也是如此。③ 因此，反对任何此等干涉的人对最终结果的观点绝非一致；有些人似乎更多肯定性地来考虑它，认为社团的一般代理人应能按照他们的喜好行事；另一些人则更多否定性地来考虑它，认为在社团财产中，影响社团财产的每一项变化都必须绝对不能发生。上述观点的两种形态，都出于对社团的明显好意，但两者在其严格的后果上，却都可能对社团相当有害。

不带成见地考虑一下，以下判断并非错误：国家对社团（特别是行政区）过度监护式的干涉造成了很多错误。征税（Fiscalität）或者国家官员错误的权力欲，对行政区带来了巨大的损害，因为甚至许多日常事务都受到国家持续的、常常是阻碍性的特殊干涉，而这些日常事务最好留给独立的地方行政，而仅保留受制于国家所进行的自然的、在事务本身中并不显著的一般性监督。这种在实施干涉方面的滥用不能通过确立规则来避免，而只能通过政府机关的洞见和善意来避免；原则的正确性不能因滥用而变得有疑问。如果政府机关有正确的意识，国家对上述更重要事务的干涉，只可能为社团带来最大程度的利益；这种干涉不仅会重视后代的利益，而且会重视那些可能因多数人的自私意志而受到损害的个人；这在所有行政区中，因此在城市行政区中都会发生④，尽管最常见且最明显的是，在像街区行政区一样没

---

③ 关于这一主题的最优秀的法国著作有：Fiévée correspondance politique et administrative, lettre première（Schlosser 译，Frankfurt 1816），以及 Martignac 在众议院发表的关于地方自治法（Communalgesetz）的讲话。

④ 在1831年普鲁士修订的市政条例第117—123条中，城市的以下事务需要得到上级政府机关的同意：土地的让与、共有地分配（Gemeinheitsteilungen）、收藏品的让与、借款、土地购买、负担（Auflagen），以及将市民财产转变为城市财产。Gesetzsammlung 1831 S. 28–30。

有完善组织，故而社团利益与个人自利产生最直接冲突的行政区中发生。

　　在国家干涉被认为是可取的上述所有事项中，因不断重复出现而最为重要的事项是共有地分配（Gemeinheitstheilung），亦即将迄今为止已经由个人使用的社团土地分配给个人（§98 第 4 项 B）；上文引用的一些一般性著作，首先是由这一事项的重大利益所推动的。因为多数人的无限权力在此处就像其他情形中一样，会产生极大的不公正；但正如上文引述的市民森林的例子所表明的那样，即使是一致决也不能避免所有的危害。因此，一些现代学者宣称，所有的共有地分配都是不公正的，而且是革命性的；这肯定带有最片面的夸大。如果说过去使用土地的方式满足了几个世纪以来的需求，那么同样没有疑问的是，现在已经进入了一个新的时代，所有工商业活动更巨大的活力不允许任何人将自己完全置之事外，而古老的习惯并未变得有害。然而，没有人会怀疑，作为公共牧场而很少被使用的土地，可以通过分配而带来大得多的收益。因此一般而言，由于推动共有地分配，政府只应受称赞，尽管在个别情况下也可能发生一些错误的事情。但是，国家必须通过监督的方式，以试图避免在这些事务中个人以及后代整体受到任何损害，这种监督大多可以还原为一般规则，甚至在这种形式下更会保障完全的公正性；这就是共有地分配法（Gemeinheitstheilungsordnungen）的起源。⑤

　　在这里，值得特别一提的是为实现法人所享有的权利而实施诉讼（Prozeßführung）。就其本身而言，这属于无害的日常管理

---

　　⑤　出于与共有地分配规则所赖以产生的相同的国民经济理由，现代立法也相当经常地干预个人的法律关系，因为其允许分离并消除役权（Servituten）和物上负担（Reallasten）的单方权力，此处仅仅是附带提及。Vgl. Eichhorn, deutsches Privatrecht, §373.

事项（§98）。然而，特别是对于非组织化的团体，尤其是街区行政区，有两类相反的考虑可能使特别的预防措施成为必要。第一，轻率地实施诉讼可能很容易会导致无益的费用支出，从而具有浪费的性质。因此，在实践中需要设立一个正式的代理人（Syndicats）（§97），并且现代制定法常常规定，街区行政区提起的所有诉讼都必须得到政府的特别许可。——第二，如果街区行政区的个体成员想要将行政区财产据为己有并加以挥霍，他们只需要作为个人而私力取得这些财产的占有，然后通过代理人的拒绝，来阻止行政区针对作为具体加害人的成员提起的任何基于占有本权的（petitorische）和基于占有的（possessorische）诉讼。既然如果允许以这种间接的方式剥夺对行政区的所有法律保护是荒唐的，那么在这种情况下，唯一的补救办法就是由政府委托某个官员以行政区的名义提起诉讼。如果不让政府行使这种高等监护权（obervormundschaftlichen Rechts），那么权力就会由此落入个人手中，其会强行对共有地进行最恣意且最无秩序的分配。⑥

关于这里所讨论的主题，罗马法的规定相当少。在帝政时期的城市行政区中，市政委员会成员被赋予了几乎不受限制的权力

---

⑥ 对于简单的情形，即所有或者说几乎所有的个人事实上都出现在与行政区的这种冲突中，这一事实是如此清楚，以至于这里所确立的主张可能并不容易发现矛盾。但是，它经常以下述略微复杂的形态出现。如果行政区成员中只有一部分人排他地使用了一片行政区的森林，那么可能发生的是，恰恰是继承森林的人作为个人而夺占了这片森林，然后借口说他们不能被起诉，除非由其他成员设立的代理人起诉他们。这也是徒劳的；因为其他成员在这件事上完全没有任何利益，他们可能很容易被完全微不足道的金钱利益所满足，然后拒绝设立代理人。因此，这种情况与上述第一种最简单的情况没有本质上的区别。——在近期，普鲁士国家的莱茵河东部地区［过去的拿骚（Nassauischen）地区］更加经常地发生这类情况，位于柏林的莱茵上诉法院多年来一直根据这里所确立的原则作出裁判。

（§96）。然而，在 Leo 皇帝的一项谕令（Constitution）中，对此就有一个值得注意的限制。如果一个城市想要出卖建筑物、地租（Grundrenten）或奴隶⑦，若该城市为君士坦丁堡，则要求得到皇帝的许可，而对于其他所有城市，则必须得到大会的许可，该大会必须由市政委员会成员、名望人士（Honorati）以及该城市地主（Possessoren）这些人多数组成，其中每个个体成员都必须单独投票。⑧——关于意志性社团，《十二表法》中已作出了以下规定（继受自梭伦的制定法），即社团应当有权为自己制定规章；但其中没有说明该规章是否只能一致决，还是也可以多数决。⑨

---

⑦ L. 3 *C. de vend. reb. civ.* （11.32.）【原文是 L.3 *C. de vend. reb. civ.* （11.31.），似有误。——译者注】："房屋，或供给城市的谷物，或任何建筑物或奴隶。"（domus, aut annonae civiles, aut quaelibet aedificia vel mancipia.）供给城市的谷物（annonae civiles）是物上负担（Reallasten），其内容是粮食税（Fruchtabgaben），因此由农奴（Colonen）或永佃权人（Emphyteuten）缴纳。参见 L. 14 *C. de SS. eccl.*（1.2.），以及 Jac. Gothofredus in L. 19 *C. Th. de paganis*（16.10.）。这个名称显示出与军粮（militaris annona）的对比，或者说，与土地所有权人有义务为军队给养而供给实物（Naturallieferung）的对比。

⑧ 如前所引篇章："所有或大部分的市政委员会成员以及名望人士和城市地主在场的情况下。"（praesentibus omnibus, seu plurima parte, tam curialium quam honoratorum et possessorum civitatis.）法律没有规定，是应由出席者的多数决，还是由那个阶层的所有现存成员的多数决，来决定出售的问题。关于上述各阶层的意义，参见 Savigny, Geschichte des R. R. im Mittelalter, B. 1, §21。

⑨ L. 4 *de coll, et corp.*（47.22.），来源于 Gajus lib. 4 *ad Leg.* XII. *tab.*："社团成员是指属于同一个社团的人。法律赋予他们权力以达成他们想要的协议，只要不违反公共法规。"（Sodales sunt qui ejusdem collegii sunt. His autem potestatem【原文是 polestatem，似有误。——译者注】facit Lex, pactionem quam velint sibi ferre, dum ne quid ex publica lege corrumpant.）

第一百零一节　法人——国库

Digest. XLIX. 14 de jure fisci.
Cod. Just. X. 1 de jure fisci.
Cod. Theod. X. 1 de jure fisci.
Paulus Ⅴ. 12 de jure fisci et populi.

———

国家在其私法关系中活动所呈现的方式，也就是国库的组织，不属于私法，而是属于公法的范畴；因此，我们对于罗马人在这方面所采取的制度，只有历史的兴趣而已。

国库的私法层面，部分内容是数量极其众多的特权，部分内容是其法律人格本身。对个别特权进行阐述已被否定，因为其不适合于我们法律体系的相应部分（§90）。在此仅可能作一些一般性的评论。在国库因其特殊的特权而享有的众多特有的取得中，特别包括了组织化的报告（Nunciationes），它可以给报告者带来各种各样的好处。① 由这些特有的取得所引发的诉讼，通常受制于20年的消灭时效②，但对于无主遗产，则例外地受制于4年的消灭时效。③——在所有国家，侯爵本身的私有财产都与国库区分开来（§88注40）；但在罗马法中，国库的特权也被扩张到皇帝的私有财产，甚至被扩张到皇后的私有财产。④

至于国库的法律人格，在社团中所提及的疑虑和错误则完全消失了，因为由个人或整个政府机关代理国库的权利，仅仅由属

———

① L. 1 *pr.* L. 13 L. 15 §3 L. 16. 42. 49 *de j. fisci* (49. 14.).
② L. 1 §3. 4. 5 *de j. fisci* (49. 14.).
③ L. 1 §1. 2 *de j. fisci* (49. 14.).
④ L. 6 §1 *de j. fisci* (49. 14.).

于各个国家公法的国库组织来规定。

　　然而，此处必须对国库的这一方面进行一般性的评论。国库因其完全独特的地位而有别于所有其他的法人（§86、87、88）。在早期罗马法中，无论是自然人还是法人的权利能力，都根据对象和等级而有不同的规则。尤其是在很长一段时间内，社团不具有继承能力，早期法学家试图根据社团的特殊性质来解释社团缺乏继承能力。此一理由同样完全适用于民众国库（Ararium）[民众（populus）]和皇室金库（Fiscus）⑤；然而在这个场合中，两者完全没有被提及，既未提及它们像社团一样无能力，也未提及它们在起初就并非无能力，或是在某一后来的时期才取得了此等能力。然而同时，我们发现了不少情形，在这些情形中，民众国库确实取得了遗产和遗赠，而对这种取得在法律上的可能性没有任何怀疑的迹象（§93.D）。这些现象可以根据上文提到的国家财产的特殊性质来解释。所有的权利一般都来自民众，他们不可能缺乏某种权利能力。这在任何时代都必然如此，所以不可能涉及特别授予这种能力的问题。然而，早期法学家似乎认为这一切都相当自然且必要，以至于他们从未想过要就这个问题制定规则，特别是没有明确在国库和社团之间的本质区别。

---

　　⑤　无疑，Ulpian 的言辞（XXII.§5）同样适合于任何自治市和民众："因为这是一个不确定的形体，他们既不能所有人共同决定，也不能像继承人那样行事，不能成为继承人。"（quoniam incertum corpus est, ut neque cernere universi, neque pro herede gerere possint, ut heredet fiant.）

第一百零二节　法人——遗产

根据我们法学者的通常理论，未取得的或尚未继承的遗产（hereditas jacens）也应当属于法人，因此必须取得与社团相同的地位。事实上，Florentinus的一个篇章似乎也直接确认了这种并列。① 然而，我们必须考察的是，在何种意义上这么说是正确的。

首先，人们可能想要这样来考虑这个问题：在继承遗产之后，继承人对财产的支配被认为是继承的时点，因此在被继承人死亡和遗产继承之间，总是存在一段时间，在这段时间内，只能设想一个拟制的财产主人，即遗产本身。但事实上并非如此；相反，继承遗产之继承人的权利，恰恰被认为是在被继承人死亡后立即产生的，所以根本无法设想任何一个时点，财产在该时点确实不在被继承人或继承人的支配之下。② 因此，当许多篇章认为未取得的遗产是无主物时③，这只能被理解为我们不知道实际的主人是谁；因此，在那个全部期间内，遗产确实有一个主人，但

---

① L. 22 *de fidejuss.* (46.1.)："当债务人死亡时他应被承诺，[未分配的遗产]在接受继承之前，能够被担保人[担保]。因为遗产如同一个'人'那样发挥功能，就像自治市、官员社团和合伙一样。"(Mortuo reo promittendi, et ante aditam hereditatem fidejussor accipi potest: quia *hereditas personae vice fungitur, sicuti municipium, et decuria, et societas.*) (vgl. §85 注 8)。

② L. 193 *de R. J.* (50.17.)："继承人几乎所有的权利都被认为与他们在[被继承人]死亡后立即成为继承人的权利相同。"(Omnia fere jura heredum perinde habentur, ac si continuo sub tempus mortis heredes exstitissent.) L. 138 *pr. eod.*："每项遗产，尽管是后来才接受的，但在[被继承人]死亡的那一刻就被视为存续。"(Omnis hereditas, quamvis postea adeatur, tamen cum tempore mortis continuatur.)

③ L. 13 §5 *quod vi* (43.24.)："……当土地不属于任何人时……之后所有权落到他人手中……例如，一项遗产尚未被继承，之后Titius接受继承该遗产……在当时没有人是所有权人。"(… cum praedium interim nullius esset… postea dominio ad aliquem devoluto… utputa hereditas jacebat, postea adiit hereditatem Titius… quod eo tempore nemo dominus fuerit.)

我们不知道他的存在。

以下是对上述并列的另一种解释。该财产有一个未知的主人，故而无法保护。因此，在这段期间内，该财产被指定了一个保佐人（Curator），由保佐人代理财产，就像法人由其负责人代理一样。——但这种解释也必须被拒绝。根据罗马法，为未取得之遗产指定保佐人虽然并非不可想象，但这既非必要，也非常见；在提及未取得之遗产的特殊权利的众多篇章中，几乎没有预设此等保佐人，而都没有提及保佐人。对于下落不明人者的财产，也可以根据需要而为其指定保佐人，而无须在这里将该财产视为法人。下落不明者不会因其下落不明而沦为单纯的拟制，未来的继承人也同样不会因其暂时的隐藏而沦为单纯的拟制；两者都仍然是个体生物人和自然人。如果人们将未取得之遗产作为一个法人这一点严格地贯彻下去，就必须让遗产进入各种法律关系中，事实上人们甚至可以允许，其他的立遗嘱人又直接使尚未继承的遗产取得遗产或遗赠；然而，所有这些从未进入过罗马法学家的意识中。

对于这种情况，最简单且最自然的处理方式无疑是，从被继承人死亡之日起，人们将遗产认为是仍然未知的主人的财产，但在将来一定能够得知该主人是谁，然后将该期间内可能发生在该财产上的一切都归属于该主人。就该问题而言，罗马法不愿承认这种自然的处理方式，而在其篇章中以两种不同的表述进行了拟制。有的篇章说遗产本身表示一个人，其支配着财产，因此也支配着其自身[④]；

---

④ L. 22 *de fidej.* (46.1.)，（注 1），L. 15 *pr. de usurp.* (41.3.)："因为遗产在某些情况下被认为代替人来行事。"（nam hereditatem in quibusdam *vice personae* fungi receptum est.）——L. 13 §5 *quod vi* (43.24.)："拥有所有权人的地位，"（dominae locum obtinet,) L. 15 *pr. de interrog.* (11.1.)："被认为有所有权人的地位,"（domini loco habetur,) L. 61 *pr. de adqu. rer. dom.* (41.1.)："被认为是所有权人,"（pro domino habetur,) L. 31 §1 *de her. inst.* (28.5.) 参见后文注6。

有的篇章说遗产表示死者，而非仍然未知的继承人。⑤ 然而，这两种表述无疑都是意义完全相同的⑥，只不过构成了与上文提及的自然关系的对比，根据这种自然的关系，遗产实际上已经属于未知的继承人，因此遗产与未知的继承人是同一的。⑦

然而，罗马人是出于以下考虑才被促使进行这一拟制的。当奴隶也属于遗产时（完全没有奴隶的情况可能很少见），即使遗产现在处于尚未被继承的状态，遗产也仍然可以通过奴隶而增加，因为奴隶通常甚至可以在主人不知情的情况下为其取得财产。但是，有一些取得方式，由于其严格的市民法性质，取得人的权利能力受到特别严格的对待；如果该取得方式起因于奴隶，而奴隶的取得能力一般取决于其主人的取得能力，那么，要想使该取得有效，或至少其效力不存有疑问，就应当以有一个已知的和有取得能力的主人为前提。在这些严格的市民法上的取得中，也包括指定奴隶为继承人，因为其效力取决于订立遗嘱时，奴隶

---

⑤ *pr. J. de stip. serv.* (3.17.)："它代替死者，"(*personae defuncti* vicem sustinet,) §2 *J. de her. inst.* (2.14.)："所代替的人不是未来的继承人，而是死者，"(personae vicem sustinet *non heredis futuri, sed defuncti,*) L. 34 *de adqu. rer. dom.* (41.1.)："因为遗产所扮演的人不是继承人而是死者，"Hereditas enim *non heredis personam sed defuncti* sustinet," L. 33 §2 *eod.*："因死者人格取得效力""*ex persona defuncti vires assumit*"———些疑问可能来源于 L. 24 *de novat.* (46.2.)："［遗产］转移给继承人，即遗产在这期间所扮演的人。"(transit ad heredem, *cujus personam interim hereditas sustinet.*) 但是，根据佛罗伦萨手抄本的这种拼写样式，这一篇章与前面篇章的矛盾是如此明显而易见并且无法解决，因此，通行本中是"转移给他的继承人，［他］即［遗产在这期间所扮演的人］"(transit ad *heredem illius*, cujus personam)，这就消除了这种矛盾，无疑更是更可取的。

⑥ 两种表述的此种同一性在一个篇章中特别明显，因为这两种表述并列在一起，所以其中一个表述明显只是为了解释并更进一步规定另外一个表述。L. 31 §1 *de her. inst.* (28.5.)："因为他被认为是遗产的所有权人，（且）获得了死者的地位。"(quia creditum est hereditatem *dominam esse*, (et) defuncti locum obtinere.)

⑦ 这一对比在两个篇章中（脚注5）得到了直接表达。

是否有一个具有被指定为继承人之能力的主人。⑧ 通过奴隶的要式口约取得债权的情况也是如此；如果奴隶本人能够要式买卖某物时，则其在取得所有权方面当然也是如此，只是这种情况在优士丁尼法中不再被提及。为了应对这种受严格法律形式限制的取得，罗马人引入了上述拟制，从而使确定地判断行为的效力成为可能，因为行为的效力现在取决于已知的被继承人的权利能力，而仍然未知的继承人的权利能力却是不确定的。有几个例子可以清楚地说明上述拟制在实践中的益处。如果一个有遗嘱能力的罗马人未订立遗嘱而死亡，且现在第三人将尚未继承的遗产中的一个奴隶指定为继承人，凭借我们的拟制，这一指定是有效的，因为指定继承人被关联到一个具有被指定为继承人之能力的死者；但若没有拟制，指定的效力将会是不确定的，因为仍然未知的法定继承人可能具有法定继承的能力（Intestabilis），但没有被指定为继承人的能力。⑨ 如果一个军人死后留下一份遗嘱，而这份遗嘱仍未开启，因此遗产仍未被取得，那么任何第三人当然可以确定地将属于该遗产的奴隶指定为继承人，因为根据我们的拟制，这一指定被与死者关联起来；如果没有拟制，这一指定的效力就是不确定的，因为军人的那个仍然未知的遗嘱继承人可能是一个异邦人⑩，该异邦人对立遗嘱的第三人而言没有遗嘱能力（testamentifactio）。* 情况完全相同的是，遗产中的奴隶以"你发誓吗？

---

* 遗嘱能力，包括主动的遗嘱能力（testamenti factio attiva）和被动的遗嘱能力（testamenti factio passiva），前者指的是设立遗嘱等的能力，后者指的是被设立为继承人等的能力。——译者注

⑧ Ulpianus XXII. §9 L. 31 *pr. de her. inst.* (28.5.). 该规则在此与我们的拟制直接相关。

⑨ L. 18 §1 L. 26 *qui test.* (28.1.). 至少根据早期法律，具有法定继承能力者也可能不能被指定为继承人。Vgl. Marezoll, bürgerliche Ehre, S. 90.

⑩ L. 13 §2 *de test. mil* (29.1.).

我发誓"（spondes？spondeo）的形式订立要式口约；该要式口约因为与死者关联起来，所以被认为是有效的，但假如它与异邦的遗嘱继承人关联起来，那它就是无效的。⑪——此外，拟制现在还有一个完全逻辑一贯的结果，即当遗产中的奴隶实施了取得行为，而他本身被遗赠时，该项取得仍然属于遗产，而绝非与奴隶一同属于受遗赠人；不过，这一规则在通过遗赠而取得用益权方面，存在一个例外（注17）。

正是为了处理这样的情形，这一拟制才被创造出来。在前已引用的关于拟制的篇章中，数量最多且最明确的就是涉及这种情形的篇章。⑫ 诚然，在一些篇章中也可以发现，对于许多不受制于市民法严格规则的经由奴隶的取得（Sklavenerwerb），例如通过单纯的交付（bloße Tradition）或通过诚信契约（Bonae fidei contractus）*

---

* 与"诚信契约"相对的是"严正契约"。所谓严正契约，是指债务人依契约之约款而为给付者。由严正契约所生之债权债务，称为"obligatio stricti juris"，由严正契约所生之诉权或诉讼，称为"actio stricti juris"，与之相对的是诚信债权或债务（obligatio bonae fidei）及诚信诉讼（actio bonae fidei）。在严正诉讼，事实审理人就契约之约款，决定判决之内容。反之在诚信诉讼，事实审理人不能仅凭契约之约款，须据诚信（bona fides）之观念，以决定判决之内容。在诚信契约中，债务人不仅凭契约之约款，须适于诚信之观念而为给付。使用贷借、寄托、质、买卖、赁贷借、雇佣、承揽、合伙、委任，均属诚信契约。——译者注

⑪ Gajus Ⅲ.§93.

⑫ 一般性的关于经由奴隶而取得：L. 61 *pr. de adqu. rer. dom.* (41.1.).——关于奴隶的要式口约：*pr. J. de stip. serv.* (3.17.), L. 33 §2 L. 34 *de adqu. rer. dom.* (41.1.). Vgl. L. 18 *pr.* §2 *de stip. serv.* (45.3.).——关于将奴隶指定为继承人：§2 *J. de her. inst.* (2.14.), L. 31 §1 L. 52 *de her. inst.* (28.5.), L. 61 *pr. de adqu. rer. dom.* (41.1.).——如果被指定的继承人尽管确实拥有遗嘱能力，但其完全或者部分缺乏能力［未婚者（coelebs）或无子女者（orbus）］，那么遗产中的奴隶仍然可以无条件地取得遗产中遗赠给上述继承人的物；谁最终获得了这个物，就像谁最终获得整个遗产一样，在继承遗产之时就一定清楚了。L. 55 §1 *de leg.* 2 (31. un.).【一般而言，未婚者完全不能取得他基于继承或者遗赠而应得的财产，而无子女者只能取得一半。——译者注】

的经由奴隶的取得，也使用了拟制[13]；在其他篇章中也可以发现，在不涉及经由奴隶的取得时，拟制也得到了适用。[14] 但这仅仅是为完全不同的目的而创造之规则的偶然适用而已。这一点毋庸置疑，因为所有这些情形中的拟制都没有任何实践价值，也就是说，所有这些情形都被认为有完全相同的结论，即在遗产尚未被继承的期间内，人们可以将死者或者未来的继承人（现在他本来就已经是继承人了）认为是财产的当前主人。

至于这一观点的正确性，人们也许会被以下这些篇章搞糊涂了，即在这些篇章中，拟制是以如此一般性的表述呈现出来的，以至于上文刚才所主张的限制适用似乎不怎么合适。[15] 然而，在这些不确定的表述中所显示出的规则的普遍性，实际上只是表面上的；这一点可以从其他一些表达更准确的篇章中得到证实，这些篇章明确地只赋予拟制以相对的、因此也是有限的效力。[16]——的确，即使是在引入拟制所真正要处理的经由奴

---

[13] L. 16 *de O. et A.* (44.7.) (vgl. Arndts Beiträge I. 208), L. 33 §2 *de adqu. rer. dom.* (41.1.), L. 1 §5 *de adqu. poss.* (41.2.), L. 29 *de captiv.* (49.15.), L. 15 *pr. de usurp.* (41.3.), L. 11 §2 *de acceptilat.* (46.4.). ——也请参考以下篇章，这些篇章适用了该规则，但没有直接表明该规则：L. 1 §6 *de injur.* (47.10.), L. 21 §1 L. 3 pr. §6 *de neg. gestis.* (3.5.), L. 77 *de V. O.* (45.1.), L. 1 §29 *depos.* (16.3.)。

[14] L. 22 *de fidejuss.* （参见上文注1），L. 24 *de novat.* (46.2.), L. 13 §5 *quod vi* (43.24.) （这个理由仅仅与其他理由并列被主张），L. 15 *pr. de interrog.* (11.1.)。也请参见附录Ⅳ注2。

[15] 拟制的这种表面上的一般性表述，可见于：L. 22 *de fidej.* （注1），L. 24 *de novat.* (46.2.), L. 13 §5 *quod vi* (43.24.), L. 15 *pr. de interrog.* (11.1.), L. 31 §1 *de her. inst.* (28.5.), L. 34 *de adqu. rer. dom.* (41.1.), §2 J. *de her. inst.* (2.14.)。

[16] *pr. J. de stip. serv.* (3.17.)："在大多数情况下，"(in plerisque), L. 61 *pr. de adqu. rer. dom.* (41.1.)："在许多法律领域中，"(in multis partibus juris), L. 15 *pr. de usurp.* (41.3.)："在某些情况下。"(in quibusdam.)

隶而取得这个情形中，也不是完全没有例外⑰；因此更加清楚的是，对上文所引篇章（注 15）的一般性表述不能从字面来理解。

然而，在奴隶法（Sklavenrecht）之外，还有一项更为值得注意的、在实践上更为重要的法律规则，早期法律中的上述拟制可能会对其产生了一些影响。如果被继承人遗留了一个已经开始但尚未完成的时效取得，严格来说，该时效取得必须被中断，因为遗产没有占有能力。但是，由于这产生了严重的后果，所以人们认为，作为特殊法（jus singulare），时效取得不仅不中断地继续进行，而且甚至可以在继承遗产之前完成。⑱ 人们可能试图将这个实践上重要的规则建立在拟制之上，在优士丁尼之前，这在上文所述的军人遗嘱的例子中可能很重要；因为如果时效取得与死者关联起来，那么时效的完成是有可能的，但如果时效取得与异邦的遗嘱继承人（他本人不能时效取得）关联起来，那么时效的完成就是不可能的。然而，在上文引用的篇章中，没有一个篇章是由上述拟制提供帮助的，毋宁说，有关时效取得的法律规则被描述为完全独立的存在；这毫无疑问是因为，整个拟制的对象一般而言只是纯粹的法律关系，而不是那些以人类意识和行为为

371

372

---

⑰ 如果遗产中的奴隶订立了要式口约，那么该要式口约仅仅被视为附条件的（bedingte）要式口约，直到有人继承遗产时，该要式口约才会被取得。L. 73 § 1 *de V. O.* (45. 1.).——如果某物被遗赠给遗产中的奴隶，那么这一遗赠通常是立即被遗产取得；但如果被遗赠的是用益权，则要到因继承遗产使奴隶获得一个确定的主人时，该用益权才能被取得，无论这个主人是进行继承的继承人本人，还是奴隶被遗赠给的那个人，因为用益权的取得从未被归入遗产。L. 1 § 2 *quando dies ususfr.* (7. 3.). L. 16 § 1 *quando dies leg.* (36. 2.).

⑱ L. 31 § 5 L. 40 L. 44 § 3 *de usurp.* (41. 3.), L. 30 *pr. ex quib. causis maj.* (4. 5.).

277

直接前提的关系，而占有恰恰属于后一类关系。[19]

关于作为法人之遗产的这些研究结果，现在可以总结为如下规则。

第一，即使在罗马人那里，尚未继承的遗产也不是法人，而且在一个篇章中对比尚未继承的遗产与社团时（注1），其意义也仅仅是，拟制在两种情形中都被适用。然而，在上述两种情形的任何一种情形中，这种拟制都有其他的理由和其他的后果，因此具有不同的性质。

第二，借助于拟制而对尚未继承的遗产予以特殊对待，在罗马人那里，这仅限于使得经由属于遗产的奴隶而进行的某种取得更为容易。

第三，因此，没有理由把尚未继承之遗产的上述特征，描述为现代法律的组成部分，因为现代法律根本不承认通过奴隶的取得。

---

[19] L. 1 § 15 *si is qui test.* (47.4.), L. 61 *pr.* § 1 *de adqu. rer. dom.* (41.1.), L. 26 *de stip. serv.* (45.3.).（最后这一篇章也在另一个地方重现。Fragm. Vat. § 55.）.——遗产无占有能力的一项后果是，它不能被盗窃，因此它也不能取得盗窃之诉（furti actio）。L. 68. 69. 70 *de furtis* (47.2.), L. 2 *expil. hered.* (47.19.).

第二章　作为法律关系承担者的人

第一百零三节　法律关系和人的不同联结

到目前为止，在这一章中，我们一直在考察到底谁可以成为法律关系的主体；而且，首先根据法律关系本身的一般性质，然后根据实在法规则，由此，这种自然的权利能力或者受到限制，或者被人为扩张。以这些规定为前提，现在又出现了进一步的问题，即法律关系如何与就该法律关系而言有能力的主体相联结。通过某种与特定个人有关的事实，即通过人的行为或受到侵害（Leiden），这种联结以一种合乎规则的方式（regelmäßigerweise）发生。因此，每个人都可以通过交付或先占（Occupation）取得所有权，通过契约成为债权人或债务人，也可以通过他所实施的私犯而成为债务人，并通过行为人对他所实施的私犯而成为债权人。所有这些也都适用于法人，只是有一项不同，即法人的代理人的行为被视为法人的行为。导致法律关系和人之间这种合乎规则的联结的事实，其一般特征将构成以下章节的主题。

但也有一种不同的、更加人为的联结方式，它不是基于特定个人的行为或受到侵害，而是基于一项适应于极为不同之个体的一般性特征。* 这种较不寻常的联结方式，在某些类型的法律关系中，是因其特殊性质而产生的；在其他类型的法律关系中，可能是在具体适用情形中通过个人意志而产生的。然而，此等个人意志很少出现在契约中，契约大多是满足被明确设想的且清楚确定的当前利益。此等个人意志更经常地出现在遗嘱中，遗嘱的性质本来就在于对并非清楚且可确定的未来产生影响，因此它更容

---

*　这里的意思是，此时所涉及的并非特定的个人，而是具有某种一般性特征的不确定之人。——译者注

易迷失于完全的不确定和无边际之中。此等个人意志也会出现在最高权力以特权的形式所颁布的规定之中。但是，在早期罗马法中，将继承权与一般性特征而非特定的被设想的人格［不确定之人（persona incerta）］联结起来的遗嘱是被禁止的，优士丁尼才首先确立了这种遗嘱的有效性（§93注16）。

在这些不同的情形中，一般性特征本身首先被联结到一个法律关系上，以便通过该特征将法律关系归属于具有这种特征的人。这种一般性特征特别出现在以下形态中。

Ⅰ. 作为国家法的关系。例如，在罗马，如果受遗赠人是皇帝（遗赠给皇帝的东西［Quod *principi* relictum est］），则这被解释为，并非意指遗嘱订立时的那个皇帝，而是指取得遗赠时是皇帝的那个人。受遗赠人其实是一个不确定之人，因此遗嘱无效；尽管如此，此种遗嘱在早期仍被认为有效，对此的解释是，对国库一般性私法限制的所有豁免，被转移到皇帝的身上（§101）。因此，受遗赠人是皇后（Kaiserin）时，规则恰恰不同。该遗嘱只涉及订立遗嘱时存在的皇后，因此相较遗赠给皇帝的遗嘱，该遗嘱更为经常地得不到执行；其原因无疑是，如果该遗嘱以上述遗赠给皇帝时那样较自由的方式被解释，那么，其将因为关于不确定之人的一般性禁令而无效。①——一个类似的情况发生在遗产信托，它将年金（Rente）指定给一个特定神庙的祭司和仆人。这被解释为永久年金，在每个付款期应支付给那些担任这些职务的人。它通过以下方式受到保护，从而不受制于不确定之人的禁令，即人们将神庙本身视为真正的继承人，神庙确实是一个法人，但其本身是一个确定之人（certa persona）（§93注12），因此，通过被明确指定的人（祭司和仆人），

---

① L. 56. 57 *de leg.* 2 (31. un.).

所指代的仅仅是使用金钱的方式。② ——在现代，如果一个公务人员设立了一个年金，且该年金应由其职位的每一位继任者领取，情况也同样如此。

Ⅱ. 作为私法关系。地役权即属此类，这不是根据个人意志，而是根据法律制度本身的一般性质③；同样，类推地役权处理的从分水池引水的权利（aqua ex castello）也属此类，其并非役权，因为它不是基于私人意志，而是基于公权力的处分④；最后，还包括永佃田（Colonats）的所有权人对于因出生而从属于永佃田的农奴所享有的权利（§54）。

在德国法中，这种联结的形式更为频繁和重要。这包括大多数物上负担（Reallasten），无论是权利人方面还是义务人方面⑤；还包括在权利人方面的禁制权（Bannrechte）*，禁制权总是和土

---

* 权利人方面的禁制权，指的应该是权利人享有的与土地相联结的用以排他性经营的特权，例如药剂师、酒类、旅店、理发师、制革师等行业，也被称为 Realgewerberechte（土地上营业权）。Vgl. Georg Prager, Lehrbuch des gesammten Privatrechtes in geschichtlicher, dogmatischer und wirthschaftlicher Beziehung, Band 1, Allgemeine Lehren und Sachenrecht, 1888, S. 476.——译者注

② L. 20 §1 de ann. leg. (33.1.):"他答复说，根据摆在他面前的事实，被提名者的*职务已被指定*（并非在［订立］遗嘱时活着的个人），*但赠与是给神庙的*。"(Respondit, secundum ea quae proponerentur, *ministerium* nominatorum *designatum* (nicht die zur Zeit des Testaments lebenden Individuen), *caeterum datum templo*.)

③ 也即与权利人相关的地役权，因为权利由当时的土地所有权人本人享有；而非与义务人有关的地役权，因为役权必须既要被供役地（praedium serviens）的所有权人承认和尊重，也要完全以同样的方式被任何其他人承认和尊重。

④ L. 1 §43 de aqua (43.22.).

⑤ 物上负担的权利大多附着于（annexum）土地所有权，但并不总是如此，因为，例如存在许多对人的（persönliche）什一税征收权（Zehntrechte），而且在许多地区还有对人的劳务权（Dienstrechte）。——物上负担的义务同样大多是与土地所有权联结在一起的债，例如，金钱或孽息形式的地租（Grundabgaben），劳务（Dienste）亦同；什一税负担则不然，相反它通常是一种纯粹的物权（jus in re），即从特定耕地上取走十分之一谷物束（Garbe）的权利，而对什一税的义务人而言，没有积极的义务去做任何事情。

地所有权相联结；最后还包括农奴身份（Leibeigenschaft）的权利。——普鲁士法律将这些权利称为与主体相关的物权（dingliche Rechte in Beziehung auf das Subject），并通过这一补充而将其与真正的物权区分开来，后者被称为基于客体的物权（dingliche Rechte in Ansehung ihres Gegenstandes），或者对物的权利（Rechte auf die Sache）。⑥

但这种联结也可以通过个人意志而发生。例如，免除土地税即属此类，通过特权，免除土地税被赋予具体的一块土地，或者也被赋予某一类土地；也就是说，赋予所有将来享有这些土地所有权的人。

Ⅲ. 作为纯粹的事实关系。——在罗马法中，任何偶然处于能够返还（restituiren）或出示（exhibiren）某物之人，其义务均属此类，因此在特定事实诉讼（actiones in rem scriptae）*［例如胁迫之诉（quod metus causa）和出示之诉（ad exhibendum）**］中的被告关系也属此类。——在德国法中，还包括在义务人方面的禁制权***，其为特定地区的每个居民（不考虑其任何一项法律关系）

---

* 在特定事实之诉中，原告只列举特定的非法事实，而不列举行为人，可要求执法官对所有与此非法事实有关的人判罚。特定事实之诉是一种特殊的对人之诉，它所针对的负债人（责任人）是不特定的。——译者注

** 出示之诉，即要求被告向法庭出示某一可动物的诉讼，它通常在原告提起返还所有物之诉之前进行，以便为实现对物的返还创造条件。特别是在被告将诉讼标的物予以隐藏的情况下以及在原告所主张的物作为从物添附于被告之物的情况下，出示之诉的提起变得尤为重要；在后一种情况下，原告可以先通过提起出示之诉将自己的物与被告的物分离开来，从而使返还成为可能，比如：要求出示添附到被告戒指上的原告的宝石，以此方式使宝石与戒指相分离，从而实现返还宝石的目的。——译者注

*** 义务人方面的禁制权，指的应该是与某一土地相联结的营业权利，其内容为义务人必须从权利人处获得消费，以满足其经济上的需要。Vgl. Georg Prager, Lehrbuch des gesammten Privatrechtes in geschichtlicher, dogmatischer und wirthschaftlicher Beziehung, Band 1, Allgemeine Lehren und Sachenrecht, 1888, S. 476.——译者注

⑥ A. L. R, Th. I. Tit. 2 §125-130, 附加补充认为，在法律提及物权但未做进一步界定时，上文所述的用语的第二种意义（作为更一般的意义）应被采纳。

创设了消极义务，即不能从禁制权利人之外的任何其他出卖人处取得工商业的给付。——这些例子再度与这里所提及的法律制度的一般性质有关。但同样地，任何一种权利也可以通过个人意志，尤其是通过君主的特权，而联结到这种纯粹的事实关系上。

在这里所整理的法律关系与特定个人的这种联结，近来被描述为法人⑦；我相信这是错误的。因为，就分配给某一特定官员职位的年金而言，或就某一地役权而言，权利人在任何时候都是个体生物人，因此是自然人；只是在每个时点确定这一权利人的方式，因此人们取得该权利的方式，在这里以一种特有的、不同于一般规则的方式被确定。这里看不到与任何法人都不可分割的代理的踪迹。例如，地役权人以最自由的意志处分地役权，就像处分任何其他财产权一样；他可以为由此而受到限制的邻居的利益，通过赠与或出卖而放弃地役权。同样，官员在其任职期间可以自由处分分配给他的年金，因为他不是为一个拟制的人而管理年金，而是作为自己的财产而享有年金，就像享有任何其他权利一样。他不能将年金分配给其继任者，这与受遗赠人受到的限制非常相似，即被遗赠的房屋应在受遗赠人死后返还给受托人（Fideicommissar）；在这两种情况下，都没有理由把权利主体视为一个法人。

---

⑦ Heise, Grundriß, B. 1, §98, Note 15: "法人是除个体生物人之外，而在国家中被承认为独立的权利主体者。然而，每一个法人都必须有某种基础，它构成并体现着法人。这个基础可以包括：（1）生物人，而且（a）目前的个人（在公务员的情况下）……（2）物，即（a）土地〔在役权和我们德国的主观物权（subjectivdinglichen Rechten）的情况下〕"等等。——我们可以接受其所确立的定义，但拒绝对上述情形的这些归纳，因为地役权等的主体事实上总是个体生物人，因此在个体生物人之外别无其他。——Hasse 也同样认为："例如，元首（Princeps）被罗马法学家认为是一个法人；也就是说，被认为是相继的（successiv），这一点从 L. 56 D. de legat. Ⅱ中即可得知。"（Archiv B. 5 S. 67）.

与法律关系和人的不同联结相关的也包括,在同一个法律关系中可能存在多数主体这个问题。对此,我们在其中看到了极大的多样性。许多法律关系无论如何只能涉及一个人,由这个人作为法律关系的主体,如婚姻、使用权(Usus)和地役权。[8] 其他的法律关系则可以依意志而涉及多个人,但也只能是按份(theilweise),如所有权、用益权(Niesbrauch)和永佃权(Emphyteuse)。另一些则有更大的意志自由,既可以是按份,也可以是连带(solidarisch),如债和质权(Pfandrecht)。对所出现的不同情况进行此等一般性说明,在这里肯定就足够了,因为任何对这一主题更详细的讨论,只有在具体法律制度中,才能以适当的方式进行。

---

[8] 亦即,如果多个邻居在同一块土地上享有通行役权(Wegeservitut),他们并非(按份地或连带地)享有同一个权利,而是每一个人都有自己的役权,该役权是一个完整的、独立的权利,与其他人的役权无关;这些权利可以在同一客体上存在,而不会相互冲突,其原因在于道路的使用方式,因此恰恰在于这种役权在事实层面的状况。

附　　录

附录三　孩子的生命力，作为其权利能力的条件
（§61 注 19）

我们的法学者极为常见地主张，对于孩子的权利能力而言，活着出生是不够的，还必须增加存活能力（Lebensfähigkeit）或者生命力（Vitalität）这个条件。但他们的意思如下。妊娠具有一定的持续期限，虽然在到期之前有时也会出现活着的出生，但是，这样的孩子最多只能存活几个小时或者几天。由于他没有能力存活较长时间，因此必须完全否认他所有的权利能力，甚至也必须完全否认他在其实际存活的短期内享有权利能力。为了审查这个观点，有必要事先对完全不同的属于家庭法的基本规则进行描述[①]，此基本规则无意地激发了上述理论。

根据罗马法，如果在一个孩子受孕形成（Erzeugung）之时，其生父母处于一项根据市民法而有效的婚姻之中，那么该孩子就随着出生而处于父权（väterliche Gewalt）之下。[②] 许多其他权利

---

① 因此，为对生命力进行研究的需要，在这里预先对此做出了一些论述，这些论述真正的位置应在特别的法体系中，更确切地说，是在父权的产生这个部分。

② *pr. J. de patria pot.* (1.9.). Ulpian. V. § 1.

都取决于父权的这项事实条件,该条件可分解成以下这些要件:(1) 自然的父亲身份(natürliche Paternität),也即一个特定的男人是孩子的真正生父这样一个事实;(2) 自然的母亲身份(natürliche Maternität);(3) 真正的父亲和真正的母亲之间的有效婚姻;(4) 婚姻在孩子受孕形成时存在。在这四个要件中,第二个和第三个要件并不存在困难:这两个事实仅在极为罕见的情形中存在疑问,如果存在争议,一个通常的证明——此证明与在任何其他争议事实中的证明相同——是可能的且必要的。但第一个和第四个要件就并非如此了。因为受孕是一项大自然的奥秘,它在较长时间之后才会将其结果显现出来,对其的真正证明不是有些困难和罕见,而是完全不可想象。③ 实在法如何处理这个困难呢?人们可以规定,如果法官被指令根据所有的事实状况,确定孩子可能的父亲和受孕形成时间,则法官应当考虑一些类似于证据的东西。但这种处理方式因为以下考虑似乎是极为令人疑虑的。首先是因为非常大的不确定性。以下情形是可能出现的,即在此情形中,外在的可能性根据支持或者反对父亲身份的程度非常强,以至于它对于一个无先见之人而言几乎就是确定无疑的。但是,在父亲身份通常是争议标的的案件之中,这种情形较为罕见,更为常见的情形是保留有很大的不确定性,以至于没有法官的极大自由裁量,裁决就无法做出。④ 但是,第二,此种自由裁

---

③ 特别是,父亲的承认,因此其事实的宣誓供认(Eidesdelation, de veritate),不能有效作为证明,因为即使父亲也不可能真正认识到这个事实,而只能是信任和相信,这在法律争议中并不被重视。

④ 人们可能会提出异议认为证明过度了,因为在实践中所进行的扶养诉讼(Alimentenklage)中,此种证明事实上是被允许的,而且是合适的。但这个主张是完全错误的,因为在扶养诉讼中,所被证明的并非是受孕形成,而是与此完全不同的、非常具有证明可能性的同房(Beischlafs)这个事实。这个事实本身就是债的基础,而并非是因为其提供了受孕之推定;因为如果人们采纳了这种推定,那么人们就会得出一些不可能的因此也是不合情理的结论,也即同一个孩子确实能有更多的生身父亲。

量在此更为危险和不合适，因为这里不仅涉及个人利益，而且还同时涉及更为一般性的道德利益：整个家庭的安宁，妻子的名誉。因此，罗马法完全放弃了上述根据可能性进行个别查明的方式，而与之相反地赞同以下方式。人们以至活着的孩子出生时为止的可能的妊娠期限作为出发点。对此，根据经验而采纳了以下观点，即孩子在受孕形成后第 182 天就能活着出生，但同样也可能要晚得多，直至第 10 个月届满。⑤ 基于这个生理学规则，就要从确定的出生之日倒推计算，首先是 182 天，然后是 10 个月。由

388

---

⑤ L. 3 § 11. 12 *de suis*（38.16.）："在［母亲的丈夫］死亡后十个月出生的人，在法定继承的情况下不被接纳。——但是，对于一个在［受孕后］第 182 天出生的人，希波克拉底写道，且 Pius 皇帝给祭司的批复中写道，他被认为是在合法时候出生的，且不被认为是在［母亲］为奴隶时怀孕的，因为母亲在 182 天前被解放。"（Post decem menses mortis natus, non admittetur ad legitimam hereditatem. —De eo autem, qui centesimo octogesimo secundo die natus est, Hippocrates scripsit, et D. Pius pontificibus rescripsit, justo tempore videri natum: nec videri in servitute conceptum, cum mater ipsius ante centesimum octogesimum secundum diem esset manumissa.）十个月期间的根据是《十二表法》（die XII Tafeln）（Gellius III. 16），人们在第四表采纳了这一点。在这一篇章中，182 天通过希波克拉底（Hippokrates）【希波克拉底，（约公元前 460—公元前 377），古希腊医生，西方医学的奠基人，被尊为西方的"医学之父"，其所制定的"希波克拉底誓言"成为医生必须遵守的道德行为规范。——译者注】和 Antoninus 的批复得到了证成。人们会问，祭司（pontifices）与该事项有什么关系？Cujacius 认为，祭司要对真正的出生予以监督（L. 38 de V. S. Opp. VIII. 519），在我看来，这种观点太现代了。但是，这一篇章事实上已经说得很清楚了，即它涉及一个女性奴隶的儿子，无疑，他是想获得神职人员（Opferdienst）或者祭司的身份，而只有生来自由人才能够取得该身份。关于 182 这个数字，参见下文 § 181 注 8。——L. 12 *de statu hom.*（1.5.）："根据学识渊博的希波克拉底的权威，现在已经认为可以在被怀孕后的第七个月完整出生；因此，人们应当认为在怀孕后的第七个月出生于正当婚姻中的孩子是婚生子女。"（Septimo mense nasci perfectum partum, jam receptum est propter auctoritatem doctissimi viri Hippocratis: et ideo credendum est, eum qui ex justis nuptiis septimo mense natus est, justum filium esse.）Perfectus partus 这个文辞在上下文中仅意味着一个实际活着的孩子，而与 abortus（流产儿）相对；它除此之外还能意味着什么，这一点将在下文中（注 24）详细说明。——最后，以下这个古老的规则能够对此予以证明，即寡妇在其丈夫死亡十个月后才可以重新结婚，因为否则的话会担心出现血统混乱（sanguinis turbatio），L. 11 § 1 *de his qui not.*（3.2.）. L. 11 C. *de sec. nupt.*（5.9.）. ——一个具体的适用出现在 Nov. 39 C. 2 之中，在此，优士丁尼用最强烈的语气拒绝了一个在其丈夫死亡十一个月之后分娩出孩子的寡妇的要求。

此，中间有 4 个月的期间。如果在这 4 个月之内，或者在少于这 4 个月的期间内，孩子的可被证明的母亲生活在婚姻之中，那么其丈夫就被推定为孩子的父亲，否则这个孩子在法律上就没有父亲。⑥ 这就是以下重要规则的真正含义：父亲通过婚姻而得到指明（Pater ist est quem nuptiae demonstrant）。⑦ 这个推定可有利于或者不利于父亲，由此对此享有利益的任何一方当事人都可援引该推定。该推定无须被产生于具体情势的可能性所支持，但也不允许通过这种可能性而被反驳。毋宁说，该推定本身就是完全的证明，并且它只能通过完全不具有可能性这种证明而被驳倒，这种不可能性尤其产生于丈夫长期不间断地离家在外。⑧——上述规则的生理学前提是否正确，在这里自然不能对此进行研究。但是，如

---

⑥ 这是根据早期法的规则。新法在此问题上采纳了使合法性证明更为容易的两个变更：（1）即使孩子出生的日期早于婚姻缔结后 182 天，但是这仍应被视为合法的；也就是说，在这种情形中，丈夫的承认应取代了缺少的期间，L. 11 *C. de nat. liberis* (5. 27.)；（2）产生于姘合的孩子（Concubinenkinder, naturales［自然子女］）因为之后的婚姻而合法化；因此，承认在这里也取代了另外情形中只有通过上述期间才能被确立的推定，L. 10. 11 *C. de natur. liberis* (5. 27.)。

⑦ L. 5 *de in jus vocando* (2. 4.)。因此，其含义并非如同许多人完全错误地表达的那样：Pater ist est quem justae nuptiae demonstrant（父亲通过正当婚姻而得到指明）。在此，婚姻对孩子地位所具有的两种完全不同的影响常常被混淆：（1）在某时间存在的婚姻确立了生父身份这个事实，在此是否存在 justae nuptiae（正当婚姻）无关紧要，由此，与异邦人女性（peregrina）结婚的罗马市民也有效作为其婚生孩子的真正父亲，只要婚姻不是由于乱伦（Incest）等而被禁止，因为这种婚姻是无效的，也即它根本不存在，孩子就并非是这个丈夫的孩子，§ 12 *J. de nupt.* (1. 10)；（2）如果该婚姻同时是市民婚（Civilehe），那么就产生了另外一个更为重要的结果，即孩子生来就处于父权之下。

⑧ 因此，例如，如果一个孩子在第 182 天出生且完全发育，人们就可能认为此孩子是在婚姻之前受孕形成，尽管如此，此孩子仍必须被视为丈夫的孩子；如果相反，此孩子在上述时间点之前出生，那么该丈夫就无须承认这是他的孩子，即使医生认为这个孩子因为其非常不成熟的状态而有可能是在婚姻内受孕形成的。同样，如果一个孩子差不多是在丈夫死亡十个月后出生的，那么这个孩子的不成熟状态并不能作为反对其是在婚姻内受孕形成的理由。——通说观点与此观点完全对立，Hofacker T. 1 § 544. Struben rechtl. Bedenken B. 5 Num. 86.。此外，存在通奸情形这种证明并不能反驳上述推定。

果人们看到在理论文献和医学机构的鉴定意见（Gutachten medicinischer Facultäten）中所表达的生理学观点是多么得游移不定和彼此矛盾，那么在此规则之中所蕴含的避免个人判断这一点必然会被认为是极为有益的。[9] 被采纳期间的很大的范围也特别值得赞扬。虽然在这种保护下，一些实际上是非婚生的孩子也获得了婚生孩子的权利；但是，首先，相反方向的不公正所导致的危险本身更为重要。其次，前述危险确实较之以下危险而言仅是微不足道的，即在婚姻之中，孩子事实上是因为一个陌生的父亲而被受孕形成，尽管如此，他仍然被认为是婚生孩子；而后一种更大的危险不能且不应被消除，因为任何此方向上的努力都会导致严重得多的弊端。

现在，所有这些都在我们的法律渊源中得到了清晰和确定的规定，我们的学者从未对此完全错误地认识，尽管因为互相交织在一起的概念和规则，常常因为没有被完全分开而没有必要地晦暗不明，或者通过具体情形中的例外而被试图削弱。但是，这些学者并未止步于此，而是对此进一步增加了以下观点。他们认为，如果曾出现过以下情形，即一个孩子在其受孕形成后第182

---

[9] 此外，人们不要被以下情形所迷惑，即一些医学者认为在某一期间之前，活着出生是不可能的，并将这一期间完全极端化；因为他们之后常常承认存在不正常的情形，在此情形中，发育非常不成熟的孩子由于特别的细致谨慎而被挽救。因此，Oeltze de partu vivo vitali §37 根据有名的学者描述了两个非常值得注意的情形：在其中一个情形中，妻子产出了一个孩子，在正好六个月之后又产出了第二个孩子，且第二个孩子是活着的，这个孩子在子宫里的时间肯定少于182天，关于医生的相互极为分歧的观点，Vgl. Glück, B. 28, S. 129 fg.。——特别令我感到高兴的是，这里所述的观点与一个极为受人尊敬的医学者的观点相一致，A. Henke, von den Früh- und Spät-Geburten, Abhandlungen aus dem Gebiet der gerichtlichen Medicin, B. 3, p. 241 - 307. 。虽然他设置了可能妊娠期的正常范围（p. 265.284），但他承认会出现反常的情形，由此所有的确定性都被摧毁了（p. 271.292. fg）。他的结论是对立法——尤其是罗马法——的明确赞扬，在罗马法中，个人判断的不确定性通过实在法规则而被排除（p. 271 - 274, 303 - 304）。他也特别赞同对罗马法所采纳之期间的明显扩张。

天之前活着出生,那么至少按照制定法所承认的生理学规则,这个孩子不能较长时间地延续他的生命,由此,他不能被赋予任何权利。因此,权利能力的要件不仅包括出生者的存活,而且还包括了存活能力或生命力,由此,由于发育不成熟从而没有生命力的孩子不享有权利,毋宁应被等同于死体出生者或者流产儿(abortus)。[10]——在彻底审查此理论之前,还有必要提及对此理论的一个特别修正。也即,此理论有时还被进一步地发展,从而认为,在第七个月出生的孩子具有生命力,而在第八个月出生的孩子又再次不具有生命力。[11] 事实上,这一新发展在之后大体被放弃。[12]

我现在力图指出,上述将生命力作为权利能力之条件的理论在我们的法中根本没有任何根据。

根据权利能力的一般概念,上述理论必然要被放弃。因为,与该一般概念相联系的是任何活着之人的单纯存在,而不考虑此存在可能是较长还是较短时间的存续。那么,这方面限制的根据是什么?其界限又在何处?

如果我们观察我们法律渊源的内容,则上述理论就应被摒弃。上述理论的诱因很明显是实际存在的 182 天的罗马法规则,但这个规则却肯定无法证成上述理论。因为,罗马人适用 182 天

---

[10] 这一点在以下著作中被清晰表达出来,Haller, Vorlesungen über die gerichtl. Arzneiwissenschaft, B. 1, Bern 1782, Kap. 9, §3.7, 以及 Oeltze de partu vivo vitali §15. 19. 。

[11] Cujacius in Paulum Ⅳ. 9 §5:"在第七个月之前或第八个月出生的孩子,是不完整的且不具有生命长期存续的能力。但从怀孕之日起,在第九个月、第十个月和第十一个月出生的孩子,就满足*法定天数的概念*。"(Qui ante septimum, vel octavo mense prodeunt, imperfecti sunt *nec vitales*. Nono autem, et decimo, et undecimo a conceptionis die *legitimi* partus fiunt.) 他将其视为实践法,并很明显地将其与权利能力联系起来。——该问题在罗马如何成为法律争议的内容,这将在下文中根据 Gellius 予以说明。

[12] Haller, a. a. O. §9。

仅仅是为了建立父亲身份的推定，根本不是如那些法学者所意图的那样，是为了排除一些活着的人享有人的权利。与我们的问题关系最为密切的篇章是 L. 2. 3. C. de posthumis（6. 29.）。该篇章认为，孩子在完整出生之后直接享有权利能力，即使他之后立即（illico）死亡，例如还在助产女医生手中就死亡了。这确实距离做出以下区分已经很近了，即这种迅速死亡的原因究竟是内在存活能力（生命力）的缺乏，还是外在原因；但我们没有发现关于这种区分的任何言辞，因此，这种区分无疑并非立法者的意思。——反对者从法律渊源中所援引的理由极为薄弱，大多是一个明显的循环论证；这一点在下文关于学者之概览的相关内容中还要被论述。

另外，上述理论甚至也不可能得到真正的实际适用。人们认为，在其受孕形成后 182 天之前出生的孩子不具有存活能力。但是，我们如何获知受孕形成之日？恰恰是因为我们不能获知这个日期，所以罗马人才规定从已知的出生日期进行倒推计算。为了摆脱这种明显的循环论证，上述那些学者只能有一个办法，这个办法无疑也存在于他们的观点之中。他们必须要求助于医生，并且医生必须声明：孩子看起来发育非常不成熟，以至于他不可能在子宫中有 182 天，且我们由此推断，这个孩子不具有存活能力。但是，在这种处理方式中，天数就完全没有必要出现于其中，它仅仅有助于掩盖完全的任意，让医生立即直接做出以下声明则要自然得多：孩子看起来非常不成熟，以至于由于其显而易见的这种状态，他不可能长时间存活；事实上，医生的证明无法与上述精确的时间规定相协调一致，因此我们法规则的制定者就不可能拥有此种意图。因为，哪个医生能够如此狂妄地证明，在他面前的孩子处于子宫中的时间正好是 181 天，而不是 182 天或者 183 天？但是，在这种新的转变之后，相当清楚的是，多么危险和游移不定的个人判断被完全没有必要地引入该事项之中；这种弊端恰恰就是罗马法在另一事项中通过父权的推定所正确地意图避免的弊端。人们不能提出以下反对意见，即即使根据我们的观点，孩子存活也必须被证明，为何存活能力却不这样呢？恰恰是在这里，区别非常显著。存活大体上是感觉感知的对象，因此同任何其他事实一样能够被通常的证明所毫无危险地证实；关于存活能力的判断则必然要根据科学规律确定，但甚至医生们对此的观点也极为不统一。——此外，还需要注意的是，上述那些法学者在适用他们所确定的规则时，总是悄无声息地将以下条件考虑进去，即孩子实际上也是在之后立即死亡。因为，例如，如果在孩子出生之后立即作出了详细的事实记录，并且将该记录送往一个医学机构作出鉴定，在好几个月之后作出了认为孩子不具有生命力和权利能力的鉴定，但是，孩子经过特别细致认真的照顾而在事实上被保住了，他甚至活到了高龄，这样，大概没有人会如此过分地对上述理论予以辩护，宣称一个人由于缺乏存活能力而没有权利，而这个人已经通过事实证明了其具有这种存活能力。[13]

此外，生命力理论的许多辩护者还要对以下这种明显的逻辑不一致负责。假设一个完全发育成熟的孩子足月出生了，因此具有了最为清楚的存活证明，但是孩子在之后立即死亡了。在尸体解剖时发现了一种器官性缺陷，此缺陷使生命完全不可能得到较长时间的延续。较之单纯的发育不成熟情形，此种情形中的欠缺生命力要确定得多，但是对此种情形而言，大多数人却不否认权利能力的存在。如果人们在这里也想逻辑一致地贯彻上述理论，那么任意性的危险——因此法的不确定性——无疑由此会大大

---

[13] 参见上文注9中所提到的情形。

增加。

最后，第二种同样明显的逻辑不一致也会同时出现，这种不一致涉及民法与刑法之间的关系。如果人们完全简单地理解该问题，那么在民法中要求存活能力，并因此将不具有存活能力的出生者视为死亡者的那些人，在刑法中也会完全否认有可能存在对这些出生者的罪行，因为人们不能对尸体犯下罪行。因此，如果有人在民法中要求生命力，但却在刑法中于杀死一个不具有生命力的孩子时赞成课予刑罚（尽管并非是对杀人罪通常课予的刑罚），那么这就出现了明显的逻辑不一致。在刑法中，此种探讨由于两个理由出现了一个特别的转变。首先，在 Carolina 法典中出现了"具有四肢"（Gliedmäßigkeit）（第 131 条）这种表述，人们常常将之理解为生命力。其次，人们相信有理由将真正意义上的杀害孩子行为（den eigentlichen Kindermord）（也即，母亲在一定状况下所实施的杀害行为）和其他杀人行为区分开，并对前种行为宽大处理；因此，生命力缺乏也被特别运用，以避免对母亲课予刑罚，但同时，关于杀死新生孩子之其他情形（例如，助产女医生所实施的行为）的问题却被疏于回答。一些刑法学家重新想使生命力不取决于特定的期间，这并没有特别之处，因为即使是在刑法中，如上所述，期间也仅是一种表面上的理由，医生的判断才是唯一真正重要的。

具体而言，刑法学者的观点是这样的。一种过激的观点认为，存活能力应被作为人身犯罪（corpus delicti）的重要组成，因此，如果存活能力欠缺，那么刑罚就不存在。Feuerbach 的观点就是如此，然而他将此观点只限制于上述真正意义上的杀害孩子行为，并且此观点仅仅是基于 Carolina 法典的表述而得出[14]；但是

---

[14] Feuerbach，§ 237.

他如何处理其他类似的情形，这里却无法获知。Mittermaier 将此观点推进到一种特别极端的地步。⑮ 在他看来，所有不能长时间延续其生命的人都不具有存活能力，无论这种情形的出现是因为早产，还是因为器官性缺陷；他也将以下这些人列入此类，即根据 Mittermaier 自己所引用的情形，这些人实际存活了 4 天甚至 10 天；任何这种孩子都不能"被认为是真正的存活"，而只是具有"存活的表象"，"在此确定的是，对他而言，没有生命被剥夺"。该理论完全未将其范围限制于真正意义上的杀害孩子行为，并不能否认该理论具有内在一贯性；但我必须怀疑，Mittermaier 自己是否清晰地考虑到了该理论非常宽泛的实践后果。对杀害孩子的女凶手的宽大处理，只会遮蔽真正的问题，为了排除这种宽大处理，让我们假设以下情形，即助产女医生被孩子贪婪的旁系亲属收买，而勒死了完全发育成熟且毫无疑问是存活的孩子。根据上述理论，一旦医生宣称，孩子本来就具有器官性缺陷，以至于即使不介入上述勒死孩子的行为，孩子也不能长时间存活，那么刑事法官就应认为该女医生完全无罪；该女医生最多只能被医疗主管机关进行纪律处罚。——其他人只是想在缺乏生命力的情形中排除通常的刑罚，并且认为此观点只能适用于真正意义上的杀害孩子行为的情形；他们绝不是认为该行为不应被课予刑罚，也绝不是认为应剥夺对不具有生命力之孩子的制定法保护。特别是 Carpzov* 就持有此观点，他认为此种情形的较为宽大的处理只应被限制于以下范围，即杀死孩子的女凶手能够免受比斩首刑更为严酷的刑罚。⑯ ——最后，还有一些人根本不考虑存活能力，

---

　　* 原文是 Carzov，根据注中的引用以及下文，似乎应为 Carpzov。——译者注
　　⑮ Mittermaier, neues Archiv des Criminalrechts, B. 7, S. 316－323, 特别是 S. 318－320. 。
　　⑯ Carpzov. pract. rer. crim., quaest. 11. Num. 37－43.；现代的观点请参见 Püttmann j. crim. § 339. 。

因此，他们认为甚至在杀害不具有生命力之孩子的情形中也应处以通常的刑罚。[17] 在民法中否认不具有生命力的孩子有权利能力的法学者与刑法学者这些不同观点的关系如下。如果他们采纳了 Mittermaier 的观点，那么他们就是逻辑一贯的；与之相反，如果他们认为在杀害不具有生命力之孩子的情形中应处以刑罚，无论该刑罚是不是通常的刑罚，那么他们就是逻辑不一贯的，这就是在这里应被突出强调的新的逻辑不一致。

400

如果现在根据所有这些理由，将生命力作为权利能力条件的观点必然已经被完全驳斥，那么人们可能会想，这根本就仅仅是现代学者的发现，罗马人对此完全不这样认为。但是，这种观点并不能被主张，毋宁说罗马人已经很好地认识到了这种理论。此外，不让人惊讶的是，非法学者的那些罗马学者没有总是恰当地区分开这里所提出的一些问题，尤其是以下两个问题：为了使活着出生的孩子能够继续存活，在孩子受孕形成后多少天是必须的？妊娠期到底能够延长多长时间？早期学者关于这些问题的篇章——只要其涉及法——如下。

401

> Plinius hist. nat. Lib. 7 C. 4（al. 5.）："在第七个月之前［出生的孩子］在任何时候都完全不具有生命长期存续的能力。在第七个月出生［的孩子］，只有在后来满月的前一天

---

[17] 以下文献就持有此种观点：Marin, Criminalrecht, §107, 122. Hencke, Lehrbuch, §165. Jarcke, Handbuch, B. 3, S. 277. Spangenberg, neues Archiv des Criminalrechts, B. 3, S. 28.——人们在该研究中似乎并未总是充分地区分以下两种事物：（1）事实构成；（2）违反制定法的意志。如果不具有生命力的孩子被认为等同于尸体，那么 Mittermaier 的观点就是正确的，且意志就无关紧要了。如果与之相反，不具有生命力的孩子被认为是活着的人，那么意志现在就也很重要了。也就是说，在被害人具有生命力的情形中，行为人有意识地破坏了人类生命的进一步发展，相较而言，如果行为人知道被害人无生命力，那么行为人的意志自然就较为和缓；从这个角度出发，Carpzov 的观点就能经受住此观点仅是任意形成的这种指责。

或新月出现的前一天受孕,才能[活着]出生。在埃及,[孩子]通常在第八个月出生。而在意大利,这种情况出生的孩子是具有生命长期存续的能力的,这与古人的意见相反……Masurius 告诉我们,当第二继承人提起诉讼时,裁判官 Papirius 反对允许他遗产占有,因为其母亲说在第十三个月分娩,由此被认为没有确定的分娩时间。"(Ante septimum mensem haud unquam *vitalis est*. Septimo nonnisi pridie posteriore plenilunii die aut interlunio concepti nascuntur. Tralaticium* in Aegypto est et octavo gigni. Jam quidem et in Italia tales partus *esse vitales*, contra priscorum opiniones... Masurius auctor est, L. Papirium praetorem, secundo herede lege agente, bonorum possessionem contra eum dedisse, quum mater partum se XIII. mensibus diceret tulisse, quoniam nullum certum tempus pariendi statum videretur.)

在这里,vitalis 这个表述出现了两次,但我并不认为该表述是在我们的意义上所使用的,也即对于存活之人的权利能力而言,其生命应当是持续的。因为该表述与 nasci(出生)和 gigni(出生)之间的互换使用非常任意,以至于 vitalis 应被更为自然地一般(没有较为精细的区分)理解为活着出生。因此,Plinius 的观点是这样的:孩子在受孕形成后第七个月之前不能活着出生;而在第七个月,只有当受孕形成发生于通过月相变化(Mondwechsel)所确定的某天时,孩子才可能活着出生;在第八个月是否也是如此,这是有疑问的;在埃及,人们始终这样认为,而在意大利,人们只是在后期才如此认为。——最后,裁判

---

* 原文为 tralatitium,似乎有误。——译者注

官Papirius的表述完全涉及另一个问题，即为了使孩子仍然是婚内受孕形成，那么可以从孩子出生开始最长倒推计算多长时间？——根据这种解释，整个篇章根本就不涉及我们现在的争议问题。

Gellius Lib. 3 C. 16："关于人类的生产……我还得知发生在罗马的一件事：一位有着高尚美好品德的妇女，守身如玉，却在丈夫死后的第十一个月分娩；基于［分娩］时间合理性的考量，她陷于麻烦的状况，她像是在丈夫死后受孕的，因为十人团曾经决定，婴儿是在第十个月内而非第十一个月内出生。但Hadrianus皇帝，在审查完事实后，裁决有可能在第十一月分娩；我们已经阅读过他关于该事件本身的裁决……我记得在罗马，在一个事关重大的起诉中，这一问题被谨慎且仔细地调查，*一个在第八个月出生的婴儿，活着出生但立即死亡，其是否满足《三子法》［而算作第三个孩子］*；因为在某些人看来，在第八个月不合时宜地［出生］，是流产而非出生。""de partu humano…hoc quoque venisse usu Romae comperi: Feminam bonis atque honestis moribus, non ambigua pudicitia, in undecimo mense, post mariti mortem, peperisse; factumque esse negotium propter rationem temporis, quasi marito mortuo postea concepisset, quoniam decemviri in decem mensibus gigni hominem, non in undecimo scripsissent: sed D. Hadrianum, causa cognita, decrevisse in undecimo quoque mense partum edi posse; idque ipsum ejus rei decretum nos legimus…Memini ego Romae accurate hoc atque solicite quaesitum, negotio non rei tunc parvae postulante, *an octavo mense* infans ex utero *vivus editus et statim mortuus jus trium liberorum supplevis-*

set; *quum abortio quibusdam, non partus, videretur mensis octavi intempestivitas.*"（紧随之后的内容仍是逐字引用 Plinius 关于裁判官 L. Papirius 的篇章）

关于第十一个月的法律争议再次没有涉及我们的问题；与之相反，关于第八个月的法律争议非常值得注意。因为在这里恰恰描述了我们讨论的情形：一方当事人主张，一个孩子活着出生并随即死亡，而他是在受孕形成后 8 个月时出生的，故不具有存活能力，因此根本不应被认为是活着出生。但遗憾的是裁决并没有被陈述出来。但特别值得注意的是，该法律争议的标的根本不是孩子的权利能力，而是母亲因生子女而取得的权利（jus liberorum）。*事实上，我们还可以相当确定地对该陈述做出以下补充：上述法律争议并未涉及母亲避免惩罚的问题（因为在母亲避免惩罚的问题上，甚至怪胎（monstra）也应被计算在内，因此死胎无疑也应被计算在内）[⑬]，而是涉及一个与因生子女而取得之权利联系在一起的报赏问题。

最后，最为重要的篇章是 Paulus 的篇章，在该篇章中，他列举了以下条件，即在这些条件下，根据《Tertullianum 元老院决议》，女性通过因生子女而取得的权利而能够进行继承（最为重要的报赏之一）。

Paulus Lib. 4 Tit. 9 ad Sc. Tertullianum §1.："无论是生来自由人身份的母亲，还是解放自由人身份的母亲，为了被认为取得了多子特权，生三次或四次孩子就足够了，只要［孩子们］出生时是*活着且足月的*。"（Matres tam ingenuae,

---

* 因生子女而取得的权利（jus liberorum），又称为"多子特权"，即生来自由人有三个孩子，解放自由人有四个孩子时可以享有的权利，具体参见本书§61 中的相关论述。——译者注

⑬ 参见上文§61 注 18。

quam libertinae, ut jus liberorum consecutae videantur, ter et quarter peperisse sufficiet, dummodo *vivos, et pleni temporis* pariant.)

§5.："在第七个月出生的孩子有益于母亲，因为毕达哥拉斯学派的数理论被认为承认这一点，即或在足七个月，或在十个月出生的［孩子］被认为是更成熟的。"(Septimo mense natus matri prodest: ratio enim Pythagorei numeri hoc videtur admittere, ut *aut septimo pleno, aut decimo mense* partus maturior[19]videatur.)

这些篇章完全涉及生命力，因为它们要求 vivos et pleni temporis（活着且足月）这个条件，因此预设了孩子活着但却未发育成熟（不具有生命力）这种可能性。人们也不能认为 pleni temporis 意味着要求甚至在继承时仍然要存活着（superstites），因为这一点在其他地方已经被明确否认[20]；同样也不能认为，应要求是婚生孩子，并且 plenum tempus（足月）涉及婚姻内受孕形成之推定，因为，在女性因生子女而取得之权利这个问题上，尤其是在母亲与其孩子之间的相互继承权事项上，一般不考虑孩子的合法性。[21]——因此，Paulus 无疑认为，三个孩子中的每一个孩子都不仅要活着出生，而且还要根据妊娠期是具有生命力的（vital, pleni temporis），以便母亲能够以此作为依据。所以，他显然做出了以下预设，可能较短的妊娠期能够通过专家鉴定而被查明，或者能够通过母亲自己的供认而被查明，而该供认必然会被认为可能对母亲不利。但是，Paulus 对 plenum tempus（足月）

---

[19] 在 princeps.（Paris. 1525）这个版本中，该词被写作 maturus，这个词比 maturior 更为简单和自然；这对我们的问题没有影响。
[20] Paulus Ⅳ.9 §9.
[21] Paulus Ⅳ.10 §1.

所要求的时间是多长呢？他在§5这个篇章中清楚地认为：孩子出生的时间必须至少是受孕形成后第七个月，也即妊娠期必须要超过六个整月，并且这个关于实践法的陈述与以下最短期限完全一致，即Ulpian与Paulus自己在其他篇章中于父亲身份之推定这个事项上所规定的最短期限（注5），也就是182天。至此，一切都是清晰且相互联系在一起的；但是，一个很大的困难却由此产生，即Paulus在§5这个篇章中试图通过Pythagoras（毕达哥拉斯）的权威支持第七个月这个陈述；因为Paulus认为，根据Pythagoras的观点，一个发育成熟的孩子在足七个月或者十个月时（aut spetimo pleno, aut decimo mense）出生。但这既与之前的文辞不一致，也与上述规则不相一致，根据上述规则，第七个月**开始**时就足够了。因此，Noodt提出了以下适度勘正的意见，该意见在其之后还被一个对照的早期手稿所支持：ut aut septimo, aut pleno decimo mense（在七个月或者足十个月时）㉒；通过这种方式，与Ulpian关于在182天和300天之间的中间期限这个规则取得了表面上的一致。但是，这种一致仅仅是表面上的，因为pleno decimo mense（足十个月）的含义并非是在第十个月的全部过程中（第十个月的开端、中间或者结尾），要符合Ulpian的规则，它的含义精确而言是第十个月的结尾（等同于completo decimo mense［十个月之完成］），由此，孩子在第十个月的中间出生并非是有效的。——事实上，该困难的解决方式是在另外一个要点上。Paulus根本没有将aut septimo pleno, aut decimo mense（在足七个月或者十个月时）指明为实践法，而是仅

㉒ Noodt ad Pandectas Lib. 1 Tit. 6. ——此种手稿拼写样式存在于以下文献之中，Bonner Quartausgabe, appendix p. 187.。【根据上下文，此处的含义按照字面上的意思大致是：在第七个月至第十个月完成的中间期间。但萨维尼之后就对这种理解进行了反驳。——译者注】

将其作为 Pythagoras 的观点。现在，我们非常幸运地从另外一个学者那里知道了这个观点的具体内容。[23] 根据 Pythagoras 的观点，一个孩子活着出生只能够在两个具体的日期，而绝不是在中间时期，也就是只能在受孕形成后第 210 天（aut septimo pleno ［或者足七个月］），以及第 274 天（aut decimo mense ［或者在第十个月］）；前者就是 minor partus（小的孩子）或者 septemmestris（七个月的孩子），后者就是 major（大的孩子）或者 decemmestris（十个月的孩子）。Pythagoras 通过一个非常奇怪且复杂的计算来证明这一观点，但是该计算本身非常清楚，以至于对此的误解根本不可想象。Paulus 同样理解了该理论，这一点可以从结果上的一致性推导出来，尤其是也可以从 Paulus 所使用的 aut-aut（或者—或者）这一表述推导出来，这一表述极为适合于两个二者择一的具体有效日期，但却根本不适合于两个端点和同样有效的长期中间期限。但是，如果人们将 Pythagoras 的这个规则与 Paulus 也承认的罗马法规则进行对照，那么两者的完全不同就显现出来，因为 Pythagoras 认为活着出生在第 210 天才是可能的，但是罗马法认为（也是 Paulus 本人在这个篇章中所认为的）活着出生在较此日期早一个整月时就已经是可能的，并且并未限制于某个特定的日期。可以据此认为，Paulus 援引 Pythagoras 的权威是不必要的，甚至是一种错误的掉书袋（verkehrt angebrachte Gelehrsamkeit）：之所以是错误的，是因为罗马法规则与 Pythagoras 所承认的规则事实上是完全不同的，甚至根据 Paulus 的陈述，两者也没有相同之处，除了使用了 septimo mense 这个相同的表述（但却是在不同的意义上使用该表述）之外。

---

[23] Censorinus de die natali Cap. 11. 关于 Censorinus 对 Paulus 的这种解释（Schulting 虽然对其进行了引用但却没有利用），我要感谢我的朋友 Lachmann 的告知。

根据上文的研究可以得出以下观点。Paulus 认为，如果一个孩子虽然活着出生，但却不具有存活能力（也即，未到至少第七个月时），那么这个孩子就不能被计算入三个孩子之中，通过三个孩子，母亲才能够取得根据《Tertullianum 元老院决议》所产生的权利。人们可能提出质疑，即该观点是否仅仅是这些特定法学家的观点；我不这样认为，因为 Gellius 提到了一个涉及八个月出生之孩子的法律争议；因此，似乎可以认为，开始时摇摆不定的观点最后发展成为一个固定的规则，根据该规则，只有在受孕形成后第七个月开始之前出生的孩子才不应被计算。但是，在 Paulus 和 Gellius 那里，上述规则仅涉及因生子女而取得之权利的成立，更准确而言，在 Paulus 那里，无疑仅在引起报赏这个情形中是如此（而在 Gellius 那里，这一点并不明确）。相反，我们绝对没有任何理由认为，Paulus 或其他某一个法学家认为活着出生之孩子自身的权利能力也要求生命力。[24]

根据支持优士丁尼法中生命力的这种通常理论，能够得出什么呢？丝毫没有，所得出的毋宁是反对它的新根据。现在，因生子女所取得的权利就不再被涉及。就孩子的权利能力而言，就我们所知，生命力作为要件之一的观点甚至在早期就没有被确立。但是，即使一些早期法学家曾将生命力作为权利能力的要件之一，那么以下这一点就只会更为确定，即编纂者有意拒绝了该理论，因为该理论在我们的法典籍（Rechtsbücher）中并没有被采纳，毋宁说，法典（Codex）中极为明确之篇章的一般表述恰恰

---

[24] 如果 Paulus 在其他地方说过这一点：septimo mense nasci perfectum partum（第七个月完整出生）（注5），那么 perfectum partum（完整出生）本身具有双重含义，因为它所指代的不仅是 vivum（活着出生的能力），还包括 vitalem（生命长期存续的能力）；但是根据之后的文辞，它的含义是清晰的，即它在那里仅是因为父亲身份的推定而确立了上述规则，在此根本不涉及生命力。

反对这种观点。㉕

如果要对法学者关于这个争议问题的观点和理由进行描述，那么这是很困难的，因为大多数人甚至未对该事项拥有清晰的观点。也就是说，他们始终将作为权利能力之条件的生命力与父亲身份的推定混淆在一起，并因此没有区分开医生之判断所可能被承认的两种影响：第一，产生以下问题时，即在出生后立即死亡的孩子是否享有权利；第二，在一个人持续生存情形中，他是否是在婚内受孕形成的成为争论对象时。㉖ 根据我们的观点，在这两种情形中，医生根本不是必须要发表意见：在第一种情形中不是必须的，因为在出生后仅实际存活极短时间的孩子始终享有权利；在第二种情形中不是必须的，因为实在法对此确立了固定的规则，这无疑恰恰是为了排除个人判断的危险。㉗ 但是，无论人们关于这两个问题可能采取何种观点，事实上不可否认的是，如果没有将这两个问题本身细致区分开，那么就不可能获得一个彻底的理解。

在这里所指责的概念混淆这一点上，最为严重的就是Glück，但是，他在这里的论述如同他通常的论述一样，因为对医学和法

409

410

㉕ L. 2. 3 C. de posthumis (6. 29.).

㉖ 在关于是否是婚内受孕形成的法律争议情形中，生命力通常根本不会被提及，因为大多数情形涉及事实上较长时间生存的孩子，甚至可能是他本人作为当前法律争议的一方当事人；在这样一种情形中，争论生命力是否存在是相当荒谬的。但与此相反，很少出现上述两个争议问题同时要被裁决这样一种情形。我们假设，一个男性结婚后没几个月就死亡了，其配偶之后很短时间就生出了一个孩子，且这个孩子只活了一天。如果这个寡妇现在主张，其丈夫的遗产依法当然地（ipso jure）被孩子取得，她现在要继承孩子的遗产，那么上述两个问题就同时出现了：（1）孩子具有生命力，因此具有权利能力吗？（2）根据其出生时间，孩子应被推定为婚内受孕形成，因此能够继承死者的遗产吗？尽管如此，这两个问题在该情形中也是相互独立的，对其的回答必须要根据完全不同的理由而得出。

㉗ 参见上文注8。——现代学者关于此事项的观点无疑也是相互参证，大多数人将此问题与生命力的问题混淆在一起了。

学学者的丰富说明而是非常有用的。㉘

以下这些可以被称为是生命力理论的明确捍卫者。

（1）Alph. a Caranza de partu naturali et legitimo Cap. 9. 他没有经过研究，就悄悄地假定生命力是权利能力的条件，并且仅探讨了以下问题，即权利能力开始于妊娠期内的哪一个月。他非常任意地认为早期法学家之间以及后期法和早期法之间存在多种多样的矛盾，并且之后他极为笨拙地试图摆脱他自己制造的这种困难，最终，他在 Num. 37. 38 中提出了以下令人惊异的结论，即在妊娠期内第五个和第六个月出生的孩子具有生命力和权利能力，但在妊娠期内第三个和第四个月出生的孩子则不具有生命力和权利能力。

（2）G. E. Oeltze de partu vivo vitali et non vitali Jenae 1769. 他明确捍卫以下规则，即不具有生命力的孩子，也就是在第七个月之前出生的孩子，不享有权利；在他那里，人们能够找到清晰的概念以及一些有价值的文献材料。但是，支持其观点的证明却无疑是难以置信得薄弱。我将其简短总结如下：

（a）一个不具有生命力的孩子对其周围的人而言毫无用处，因此等同于死体出生的孩子（§15）。

（b）L. 12 de statu hom.（1.5.）。在这里，他通过 vitalem（生命长期存续的能力）来解释 septimo mense nasci perfectum partum（第七个月会完整出生），这根据文辞是可以的，但是其结论却与该篇章完全相悖（注 24）。他试图通过以下方式避免该矛盾，即他在最后将 justum filium esse（正当的家子）理解为家子的权利能力，而该文辞很明确指代的仅是家子的合法性，即"根据正当婚姻"（ex justis nuptiis）而出生（§16）。

㉘ Glück, B. 2, §115. 116.；B. 28, §1287e.

(c) L. 2 C. *de posthumis*（6.29.）认为，一个 abortus（流产儿）不享有权利；而不具有生命力的孩子即是 abortus，因此他不享有权利（§19）。

(d) L. 3 C. *de posthumis*（6.29.）将 si vivus perfecte natus est（如果活着完整出生）作为条件；而该文辞的含义就是具有生命力的孩子（§21）。但是，perfecte natus 指代的并非是发育不成熟孩子的对立面，而是以下这种孩子的对立面，即这种孩子在出生过程中，在与母体完全分离之前就已经死亡。如果这一点在文辞本身之中还不清晰，那么它通过紧接着的以下文辞中的重复就确定无疑了：si vivus ad orbem totus processit（如果活着完全来到世界上）。

(3) Haller（参见上文注 10）认为生命力这个条件是确定无疑的，但是其依据很明显仅是较多法学者的赞同观点，事实上，他自己对此似乎也有些怀疑。同时，他也引用了（p. 321 note q）相反观点的大量捍卫者。

(4) Hofacker T. 1 §237 明确否定不具有生命力的孩子享有权利能力，并将其完全等同于未出生的孩子。

与之相反，在不同的时代都存在正确观点的明确捍卫者。如果人们观察纯粹的实践结果，那么上文所引用的支持相反观点的 Caranza 也应归属于此类，虽然他在文辞上认为不具有生命力的孩子不能享有权利能力，但事实上，在所有的实际争议情形中，他通过以下方式承认了权利能力的享有，即他认为第五和第六个月出生的孩子具有生命力。——但是，也并不缺少在言辞上直率承认以下观点的学者，即对于权利能力而言，所必须的仅仅是活着出生，而绝非生命力。持有此观点的包括：

在早期：Carpzov. Jurisprudentia forensis P. 3 Const. 17. defin. 18. 。

在近期：J. A. Seiffert, Erörterungen einzelner Lehren des

Römischen Privatrechts，Abteil. 1.，Würzburg，1820，S. 50－52. 在此，父亲身份之推定以及权利能力之条件的区别被正确指出，生命力被明确否认作为权利能力的条件；但是，该观点的理由和对立观点没有得到发展，而只有通过这种发展，才有可能防止早期错误的不断重现。

同样支持正确观点的还有 Vangerow*，Pandekten，S. 55.。

现代法典对该问题的观点如下。普鲁士邦法不承认生命力的概念，毋宁在各处都将权利能力仅与孩子活着出生联系起来。民法中是如此（Ⅰ. 1. §12. 13.）；在刑法中对杀害孩子的惩罚也同样如此（Ⅱ. 20. §965. 968. 969.）——法国民法典（code civil）则将生命力采纳为权利能力的条件。如果一个孩子虽然活着出生，但却不具有生命力（viable），那么他既不能通过法定继承，也不能通过赠与或者遗嘱而取得财产（art. 725. 906.）。如果孩子出生于婚姻缔结后 180 天以内，那么丈夫通常能够对该孩子予以否认；但在"si l'enfant n'est pas déclaré viable"（出生之孩子无生命力时），该否认不能适用（art. 314）。——法国刑法典（code pénal）并未考虑到生命力。

其他两个问题与这里所论述的问题密切相关，迄今我未论及这两个问题的原因仅仅是，在我看来，重要的是不打断之前研究的相互关联。

第一个问题涉及罗马法中所确立的非婚生孩子（uneheliche Kinder）的推定妊娠期间的适用。但在罗马法本身之中未涉及该问题，因为罗马法根本不在法律意义上承认男性的非婚生孩子，尤其是绝对不能将非婚生孩子作为父亲的血亲（Cognaten）。现

---

* 原文为 Vangerov，似乎为 Vangerow 之误。——译者注

代法仅是在非常有限的方面考虑到了男性因姘合而拥有的孩子（Concubinenkinder），并且始终是在以下前提之下，即男性愿意要这个孩子，也就是他承认这个孩子；因此也并未在此涉及父亲身份的推定。但是，与罗马法并不一致，在现代国家中，实践认为非婚生孩子对父亲享有请求的权利。这时，法学者试图也在此事项上适用罗马法中的推定，他们就确立了以下规则：如果对于一个男性而言，通过该男性的自认或者证据确立了以下事实，即在孩子出生前第182天和第300天之间的四个月期间内的某时点，他曾与一个女性有亲密关系，那么这个孩子就被允许对他享有请求的权利，该权利与孩子对父亲享有的请求权利相同，该权利同时也伴随着母亲的请求权。人们采纳这一观点是不可避免的，它是一种权宜之计，因为没有其他解决办法。只是人们不要错误地认为这里适用了罗马法的实际类推。因为罗马法中的推定是基于婚姻的神圣性，这种神圣性将其尊严扩展于婚姻持续过程中发生的所有事物之上。与此完全不同的是因果关系的推定，这种因果关联存在于被证实的某次同房与在182天至300天之后所发生的分娩之间。事实上，后一种推定，如果逻辑一致地贯彻始终，则是完全站不住脚的，因为这会导致孩子事实上是因为许多父亲而被受孕形成（注4）。因此，人们必须只能承认，非婚生孩子情形中的上述推定是一种任意的但却是不可避免的观点。

第二个问题涉及现代立法中对同一事项的处理方式。大多数现代立法采纳了罗马法中的推定，只是进行了一些修正。

法国民法典与罗马法之间的联系极为密切。该法典确立了180天和300天之间的推定，并且仅允许了不具有可能性这种证明作为反证。* 然而，如果丈夫主张否认在180天之前出生的孩子

---

* 参见1804年《法国民法典》第312条之规定："子女于婚姻关系中怀孕者，夫即取得父的资格。但夫如能证明自子女出生前的第三百日起至第一百八十日止的期间，有远离他乡或某种生理上不能与妻同居的原因时，得否认其子女。"——译者注

是其真正的子女，那么他的这种主张因为他之前所作出的承认行为而被排除（art. 312 – 315）。* 非婚生子女对父亲不享有请求权利。

同罗马法一样，奥地利法典确立了六个月至十个月之间的推定，而没有规定（然而却可能就是如此认为）推翻该推定的只能是不具有可能性这种证明。但是，它规定了，在孩子较早或较后出生的情形中，医生的鉴定能够起到确认孩子是真正的子女（Ächtheit）的作用（§138. 155. 157.）。在非婚生孩子的情形中，如果孩子是在被证实的同房之后六个月和十个月之间出生的，那么也应适用一个类似的推定（§163.）。

普鲁士邦法与罗马法存在极为严重的不一致之处，并且在其要点上，似乎并非有意如此，更可能是因为对罗马法规则的错误理解。孩子是真正的子女这种推定的根据在于，孩子"在婚姻之中受孕形成或者出生"（Ⅱ. 2 §1）。因此，无论出生的时间是在结婚后一个月还是九个月，该推定都同样适用。㉙ 该推定只能通

---

* 参见1804年《法国民法典》第314条之规定："结婚后一百八十日以内所生的子女，夫于下列情形不得诉请否认：……二、夫参与出生证书的作成，并签名于证书或证书上记有其不能签名的声明时；……"——译者注

㉙ 普鲁士邦法实际上采取的就是这种观点，并且该观点事实上仅因为对罗马法的错误理解，这一点根据以下注释性文献可被得出，Suarez, Vol. 80 fol. 81 der Materialien："'父亲通过婚姻而得到指明'（Pater est quem justae nuptiae demonstrant）这个规定不仅适用于婚礼后24小时出生的孩子，也适用于婚礼后6个月出生的孩子。"无疑，§2结尾所使用的表述再次没有经过谨慎的选择，因为丈夫必须举出以下反证推翻上述推定，即"在孩子出生前302天起至210天止，他在此期间内没有与妻子**婚内同房**（ehelich beigewohnt）"。如果孩子出生于"婚礼后24小时"，那么，在210天前婚内同房是不可能的这个结论，可以根据洗礼的日期而被得出。人们真正认为和想说的是，在上述期间内没有同房。——人们试图通过以下方式对邦法的规则进行辩护，即在婚后立即发生分娩的情形中，丈夫必然已经知道妻子怀孕了，尽管如此他仍然结婚，这就意味着他承认了这个孩子。但是，这个假定不能被允许，毋宁说，在此已出现了非常严重的欺骗；这一点特别是在以下情形中很容易被想象，即孩子在结婚后第五个或者第六个月出生。

过以下证明而被排除,即在孩子出生前 302 天起至 210 天止,丈夫在此整个期间内都没有与妻子"婚内同房"(ehelich beigewohnt habe),如紧接着的说明所指出的那样,该证明的内容是同房的不可能性(ib. §2-6)。如果孩子在丈夫死亡之后出生,那么继承人可以通过医生的证明使得以第 302 天为依据的推定无效(§21)。在两个前后相继紧挨着的婚姻之中,关键点是第 270 天(§22.23)。在非婚生孩子的情形中,如果能够证明在孩子出生前 210 天起至 285 天止这个期间内有过同房,那么父亲身份就被推定;在少于 210 天的情形中,如果还附加了医生的证明,那么,也仍然会存在上述推定(Ⅱ.1. §1077.1078)。

附录四　论罗马奴隶所缔结之债的效力
（§65 注 9）

如果一个罗马奴隶作出了以下行为，即如果一个自由人做出该行为，则根据该行为本可产生债，那么，这种行为的效力可以在以下完全不同的状况中被考察：在奴隶身份期间，以及在解放之后。在奴隶身份期间，不可能存在市民法之债（civilis obligatio），因为奴隶绝对不能出现在法庭之上，既不能作为原告，也不能作为被告；自然之债（naturalis obligatio）在这种状况中当然是可想象的。与此相反，在解放之后，市民法之债和自然之债都是可以想象的。为了确定罗马人在此事项上所实际采纳的观点，有必要区分两个主要问题：奴隶能够取得债权（Forderungen）吗？奴隶能够自己承担债务（Schulden）吗？或者换种说法：他能够成为债权人吗？他能够成为债务人吗？

一、奴隶的债权

奴隶通常不可能享有债权，其理由在于，奴隶通过其法律上的行为（juristische Handlungen）始终为其主人取得了权利，或者必须为其主人取得权利，因此不能为他自己而取得。该理由使奴隶同样不能成为自然之债①和市民法之债中的债权人。但在该理由并不存在之处，奴隶必然也能够例外地成为债权人。这样的例外首先出现于无主奴隶的情形中；其次出现于奴隶与主人本人之间的契约情形中，因为主人此时是债务人，因此他不能同时是债权人。在这两种情形中，奴隶本人取得了自然之债，此债在奴

---

① 根据一些篇章能够产生对我们以下这部分规则的疑问，即依据该规则，奴隶也不能享有自然之债中的权利，这一点将在下文中被解释，参见下一个注。

隶被解放之后也仍然是自然之债，而没有转变为市民法之债。对于这两种例外情形，我们只能够证明第二种例外情形，但根据这里所赞同之法规则的整体关联，第一种例外情形也同样是毋庸置疑的。——我从现在开始对以下最为重要的篇章进行说明，在这些篇章中，规则本身或者上述例外得以被承认。

规则的明确表达仅出现于一个篇章之中，在这个篇章中，上述规则应用于一个值得注意之案件的裁判中，该篇章就是L.7 §18 de pactis（2.14.）。某奴隶在一个遗嘱中被有条件地解放并被指定为继承人。在条件仍未成就、因此他仍然是奴隶的期间内，他与死者的债权人缔结了一个债务减免契约（Nachlaßvertrag）；如果现在条件已经成就，并且他由此而成为继承人，那么他能够根据上述契约对债权人提出简约抗辩（exceptio pacti）*吗？Ulpian作出了否定回答，其所依据的理由是"因为一般而言，他作为奴隶而做出之事在他被解放之后并不能使他得益；这一点在涉及简约抗辩时被承认。"（quoniam non solet ei proficere, si quid in servitute egit, post libertatem; quod in pacti exceptione admittendum est.）在此，我们的规则被直接表达出来，并且被应用于取得一个通过自然之债而产生之单纯抗辩的情形中；但紧随其后的就是一个值得注意的解释，对于实践结果而言，该解释恰恰确立了完全相反的观点：在奴隶取得自由之后，他仍能够在欺诈抗辩（doli exceptio）这个形式下达成其目的。这一点通过家子的例子而被证实，在其家父还在世期间，该家子与家父的债权人缔结了债务免除契约（Erlaßvertrag），那么

420

---

* 简约抗辩，是指在当事人通过简约而变更了原有的契约关系或者达成新协议的情形中，虽然该简约在严格法律意义上不产生完全的债，但如果一方不顾该简约而对另一方提出请求时，则另一方可提出简约抗辩予以对抗。——译者注

在该家子之后成为家父的继承人时，他同样不能行使简约抗辩，但却能够行使欺诈抗辩："如果家子在家父还在世时与家父的债权人缔结了一项简约，他同样如此主张，因为在此，欺诈抗辩可被行使。事实上，即使在奴隶的情形中，欺诈抗辩也不会被拒绝。"(Idem probat, et si filius vivo patre cum creditoribus paternis pactus sit; nam et huic doli exceptionem profuturam. Immo et in servo doli exceptio non est respuenda.) 由此，以下观点应没有疑问地被主张，即奴隶享有欺诈抗辩，即使他是在其主人还在世期间缔结了契约；因此，如果缔结契约这种情形发生于主人死亡之后，但却是在自由和继承指定所附条件成就之前，那么就更是如此了。[2] 现在，法学家允许欺诈抗辩，那么人们可能会认为这与我们的规则存在矛盾，或者至少存在我们规则的例外；我认为，这是错误的。因为，简约抗辩的唯一理由是在奴隶身份期间缔结的简约，该简约必然在这里仍没有效力，否则奴隶就能够取得债权了（这与我们的规则相反）。如果欺诈抗辩的根据是在上述契约缔结之时——因此同样是在奴隶身份期间——所作出的不

---

[2] 这涉及该篇章一开始中的情形，Ulpian 的整个研究都以此作为出发点："但是，如果简约是在奴隶获得自由和遗产之前所缔结的，因为他是被指定为一定条件下的继承人，Vindius 写道，该简约没有效力。"(Sed si servus sit, qui paciscitur priusquam libertatem et hereditatem adipiscatur, quia sub conditione heres scriptus fuerat, non profuturum pactum Vindius scribit.)（但是，这个条件必然也涉及自由，因为之后有文辞的内容是："但是，如果某人，如同我们上文所提到的，在其是奴隶时缔结了一项简约。"[Sed si quis, ut supra retulimus, in servitute pactus est.]）如果这个以条件方式被指定的奴隶，是被指定为全部遗产继承人（ex asse），在此期间他能够被视为无主奴隶，那么由此就会出现对上文所主张之第一种例外情形的质疑，按照这个例外情形，无主奴隶能够成为债权人。该质疑可通过两种方式而被反对：(1) Ulpian 根本没有说，这个奴隶被指定为全部遗产继承人；如果在他之外还存在是自由人的共同继承人，因此该自由人在此期间是这个奴隶真正的当前主人。(2) 但是，即使这个奴隶是全部遗产继承人，那么遗产本身在此期间也可能被视为奴隶的主人，这一观点将在法人部分被论述（§102）。

诚实行为，那么欺诈抗辩也不能被允许，因为当时奴隶不能取得权利，所以也不能取得起源于欺诈之债（doli obligatio）的权利。但是，在这里作为欺诈抗辩之根据的不诚实行为是，债权人曾通过契约允诺债务减免，但他却请求全部的债务。但这个事实发生于以下时点，即在此时点，之前的奴隶已经自由，因此能够取得所有债；而不诚实的行为是一种具有不道德性质的单纯事实，它不能因为以下情形而被排除，即之前的契约因为奴隶在实在法上的无权利能力而仍然在法律上不生效。

在主人本人作为债务人这样一种例外情形中，奴隶应取得自然之债，这种例外情形通过两种方式在值得注意的适用中表现出来。第一，如果奴隶还在奴隶身份期间，在与其他债权人的关系之中，以下问题就产生出来，即特有产（Peculium）的范围是多大。根据一项适用于家子和奴隶的一般性规则，主人对奴隶所承担的债务应被包含入特有产之内，但相反，奴隶对主人所承担的债务应从特有产中被扣除。③ 因此，在此规则中，奴隶与主人相互之间的债就被认为是完全有效的（但仅是自然之债），特有产应按照好像这些债务已经得到清偿这种方式来计算。在这里必须要排除主人的所有任意，由此，债务的存在和效力应根据与在通

---

③ L. 5 § 4 L. 9 § 2 *de peculio* (15. 1.).——家子（filiusfamilias）情形中这种扣除（deductio）的一个适用情形以著名的 L. Frater a fratre（L. 38 de cond. ind. 12. 6.）为基础。【L. Frater a fratre，即"兄弟诉案"，所涉及的案情是，兄弟两人都处于父权之下，其中一个借钱给另一个，后者在家父死亡后偿还了此借款，他能否因为错误支付而请求返还已经支付的款项。——译者注】——此种扣除在特有产之诉（actio de peculio）之外的一个适用是在金钱清偿（Geldzahlung）情形中，待自由人（statuliber）用特有产进行金钱清偿，以便由此成为自由人，这种情形参见 L. 3 § 2 *de statulib*. (40. 7.).【待自由人，即在遗嘱解放中，如果被继承人为解放奴隶附加了一定的条件，在该条件成就之前，被解放之人就处于待自由人的地位。——译者注】

常的市民法之债中相同的规则予以判断。④——第二，上述例外在奴隶被解放之后有效表现出来，因为庇主对解放自由人所负债务之清偿并不能作为错债清偿（indebitum）而被撤销，即使庇主在这方面存在错误。⑤——只是契约在这种情形中应完全无效，即主人将某物卖给其奴隶。⑥ 因为物之出卖始终指向交付，但对奴隶的交付始终使主人取得了权利，所以这就相当于主人将物出

---

④ L. 49 § 2 de peculio（15.1.）.："要想使奴隶被认定为是主人的债务人，或主人被认定为是奴隶的债务人，*必须考虑市民法上的原因。因此，如果主人在他自己的账目中称自己对其奴隶负有债务，但完全没有借贷，此前也没有任何负债原因，仅仅是账目［记载］不会让他成为其奴隶的债务人。*"（Ut debitor vel servus domino, vel dominus servo intelligatur, *ex causa civili computandum est*; ideoque si dominus in rationes suas referat, se debere servo suo, cum omnino neque mutuum acceperit, neque ulla causa praecesserat debendi, *nuda ratio non facit eum debitorem*.）

⑤ L. 64 de cond. indeb.（12.6.）："如果主人对奴隶负有债务并在该奴隶被解放之后向他清偿了债务，那么他不得请求返还；即使是主人误认为他能够被起诉而进行的清偿，也不得请求返还。因为，他所负担的是自然之债。"（Si, quod dominus servo debuit, manumisso solvit, quamvis existimans ei aliqua teneri actione, tamen repetere non poterit, quia naturale agnovit debitum.）——L. 14 *de O. et A.*（44.7.）："事实上，奴隶承担私犯之债，并在被解放之后仍继续承担；*但是，他们不承担因契约的市民法之债，而承担和使他人承担自然之债*。最后，如果在奴隶被解放之后，我向他清偿了他借给我的钱，那么我就免除了责任。"（Servi ex delictis quidem obligantur, et si manumittuntur obligati remanent: *ex contractibus autem civiliter quidem non obligantur, sed naturaliter et obligantur et obligant*. Denique si servo, qui mihi mutuam pecuniam dederat, manumisso solvam, liberor.）在这个篇章中，根据文本中所援引的理由，et obligant（使他人承担债务）应在较之 et obligantur（承担债务）更为狭窄的适用情形中被理解，由此 et obligant 仅涉及对其主人的债权，而不涉及对其他人的债权（注1）。同样，在本篇章结尾的例子中，对 si servi 必须补充上 meo 这个词。——L. 18. 29. 32. 35 *de solut.*（46.3.）这些篇章则与这部分内容无关，根据这些篇章，如果债务人在不知奴隶被解放的情形下向该解放自由人清偿债务，那么债务人就免除责任。这种情形的发生并非因为该解放自由人方面的自然之债，而是因为，根据所假定的情势，债务人应有充分的理由相信，解放自由人仍是作为奴隶而进行受领，并且该受领是依据唯一的真正债权人的意志。在这一点上错误的是，Zimmern, Rechtsgeschichte, I, § 183, S. 673.（参见注1）。

⑥ L. 14 § 3 *de in diem addict.*（18.2.）.

卖给他自己，这与买卖的基本规则相矛盾。⑦

二、奴隶的债务

在这里，上述反对奴隶享有债权的考虑完全消失了，因为奴隶通过其行为只能使其主人更富裕，而不能使其主人更贫穷，因此，债务就不涉及其主人，除非存在支持债务涉及主人的特别理由（例如，被委托的特有产［ein anvertrautes Peculium］）。由此，奴隶通过其行为不仅能成为其主人的债务人，也能成为其他人的债务人，但在这两种情形中，此债都仅仅是自然之债，并在该奴隶被解放之后也仍然是自然之债。⑧

如果奴隶根据契约而对其主人承担债务，那么就会出现上文所述的从特有产中的扣除，在此，与在相反情形中相同的规则应被遵守（注3、4）。

但是，如果奴隶对其他人负有债务，情形也同样如此。此规则的适用和证明存在于许多篇章中。如果奴隶缔结了一项契约，那么他在被解放之后也不能据此被诉。⑨ 与此相反，奴隶在其被

---

⑦ L. 16 *pr. de contr. emt.* （18.1.）："对自己所有之物的购买无效……不存在任何债的关系"。（Suae rei emtio non valet...nulla obligatio fuit.） L. 45 *pr. de R. J.* (50.17.).——该行为从其他方面观察也是无效的，因为通常没有人能将物出卖给他自己；即使作为出卖人的主人偶然地并非物的所有权人，这个规则也使买卖本身是无效的，L. 10 *C. de distr. pign.* （8.28.）. Vgl. Paulus Ⅱ.13 §3.4.。

⑧ L. 14 *de O. et A.* （44.7.）.（注5）——L. 1 §18 *depos.* (16.3.).根据一些篇章的文辞，人们可能会认为，对奴隶而言，在此根本不产生债，甚至也不产生自然之债，§6 *J. de inut. stip.* (3.19.). §6 *J. de nox. act.* (4.8.). L. 43 *de O. et A.* (44.7.). L. 22 *pr. de R. J.* (50.17.)。——但是，这些篇章根据在其他地方并非罕见的语言用法而完全能够解释，根据这种语言用法，naturales obligationes 被用来指代不真正的债，由此，在这些情形中，债的存在通常也可能被否认，L. 7 §2.4 *de pactis* (2.14.). L. 16 §4 *de fidej.* (46.1).【原文是 L. 16 §4 *de fidej.* (46.3)，似乎有误。——译者注】。Obligaio（债）由此就等同于可诉性（Klagbarkeit）。

⑨ Paulus Ⅱ.13 §9, L. 1.2 *C. an servus* (4.14.).

解放之前和之后所负担的所有债务在以下意义上是发生效力的，即对这些债务的清偿不能通过错债索回之诉（condictio indebiti）而被撤销，并且对这些债务而言，保证人和出质人可被有效设立。⑩ 如果奴隶本人在其被解放之后自愿承担了（expromittirt）此债务，那么其效力就并非赠与，而是等同于真正的清偿。⑪

人们可能会提出以下问题，即奴隶所承担的债务为什么在其被解放之后仍然是自然之债，而未成为可诉的债。理由无疑是这样的。奴隶绝对不能享有财产，因此他据以作为债务人而承担债务之契约的缔结，肯定要考虑到他的奴隶身份，也就是要考虑到他与主人的财产之间的关联。因此，如果之后由此可以产生对奴隶本人的诉，那么这就是非常严苛的；自然之债的后果只在极少的情形中对奴隶本人才具有强迫性。但是，正是这个理由同时解

---

⑩ L. 13 *pr. de cond. indeb.* (12.6.)："奴隶可承担自然之债。因此，如果某人为奴隶清偿了债务，或者（如 Pomponius 所写的）奴隶本人在他被解放之后，或用可自主管理的特有产，清偿了债务，那么就不能要求返还。并且，因这个原因，为奴隶作出保证的人会承担责任，为奴隶进行的质押也会被保持。并且，如果奴隶用可自主管理的特有产为其债务作出质押，那么他可享有扩用的质押之诉。"（Naturaliter etiam servus obligatur: et ideo si quis nomine ejus solvat, vel ipse manumissus, vel (ut Pomponius scribit) ex peculio cujus liberam administrationem habeat, repeti non poterit; et ob id et fidejussor pro servo acceptus tenetur; et pignus pro eo datum tenebitur; et si servus, qui peculii administrationem habet, rem pignori in id quod debeat dederit, utilis pigneratitia reddenda est.）【扩用诉讼，即将适用于特定情形的法定诉讼形式扩张应用于类似情形的诉讼。质押之诉，这里所指的应当是"对人的质押之诉"（actio pigneraticia in personam），当质权人在受偿之后仍不返还质物，出质人可提起该诉讼要求质权人履行返还义务。——译者注】这里所采纳的文本样式"vel（ut Pomponius scribit）"出自 Haloander 版本，在 Vulgata（通行本）中，这些文辞被写作"ut Pomponius scribit, vel ex peculio"，这具有同样合适的含义。这两种文本样式都描述了两种不同的情形，即奴隶在其被解放之后清偿债务，以及他在被解放前用其可处分的特有产清偿债务（否则，主人至少能够要求返还金钱）。Florentina 版本中的文本样式没有理由，它删去了两个地方的"vel"这个词，由此，两种情形以一种不被允许的方式被合并成一种情形。——Vgl. auch L. 24 § 2 *de act. emti* (19.1.). L. 21 § 2 *de fidej.* (46.1.). L. 84 *de solut.* (46.3.).

⑪ L. 49 § 4 *de donat.* (39.5.).

释和证成了一些值得注意的例外，在这些例外中，解放自由人当然可以因为其之前缔结的债务而能够被诉。第一个例外涉及寄托之诉（actio depositi）*，如果解放自由人拥有了受寄托物，那么他可以因寄托之诉而被诉⑫；因为他之前不享有财产的状况不能成为拒绝所允诺的返还的理由。第二个例外涉及委托之诉（actio mandati）和无因管理（negotiorum gestorum），此种情形中，所涉及的此种行为开始于奴隶身份期间，并且一直延续至解放之后，以至于在诉之提起中，事务管理的之前部分和之后部分根本无法分开。⑬ 第三个例外更为重要和常见。如果奴隶实施了不法行为，那么他在其被解放之后可因此而被诉。⑭ 理由在于，奴隶实施不法行为并非因为（如在契约情形中所推测的那样）考虑了主人事务之管理，而是出于恶行；因此，一旦该奴隶具有出现于法庭上这方面的能力，他就必然能够被诉。与此相关的还有其他理由，即损害之诉（Noxalklagen）**的原则。根据奴隶的不法行为，会产生对主人的损害之诉；如果该奴隶被让与给第三人，该损害之诉就转而对新的取得人提起（损害赔偿责任跟随人身[noxa caput sequitur]）；如果该奴隶被让与给受害人，或者该奴

---

* 寄托之诉，指当受寄托人因恶意而未履行保管或返还义务时，寄托人可通过此诉而要求受寄托人归还受寄托物并承担相应的责任。——译者注

** 损害之诉，即如果奴隶或家子实施了不法行为，那么人们就可对该奴隶或家子的主人或家父提起损害之诉，要求他们赔偿由该奴隶或家子造成的损失，或者要求他们实行损害投偿（noxae deditio）而摆脱赔偿责任。该诉的特点在于损害赔偿责任跟随人身（noxa caput sequitur），即它仅针对在诉讼时对作出不法行为之奴隶或家子享有支配权的人，即使在实施不法行为时此人对该奴隶或家子尚不享有支配权。如果奴隶或家子在诉讼时已被解放或脱离父权，那么则针对其本人提起损害之诉。——译者注

⑫ L. 21 §1 *depositi* (16. 3.). ——此种例外的内在关联，请参见§74注17。
⑬ L. 17 *de neg. gestis* (3. 5.). ——此种例外的内在关联，请参见§74注9。
⑭ L. 14 *de O. et A.* (注 5) L. 1 §18 *depositi* (16. 3.). L. 4 *C. an servus* (4. 14.). L. 7 §8 *de dolo* (4. 3.). 该例外严格限制于不法行为之中，由此契约之诉即使在恶意（dolus）情形中也不能对解放自由人提起。

隶被遗弃（Dereliction），那么该损害之诉就完全消灭了。⑮ 因此，完全逻辑一致的是，在奴隶被解放之后，诉讼应针对解放自由人而提起，此时他已经成为他自己的主人了。一个适用情形存在于奴隶所实施的盗窃行为之中；在奴隶被解放之后，可针对他提起盗窃之诉（actio furti），而不能提起请求返还盗窃物之诉（condictio furtiva）⑯；因为，只有前者才产生于不法行为，而后者毋宁产生于对物的无根据持有，但是此种持有不能被归于奴隶。——值得注意的是一个恰恰相反的例外情形，即奴隶对其主人实施了不法行为；从中根本不产生债，因此在奴隶被解放之后也不产生针对他的诉⑰；这无疑是因为，主人本来就享有惩罚其奴隶之不法行为的其他措施，对主人而言，该措施要比债权所能够提供的措施有力得多。

这里所确立之基本规则的一个值得注意的例外似乎在更晚的时期才获得承认。如果奴隶为其解放而对主人允诺给付金钱，但在之后不愿支付，那么主人就对其享有事实之诉（actio in factum）*⑱。无疑，人们将此视为劳物互换（facio ut des）**形式的无名契约，并且不考虑该约定是在奴隶身份期间所缔结的这个事实。

---

　　* 事实之诉，即当一个新的关系不产生市民法权利时，当事人就不能依据法定程序提起诉讼，此时裁判官允许当事人就产生上述关系的事实提起事实之诉，在该诉讼中，裁判官所维护的并非法律所明确承认的权利，而是事实上存在的新的公平关系，之后，一部分事实之诉上升为权利诉讼（actio in ius）。——译者注
　　** 劳物互换，是无名契约的一种，即一方付出劳务，另一方作出相应的给付。——译者注
　　⑮ § 5 J. de nox. act. (4.8.). L. 20. 37. 38 § 1 L. 42 § 2. L. 43 de nox. act. (9.4.).
　　⑯ L. 15 de cond. furt. (13.1.).
　　⑰ § 6 J. de nox. act. (4.8.). L. 6 C. an servus (4.14.).
　　⑱ L. 3 C. an servus (4.14.). ——Ulpian 认为此种诉讼仍不可能存在，而只是能针对自然之债的保证人提起诉讼，L. 7 § 8 de dolo (4.3.).。

附录五　论家女的债务能力
（§67）

Ulpian 认为，女性只有经其监护人的准可（auctoritas）才能承担债务；Gajus 同样如此认为。① Cujacius 据此得出，处于父权之下的女儿完全不能承担债务，因为家父不能对其进行准可，这样，对于她们而言，Ulpian 对女性可能承担债务所设置的必要条件就不可能达成。② 该观点似乎通过类推受监护人（Pupill）而得到了支持，受监护人同样能够通过监护人的准可而承担债务，但如果他处于父权之下，则准可的可能性并不存在，因此他就完全不能承担债务。③

但是，通过更为准确的考察，该类推的重要性就会完全消失。因为对受监护人而言，在会使其更为贫困的法律上的行为

---

① Ulpian. XI. §27："监护人的准可对于女性而言在这些事情上是必要的，*即如果她根据法律或法定审判程序提起诉讼，或如果她负债。*"（Tutoris auctoritas necessaria est mulieribus quidem in his rebus, *si lege aut legitimo judicio agant, si se obligent.*）etc. Eben so Gajus Ⅲ. §107.108. Ⅰ.192.

② Cujacius obs. Ⅶ.11. 他的论述其实仅涉及处于夫权中的妻子，因为他正好想要解释的 L.2 §2 *de cap. min.* （4.5.）这个篇章直接促使他如此认为（Vgl. §70 注 16）。但处于夫权中的妻子事实上仅享有家女（filiafamilias）的权利，而不享有其他权利，因此，毫无疑问的是，Cujacius 对处于父权中的女儿也会做出完全相同的主张，他的所有论述对处于夫权中的妻子和处于父权中的女儿是同样完全适合的。

③ L.141 §2 *de V.O.* （45.1.）："虽然受监护人从他能够说话起就能正确地订立要式口约，*但如果他处在父母的支配权之下，则他就不能被要式口约所约束，即使经过了家父的准可；但如果他达到了适婚年龄而处于支配权之下，那么他就如同家父一样受到约束。而且，我们所说的关于受监护人的内容，同样应当适用于未达到适婚年龄的家女。*"（Pupillus, licet ex quo fari coeperit recte stipulari potest, *tamen, si in parentis potestate est, ne auctore quidem patre obligatur*: pubes vero, qui in potestate est, proinde ac si paterfamilias, obligari solet. Quod autem in pupillo dicimus, idem et in filiafamilias impubere dicendum est.）

(juristischen Handlungen)方面，他是自然的无能力。这种无能力通过监护人的准可而被人为消除，但这仅是在存在需要的范围之内。这种需要事实上存在于无从属的受监护人的情形中，因为这种受监护人享有自己的财产，这常常会导致存在进入债务关系的必要性。对处于父权中的未成年人而言，他不享有财产，上述必要性不会出现，因此通过人为制度对自然的无能力予以弥补的需求对他来说不存在。——但在成年女性的情形中则完全不同。成年女性也不能从事一些行为，但她的无能力纯粹是人为的，这并非基于她自己的利益而被创造出来，而是基于其宗亲或者庇主的利益而被创造出来，由此而提供一种工具，以在大多数情形中防止未来法定继承的被剥夺或减损。④ 只要她还处在父权之下，任意限制的基础就不存在，因此就没有任何动因去改变这种自然状态，据此，成年女儿同成年儿子一样能够承担债务。——近来，通过区分严格的市民法之债和较自由的债，Cujacius 的观点被进行了特别的转变：前一种债务应存在准可，因此在父权存在期间，该种债是不可能的，而后一种债就并非如此了。⑤ 但是，这种区分的基础既不存在于 Gajus 和 Ulpian 的言辞之中，他们一般性地论及所有种类的债，也不存在于性别监护（Geschlechtsvormundschaft）的性质和目标之中。事实上，对宗亲的未来继承权而言，女性因借贷或者买卖契约而承担债务与她因要式口约而

---

④ Gajus I. §190-192. 从他的描述中可以非常清晰地得出，性别监护（Geschlechtstutel）的重大意义仅在于宗亲和庇主的利益，该监护的其他形式仅被视为上述两种［法定监护（legitima tutela）］情形的补充或缓和。

⑤ Rudorff, Vormundschaftsrecht, B. 1, S. 171. B. 2, S. 273. 274.

承担债务同样危险。⑥ 因此，我认为，无从属的女性在承担所有债务（无论该债务是否起源于早期的市民法）时都需要准可；与之相反，家女（filiaefamilias）同家子一样都能够通过自己的行为而负担义务，只是需要家女和家子都达到了成年年龄这个前提。因此，如果在上文所引用的篇章中，Ulpian 认为女性承担债务需要监护人的准可这个条件，那么这种女性只能被理解为，她拥有或至少能够拥有监护人⑦，也即仅指的是无从属的女性。但是，该限制不大可能是被任意引入上述篇章中的，这样，在 Ulpian 整个第十一题中，关涉未成年人和女性时，这个限制事实上都要始终被考虑进去，只是 Ulpian 不认为有必要明确说出该限制，因为该限制是不言自明的。

根据一般性的考察，事情就是如此；但是，从中得出家女的负债是否可能的具体适用情形必然更为重要。我们本可以拥有相当数量的该种类的篇章，从而使得此处所探讨的整个问题不可能

---

⑥ 针对这种观点，即准可对所有种类的负债（严格的或自由的）都是同样必要的，可能一个疑问会根据 Gajus Ⅲ. §91 这个篇章而被提出，该篇章论及了因被受领的错债清偿而产生的债务："一些人认为：如果未经监护人准可而向受监护人或者女性错误地给付了不应给付的东西，则不得对其提起请求给付之诉，就像在消费借贷中不得提起此诉讼一样。"（quidam putant, pupillam aut mulierem, cui sine tutoris auctoritate non debitum per errorem datum est, non teneri condictione, non magis quam mutui datione.）Gajus 本人在之后反驳了这种观点。但在该问题上，决定性原因并非当前的债所属的历史种类，而是准可在各个地方都仅用于对意思进行补充，但是在这里，债并非产生于意愿（ex voluntate），而是产生于事实（ex re）。无论如何，这种情形由于请求给付之诉（condictio）而应被归为严格的债；但特别是，与受监护人同等对待是完全不可能的，在此必须考虑性别监护的特殊性。——另外，在这个特殊情形中，优士丁尼采取了不同于 Gajus 的观点，而赞同 Gajus 所反对的一些人（Quidem）的观点，但在文辞上却保留了 Gajus 所提出的理由，因此，在优士丁尼那里，缺少观点的正确的前后一致，而在 Gajus 那里，这种一致性却似乎是非常令人满意的，§1 J. quib. mod. re（3.14.）。

⑦ Gajus Ⅲ, §108.："同样的规则适用于*处于监护下的女性*。"（Idem juris est in feminis, *quae in tutela sunt*.）

再有争议，但是，该问题与性别监护存在关联，而在优士丁尼时代，性别监护已经过时，因此，上述关联就促使将早期法学家论及该问题的篇章大多予以删除。事实上，完全直接涉及该问题的法律关系仅还有一个；但幸运的是，它非常清晰和确定，以至于涉及它的篇章已经足以消除所有的疑问。《Macedonianum 元老院决议》（Sc. Macedonianum）论及了家子*，因此如通常那样使用了这个术语的阳性形式。⑧ Ulpian 对此持有以下观点⑨："该元老院决议同样适用于家女，即使［家女］用这笔钱购买了装饰品，也无关紧要。因为根据元老院决议，借款给家子的人也不能提起诉讼；金钱是被消费了，还是存留于特有产中，这并没有区别。因此，对于向家女提供消费借贷的人，他的合同更应该因元老院决议的严厉性而不被批准。"（Hoc Sc. et ad filias quoque familiarum pertinet. Nec ad rem pertinet, si adfirmetur ornamenta ex ea pecunia comparasse: nam et ei quoque, qui filiofamilias credidit, decreto amplissimi ordinis actio denegatur: nec interest consumpti** sint numi, an exstent in peculio. Multo igitur magis, severitate Scti, ejus contractus improbabitur, qui filiaefamilias mutuum dedit.）如果元老院决议的抗辩应产生于向女儿作出的金钱借贷，那么诉就必然在之前是存在的，因此女儿一般有能力承担债务。——通过这个篇章，整个问题在我看来非常明确，但我不会隐瞒可能会被尝试作出的反对意见。首先，人们可能认为，我们

---

* 《Macedonianum 元老院决议》，该决议规定，禁止以消费借贷的名义向家子出借款项，除非事先取得家父的同意，或者家子成为自权人之后对借贷予以认可。——译者注

** 原文是 consumti，似乎有误。——译者注

⑧ L. 1 pr. de Sc. Mac. （14.6.）.

⑨ L. 9 §2 de Sc. Mac. （14.6.）. 相同的篇章出现于 §6.7 J. quod cum eo （4.7.），只是有些部分更为精炼，有些部分更为详细。

在这里所阅读的内容并非来源于 Ulpian，而是来源于 Tribonian，后者意图消除性别监护的所有痕迹。虽然大概没有人会走得如此之远，以至于要将这里所摘录的篇章解释为虚构的篇章；但是，并非不可想象的是，Ulpian 所明确谈及的仅是家父针对特有产之诉（actio de peculio）所享有的抗辩，这个限制被编纂者删除。在法学阶梯的篇章中（注9）直接认为，该抗辩不仅由女儿自己享有，也由家父享有；但法学阶梯也是一个新的作品。——如果我们根据其他证据知道，女儿自己不能负债，那么认为存在添加的这个观点就是被容许的。但这些证据并不存在，一般性的理由毋宁支持相反的观点，因此，仅为了支持一个根本无法被其他篇章所证成的前见，而完全无必要地将认为存在添加的这个观点引入上述似乎完全无可怀疑的篇章中，这种做法并非是一种批判性（unkritisches）的做法。——其次，人们可能会认为，Ulpian 所设想的是以下这种女性，即该女性因为生出了三个孩子而得以免除所有监护的必要性。但就我们所知，因生子女而取得的权利（jus liberorum）从未涉及处于父权下的女儿；并且，对处于父权下的女儿而言，该权利也不具有意义和用处。根据生子女而取得的权利，无从属的女性获得了取得多种财产利益的能力和自由处分其财产的能力；但是，家女既不能为自己取得财产利益，也不能对（她从未享有的）财产进行处分，因此，对家女而言，上述权利就仅存在于罕见的、难以想象的能够负担债务的特权之中，而根据这里所反对的观点，家女也不能负担债务。

除了上述主要篇章之外，还应附带考察以下篇章。

（1）*Vat. Fragm.* §99.："裁判官答复说：家女不能根据嫁资声言承担债务。"（P. respondit：Filiamfamilias ex dotis dictione obligari non potuisse.）人们可能认为该规定是一般性的无债务能力的单纯运用，由此，一般性的无债务能力就被证实。但如果人们考虑到，嫁资声言（dotis dictio）*是极特殊的法律制度，尤其是，除女性自己、其债务人、其父亲或祖父之外，其他人都无法享有此种能力⑩，那么人们就必然会认为上述论证是完全不被容许的。

437　　（2）L. 141 §2 de V. O.（注3）这个篇章的结尾认为未适婚的家女（filiafamilias impubes）与处于父亲支配权之下的受监护人（pupillus in parentis potestate）一样都不能负担债务。我们所讨论的问题涉及成年女性，上述等同对待并未对该问题直接决定，尽管它增加了本来就存在的以下可能性，即如果不存在性别监护，那么在两性之间一般不存在区别。但是，最近存在一种观点认为，上述篇章的最后一些词经过了添加，Gajus（该篇章的作者）所写的应当是这样的："同样应当适用于达到适婚年龄的家女。"（idem et in filiafamilias pubere dicendum est.）⑪ 通过这种形式，该篇章自然直接证明了这里所反对的观点，如果我们拥有支持该观点的其他证据，那么该观点就很有可能被用于将这里所引用的篇章和上述其他证据直接相互联系起来。但是，只要缺少这些证据，而且上文所述的根据毋宁是对此予以反对，那么不能容许的就是，首先无必要地将认为存在添加的观点引入上述篇章之中，然后将被进行了如此改动的文本作为历史证据。

438　　（3）L. 3 §4 commodati（13.6.）.："如果对家子或奴隶做出了使用借贷，那么仅可提起特有产之诉；尽管确实可以对家子

---

　　* 嫁资声言是一种设立嫁资的行为，通常是在订婚时由女方的家父或者女自权人采用单方面口头允诺的方式予以作出。——译者注

　　⑩ Ulpian. Ⅵ. §2.

　　⑪ Rudorff, Vormundschaftsrecht, B. 1, S. 171. 他特别提出以下依据，即如果不是这样的话，"未达成适婚年龄的家女"这些最后的语词根本没有什么意义。但通过这种论证，学说汇纂中的大量篇章的真实性也会被否认，这当然没有任何根据。上文中所引用的 L. 9 §2 de Sc. Mac. 这个篇章也同样如此。

本人提起直接诉讼。如果是对女性奴隶*或者家女做出了使用借贷，那么仅能提起特有产之诉*。"（Si filiofamilias servove commodatum sit, dumtaxat de peculio agendum erit; cum filio autem familias ipso et directo quis poterit. Sed et si ancillae *vel filiaefamilias commodaverit, dumtaxat de peculio erit agendum*.）*——该篇章的主要目的并非在于表明，使用借贷之诉（actio commodati）较之其他针对家父和主人的诉能够在更大范围内被确立，而在于表明，使用借贷之诉仅因之前托付给借用人的特有产而被确立。此外，在家子的情形中，插在中间的语词表明，家子本人可以被诉。这些插在中间的语词在家女的情形中却没有被重复，故可以由此认为，家女本人不能被诉。但是，更为简单和自然的方式是认为，Ulpian 之所以未在家女的情形中重复这些插在中间的语词，是因为他认为，每个人都会当然想到这种重复。如果他的观点是相反的，那么他很难采取以下做法，即在家女的情形中使用与在家子的情形中完全相同的语词，而仅通过插在中间之语词的忽略而表明相反的观点。无疑，人们可能会认为，Ulpian 已明确表明了相反的观点，但该涉及性别监护的补充却被编纂者删除。但是，如果编纂者事实上发现了该补充，那么他们很难满足于仅将该补充删除，而由此产生了当前所呈现出的模糊性；毋宁说，他们直接表达了两性的完全平等，这一点本可通过单纯重复 Ulpian 在家子情形中所插入的补充而很容易地产生出来。

最后，人们可能会试图为这里所反对的观点找出一个新的方

---

* 特有产之诉，即在奴隶或家子未经主人或家父同意而与他人进行交易的情况下，如果主人或家父未因该交易而获利，则可要求其在为有关的奴隶或家子设立之特有产的范围内承担责任。——译者注

面，即法庭救济方面。因此，人们可能会认为，即使家女有能力成为债务人，她也不能被诉，因为 Ulpian 认为，除非与监护人一起，否则女性不能参加法定审判（legitimum judicium）（注1），但家女却不能拥有监护人。——为了反对这种从程序方面为上述观点所进行的辩护，特做出以下说明。

首先，同样的观点已在上文关于债务的部分进行了说明。准可的必要性仅涉及拥有或应当拥有监护人的这些女性，也即仅涉及无从属的女性，而不涉及处于父权之下的女性。

其次，早期法学家绝对不会因为考虑到法定审判而确定地认为，女性的无能力是一般性的，因为在他们那个时代，罗马帝国的绝大多数程序并非法定审判，而是依权审判（judicia quae imperio continebantur）*，Ulpian 所提到的规则根本没有涉及依权审判。属于依权审判的不仅包括罗马城和其最临近区域之外的所有程序，还包括罗马城内的很大一部分程序⑫，事实上，在许多诉之中，这取决于具体的当事人采用较为自由的诉讼方式⑬，据此可克服一些障碍，这些障碍仅阻碍了较为严格的法定审判的适用。

最后第三点，从文义上而言，Ulpian 仅论及女性作为原告，而未论及女性作为被告［si... agant（如果……起诉），而非 si conveniantur（如果被起诉）］，这很可能是考虑到，女性在任意决定提起诉讼方面受到更多限制，但在女性针对他人提起之诉讼进行辩护这种非自愿的情况中受到的限制较少，后种情形，例如因父亲遗产而针对她提起债务方面的诉讼。如果准可的必要性不

---

* 法定审判和依权审判是程式诉讼（processo per formulas）的两种形式，前者是在罗马城内或者在罗马城外一千步范围以内进行的，其当事人均为罗马市民并且由独任审判员（judex unus）主持的审判；而后者的当事人则为罗马市民或异邦人，并且由法官主持审判。——译者注

⑫ Gajus Ⅳ. § 104. 105.
⑬ Gajus Ⅳ. § 163 - 165.

涉及女性作为被告的情形，那么在准可的必要性方面，似乎就没有较为明显的理由否认家女在被告关系方面具有能力。但是，如果假设人们想赋予 si agant 这个表述较为广泛的含义，由此被告和原告情形都被包含在内，那么至少不可否认的就是，女性作为原告这种情形应被包含在内。因此，这就表明，在早期法学家的时代，家女事实上可以作为原告出现，所以，家女并未因为上述法定审判方面的程序考量而被排除出诉讼，该否定性主张就无疑能够反驳所谓的家女在被告方面的无能力。在早期法学家那里，家女事实上能够作为原告吗？无疑，通常不能，但这是因为一个实质性的理由，该理由与性别无关，而是直接基于父权，因此对儿子和女儿同样有效。儿子和女儿通常都不能作为原告而出现，因为他们不享有可通过诉讼而有效主张的权利，特别是不享有所有权和债权（§67）。但尽管如此，他们能够例外地提起个别一些诉讼，在这些例外的情形中，女儿的能力绝对不弱于儿子的能力。因此，被明确提及的是，在一些情形中，被侵辱的儿子能够以自己的名义提起侵辱诉讼（Injurienklage），而女儿在同样的情形中也是可以的。[14] 同样被提及的是，家女离婚之后，在一些情形中，她能够在没有父亲的情况下单独提起嫁资诉讼（dotis actio）。[15] 如果在这两类诉讼中，法定审判的形式并未对女儿作为原告产生障碍，那么在该形式中，也就没有任何理由认为女性在早期程序中不能作为被告；毋宁说，对此，女儿在较大范围内与儿子一样有能力。阻碍儿子和女儿通常能够作为原告的实质性理由，对他们作为被告没有任何影响，他们就能够承担债务，并且同无从属之人一样，也能够因此而被起诉。

441

442

---

[14] L. 8 *pr. de procur.* (3.3.).——关于该情形和其后的情形，参见§73。

[15] L. 8 *pr. de procur.* (3.3.). L. 22 §4.10.11 *sol. matr.* (24.3.).

如果我们简短总结所有这些理由，那么结论就是，所谓的儿子和女儿在债务关系能力方面存在区别，是以错误的观点为根据的，毋宁说，家女与其同样处于父权之下的兄弟完全一样，能够承担债务。

附录六 身份和人格减等
(§64-68)

一

在法体系之中,权利能力的条件及其层次已经被描述(§64-67),并且它们与三种人格减等的联系也被确定(§68)。但是,通过以下两种方式,大多数现代学者所持的观点与上述观点有所不同。第一,通过身份(status)这个特殊理论的介入,该理论在我的描述中不具有任何位置;第二,通过最小人格减等的完全不同的概念,由此,人格减等的一般概念同时获得完全不同的形态。在此,对论述这两个近似主题的最著名学者,我会给出一个初步的概览,以便之后能够更为简便地参考他们。

关于身份:

Feuerbach, Civilistische Versuch, B. 1, Giessen, 1803, Num. 6 (S. 175-190).

Löhr, Über den Status, Magazin für Rechtswissenschaft, B. 4, N. 1 (S. 1-16) (1820)。

关于人格减等:

Hotomanus Comm. ad Inst. tit. de capitis deminutione (1.16.).

Conradi parerga p. 163-193 (1737).

Glück, Pandekten, B. 2, §128. (1791).

Ducaurroy, Thémis, Vol. 3, p. 180-184 (1821).

Zimmern, Rechtsgeschichte, I.2, §229 (1826).

Seckendorf de capitis deminutione minima Colon. 1828.

Niebuhr, Römische Geschichte, B. 1, S. 606 (4te Ausg.);

B. 2，S. 460（2te Ausg.）。在此，对该主题的考察涉及早期的国家政制（Staatsverfassung），而不是从法源的角度进行的。

二

现代学者关于身份的通说是这样的。[1] 身份（Status）是一种特性（Eigenschaft），人借助于这种特性享有某些权利。但是，这种特性呈现出两个种类：第一种是自然特性（St. Naturales [自然身份]），它的类别是无限的，例如，人被区分为男人和女人、健康的人和不健康的人等；第二种是道德上的或者法律上的特性（St. Civiles [市民法身份]），它不多不少正好三类：自由身份、市民身份、家庭身份（Status libertatis, civitatis, familiae）。第二种身份被许多人称为首要的（principales）身份，或者称为真正意义的身份，因此自然身份仅仅是身份这个名称的不真正应用。

我们首先论述自然身份（Status naturalis）。在此，基础性的意图仅在于，要对人的以下特性予以初步的一般性总结，即在法体系中的某处，这些特性会导致一些特殊的结果。还没有学者对这种想法以逻辑一致的完整方式予以贯彻。[2] 因此，颇为令人怀

---

[1] 该事项的详细论述，参见 Höpfner, Comm. Über die Institutionen §62 und Tabella Ⅵ. a. Vgl. auch Mühlenbruch, §182. 。

[2] 例如，在自然身份之下，（由于遗嘱形式）人被区分为眼睛健全的人和盲人、会写字的人和不会写字的人；【在罗马法中，盲人通过盲人遗嘱（testamentum del cieco）订立遗嘱，它要求7个见证人和1个公证人在遗书上签字和加盖封印，还要求他们明确地知晓遗嘱的内容并能对此予以证明。会写字的人可以订立自书遗嘱（testamentum per holographam scripturam），该遗嘱由遗嘱人亲笔书写，订立过程无须见证人参加。——译者注】此外，（由于错债索回之诉中的证明，L. 25 §1 de prob.）自然身份还包括愚笨（simplicitate gaudentes）和怠惰（desidiae dediti）的特性。【在错债索回之诉中，原告必须证明其对错债的偿付是因为接受方的欺诈，或者其不知情存在正当理由。但是，如果原告，也即偿还方，是一些特殊种类的人，例如受监护人、未成年人、女性、男性士兵、农民、愚笨之人或怠惰之人，那么受领方就必须证明其对被偿付的金钱具有正当的受领权，否则就应当予以偿还；关于此点，请参见 Dig, 22, 3, 25, 1. 。——译者注】最后，无法被理解的是，这些初步的考虑为何被限制于人类特性；许多其他因素事实上对法律关系并非没有任何影响，例如，动物和植物世界的生理机能，静止的水和流动的水这个区别，因此，在初步的身份理论中，这些因素本也能够占据一席之地。

疑的是，通过此种安排，描述会获得一定程度的清晰性和缜密性，更为妥当的做法毋宁是，对于常在自然身份这个名称之下被总结的这些因素而言，它们或者在这些因素具有实践意义的体系位置被论述，或者在这些因素被假定为已知的其他地方被予以论述。但是，根据这个问题的提出，就已经可以认为，即便是其辩护者也不能赋予这里所反对的观点以一定的历史基础，因此，这个问题本身的内容并非法律概念和法律规则，而毋宁是科学阐述方法的妥当性。

更为切入问题的是以下这个责难，这个责难涉及身份的上述一般概念而必须被描述。在身份这个概念中，权利享有（Rechtehaben）被理解为一种人类特性，因此，例如市民身份就被认为是市民所享有之各种权利的集合概念。如果人们采取这种考察方式，那么完全不能被理解的是，既然所有其他权利同自由和市民身份下的权利一样，都能够被置于权利人之特性这个概念之下，那么为何这个概念没有被逻辑一致地贯彻下去。我们本也能够承认丈夫身份、所有权人身份、用益权人身份、债权人身份和继承人身份等各种身份，整个法学就被包含于身份理论之中。但是，换句话说，这仅意味着，身份理论被融入权利理论之中，由此身份理论就完全不是一种特别的独立理论。③ 因此，这就表明，从逻辑根据上而言，身份理论作为一种独立的理论无法成立，除非

---

③ Höpfner（§62，Note a）对该批评的回应是非常无力的："根据惯用措辞，人们不认为所有权是人的属性。"我们必须满足科学中的一致性这种逻辑要求，共同生活的惯用措辞与此何干？可能应被注意的是，Höpfner对该事项予以辩护的方式，并非是历史性地阐明罗马人的理解，或者表明这种理解是可能的。——如果对我们的批评进行以下反驳，即只有最为重要的特性才在身份理论中被承认，那么这种反驳也是站不住脚的。例如，在未成年人中，我们可以区分出两种特性：受监护者和财产享有者。但在身份理论中，前者常常被提及，而后者却不被提及。如果我们认为，之所以如此是因为第一种特性比第二种特性重要得多，那么我们就是将手段置于比目的更高的位置。

人们赋予其一种不同于通常含义的其他含义，在此，人们将身份与权利能力联系起来，这一点马上就要被详细论述。

三

但是，最为重要的是人们认为身份（即市民法身份）理论所应包含的内容，也即应将这个概念与上述三种身份中的每一种身份都联系起来。对于前两种身份而言没有多少困难。人们认为，自由身份（Status libertatis）指代的是某人是自由的这种状况，市民身份（Status civitatis）指代的是某人是市民这种状况，这还包括某人作为自由人或者市民所应享有的所有权利。这种解释似乎是很自然的，因为名称直接导致了这种解释；但是，它并不因此也同样确定无疑。在所谓的家庭身份（Status familiae）中，同样直接的意蕴并没有通过名称而呈现出来；一直以来，对此的解释也具有两种完全不同的方式，每一种方式又包含许多分支。

第一种解释方式认为，家庭身份涉及相互处于宗亲关系中的全部人，也就涉及宗亲家庭，因此，一个人的家庭身份指代的是其在一个特定具体宗亲家庭中的成员资格，也包含产生于该宗亲家庭之所有权利的集合。但是，由此马上就会注意到的是，第三种身份完全缺乏与前两种身份之间的关联，这样根本无法被理解的就是，为何此种法律关系而非其他法律关系，应与另外两种关系一样被置于一个共同的类别概念之下。宗亲关系是重要权利的基础，这一点无法解释此种状况；因为，无人会否认婚姻、父权和庇主关系也是重要权利的基础，但却没有人将婚姻、父权和庇主关系称为一种身份。人们可能会试图通过以下这种转变而避免上述反驳，即认为家庭身份所指代的并非是其在一个特定宗亲家庭中的地位，而毋宁是进入宗亲关系中的能力。但是，即使是这种回答也不能被允许，因为这种能力与市民籍完全重合，因此，确立一个不同于市民籍的独立身份是不妥当的。

第二种解释方式认为,家庭身份所涉及的是从属之人和无从属之人的区分(§67)。确定一个人的家庭身份的意义仅在于,指出这个人是自权人还是他权人。这立即表明了避免上文所述之异议的可能性。第三种身份与前两种身份之间具有共同之处,即前者同后两者一样都涉及权利能力。这时就存在较高层次权利能力的三个条件:自由、市民籍和无从属,这一点完全没有疑问。对这个没有争议的理论而言,我们现在就在三种身份中找到了恰当的表达。例如,对我们而言,自由身份指代的就不再是自由之存在(Freisein)本身,而是以自由为条件的权利能力;以下情形也似乎就完全合乎逻辑,即将自由、市民籍和无从属[Familie(家庭)]称为身份,但将所有权、婚姻和继承权等排除出这个名称,因为虽然这些权利的取得赋予了我们重要的权能(Befugnisse),但却根本未对我们的权利能力产生任何变更。——在另一方面,三种人格减等以最为简单和自然的方式与这种理解联结起来。每一种人格减等似乎都是涉及三种身份中的某一种身份方面的降等。现在,在所有方面,一种完全令人满意的内在关联呈现出来,而在其他解释方式中都存在可以被注意到的任意和不一致。

然而,这种内在关联仅能作为最后尝试的这种解释方式的消极证成。逻辑不一致当然不能被忍受,但逻辑上的无可指摘却还不是历史上的真实。事实上,通过下文的研究可以表明,最后这种解释方式虽然在逻辑形式上无可指摘,但即便如此,该解释方式仍应被放弃。

四

Hugo已经正确意识到通常的身份理论的不完善,因此他不仅拒绝三种身份，而且还拒绝 Status（身份）这个表述所具有的任何技术性意义。按照他的观点，Status（身份）同 Conditio（状态）一样，都意味着一种状况（Zustand）或者情况（Beschaffenheit），如同来源于共同生活的任何其他语词一样，Status 这个语词被法学家偶尔使用，但它绝不是法律术语。①

事实上，无论在法学者那里还是在其他学者那里，这个不确定的、非技术化的语词使用都很常见；在以下所有这类篇章中，情形就是如此，即在这类篇章中，该表达与人之外的其他对象联系起来，尽管通过与人——尤其是与人的上述三种身份——之间表面上的联系，这类篇章中的许多篇章都很容易令人产生误解。

因此，例如，如果涉及 Status facultatium（财产状况）或 Status peculii（特有产状况）②，那么这种表达无疑仅指的是财产或者特有产的状况，也即它们的范围或者金钱价值。——同样，在 Cicero de legibus Ⅰ.7 这个篇章中，人们常常不正确地将身份这个法律理论加入这个篇章中：Agnationibus familiarum distinguuntur status（通过宗亲关系区分家庭状况）。其含义是：属于某家庭之人与相互处于宗亲关系中之人完全相同，由此，某家庭的范围、成员数量和状况（status）通过宗亲关系而被确定下来。在语词之中存在令人误解的表象，该表象诱使我们混淆了这里所说的 Status familiarum（家庭状况）和法学家臆造出来的 Status familiae（家庭身份）；因为 Cicero 在此所使用的 Status 的含义同上文所述的 Status peculii（特有产状况）中所蕴含的含义完全相同。——最后，同样属于这种情形的还有学说汇纂中的一个篇

---

① Hugo, Rechtsgeschichte Ausg., 11, S. 118.
② L. 2 §1.2.3. *ubi pupillus* (27.2.). 在此，modus（限度）、vires（能力）和 status facultatium（财产范围）这些无疑是同义的表达被交替使用。——L. 32 §1 *de pecul*. (15.1.). ——其他类似的篇章，参见 Brissonius v. Status num. 2.。

章，该篇章经常被使用，但同样是可疑的和令人误解的，该篇章是 L. 5 §1. 2 *de extraord. cogn.* (50. 13.)："名誉是*完好无损的声望地位这种状态*……名誉被降低，如果我们遭受到了关于*声望地位状况*的刑事处罚，即使自由仍然被保留，例如，某人被放逐或从市政委员会除名。"(Existimatio est *dignitatis inlaesae status*...Minuitur existimatio, quotiens manente libertate circa *statum dignitatis* poena plectimur, sicuti cum relegatur quis, vel cum ordine movetur.) 据此，现代学者创造出了 Status existimationis（名誉状况）；从文辞上而言，这里指的是 Status dignitatis（声望地位状况）；但事实上，与在上文所引用的篇章中一样，该表述在这里也仅具有事实含义。③ Dignitas（声望地位）是一个人的外在状况，此中呈现出该人的个人尊严地位（Würde），因此自然与公众的尊重联系在一起。④ 只要我们所曾取得之 dignitas（声望地位）的程度或状况未被损害，我们就享有纯正的、完全的 existimatio（名誉）。但是，existimatio（名誉）可能会由于名誉罚（Ehrenstrafen）而被减损或完全除去，名誉罚也就是计划降低上述声望地位之程度的刑罚 [quotiens *circa statum dignitatis*

---

③ 在以下篇章中含义也完全相同，即 Brissonius v. *Status* num. 2，L. 5 *de extr. cogn.*，在这里，status 这个表述的单纯事实含义的运用被编列在一起。——关于 L. 5 cit.，vergl. auch §79 注 1。

④ dignitas 这个词的此种含义通过以下运用而特别清晰，即 L. 49 §4 *de leg.* 3 (32. un.)："某人对其妻子或者姘妇作出遗赠，将为她购买和取得的物品遗赠给她，这并不重要；因为事实上，除了声望地位，她们之间并不存在区别。"(Parvi autem refert, uxori an concubinae quis leget, *quae ejus causa emta parata sunt*: sane enim, nisi dignitate, nihil interest.) [其含义是：只有妻子（uxor）才能分享丈夫的声望地位（Rang）和状态（Stand），通过这种外在标志，妻子与姘妇（concubina）被最为容易和最为确定地区分开。] L. 14 *pr. de muner.* (50. 4.)："市政荣誉职位是具有声望地位的对公共事务的管理。"(Honor municipalis est administratio reipublicae cum dignitatis gradu.) [因为市政事务被交由本就对此予以处理的人，所以这并未赋予新的声望地位（Rang）。]

poena plectimur（受到关于声望地位状况的惩罚时）］；名誉的减损可能是因为任何一种流放（Verbannung）、排除出较高荣誉职位（元老院议员［Senatoren］或市政委员会成员［Decurionen］）、任何一种方式的不名誉（Infamie）；名誉的完全除去是因为剥夺犯罪者自由或者市民籍的刑罚。在此，已经非常清晰的是，这个篇章中的 Status dignitatis（声望地位状况）与所谓的三种身份（Status）根本不存在共同之处。因为在自由和市民籍仍然得以保留的情形中，声望地位状况仍能够被改变，所以，它与自由和市民这两种身份完全不同；它与家庭身份也完全没有任何联系。但是，这里所提及的 Status dignitatis（声望地位状况）的事实性质在下文中会得到更为无可置疑的呈现，下文会指出，真正的法律上的 Status（身份）与所有 dignitas（声望地位）是完全对立的。

五

因此，在许多篇章中，Hugo 对 Status 这个词的解释都得到了证实；但在另一方面，他可能走得太远了，因为他赋予了这种解释以普遍的有效性。我们毋宁必须承认，早期法学家在谈及 Status 并将之作为人的特性时，他们自然已经承认了 Status 的技术性意义，现在起就对这一点予以确定和证实。

在罗马法学家那里，这种技术性意义上的 Status（身份）意味着，个人在其与他人的关系中所占据的地位或位置。每一个人都生活在公的关系和私的关系这两种关系之中，因此，两种 Status（身份）也被区分开，即公的身份（publicus）和私的身份（privatus）。这些表述完全是罗马式的，它们没有直接出现于早期法学家们存留的篇章中，这似乎仅仅是偶然的；因为，重要之处在于，罗马人熟悉这些概念本身，（技术性意义上的）Status

的具体情形也实际包含于这些概念之中，并在这些概念中得到了体现；除了一般性地提及这些概念并将它们相互对立起来这种情形之外，在其他情形中，人们不使用上述精确的表达，而代之以更为一般性和更描述性的表述：publica jura（公权），civitatis jura（市民权），与之相对的是 privata hominis et familiae jura（私人权和家庭权）。①

对这些假定的基本概念，现在就来考察，如果这些概念得到逻辑一致的适用，那么它们涉及哪些具体的关系。

国家法上的身份（公的身份）首先涉及自由和市民籍，它们是所有属于公法之权能（Befugnisse）的基本条件；但是，看起来同样属于这种身份的还有许多其他事项，特别是执法官（Magistratus）、元老院议员、骑士（Ritters）和审判员（Judex）等职位。但应考虑到的是，论及这些事项的早期法学家，自然仅在其科学兴趣范围内对此予以论述。但是，他们的科学仅是私法，而绝非现代人所通常归于法学的所有内容。因此，对他们而言，有效作为（公的）身份的仅是公法中会影响到私法的个人地位。在自由和市民籍中，情形就是如此，因为私法上的权利能力取决于它们，而在国家法上的其他地位中，情形就不是这样了。由此可以认为，虽然自由和市民籍必然被认为是身份，但执法官、元老、骑士和审判员就并非如此了。——情形实际上就是这样，这就是说，罗马人不仅能够从他们的立场出发逻辑一致地进行这种有些微妙的区分，而且实际上已经进行了这种区分，现在就通过证据对此予以证明。

L. 20 *de statu hom.* (1.5.).："一个成为精神错乱者的人被认为仍保留他之前享有的身份、声望地位，也保留了其执法官职

---

① L. 5 §2 L. 6 *de cap. minutis* (4.5.).

位和父权，如同他仍保留其财产的所有权一样。"（Qui furere coepit, *et statum*, *et dignitatem*, in qua fuit, et magistratum[②], et potestatem videtur retinere, sicut rei suae dominium retinet.）

§5 *J. de cap. demin.* (1.16.).："对声望地位而非身份改变的人而言，其人格不被减损；因此可以看出，被元老院除名不会减损其人格。"（Quibus autem dignitas magis, quam status permutatur, capite non minuuntur：et ideo Senatu motum capite non minui constat.）

在这两个篇章中，Status（身份）和 dignitas（声望地位）很明显被区分开并对立起来，特别是元老院议员的尊严地位（Würde）被认为是与 Status（身份）完全不同的，这只需根据上文所述的区分就可以被理解，该区分由此就获得了完全的证实。同样属于这种情形的还有以下篇章：

L. 6 C. *ex quib. caus. inf.* (2.12.).："如果某人被判决进行一段时间的公共劳役，那么他仍然保留其之前享有的身份，但当时间届满后，他会被判决不名誉的处罚。"（Ad tempus in opus publicum damnati pristinum quidem statum retinent，sed damno infamiae post impletum tempus subjiciuntur.）

不名誉（Infamie）会导致 dignitas（声望地位）的极大改变，这一点非常明显，并在 L. 5 §2 *de extr. cogn.* 这个篇章中也被明

---

② 人们可能会提出反对意见，主张 Magistratur（执法官）事实上也是一种 dignitas（声望地位），因此认为在这个篇章中，et（和）所联结的并非不同的事物。人们可能还会走得更远，认为 Magistratur（执法官）这个职位也包括了 potestas（父权）。但是，思路似乎是这样的：一个人成为精神错乱者，并不会剥夺他的身份；也不会剥夺（与身份不同的）dignitas（声望地位），该声望地位事实上由单纯的荣誉殊荣（Ehrenauszeichunung）构成；甚至也不会剥夺（人们所能首先期望的）与执政权力（Regierungsgewalt）联系在一起的 magistratus（执法官）这种 dignitas（声望地位）；最后，也不会剥夺私权力（父权）。——通过更为明确的表述，当然本能够避免这种疑问；但是，在之后的篇章中，这种疑问也不存在了。

确说明；所有公共荣誉和尊严地位之能力由此完全丧失③；尽管如此，这对 Status（身份）根本没有任何影响。在此，证明同时得以完成，即 L. 5 §2 *de extr. cogn*. 这个篇章中的 Status dignitatis（声望地位状况）（参见第四部分）之中，Status 这个表述并非在技术意义上被使用，而是在更为不确定的事实意义上被使用。

因此，非常确定的是，自由和市民籍属于公的身份（如果这种表述被允许的话），但个人的其他国家关系并非如此。

六

另外，哪些个人关系属于私法身份呢？如果人们完全类比国家法身份，那么就会认为，只有对权利能力具有影响的个人关系才属于私法身份。但是，导致在国家法身份中存在上述限制的根据仅在于，只有很少的国家法上的地位才是法学（私法）所关心的；但在私法身份情形中，该根据完全不成立，因为所有在这里出现的个人关系，已经直接因为其特殊性质而具有法律意义，而不仅是因为其对权利能力有影响才具有法律意义。由此，个人的所有这种私法关系，也即所有家庭法关系（§53-55），都毫无区别地被认为属于 Status（身份）。如果我们将这种身份与国家法身份比较，那么这里就存在表面上的、但却是完全可被解释的逻辑不一致。据此，身份意味着个人在具体家庭关系中的所有地位。早期法学家事实上就是这样认为的，这一点不仅能够被想象，也无疑可以被证实。但是，这里所确立之概念的完全应用有必要先被描述（暂时假定这些概念是真实的）。

据此，以下关系必须被承认是身份：

---

③ L. 2 *C. de dign*. (12.1.)，以及许多其他篇章。

A. 国家法上的：
(1) 自由
(2) 市民籍

B. 私法上的：所有家庭关系，因此（根据§54.55.）包括：
(1) 婚姻
(2) 父权
(3) 亲属
(4) 夫权
(5) 奴役权
(6) 庇主权
(7) 受役状态
(8) 监护和保佐

在这种（仍然仅是假设的）对所有可想象的身份所进行的列举中，其中一种身份出现了两次：自由（或者不处于奴隶地位）作为所有公法之参与的基本条件而出现，同时又作为奴隶的对立面而出现，奴隶是家庭中从属性的特殊形式，因此也构成了一种家庭关系。在此情形下，非常自然的是将这两种观察角度中的其中一种作为主导性的观察角度。国家法身份而非私法身份应当占据主导地位，这有两个理由：第一个理由是公法一般而言较为重要；更为重要的是第二个理由，即较之对奴隶的家庭支配［主人支配权（dominica potestas）］这个概念，（作为自由之对立面的）奴隶地位这个概念所包含的内容更为广泛。因为奴隶地位也包括无主奴隶（§55注1和§65），而主人支配权所涉及的仅是处于主人支配权之下的这些奴隶。由此，自由（以及其对立面，即奴隶）的国家法理解似乎占据了主导地位，因为它本身就能够穷尽所有的对象，而自由的私法理解仅涉及奴隶地位的片面和不完整的概念。在下文关于人格减等的论述中，这一点会得到更大程度的运用。

七

现在就来进行以下证明,即如同这里所假设的那样,罗马法学家对(私法)身份的理解事实上正是:个人在不同种类的家庭关系中所具有的地位。

我以 Gajus 的法学阶梯这本著作作为开始,在所有流传至今的罗马法文献中,这本著作是最为纯正和完整的。在对法律渊源予以简短的介绍之后,Gajus 在第一编 §8 中说明了通过不同法律渊源所确立的、也是其著作研究对象的全部私法的内容,也即:"关于法的划分。我们所使用的一切法,或者涉及人,或者涉及物,或者涉及诉讼。我们首先论述人。"(De juris divisione. Omne autem jus, quo utimur, vel ad personas pertinet, vel ad res, vel ad actiones. Sed prius videamus de personis.) 而涉及人的法(jus quod ad personas pertinet)构成了其著作的第一编。Gajus 对法学这一部分的论述,是根据人的三种区分而进行的,该区分的内容是这样的:

§9. *De condicione hominum*.[①]:"人的地位中最为重要的区分是:所有的人,或者是自由人,或者是奴隶。"(Et quidem summa divisio de jure personarum haec est, quod omnes homines aut liberi sunt aut servi.)

§10.:"在自由人中,有些是生来自由人,有些是解放自由人。"(Rursus liberorum hominum alii ingenni sunt, alii libertini.)

[①] 但是,关于这个标题应被注意的是,它是在 Gajus 那里很少出现的题名,并且所有这类题名的真实性都是可疑的。

§48.："人的地位中还有另外一种区分。即有些人拥有自己的权力，有些人从属于他人的权力。"（Sequitur *de jure personarum* alia divisio. Nam quaedam personae sui juris sunt，quaedam alieno juri sunt subjecti.）

§49.："对于从属于他人之权力的人而言，有些人从属于支配权，有些人从属于父权，有些人从属于役使权。"（Sed rursus earum personarum，quae alieno juri subjectae sunt，aliae in potestate，aliae in manu，aliae in mancipio sunt.）

§50.："我们先来看看那些从属于他人权力的人；因为，如果我们知道了他们是哪些人，那么我们同时就明白了哪些人是拥有自己权力的人。"（Videamus nunc de iis，quae alieno juri subjuctae sint：Si cognoverimus，quae istae personae sint，simul intellegemus，quae sui juris sint.）

---

§142.："现在我们来论述另外一个区分。实际上，那些人……有的受到监护，有的受到保佐，有的既不受到监护也不受到保佐。"（Transeamus nunc ad aliam divisionem. Nam ex his personis…quaedam vel in tutela sunt，vel in curatione，quaedam neutro jure tenentur.）

这些篇章的基础是以下想法。涉及人的法（jus quod pertinet ad personas）必须确定 condicio hominum（人的地位）或者（在篇章正文中所说的）jus personarum（人的地位），也即个人在某些关系中所处的地位。这些关系包括哪些？它们被包含在三个区分（divisiones）之中，根据说明性的论述，它们是按照以下顺序被提及和论述的。

（1）庇主权（Patronatus）。这构成了整体的第一个区分。因为，从文辞上来说，它似乎指出了自由人和奴隶之间的对立，但这一点仅仅是从表面上而言，它应当只是作为不同种类之庇主性权利（Patronatsrechte）的准备和过渡。Gajus 著作中的 §10 已经表明了这种关联，之后的全部具体论述则使其无可置疑。

（2）主人支配权（dominica potestas）或者奴役权（Servitus）。

（3）父权（Patria potestas），以及（作为其基础和条件的），

（4）婚姻。

（5）夫权。

（6）受役状态（Mancipii causa）。

第（2）至（6）整体构成了第二个区分。

（7）监护和保佐，这是第三个区分的内容。

由此，非常清晰的是，被 Gajus 认为是人的地位种类的恰恰是我在上文中列举为私法身份的那些关系。在他的论述中所缺少的唯一关系是亲属（宗亲关系［Agnation］），值得注意的是，许多现代学者认为，亲属关系恰恰是唯一的家庭身份。我不认为 Gajus 那里的这个遗漏具有一些重要意义，也不认为这个遗漏表示着 Gajus 或者早期法学家认为宗亲关系不同于此处所述的其他关系。对于 Gajus 而言，宗亲关系只是不适合于在三个区分之下被论述，在他看来，这三个区分对描述涉及人的法（jus quod pertinet ad personas）是非常有用的。亲属实际上被早期法学家认为是身份，马上就对此予以直接证明（参见第九部分）。

优士丁尼的法学阶梯严格遵从了 Gajus 所作出的安排，并很大程度上采纳了上文所述之篇章的文辞。他同样根据 Gajus 将之作为基础的三个区分，对整个人的地位进行了论述。一个不一致之处涉及表述：第一个区分的标题在 Gajus 那里是 de condicio hominum（关于人的地位），而在优士丁尼那里是 de jure personarum（关于人的地位）。更为重要的是以下这个非常自然的不一致之处，即优士丁尼删掉了两个不再被使用的法律制度——夫权和受役状态。

学说汇纂第一卷第五章的标题是 de Statu hominum（关于人的地位）。以此作为标题的这一章表达了来源于 Gajus 的上述想法，只是论述更为详尽，这一点通过这一章的开始就完全没有疑问了。因为这一章的第一个和第三个篇章恰恰是 Gajus 的上述§8 和§9 这两个篇章。处于这两个篇章之间（作为第二个篇章）的是 Hermogenian 的一个篇章，它对我们的研究而言非常重要的内容是：

"因此，由于所有的法都是为人而设立的；我们将首先论述人的身份……"（Cum igitur hominum causa omne jus constitutum sit：*primo de personarum statu*…dicemus.）

最后，为此还要提及以下关于最小人格减等的解释，在此，较多篇章在文辞上是一致的：

Ulpian. Ⅺ.§13.："当市民籍和自由仍然被保留，*而仅仅是个人的身份变化时*，这就是最小人格减等。"（Minima capitis deminutio est, per quam, et civitate et libertate salva, *status dumtaxat hominis mutatur*.）

§3 J. *de cap. dem*.（1.16.）："市民籍和自由仍被保留，但个人身份却被改变时，这就是最小人格减等。"（Minima capitis deminutio est, cum et civitas et libertas retinetur, *sed status hominis commutatur*.）

无疑，后一个篇章在文辞上同 Gajus Ⅰ.§162 这个篇章是一致的，只是在 Gajus 那里，这里非常重要的几个文辞[*]无法被辨认。

---

[*] 也即上面篇章中用斜体表示的文辞。——译者注

八

我现在总结出一些主张,根据上文所引用证据的比较,这些主张被认为是早期法学家的共同观点。

(1) 涉及人的法(jus quod pertinet ad personas)包含了所有各种各样的家庭关系。

(2) 个人在这些不同关系中所享有的地位,交替通过以下完全同义的表述而被指明:

Jus personarum(Gajus 和优士丁尼)

Personarum status(Hermogenian)

Condicio hominum(Gajus,如果这一点是真实的话,参见第七部分,注 11)

Status hominum(学说汇纂)

Status hominis(Ulpian、优士丁尼,可能还有 Gajus)

(3) 因此,Status homnium 或 hominis(个人地位)并非是含糊地指代个人的法律地位(Rechtszustand),而恰恰是指代个人的家庭地位(Familienstellung),由此构成了国家中地位的特定对立面。Status hominis 就是个人(Menschen)的地位(privata hominis et familiae jura[私人权和家庭权]),而与城邦公民(Bürgers)的地位(publica und civitatis jura[公权和市民权])相对。

(4) 因此,Status(身份)所指代的并非是在不同家庭关系中的较高地位,而是一般意义上的地位,这个地位可能较高也可能较低。在这个意义上,人们可以认为奴隶也是一种 Status(身份),也即上述的奴隶地位。但是,因为奴隶完全不享有权利,所以他的地位仅是单纯否定性的,这样,奴隶也可能被否认具有任何 Status(身份)。①

---

① L. 3 § 1 L. 4 *de cap. min.* (4.5.).参见下文第十三部分。

（5）因此，Jus personarum 在这里所指代的并非法学的一部分，而是个人的某种地位；或者（按照许多现代学者的用语），它涉及的是主观意义上的权利，而非客观意义上的法。（§54 注4，和§59）

九

以下出现于法律渊源中的具体应用服务于以下目的，即证实上述主张或使其清晰化，或者针对表面上的反对意见对上述主张予以辩护。

所有应用之中最为常见的是以下表述，即 Status quaestio（身份调查）、Status causa（身份原因）、Status controversia（身份争论）。尤其在涉及作为继承条件的特定死者之宗亲关系这种情形中，上述表述经常被争论①，这一点因为两个原因而值得注意：第一，作为一种证明，即上述表述被实际用以指代关于家庭关系存在的争论；第二，由此直接就确定无疑的是，早期法学家也将亲属作为身份，这一点根据盖尤斯著作的第一编内容可能会遭到怀疑（第七部分）。

另外，不会被认识错误的是，很多的篇章使用上述表述，是为了指代关于自由或奴隶地位、生来自由人或解放自由人地位的争论，这样，在所有不确定地使用这些表述的法律渊源篇章中，我们能够认为存在以下可能性，即这些篇章的作者恰恰已经想到了上述争论。但是，此种语言用法更为常见，其理由仅在于以下偶然的事实情形，即较之关于自由的法律争议，关于亲属关系存在的法律争议要少得多。这一点可以得到很自然的解释。因为，

---

① L. 3 §6-11 L. 6 §3 *de Carbon. edicto* (37.10.).

一方面，较之处于实际上或表面上的奴隶地位之人的事实性亲属关系，自由人被承认的亲属关系无疑得到了更多的注意，因此，此种关系的疑问和争议很少出现；另一方面，奴隶的继承和转让，以及母亲奴隶地位的延续，常常会导致很多的争议，而在更为个人化的家庭关系之中，争议却很少出现。最后，关于亲属关系的争议常常（也许是在大多数情况下）根本不作为独立的 Status quaestio（身份调查）事项，而仅是在继承诉讼的情形中作为 incidens qusestio（附带调查）事项。② ——关于市民籍的争议未作为 Status quaestio（身份调查）事项，这可以根据另外一个理由而被解释，即该争议不会在私法诉讼中出现。

这种通常语言用法的一个值得注意的证明是一个肇始于 Nerva 告示的法律规则，即在某人死亡五年后，就不允许提起不利于该死者的身份调查（Status quaestio）。③ 根据一般所理解的表述，人们可能也会将该规则与所有关于家庭关系的争议联系起来，例如，涉及所实施的脱离父权（Emancipation）是否有效这个争议；但是，这种适用被认为不在该规则的意义范围之内④，这样，该规则仅涉及关于死者的自由人或者生来自由人地位的争议。⑤ 因此，该规则仅涉及私法身份之外的、我在上文中称之为国家法身份的这种身份。

以下篇章也涉及这个词语偶尔出现的较狭义的语言用法，该篇章一直以来都导致了很大的争议：

468

---

② Vgl. L. 1 C. de ord. jud. (3.8.).
③ "不在某人死亡五年后调查其身份。"(Ne de Statu defunctorum post quinquennium quaeratur.) Dig. XL. 15. Cod. VII. 21.
④ L. 5 C. ne de statu. (7.21.).
⑤ 关于生来自由人的争议，而不仅是关于自由人的争议，也属于上述规则的范围之内，明确主张这一点的篇章是：L. 1 §3 ne de statu (40.15.). L. 6. 7. C. eod. (7.21.). L. 6 C. ubi de statu (3.22.). 。在最后一个篇章中，优士丁尼取消了该规则与生来自由人之间的关联。

L. 1 §8 *ad Sc. Tert.*（38. 17.）.："孩子发生无损身份的人格减等，不妨碍他的法定继承……因此，一个人……发生人格减等，同样被允许实行法定继承；除非发生人格大减等导致市民籍被剥夺，例如被流放。"（Capitis minutio *salvo statu contingens* liberis nihil nocet ad legitimam hereditatem...Proinde sive quis... capite minuatur, ad legitimam hereditatem admittetur：nisi magna capitis deminutio interveniat, quae vel civitatem adimit, utputa si deportetur.）

　　很显然，Ulpian 在这里区分了人格大减等（magna）（也即，最大人格减等和中人格减等）和最小人格减等（minima capitis deminutio）（§68 注 4），他将后者称为 salvo statu contingens（发生无损身份的），而在其他篇章中常常将之称为 salva civitate（无损市民籍的）。⑥ 因此，他在这里将 Status（身份）作为公法身份（publicus Status）而使用，也就是说，是在与 quaestio（调查）组合在一起时所经常使用的这种较为狭窄的意义上，但在上述组合之外，这种狭义使用方式并不常见（在 Ulpian 的其他许多篇章中也是如此）。因此，在该篇章以及许多其他篇章中，我们注意到特殊的语言用法就够了，而且也必须满足于这个观察，而没有必要改变文本。⑦——一个相似的语言用法也见之于上文所提及的 Severus 的批复（第五部分），即 L. 6 C. *ex quib. c. inf.* 这个篇章。因为，在该篇章中，Statum retinent（保留身份）意味着：他既不丧失自由，也不丧失市民籍。

---

　　⑥　L. 2 *pr.* L. 5 §2 *de cap. min.*（4. 5.）. L. 2 *de leg. tutor.*（26. 4.）.
　　⑦　Noodt observ. Ⅱ. 21 想做出以下勘正，即 salvo statu c. contingens，这意味着：salvo statu civitatis contingens（无损市民籍身份）。C. 自然可以作为 civitas 的缩写，但是，一方面，任何设想学说汇纂中存在缩写的观点都是非常糟糕的，另一方面，status civitatis 这个组合词也不存在其他例子；此外，一般没有必要必须做出某个勘正。

在许多篇章中出现了以下文辞：de statu suo incerti, dubitantes, errantes（对自己的身份不确定、有疑问和误解）。⑧ 该表述所涉及的有时是关于自由的疑问，有时是关于不从属于父权的疑问，因此，这完全证实了我们假定的概念。

我所认为的广义上的Status（身份）最为常见的应用，是在对作为一种身份变更（Status mutatio）的人格减等所进行的解释之中，在此很明显，身份所指的不仅是自由和市民籍，还有家庭关系。下文会对此进行更详细的论述。

Status（身份）和condicio（地位）也常常被交替使用，特别是指代涉及市民籍的地位关系时。⑨

最后，以下篇章可能会被用以作为采纳了自然身份（Status naturales）的表面证明。

（1）Status aetatis（年龄身份）

L. 77 §14 *de leg*. 2（31. un.）.："因此，虽然已经在遗嘱中规定，直到弟弟成年时，才能接受［遗产信托的］付款……"（quamquam igitur testamento cautum esset, *ut cum ad statum suum frater pervenisset; ei demum solveretur*...）

L. 5 C. *quando dies*（6.53.）."根据以下言辞：我遗赠给Aeliae……她应在她成年后接受遗赠……"（Ex his verbis: Do, lego Aeliae... quae legata accipere debebit, *cum ad legitimum statum pervenerit*...）

在这两个篇章中，status suus和legitimus status仅意味着成年；但是，无疑不能由此推导出一个技术性术语，因为在这里，该表述并非被法学家或皇帝所使用，而是被立遗嘱人所使用，这种非法律的表述常常给早期法学家造成了很大的困难。

---

⑧ Ulpian. XX. §11. L. 14. 15. *qui test*. (28.1.).
⑨ Gajus I. §68. Ulpian V. §8. VII. §4.

(2) Status sexus（性别身份）

在学说汇纂 de statu hominum 这一题中，L. 9 和 L. 10 论述了男性、女性和两性人（Hermaphroditen）这个区分，人们可能会由于这一题的标题而将其认为是一种身份。但是，因为学说汇纂是编纂性的，因此这一情形并未证明什么。另外，许多早期法学家也可能会在家庭关系相关部分论及性别区分，这并非是不可能的，他们并未由此而将性别区分和被称为身份的实际法律关系等同对待。在上述两个篇章中，Status（身份）这个文辞根本没有出现；它们当然提到了 condicio feminarum（女性状态），但是这个文辞无疑更为经常的是在 Status 所具有的不确定、单纯事实的意义上被使用。

十

对于 Status（身份）这个属概念而言，迄今所进行的研究得出了以下结果。身份指代的是公法的两种关系（自由和市民籍），以及私法方面的所有家庭法律关系。

对于这个属概念下所包含的具体类型，人们可以按照以下不同的方式予以列举：

（1）通过溯源于一般概念：

国家法身份（自由和市民籍）。

私法身份（所有家庭关系）。

（2）通过具体情形的列举：

自由，

市民籍，

家庭［Status hominis（人的身份）］。

但是，在这里应当注意的是，这三种情形的相同性仅仅是表面上的，因为前两种情形事实上是单一的关系，而第三种情形是许多单一关系的集合表述，因此包含了较多具体情形。

这两种列举方式没有任何一种能够在罗马法中找到直接表达，但是，它们的间接承认能够被证明。涉及第一种列举方式的是以下罗马法表述，即人格大减等和人格最小减等［Magna (major) und minor capitis deminutio］（§68注4）；涉及第二种列举方式是以下通行表述，即最大人格减等、中人格减等和最小人格减等（maxima, media, minima, capitis deminutio）（§68）。

在现代学者中关于三种身份的通说理论是何种情况呢（第二、三部分）？乍一看来，人们可能会认为这个理论和上述两种列举方式具有相同的含义，但是事实上却并非如此，并且，人们迄今试图赋予现代理论的两种形式（第三部分）中的任何一种，与上述两种列举方式都不具有相同含义。按照现代理论中的其中一种解释，宗亲家庭被作为家庭身份（Status familiae），但宗亲家庭仅是许多家庭关系中的一种；（按照另外一种解释）人被区分为自权人和他权人，也即全部的从属性关系，它虽然比宗亲家庭更广，因此也就更接近真实，但是，它同样未涉及家庭的一些分支，特别是监护、庇主和亲属。

现在，首先要恰当地提出以下问题，即关于这三种身份的通说理论拥有哪些法律根据。

所有人都会同意，早期的任何一个篇章都没有提及三种身份，如果想到与之极为相近的三种人格减等足够常见，这一情形更为可疑。

但是，即使具体观察，现代学者常用的三种身份的名称也几乎都没有出现。市民身份（Status civitatis）和家庭身份（Status familiae）绝对没有出现，而且我只在唯一一个篇章中看到了自由身份（Status libertatis），这个篇章在极为后期才出现于Constantin 的一个谕令之中①；但即使在这个篇章中，它也与身份（Status）的真实概念没有任何关系，而仅是 libertas（自由）的一个完全多余的、无意义的变换表达。

根据两个渊源中所包含陈述的人为推导，该三种身份的理论获得了表面上的证明，该理论很明显是依据上述陈述而产生出来的：

（1）三种人格减等，与之相联系的是将人格减等（capitis deminutio）界定为身份变更（status mutatio），由此，这两个概念被直接联系起来。通过下文中对人格减等之真正性质的研究，这一点才能被更详细地予以解释。

（2）Paulus 的以下篇章：

L. 11 *de cap. min.* （4.5.）.："人格减等有三种：最大减等、中减等、最小减等；因此，它们涉及我们所拥有的三种东西：自由、市民籍和家庭……"（Capitis deminutonis tria genera sunt: maxima, media, minima; tria enim sunt, quae habemus, libertatem, civitatem, familiam...）

这个篇章同样在人格减等相关部分才能被彻底解释。但是，在这里，对所有无偏见之人而言都非常明显的是，Paulus 并未使用 Status（身份）这个表述，而在这个篇章中使用了极为罕见的、

---

① Hänel, p. 401., L. 5 *C. Th. ad Sc. Claud.* （4.11.）.："任何妇女……与奴隶同居……*丧失自由身份*。"（Quaecumque mulierum... servi contubernio se miscuerit... *statum libertatis amittat.*）——人们还可能将其与以下篇章联系起来，即 Suetonius de illustr. Grammaticis Cap. 21："C. Melissus 是生来自由人，但因为与父母不和而被遗弃……尽管母亲解放了，但他仍然保持着奴隶身份；*将现在的地位置于真正的籍贯上，因此迅速被解放*。""C. Melissus ingenus, sed ob discordiam parentum expositus... quamquam adserente matre, permansit tamen in *statu servitutis*: *praesentemque conditionem* verae origini praeposuit, quare cito manumissus...est."但在这里，status servitutis 很明显仅意味着基于错误的一种不自由的事实状态；因此，这个表述在这里是在上文（第四部分）提及的非技术的意义上被使用。因为 Mellisus 的真实身份事实上产生于其 vera origo（真正的籍贯）。

无法为之辩护的 quae habemus（所拥有的）这个表述。这最为明确地证明了，罗马人不知道这三种 Status（身份），至少不知道这个名称；否则，Paulus 无疑不会忽略使用这个更为确定和合适的术语，反而却使用另一个极为不令人满意的表达。

十一

在三种人格减等这个理论（§68-70）中，许多内容非常简单并且几乎没有争议。我认为，属于这种情形的包括两个较高种类的人格减等（最大减等和中减等）；此外还包括采纳了这两种人格减等之大多数具体情形的陈述；最后还包括这两种人格减等的效力。

但是，该理论的一些部分却是早期法中特别困难和有争议的问题，现在就对此进行特别的研究。属于这种情形的包括一般概念的准确界定；最低种类［minima（最小）］人格减等这个特殊概念；最后还包括少数一些应用情形。

除了细微表述方面有所不同之外，早期法学家对于人格减等这个属概念的界定都是一致的，即人格减等是一种身份变更（status mutatio）（§68 注 2）。因此，通过这种界定，我们就会回过头来参考 Status（身份）的一般概念，上文（第三、十部分）已经对这个概念给出了三种多少有所不同的解释。在这三种解释中，相互之间一致的是都包括自由和市民籍；但是，除了这两种身份之外，还有第三种身份，三种解释对此种身份的说明就有所分歧了。上述关于人格减等的界定就必须据此而被发展，即它必须由以下变更构成：

或者是自由的变更（最大人格减等），

或者是市民籍的变更（中人格减等），

或者是第三种变更，根据三种解释而有所不同（最小人格减等）。

可能会影响到人格减等（即最小减等）的第三种变更是：

（1）根据第一种解释：是宗亲家庭

（2）根据第二种解释：是无从属或者从属，

（3）根据第三种解释：任何一种家庭关系，因此，在前两种解释中所承认的变更也都被包含在内。

在所有这三种解释中，都会产生一个共同的巨大疑虑，即认为人格减等仅要求存在变更，而不要求存在不利方面的变更，因此，人格减等这个概念也包括有利的或者无关紧要的变更。上述界定的这种当然推论与以下这些是矛盾的：

（1）与 deminutio（减等）这个表述相矛盾，它指代的就是减损和损失[①]；

（2）与许多具体应用情形中无可置疑的语言用法相矛盾。如果一个异邦人或拉丁人取得了市民籍，那么对他而言，无疑发生了显著的身份变更（Status mutatio），但是罗马人不可能将这种地位的提高称为人格减等（Capitis deminutio）。

根据后两种解释，还会产生另外一个疑虑。一个从属之人变为无从属之人，这也可能是通过自然事件（家父的死亡）而产生。这种情形无疑不能被视为人格减等，所以人格减等的界定至少必须被增加一个补充，即变更是通过法律上的行为（juristische Handlungen）发生的，而不是通过自然原因发生的。这在解决了第一个疑虑之外，还同时解决了第二个疑虑。因为，上述情形是一种有利的变更，不存在单纯的自然事件会导致不利的变更这种

[①] 针对这种反对观点，Noodt Comm. in Dig. Ⅳ.5 注释认为，minuere（减少）也能与 mutare（变更）表示相同的意思。但是，减损或损失与 minuere 这个概念是分离不开的；如果在具体篇章中，这两个表述被作为同义使用，这相反仅是因为，mutare 已偶然地将损失包含其内，Vgl. Conradi parerga p. 171。

情形。

由此可以得出，根据关于身份的所有三种解释，人格减等的上述界定必须被完善，即它是不利的身份变更（Status mutatio in deterius）。但是，即使这种界定最初的不完善形式也并非是空洞和无意义的。因为它始终要求一种涉及身份的变更，因此也就将单纯 dignitas（声望地位）方面的减损排除出人格减等的概念。

但在我看来，即使对人格减等的界定做出了上述完善，这仍然是不充分的。毋宁说，人格减等的完整界定必须是这样的：

身份的变更，这种变更是不利的，并且直接涉及权利能力。

但是，除了身份方面发生的变更之外，权利能力的所有变更都是根本不可想象的，所以，对人格减等的整个界定可以更简短一些，但却仍然是完备的，其内容如下：

人格减等是权利能力的任何一种减损（§68）。

十二

最大的怀疑存在于最小人格减等这个概念中，即使是早期法学家也通过两种本质上不同的方式对这个概念予以界定。

（1）Paulus 认为，最小人格减等是家庭的变更，即脱离出生时所处的宗亲家庭。①

L. 11 *de cap. min.* (4.5.).："……当保留着自由和市民籍，但家庭却发生了变更时，这时是最小人格减等。"(…cum et libertas et civitas retinetur, *familia tantum mutatur*, minimam

---

① 因此，这里所指的是广义家庭（familia communi jure），而非狭义家庭（jure proprio），这是 Ulpian 在以下篇章中所做出的区分，L. 195 §2 *de V. S.* (50.16.).【狭义家庭，指由所有从属于同一家父权力的自由人组成的共同体，当该共同家父死亡、丧失自由或市民籍后，男性家子就可以自立家庭，由他权人变为自权人，狭义家庭就由此解体，但广义家庭仍然继续存在。所谓广义家庭，指的就是在狭义家庭解体后，原从属于共同家父之下的自由人仍然维持的集合体。——译者注】

esse capitis deminutionem constat.）

L. 3 *pr. eod.*："如果孩子跟随着被进行了自权人收养的父母，那么孩子就会被认为存在人格减等……因为家庭被变更了。"(Liberos, qui adrogatum parentem sequuntur, placet minui caput...*cum familiam mutaverint.*）

L. 7 *pr. eod.*："人格减等也不会消灭监护……但十二表法下的法定监护被剥夺……因为它由宗亲承担，当家庭变更时，宗亲就停止存在。"（Tutelas etiam non amittit capitis minutio... Sed legitimae tutelae ex duodecim tabulis intervertuntur...quia agnatis deferuntur, *qui desinunt esse, familia mutati.*）

Paulus 一直坚持这种解释不变[②]，根据这种解释，他将最小人格减等与私法上的身份联系起来，但并非与所有私法上的身份联系起来，而仅是与唯一一种身份联系起来；值得注意的是，该身份恰恰是以下这种身份，即根据 Gajus 著作第一编的内容，在私法上身份之中，这种身份的承认可能会受到质疑（第七部分）。

（2）Ulpian 和法学阶梯，毫无疑问还有 Gajus，将最小人格减等解释为一个情事，通过该情事，私法上的身份（St. hominis［个人身份］）被改变，但自由和市民籍仍然保持未变。

Ulpian. XI.§13.："当市民籍和自由仍然被保留，而仅是个

---

② 人们可能会认为，在以下篇章中，Paulus 游移到另一种观点，即 Paulus Ⅲ.6 §29："人格减等消灭用益权，如果用益权受益人被流放孤岛，或者由于某原因被判决成为刑罚奴隶，或者由于自权人收养或收养变更了身份。"（Capitis minutione amittitur (ususfructus), si in insulam fructuarius deportetur, vel si ex causa metallis servus poena efficiatur, aut si statum ex adrogatione vel adoptione mutaverit.）在这里，statum mutaverit（身份变更）这个词并非是最小人格减等的特别称呼（否则其中就会出现 hominis［个人］这个词），而是人格减等的重复表述。这事实上在早期法学家那里一直出现，Paulus 肯定不是认为，statum mutaverit（身份变更）这个表述仅适合于被收养人（Adoptirten），而不适合于被流放者（Deportirten）或者矿山奴隶（Bergwerkssklaven）。

人的身份变化时，这就是最小人格减等。"（Minima capitis deminutio est, per quam, et civitate et libertate salva, *status dumtaxat hominis mutatur.*）

§3 *J. de cap. dem.*（1.16.）.："市民籍和自由仍被保留，*但个人身份却被改变时，这就是最小人格减等。*"（Minima capitis deminutio est, cum et civitas et libertas retinetur, *sed status hominis commutatur.*）

Gajus Ⅰ.§162.。在这个篇章中，恰恰是在此具有决定性的言辞无法被辨认；但是，根据保存下来的文辞，人们可以认为，其内容与我们在优士丁尼法学阶梯中看到的内容相同。

如果人们还想质疑，即个人身份（Status hominis）在这里实际上是否是广义上的身份，该广义身份通过许多其他篇章之间的相互联系而被确立下来（第八部分），那么，这个质疑至少可通过法学阶梯中的以下直接解释性的应用而被消除：

"这发生在作为自权人开始承受他人权力的人，或发生在相反情况的人身上。而被解放的奴隶并不减少人格，因为他本来就无任何人格。"（Quod accidit in his, qui cum sui juris fuerunt, coeperunt alieno juri subjecti esse, vel contra. Servus autem manumissus capite non minuitur, quia nullum caput habuit.）

在这些应用中，特别是在对奴隶的应用被拒绝的这种方式中，我们无法看到任何蛛丝马迹将最小人格减等限缩于宗亲家庭之上，也即限缩于 Paulus 对这个术语所作出的解释之上。

———

根据上文所阐述的理由，Gajus 和 Ulpian 所作出的解释必须被认为是正确的，只是需要通过以下方式被完善：

最小人格减等是私法上身份（家庭关系）的改变，它与权利能力的减损联系起来。

如果这种界定是正确的，那么我们就必须承认最小人格减等的以下这些情形（§68）。

（1）无从属之人（自权人）转变为从属之人（他权人）。

（2）处于父权或夫权之下的家子或女性减等为处于受役状态之人。

相反，我们不将以下情形作为最小人格减等。

（1）自由人转变为奴隶，因为这毋宁是最大人格减等。③ 其理由在于，这样一种转变具有两个方面的联系：进入到奴隶地位之中，同时也是家庭支配权的确立。前一个方面属于公法，后一个方面属于私法。但第一个方面的联系具有主导地位，因此，这种转变是最大人格减等，而非最小人格减等（参见第六部分和§68）。

（2）无监护之人转变为受监护人（Bevormundeten）。因为这种转变虽然改变了个人身份（Status hominis），但却并未减损权利能力。因此，处于保佐之下的精神错乱者并未遭受人格减等。④

现代学者常常或者承认对最小人格减等做出的上述两种解释

---

③ 我们必须认为，生来自由人转变为解放自由人也是同样的，如果这种情形也被视为人格减等的话，Vgl. §68 注 5。

④ L. 20 de statu hom. (1.5.).："一个精神错乱的人被认为仍保留身份、声望地位……如同他仍保留其财产的所有权一样。"（Qui furere coepit, et statum, et dignitatem...videtur retinere, sicut rei suae dominium retinet.）其中，Status（身份）首先被认为是自由和市民籍，而与 dignitas（声望地位）相对，由此 videtur retinere（被认为仍然保留）就是正当的。个人身份（Status hominis）当然被认为存在变更（mutatio），但无疑并非人格减等。——更有疑问的是以下情形，即浪费人（prodigus）的禁治产令状（commercium interdictum），此时遗嘱能力（testamentifactio）会丧失，Ulpian XX. §13. L. 18 pr. qui test. (28.1.). §2 J. quibus non permittitur. (2.12.).【浪费人，指具有浪费习性的人，这种人有可能导致败家的结果，因此，可通过实施浪费人保佐限制他经管财产的能力，还可以通过裁判官令状对其实施禁治产。——译者注】但这种情形实际上仅是精神错乱的一种拟制，因此存在自然的无行为能力，所以遗嘱能力这个表述仅是在事实意义上被使用，如同在其他地方可能出现的情形一样。证据在于，浪费人在裁判官令状之前做出的遗嘱仍然保持完全有效（L. 18 cit. §2 J. cit.），但任何一种人格减等都会使遗嘱无效，即使是间接的裁判官维持也只出现于中间时期暂时无能力这种情形，而并非出现于在死亡时仍然无能力这种情形，Ulpian XXIII. §4.6.。

中的一种，或者在这两种解释中游移不定。也可能出现的情形是，尽力将这两种解释统一起来，由此最小人格减等包含了两种情形：自己家庭的丧失（由自权人转变为他权人），以及共同宗亲家庭的丧失。⑤

十三

因此，现在要在早期法学家的两种观点之中作出决定，其中一种观点（起源于 Paulus）认为最小人格减等是宗亲家庭的改变，而另外一种观点认为最小人格减等是某一家庭关系（根据我的补充，这要与减损的权利能力联系起来）的改变。

以下理由明确地反对 Paulus 的解释。

1. 第一个理由存在于人格减等（Capitis deminutio）的名称之中。这个古老的名称需要被解释。Caput 这个词的含义必须要被指出，据此可以理解，为何这个词被用来说明无可置疑地使用人格减等这个名称的那些事件。

根据 Paulus 的观点，caput 这个词完全意味着家庭关联（Familienband）；但是，为了支持这种解释，从何处可以找到哪怕仅仅是关系较为疏远的类比呢？

人们可能会进一步认为，caput 与 Status（身份）的含义完全相同，或者它就是权利能力；这两种假设能够令人满意地解释人格减等的联系，但它们同样都是完全任意的，并且都完全无法被 caput 这个词在其他地方所具有的可被证实的含义所证明。

无疑，caput 这个词中暗示了某些古老的事物，人们之前就想到了根据古老的户口登记表（Censustafeln）或者市民名簿（Bürgerlisten）去解释这个术语。这种解释是这样的，即人们将

---

⑤ Glück B. 2 § 128.

caput 和 capita censa（户口登记）联系起来，其总数多次被 Livius 提及。如果一个人丧失了市民籍，那么罗马市民就减少了一个 caput（户口），此时就出现了 caput exemtum，deletum（户口减少）。最小人格减等就可根据以下情形而得到解释，即被收养之自权人（Arrogirte）丧失了其财产，因此处于较低的等级。[1] 但是，甚至是这种解释的辩护者也不能掩饰这种解释中的不自然之处，并在脱离父权者（Emancipirten）这种人格减等情形中引起了正当的疑虑。非常特殊的是，人们根据这种语词解释必须认为，在这种情形中，是罗马人民（Volk）而非个人遭受了 capitis deminutio（户口减少）。

在 Niebuhr 所做出的令人满意的解释中[2]，上述疑虑消失了。根据他的解释，Caput 意味着每一个罗马人在市民户口登记表中所处的一栏，以及在其中关于其个人关系所被注意到的所有状况；通过之后出现的变化，这种语词含义得到了完全的证实。[3] 如果在上述登记表的一个罗马人的名字中，由于该罗马人遭受了法律上的不利（juris deterioris），从而登记被变更，那么这就是一种 deminutio capitis（人格减等）。因此，这尤其包括以下情形：首先，以前的市民由于丧失了自由或者市民籍而被完全从登记表中删除；其次，家父被进行了自权人收养，他必须被登记为其他人的家子。——我认为这种解释是令人满意的，在这里仅需要再次对此做出一个补充：前提是，上述被注明的不利变更是与

---

[1] Heineccii antiqu. jur. I. 16 §1.12.

[2] Niebuhr, Römische Geschichte, B. 1, S. 606 (ed. 4.); B. 2, S. 460 (ed. 2.).

[3] 在帝政时期的税制中，caput 意味着一个纳税土地单位（Steuerhufe），也即登记于土地登记簿中的任何一块土地，每块土地必须缴纳一个单位（Simplum）的税；因此，如同在上述最早的时代一样，这里又再次出现了税册（Steuerrolle）中的具体章节部分，因为早期的市民名簿事实上同时是税册，Vgl. Zeitschrift für geschichtliche Rechtswissenschaft, B. 6, S. 323. 377。

权利能力的减损联系在一起的。至少，从罗马法学家的立场出发，在一个私法占据主导地位而公法退居次要地位的时代中，我必须做出上述主张；同时，以下观点很可能被承认，即至共和国时期，许多降等是单纯政治方面的，它们没有影响到私法能力，但即使如此，它们仍然会具有人格减等（Capitis deminutio）的名称。④

对 caput 的这种语词解释与上文（第十二部分）所引用的《法学阶梯》篇章完全一致，在涉及解放自由人之前的奴隶地位时，该篇章认为：nullum caput habuit（无任何人格）。这是非常自然的，因为奴隶在市民户口登记表中无疑不能被作为人（Personen）。与此仅仅是表面上相似，但本质上不同的是 Paulus 和 Modestin 对同样情形所使用的表述：

L. 3 § 1 *de cap. min.*（4.5.）：“奴隶被解放这种情形就不一样了，因为*作为奴隶*，他不享有任何*权利*，因此也不会遭受降等。"（Aliter atque cum servus manumittitur：quia *servile caput* nullum *jus habet*，ideo nec minui potest.）

L. 4 *eod*.：“事实上他自现在开始才*拥有身份*。"（Hodie enim incipit *statum habere*.）*

在 Paulus 那里，caput 很明显指代的是生物人（Menschen），servile caput 在他那里则意味着是奴隶的生物人。对于是奴隶的

---

* 该篇章的意思是，被解放的奴隶从被解放那天起才开始拥有身份。——译者注

④ Niebuhr 将以下情形作为事例，即平民（因从部落中被除名）转变为最下层市民（Aerarius），或者转入到较低荣誉部落（tribus minus honesta）之中。人们可能还会补充以下这种财产丧失情形，即一个人因这种财产丧失而处于较低等级之中。但非常特殊的是，属于此的还有不名誉，在此之中，帝政时期被改变的语言用法能够被直接证实（§81）。——正文中主张人格减等被限缩于私法权利能力减损，这种限缩与完全类似的对 Status（身份）这个表达的限缩，处于最为逻辑一致的联系之中（参见上文第五部分）。

生物人，Paulus 否认存在人格减等的可能性，这并非是因为该人不享有 caput（因为 Paulus 直接认为该人享有 caput），而是因为该人不享有权利，因此没有什么可丧失的，从而不能被降等。在第二个篇章中，Modestin 在同一意义上否认奴隶具有身份（第八部分，注 12）。因此，如果人们试图根据这两个篇章与上文所引用的法学阶梯篇章之间的比较而去证明，caput 这个词在罗马人那里与 jus（权利）或 Status（身份）具有相同含义，那么这就是完全错误的。

十四

2. 反对 Paulus 解释观点的第二个理由是，该观点完全缺乏令人满意的逻辑关联。最大人格减等、中人格减等和最小人格减等属于同一类型，因此它们必然拥有共同之处，在该共同之处中可以找到它们所属之类型的本质。根据我们的解释，该共同之处是显而易见的。它就是被减损的权利能力，这在所有这三种法律变更中都被注意到，但除此之外的其他任何地方就并非如此了。Paulus 的解释观点却绝对无法指出这样一种共同的标志。所尝试的可能出路是，将特定宗亲家庭中的地位作为权利能力，其原因在于人们由此能够取得法定继承权。但这种观点的基础是混淆了权利能力和权利取得的事实条件。与法定继承中的宗亲关系一样，让与（Tradition）中的正当原因（justa causa）和时效取得中的名义（Titel）都是具体实际取得的事实条件；但是，它们都绝非权利能力的要素。宗亲关系的丧失是特定的已取得权利的丧失，这与房屋所有权的丧失完全相同；但它们都不会损害到权利能力。人们不会将变得贫困称为人格减等，与此逻辑一致，宗亲关系的丧失也不能被称为人格减等。

因此，一方面，没有任何理由认为宗亲关系的丧失与自由或者市民籍的丧失是类似的。但另一方面，宗亲关系的丧失事实上与其他一些事件是完全类似的，如果将前者予以单独处理，那么这似乎同样是不合逻辑的。因为，丧失宗亲关系的本质是脱离特定的家庭关系，由此其他许多权利（首先是继承）的取得同时就不能被允许。如果有理由将终止的宗亲关系称为人格减等，那么完全无法被理解的就是，为何其他许多事件不能被称为人格减等，而对于这些事件，没有人会主张它们是人格减等。

属于这些事件的例如离婚。丈夫脱离开这种重要的家庭关系，由此丧失了以下期待（直至优士丁尼才被废除），即通过妻子的死亡而将嫁妆与他自己的财产合并起来。我不知道，为何这种期待应比宗亲的法定继承这种期待得到更少的考虑。

同样，脱离父权也本能够被称为父亲的人格减等。因为父亲与之前的家庭关系脱离开，由此丧失了以下可能性，即通过家子的行为而取得某些利益，通过这种方式，较之通过完全更为不确定的对他所有宗亲的法定继承，父亲也许会富有得多。

我们的解释则再次不需要克服这些困难，因为明显的是，在所有这些事件中并不存在权利能力的减损。

此外，我不会过分重视这里所阐述的理由。人格减等是一个历史概念，可以想象，它通过完全非逻辑的方式被构建和划分，而不考虑其内在关联。但是，我们不能认为这是可能的，如果有可能找到一种解释，通过这种解释能够挽救上述概念发展中的逻辑一致，那么这种解释就应明确优先于不能做到这一点的解释。

这里对 Paulus 的解释所强调的缺点，在对当前主题的许多现代论述中也可以看到。在上文（第一部分）所引用的 Feuerbach 和 Löhr 的著作中就是如此，他们似乎不得不始终在权利能力和已取得权利的概念之间摇摆不定，以便在最小人格减等就是家庭变更这个前提之下，能够将人格减等的三个层次作为一个共同类型之下的不同种类。

十五

3. 反对 Paulus 解释观点的第三个理由是，Paulus 本人对许多具体应用情形进行解释的方式是完全变化无常的。这包括以下篇章，该篇章在所有方面都非常重要：

L.3 §1 *de cap. min.* (4.5.).："如果孩子跟随着被进行了自权人收养的父母，那么孩子就会被认为存在人格减等，因为他们处于他人的支配权之下，并且家庭被变更了。——脱离父权的家子或者其他人*很显然发生了*人格减等，因为某人只有首先被降等至虚构的奴隶状态，脱离父权才能被实施。奴隶被解放这种情形就不一样了……"（Liberos, qui adrogatum parentem sequuntur, *placet minui caput*（al. *capite*），cum in aliena potestate sint, et cum familiam mutaverint. —Emancipato filio, et ceteris personis, *capitis minutio manifesto accidit*：cum emancipari nemo possit, nisi in imaginariam servilem causam deductus. Aliter atque cum servus manumittitur etc.）

Paulus 在这里将两种情形并列作为一种人格减等：被收养之自权人的孩子，以及脱离父权者。对于第一种情形，他主张"被认为（存在人格减等）"（placet），对于第二种情形，他主张"很显然发生了（人格减等）"（manifesto accidit）。一般而言，不应过分重视这些表述，早期法学家常常以这些表述来表达他们的观点，无疑在许多篇章中都存在 placet（被认为）这个表述，以表达一种绝对的确信。但这里的情形却有些不同，在这里，两个如此不同的表述紧接着出现，这似乎经过了颇为有意的选择，以表明这两个主张的不同确定程度。这种本身而言已经非常自然的解释，通过以下情形而得到了进一步的加强，即 Paulus 对这两种情形说明了完全不同的理由,而不是简单地认为家庭变更(familiae mutatio)对于这种情形而言是完全足够的理由,如果家庭变更被无可置疑和普遍地承认为最小人格减等的真正本质。虽然对于第一种情形,他将家庭变更作为理由,但是他认为单独这个理由肯定是不充分的,并认为有必要通过第二个理由对此予以支持,该理由的内容非常不寻常:他们处于他人的支配权之下(cum in aliena potestate sint)。无疑,被收养人的孩子在自权人收养之前和之后都处于他人权力之下,但恰恰因为这根本没有改变孩子的状况,所以无法理解的是,人们如何能够将未改变的状况延续作为人格减等的一个论据,人格减等的真正本质仅存在于之前状况的改变之中。当 Paulus 转到脱离父权者的情形之中时,人们清晰地看到,在这里不存在第一种情形中的棘手的论证理由,他对此是多么得高兴。他根本没有再次提及这些论证理由,而是借助于通过"虚构的奴隶状态"(imaginaria servilis causa)而实现的转变[①],他对此补充认为,人格减等由于这个原因是非常明显的[manifesto accidit(很显然发生了)]。——表述和理由的这种显著不同使得以下观点是可能的,即 Paulus 试图找到上述古老概念的实践层面,他借助了最小人格减等的假定理由,但他自己对于这些理由也不敢过分确定地信赖。这种观点的更为确定的理由在下文中才能被详细论述。[②]

4. 最后,反对 Paulus 解释观点的第四个理由在于许多具体

[①] 非常可能的是,Paulus 是这样写的:nisi in mancipii causam deductus(某人只有首先被降等至受役状态),编纂者试图通过改写表述而避免提及过时的法律制度。

[②] Paulus 的这种摇摆不定的解释也已被其他人注意到。对此给出了非常不自然的解释的是 Scheltinga, Fellenberg jurispr. antiqua T. 2 p. 519.,他借助了以下这种不适当的假设。也即,早期法学家对以下问题存在争论,即人格减等中的身份变更是否必须是不利的变更;通过法庭辩论(fori disputatio),这个问题才会被做出否定回答,由此观点就摇摆不定了。

的应用情形,根据 Paulus 的解释,这些情形必然被视为最小人格减等,然而我们根据其他充分的证据能够证明,这些情形中不能被认为存在人格减等。较之之前的一般性考察,这些应用情形更具有决定性。为了清晰化,我对最小人格减等的所有众所周知情形做一个概览。

十六

(1) 对于被收养人而言,自权人收养是一种人格减等,这是基于两个方面的原因:他丧失了无从属之人的权利能力,同时脱离他出生所处的宗亲。

(2) 根据 Paulus 的观点,被收养之自权人的孩子遭受了人格减等,因为他们脱离了他们的宗亲;但按照相反的观点,他们并未遭受人格减等,因为他们的权利能力保持不变。[①] 因此,这两种观点的实践区别在这里显现出来。[②] 这种情形并未导致确定无疑的结论,因为除了 Paulus 之外,没有其他的早期法学家对此予以提及,而 Paulus 本人论证他自己的观点时也是以一种没有把握

[①] 一些现代学者反对将最小人格减等解释为家庭变更,但他们试图根据其他理由辩护这个起源于 Paulus 的具体应用情形,即被收养之自权人的孩子这种情形。例如,Seckendorf de cap. dem. minima §15,他认为,较之儿子,孙子辈享有了较低的人格(minus caput),尽管他们相互之间的法律状况完全相同。持同样观点的还有 Deiters de civili cognatione p. 41,据此,孙子辈应享有较不利的人格(caput impeditum),因为他们离无从属状况更远了一步;但这事实上并不涉及当前的状态,而仅涉及未来的前景,也即涉及未来的无从属状况;即使是对于被收养之自权人的孩子而言,这种前景因为自权人收养也仅仅是有可能被向后推移,而这事实上是不太可能的,因为按照通常的自然进程,收养人会比被收养人先死亡。

[②] 但这种实践区别仅仅是以一种有限的方式表现出来。因为,对于被收养之自权人的孩子而言,因出生而产生的宗亲关系终止了,这一点根据我们的观点也被承认,只不过是基于其他理由,也即,因为所有的宗亲关系都只能派生于父亲,因此孩子必须始终与父亲一样拥有相同的宗亲关系;因此,实践中的争论问题仅仅还有以下这个问题,即对于被收养之自权人的孩子而言,债务和人役权是否消灭,对这个问题的肯定回答或否定回答,取决于我们是否认为他们遭受了人格减等。

的方式（第十五部分）。

（3）根据上述两种观点，早期法中的 causae probationes（事情的证明）和后期法中的准正（Legitimationen）都总是会产生人格减等，因为，通过这两种制度，无从属者总要转变为从属者，同时建立起新的宗亲关联。因此，这种情形可与自权人收养情形［（1）］相提并论。

（4）根据上述两种观点，对处于父权中的孩子或处于夫权中的妻子进行要式买卖（Mancipation），总会对受役人（die mancipirte Person）*而言产生最小人格减等③；根据我们的观点，这是因为据此总会导致降等至受役状态，因此降等至更深层次的家庭从属之中；根据相反的观点，这是因为之前的宗亲被终止。与此相反，如果买受人对他的这种受役人再次进行要式买卖，那么由此无疑并不会产生新的人格减等，因为据此既没有产生进一步的降等，也没有终止宗亲关系。

（5）脱离父权（Emancipation），也即孩子从父权中脱离。该情形事实上是一种人格减等（并且是最小人格减等），根据所有的证据，这都是整个人格减等理论中最为确定的事实之一，由此，上述两种观点都不能质疑这种情形，如果不应反驳这种情形，那么两种观点就都必须对该情形予以解释。Cicero 认为人格减等是家族资格（Gentilität）的阻碍事由，他可能仅仅考虑到了基于脱离父权的人格减等（§69，注13）。但脱离父权被视为是人格减等，这是依据何种理由呢？

根据我们的观点，其理由在于，对脱离父权的形式而言，暂

---

* 在这种情形中，受役人也就是被买卖人，因为经由此种要式买卖，被买卖人就处于受役状态之中。——译者注

③ Gajus Ⅰ. §117-118a §162；也参见上文§67。

时降等至受役状态是必不可少的。④ 只要受役状态的独特性和其与役权之间的本质不同，还没有通过 Gajus 而被认识到，学者可能就会怀疑，脱离父权中所包含的是最大人格减等还是最小人格减等⑤；但通过 Gajus，对此的所有疑问都消失无踪了。⑥

如果 Paulus 的解释观点贯彻一致，那么脱离父权是一种人格减等的理由就在于，脱离父权人据此脱离了其出生时所处的宗亲家庭。

关于这个问题，值得注意的是法律渊源中的以下表述。上文（第十二部分）出现过的优士丁尼法学阶梯篇章不愿提及过时的受役状态，所以它仅做出了一个改变，即认为从支配权（potestas）中脱离（因此产生了状况的改善）是人格减等的解释根据；由此，它不得不做出了一个值得注意的承认，即奴隶的解放本来也能够被视为一种人格减等，但之所以没有这样做，是因为被解放的奴隶在解放之前根本就没有人格。

同样在上文（第十五部分）出现过的 Paulus 的篇章，如果根据 Paulus 的主要观点，则可以期待，该篇章会将家庭变更（familiae mutatio）作为人格减等的解释根据，但它并没有这样做，而是逻辑不一致地将 imaginaria servilis causa（虚构的奴隶状态）作为真正的根据。

最后，最为困难的篇章是 Gajus 的篇章，这部分是因为其中并非完全清晰的表述，部分是因为文本存在残缺。

Gajus Ⅰ.§162.："最小（人格）减等……[也发生于]那些被出卖并在要式买卖后又被解放的人；甚至只要当某人被出

---

④ Gajus Ⅰ.§132. Ulpian. X.§1.
⑤ Heineccius antiquit. Ⅰ.16 §12.，以及那里所引的学者。
⑥ Gajus Ⅰ.§162.

卖，a-tur，就会发生这种人格减等。"（Minima（capitis）deminutio est... et in his, qui mancipio dantur, quique ex mancipio manumittuntur; adeo quidem, ut quotiens quisque mancipetur, a-tur, totiens capite diminuatur.）

人们可能会对这个篇章作出以下理解，即不仅每个要式买卖会包含人格减等，而且每个解放都又会包含特别的人格减等，后一点事实上缺乏任何可被理解的正当性。这种模糊性存在于 quique 这个语词中，这个词当然能被理解为：et in his, qui ex mancipio manumittuntur（或那些在要式买卖后又被解放的人），这样就表明了一个新的情形。但是，这种阐释绝对没有必要，quique 这个词恰恰在前面的 in his 这个词后面，也即，它仅与 et（并且）同一含义，因此仅是对前面已被提及之情形的更为详细的界定。同时，必须根据这两种解释来补充之后的文本残缺。编纂者将该残缺补充为 aut manumittatur（或被解放时），由此解放就又构成了人格减等的新情形。但是，该补充毋宁应当为：ac（或者 atq）manumittatur（并被解放时）⑦，这种补充在这里又再次将解放和要式买卖连接成同一种人格减等情形。也就是说，整个篇章具有以下含义。Gajus 想通过事例阐述人格减等的概念。对此，在这些被他所选择的事例中包括了一部分脱离父权的形式，对该形式的完整描述在这里并非是他的目的。Gajus 想说的是：

此外，最小人格减等发生于孩子脱离父权所使用的要式买卖的所有情形中，在要式买卖之后总伴随着解放（这里恰恰涉及前

---

⑦ 已经提议进行这种补充的是 Deiters de civili cognatione p. 41. 42.，对此予以赞同的是 Huschke, Studien, B. 1, S. 222.。——反对这种观点的是 Schilling, Institutionen, B. 2, §32, Note 3.。

两次要式买卖*）；由此，在解放之前的这两次要式买卖中的任何一次要式买卖中，都存在一个特别的最小人格减等。

498　　Gajus 本也应提及第三次要式买卖，其中无疑同样包含了人格减等，仅仅是第四次要式买卖（remancipatio［再要式买卖］）中没有包含人格减等，在其中并不存在新的降等［也请参见（4）］。但是，为了避免没有必要的过分啰唆，也为了避免因简略而产生误解，他满足于提及前两次要式买卖，这对于他的目的而言就完全足够了，为了清晰说明，他使用了总与要式买卖联系在一起的解放。

　　但是，脱离父权在新法中还能被视为人格减等吗？至编写法学阶梯和学说汇纂时，早期的要式买卖早已消失，从这时起的通常形式绝对不再包含任何能被视为孩子之减等的内容。当时的立法者保留规定脱离夫权的早期实施方式被作为一种人格减等，这出于两个考虑：家父的庇主权，以及宗亲关系的消灭。但是，立法者自己已经通过之前的制定法而使宗亲关系不因脱离父权而终止（§69）；因而，所剩下的仅是庇主权。但是，这本来就根本不是人格减等的后果和标志，并且它被优士丁尼最新的立法完全废除。在我们的当代法中，如果还将脱离父权视为人格减等，那么这似乎就是完全不合逻辑的。

499　　（6）狭义上的收养不会产生什么困难，因为它与脱离父权具有相同的性质。收养也与降等至受役状态联系在一起[⑧]，并且它无疑也会导致因出生而产生的宗亲被终止。在优士丁尼法中，收

---

*　如译者在原文第65页所做的译者注中所言，如果儿子要脱离父亲的父权，这要经过三次要式买卖，即在第一次要式买卖后解放，之后又进行了第二次要式买卖和解放，如果父亲进行了第三次要式买卖，则儿子就脱离了父权。这里所指的就是前两次要式买卖。——译者注

⑧　Gajus I. §134.

养最多还能被作为人格减等的特殊情形,条件是养父同时是自然的尊亲属(Ascendent),因为此时因出生而产生的宗亲当然丧失。但是,根据迄今所阐述的正确观点,没有理由将这种事由本身认为是人格减等。

十七

(7)归顺夫权(in manum conventio)。

如果妻子在归顺这种行为之前是自权人,那么归顺夫权无疑是一种人格减等,上述两种解释都是如此认为。因为,妻子的权利能力被减损,并且她从其出生时所属的家庭转入到其丈夫的家庭①;归顺夫权是通过祭祀婚(confarreatio)、买卖婚(coemptio)还是时效婚(usus)而产生,这都不会导致任何区别。*

如果妻子从父权转入到夫权之中,那么情形就不同了。根据Paulus的观点,这里也被认为存在人格减等,因为无疑出现了家庭变更。与之相反,根据我们的观点,这里不存在人格减等。因此在这里,权利能力事实上在这里没有出现减损,毋宁说,对于丈夫而言,处于夫权中的妻子与女儿地位完全相当,因此她们享有相同的权利。但是,即使在导致归顺夫权的各种形式中,也并不像脱离父权和收养情形那样存在暂时的降等。在祭祀婚和时效婚中,绝对不会认为存在暂时的降等。买卖婚中的实施程序则与

---

* 归顺夫权,指女子在结婚后丧失自己的权利或其与出生时家庭的宗亲关系,而处于丈夫或(丈夫处于父权之中时)丈夫家庭的支配权之下,其一般可通过祭祀婚、买卖婚或时效婚而实现。祭祀婚,也称为共食婚,即新郎和新娘当着证人和特定祭司的面相互提出各自的询问并作出宣告,并一起掰开一种特制的面包,以表示共同生活的开始。买卖婚,即实现虚拟的要式买卖方式实现的婚姻缔结方式,女性是自权人情形下,自己出卖自己;女性是他权人,则由其家父出卖。时效婚,表现为丈夫或丈夫的家父因女性与丈夫连续同居1年而取得对女性的支配权,它因离夫三夜而中断,从而需要重新计算。——译者注

① Gellius XVIII.6. 她相当于自己孩子和其继子女的姐姐。

收养的实施程序相似,因此中介性的受役状态是可以想象的;但是,阐述了这两种形式的 Gajus 在收养中详细说明了这种中介性的降等,但在买卖婚中对此却完全未置一词。②

处于父权中之女儿的买卖婚是否是一种人格减等,如果我们对此寻找确定的证明,那么这可能会被作为区分两种解释观点的重要情形;但是,早期的篇章关于这一点却非常不确定。

Cicero top. C. 4.:"如果一个从未遭到人格减等的女性订立了遗嘱,则根据裁判官告示,不能被认为依遗嘱而授予遗产占有。"(Si ea mulier testamentum fecit, quae se capite nunquam deminuit, non videtur ex edicto Praetoris secundum eas tabulas possessio dari.)

在这句话中同时包含了反向的观点,即女性能够通过人格减等而具有订立遗嘱的能力。人格减等在这里没有争议,如同 Boethius 正确解释的那样,它通过归顺夫权而产生。在上述这句话中,Cicero 没有区分从属的女性和无从属的女性,所以,两种女性似乎都能以同样的方式取得订立遗嘱的能力,据此可以进一步认为(这对于我们的问题而言是重要的),归顺夫权在两种女性的情形中都能具有人格减等这个名称。但通过与 Gajus Ⅰ.§115a 这个篇章之间的比较,该篇章比 Cicero 更为详细地论述了这个问题,上述似是而非的证明就化为乌有了。Gajus 使我们知道,为了有可能订立遗嘱,仅仅买卖婚仍然不足够,还必须附加上再要式买卖(Remancipation)和解放。*这时无疑会产生受役状态,上述两种解释观点都会认为,其中存在人格减等,因此,对于我们特别处理的问题而言,Cicero 的上述篇章就不具有决定性的力量。

---

* Gajus 这个篇章的内容如下:"实行这种买卖婚曾经也是为了订立遗嘱;当时,除某些人外,女性事实上不享有订立遗嘱的权利,除非她在实行买卖婚后又被再次出卖并被解放。……"——译者注

② Gajus Ⅰ.§134 und §113.

Gajus 两次将买卖婚作为人格减等的事例（Ⅰ.§162 和 Ⅳ.§38.），但是在两个篇章中都还有其他事例，并且非常不确定，以至于无法据此看出，Gajus 在这里是否仅想到了无从属的女性，还是也想到了从属的女性。

Ulpian Ⅺ.§13 以类似的不确定方式将买卖婚作为最小人格减等的事例。然而在这里，这是因以下法规则而产生出来的，即根据该规则，法定监护因为任何人格减等而消灭，但只有无从属女性才能处于监护之中，因此可以认为，Ulpian 在阐述上述事例时仅想到了无从属女性的买卖婚。

较为确定的是 Livius 在描述酒神节（Bachanalien）历史时值得注意的篇章。这里涉及一个是自权人的解放自由女性，她处于官选监护人（Dativtutor）* 的监护之中，并且她已经订立了一份遗嘱。③ 之后，她因发现了一个规模很大且极度危险的人事密谋，而为共和国做出了重大的贡献，通过元老院决议，她被报赏了一些特权，其中之一如下：

Livius ⅩⅩⅩⅨ.19.："Feceniae Hispalae 可享有 *datio*、*deminutio*、与族外人结婚和选择监护人的特权，仿佛丈夫已经通过遗嘱做出了授权。"(Utique Feceniae Hispalae datio, deminutio, gentis enuptio, tutoris optio item esset, quasi ei vir testamento dedisset.)

文辞 datio，deminutio 几乎没有什么意义，以至于将它们勘正为 capitis deminutio（人格减等）是确定无疑的④，由此，在三

---

* 官选监护，由约公元前 210 年颁布的《Atilia 法》所创立，即执法官根据要求为本应获得监护、但却没有法定监护人或遗嘱监护人的人所指派的监护人。——译者注

③ Livius ⅩⅩⅩⅨ.9.："而且根据惯例，在她的庇主死亡之后，因为她不处于支配权之中，当一名监护人被护民官和裁判官所指定，她就订立了遗嘱，使 Aebutius 成为她的唯一继承人。"(Quin eo processerat consuetudine capta, ut post patroni mortem, quia in nullius manu erat, tutore a tribunis et praetore petito, quum testamentum faceret, unum Aebutium institueret heredem.)

④ 已建议做出此种勘正的是 Huschke de privil. Feceniae Hispalae Goett, 1822, p. 25.，但他在解释时却给篇章引入了不必要的困难。

个联系在一起的特权这个表述中能够存在一种可见的并列关系。这时，capitis deminutio（人格减等）在这里毫无疑问意味着进入买卖婚中的权利。在这里，如同上文已注意到的那样，该女性无疑是自权人，所以，只有无从属女性的买卖婚才应被作为一种人格减等，这在该篇章中比在其他篇章中疑问更少。

十八

（8）最后，对于确定一般意义上的人格减等的真正概念以及特别的最小人格减等的真正概念而言，极为重要的情形是朱庇特神祭司（flamen Dialis）和维斯塔贞女（Vestalischen Jungfrauen）这些圣职。*

早期法学家认为，贞女（Vestalinnen）从父权中脱离了出来。① 但是，关于她们法律状态的改变，Gellius Ⅰ.12 中的阐述要详细得多，它出自 Labeo 和 Capito 的著作，因此权威性分量十足。在该章节中的两个不同篇章中，对此的观点如下：

"但是，一旦维斯塔贞女被取获**……她就从那一刻起，在没有任何形式的解放、没有人格减等的情况下，从父权中脱离出

---

* 朱庇特神祭司，是罗马宗教中服侍朱庇特神的祭司，据推断是由罗马第二个王 Numa Pompilius 创设的，flamen 直译为"点火者"，引申为"祭司"，他们不能触碰金属、骑马和看见尸体；朱庇特神，是罗马宗教中的主神，相当于希腊宗教中的宙斯。

维斯塔贞女，共有 6 名，主持对维斯塔神的祭祀，祭司长从 6～10 岁的女童中挑选，选中后便要供职 30 年，并必须守童贞，失身则要活埋；她们的责任是照料维斯塔神庙中的圣火长燃、从圣泉中取水、准备仪式的食物、看管神庙内的物品并主持公开的维斯塔礼拜，同时她们享受许多荣誉与特权，包括从父权中脱离出来。维斯塔神，是罗马宗教中的神之一，主管家庭事务和执掌灶火，终生童贞，被视为家神，是家庭的象征。——译者注

** 所谓"取获"，是因为贞女是被大祭司长抓住其手，从对其拥有支配权的父母处带走，犹如战俘在战场上被带走。——译者注

① Gajus Ⅰ. § 130. Ulpian. X. § 5.

来，获得订立遗嘱的能力。"（Virgo autem Vestalis simul est capta…eo statim tempore sine emancipatione ac sine capitis minutione e patris potestate exit, etjus testamenti faciundi adipiscitur.）

"此外，Labeo 在《十二表法》的评论中写道：维斯塔贞女既不能是任何无遗嘱死者的继承人，也不能是无遗嘱的被继承人，据说她的财产被归于公众。但这样做所根据的法律是什么，尚有疑问。"（Praeterea in commentariis Labeonis quae ad XII. tab. composuit, ita scriptum est: Virgo Vestalis neque heres est cuiquam intestato, neque intestatae quisquam: sed bona ejus in publicum redigi ajunt. Id quo jure fiat, quaeritur.）

根据这两个篇章，在我看来毫无疑问的是，贞女与其出生时的亲属之间的宗亲关系终止。据此似乎只能非常自然地解释认为，他们相互之间的法定继承权终止，因为贞女很少没有财产，她们甚至能够订立遗嘱；但如果除了终止的继承权之外，宗亲关系事实上继续延续下去，那么这一点根本不具有实践意义，因为，对于贞女而言，（作为宗亲的第二个实践后果的）监护根本不存在，《十二表法》已经做出了这样的规定。[②] 另一方面，人们可能会提出以下异议，即如果宗亲关系实际上已终止，那么 Labeo 怎么会在结尾时询问：但这样做所根据的法律是什么，尚有疑问（id quo jure fiat, quaeritur），既然对他而言，终止的继承权（终止的宗亲关系）的根据必然是不言自明的。但在我看来，这一异议由于较多的理由而并不重要。这些疑问的言辞虽然有可能是 Labeo 提出的，但却并非必然，因为它们同样也可能是 Gellius 所做出的补充。但重要的是，只要人们将这些言辞与在它们之前就出现的词句（归公于国库）联系在一起，上述询问就具有

---

② Gajus I. § 145.

最为简单的含义。因为在这里当然存在某些特殊之处，根据古老的法（Labeo 很明显论及的是这一点），在所有其他情形中，无人继承的财产就成为无主财产，直至《Julia caducaria 法》才一般性地引入了归公于国家这个制度。③——如果我们根据这些篇章认为贞女脱离开宗亲关系中，并且我们同时考虑到，根据明确的证据，她们没有遭受人格减等，那么这里就存在对 Paulus 观点的直接反驳，Paulus 的观点认为，任何脱离开宗亲关系的情形都是一种人格减等。但同时，这些篇章也有助于完全地证明我的以下主张，即将人格减等界定为身份变更（Status mutatio）的早期观点是不完善的。因为，对于贞女而言，身份的变更自然是宗亲关系的丧失，事实上也是（如果人们不愿承认宗亲关系的丧失）从父权中脱离；但她们却没有遭受人格减等，所以必须认为人格减等不同于单纯的身份变更。因此，通过这个充分有效的早期证明，我的观点就免于以下指责，即我意图对早期法学家的界定任意地无端指摘。

对我们观点一个类似的、只是不那么彻底的支持是，涉及朱庇特神祭司这个圣职的一些内容。这些祭司也脱离了父权④，对他们而言，这种重要的身份变更无疑也不能被认为是人格减等。⑤如果祭司同样也脱离开宗亲关系这一点能被证明，那么祭司与贞女之间的并列关系就非常完整彻底了；这当然可能是事实，其原因不仅在于，Gajus 和 Ulpian 都认为祭司和被排列在一起的贞女具有相似性，而且也在于，如果认为父权已终止了，而以父权作为中介的宗亲关系却仍然延续，那么这是不合逻辑的；同样也无

---

③ Cicero de legibus Ⅱ.19. Ulpian. XXVIII. 7. Vgl. Zeitschrift für geschichtl. Rechtswissenschaft, B. 2, S. 378.

④ Tacitus ann. Ⅳ 16. Gajus Ⅰ. § 130. Ulpian. X. § 5.

⑤ Gajus Ⅲ. § 114.

法理解的是，儿子和父权应被认为处于何种关系中，因为不能承认，儿子与父亲之间的关系要比儿子与宗亲之间的关系更为疏远。

关于这个问题，假设在早期法学家之间存在争议，那么 Labeo 和 Capito 要比 Paulus 更具有权威性；这不是因为前两者是更伟大的法学家，而是因为这里所涉及的是一个完全古老的法律制度，该制度真正的和完整的存在距前两位法学家的时代要比距 Paulus 的时代更近。但是，严格而言，在这里并不存在一般意义上的争议，这种争议在以下情形中当然就会出现，例如，Labeo 否认在贞女和祭司中存在人格减等，而 Paulus 却予以承认。但事实却不是这样，毋宁说，所有时代的法学家似乎都一致赞同否定观点，而不存在争论的蛛丝马迹。因此，Gajus 在涉及祭司时认为不存在人格减等（注 48）；Ulpian 在以下篇章中也同样如此认为：

L. 3 §4 *de Sc. Maced*. (14.6.).："如果我和一个家子订立要式口约，在他成为家父时才贷款给他，无论他成为家父的原因是存在人格减等，还是其家父死亡，*抑或他因其他方式而没有人格减等就成为自权人*，那么元老院决议就不适用，因为在贷款做出时，借款人已是家父。"（Si a filiofamilias stipulatus sim, et patrifamilias facto crediderim, sive capite deminutus sit, sive morte patris *vel alias sui juris sine capitis deminutione fuerit effectus*, debet dici cassare Senatusconsultum quia mutua jam patrifamilias data est.）

vel alias（或因其他方式）等这些文辞* 只可能被理解为祭司、贞女或者（最有可能）同时包含这两种情形。也许 Ulpian 直

---

* 即"抑或他因其他方式而没有人格减等就成为自权人"。——译者注

接表述出了这一点，但编纂者在这个地方替代使用了较为抽象的表述。——因此，相反的观点并非（像真正的争论那样）直接涉及实践法的规定，毋宁涉及的是一种科学的尝试，即根据已知的具体法规则，通过选择已存在的特征构建一个一般性的概念。但是，在这种情况下，我们对早期法学家的逻辑批判应被承认具有较大的自由。

十九

我试图表明，在早期法学家那里出现的对人格减等的解释，或者是不充分的，或者是不正确的；为了尽力证明这个主张，特别重要的是以可能的方式对所述缺陷之所以产生做出解释。

在罗马人那里，存在三种人格减等这个古老的理论；虽然没有对这个理论进行界定，但是它的效力和它对具体情形的大多数最为重要的适用却是毫无疑问的。另一方面，也同样存在一些情形，在这些情形中，是否存在人格减等很少被争论，但却一直未被确定，这仅是因为这些情形偶然地没有出现，或者没有被注意。在科学进一步发展时，人们试图为上述古老理论建构确定的概念，这些尝试采取了一些完全不同的路径，这一点在其本身仅是一种形式化的事业之中并不令人惊讶。大多数人不假思索地将人格减等界定为身份变更。我们指责这种界定，认为它不是错误的，但却是不充分的，如果人们考虑到，早期法学家的绝大多数界定都非常不完善，那么我们的指责就很难是一种无法被容许的狂妄。最重要的是要避免因逻辑一致地贯彻不完善的界定而产生出来的错误应用，另一方面要保持它在大多数情形中正当的实践意义。如果人们询问 Gajus 和 Ulpian，拉丁人是否因获得了市民籍，或儿子是否因父亲的死亡，而遭受了人格减等，那么他们很难仅是为了通过极为逻辑一致的应用而维护他们所做出的界定，从而对这个问题做出肯定回答。

Paulus 采取了一种完全不同的路径，对于其想法的产生，我将通过以下方式予以解释。Paulus 考虑到，人格减等在不同情形中都共同具有的最为重要的效力是宗亲家庭的丧失；因为债务的消灭早已通过恢复原状（Restitution）而不起作用，用益权（Niesbrauch）与人格减等同时发生于同一个人身上也很罕见和偶然，而从家庭中脱离则始终都会出现。Paulus 就将这种具体效力确立为人格减等的本质，而没有考虑到事物本身和名称的历史关联由此而被遮蔽。根据他的这种被如此建构出来的概念，人格减等毫无争议的大多数常见情形（自权人收养、脱离父权、无从属女性的归顺夫权）都可以被推导出来而没有实践错误。但是，他又根据上述概念推导出人格减等可应用于被收养之自权人的孩子这种情形，而他可能在其他学者那里没有发现这种应用，所以他仅将这种应用作为一种观点而提出（placet［被认为（存在人格减等）］）。然而，对他自己观点的坚持却没有妨碍他有时又提出一个完全不同的观点，并在脱离父权者这种情形中认为人格减等的根据是降等至受役状态，毫无疑问这是因为以下原因，即由于所有早期学者都一致赞同这个解释根据，所以他认为这个解释根据的危险和假想程度较小（manifesto accidit［很显然发生了（人格减等）］）。

现在才有可能完全解释 Paulus 的篇章，这个篇章对于现代学者所持有的三种身份这种观点（第十部分）具有非常重要的影响：

L. 11 *de cap. min.* (4.5.).："人格减等有三种：最大减等、中减等、最小减等；*因此，它们涉及我们所拥有的三种东西：自由、市民籍和家庭。*当我们丧失所有这些东西也即自由、市民籍和家庭时，这时是最大人格减等；当我们丧失市民籍，但却仍然保留着自由时，这时是中人格减等；当保留着自由和市民籍，*但家庭却发生了变更时*，这时是最小人格减等。"（Capitis deminutonis tria genera sunt：maxima，media，minima. *Tria enim sunt quae habemus：libertatem，civitatem，familiam*. Igitur, cum omnia haec amittimus, hoc est libertatem et civitatem et familiam, maximam esse capitis deminutionem：cum vero amittimus civitatem, libertatem retinemus, mediam esse capitis deminutionem：cum et libertas et civitas retinetur, *familia tantum mutatur*，minimam esse capitis deminutionem constat.）

  通过上文所述的路径，Paulus 想到将最小人格减等解释为家庭变更。人格减等的三个层次从早期起就被承认，因此他试图通过以下方式使这个包含三部分的统一体可被理解，即将积极关系编排在一起，这些积极关系通过这三种事件中的任何一种都会有所丧失。这些关系包括自由、市民籍和家庭。这些不同种类的关系相互之间的共同点是什么？只有"我们拥有它们"（Tria sunt quae habemus［我们所拥有的三种东西］）这一个共同点。如果我们实际上所拥有的东西只有它们，那么这一点就是很清晰的。但是，众所周知，我们还拥有其他一些东西，例如婚姻、父权、所有权、役权和债权，等等，这些东西我们同样也可以丧失，所以，这种围绕人格减等之三个层次并据此将之形成一个统一体的联结，事实上就被认为是不适当的。因此，Paulus 的整个篇章试图以一种理性的方式证成三种人格减等，但这似乎只能是一种不成功的尝试。我们也不能自我安慰认为，较之上文中作为例子而予以列举的其他种类的拥有之物，上述三种拥有之物尤其重要。但同时，这种在其他方面很难令人满意的编排具有以下优点，即它不像其他罗马法学家的界定那样容易导致一种误解，仿佛市民籍的授予或者父亲的死亡也可以被认为是一种人格减等。

然而，所有这些缺点都没有阻碍 Paulus 的篇章被作为现代学者所持有的三种身份这个理论的主要根据。无疑，在这里共同起作用的是以下这个未被明示的假定，即 Paulus 在这里所说明的观点是罗马法学家原有的普遍观点。但是，恰恰这个假定是我最为坚决地反对的。如果这个假定是有根据的，那么上述观点就应与三种人格减等一样，具有一个固定的古老术语这种标志，而不是像现在这样，具有"sunt quae habemus（我们所拥有的东西）"这样一个奇怪的名称而在空中漂浮不定。特别是，Status（身份）这个表述距此已经很近了，以至于如果上述三种东西被认为是 Status（身份）的三种确定形式，那么该表述无疑不可能不被说出来。但是，这个一般性的假定不仅在这里没有根据，即使在 Paulus 本人那里，上述观点似乎也根本不像现代学者基于这个篇章的权威性常常认为的那样是一个确定的、被深思熟虑过的理论。在 Paulus 那里，上述观点是被随口说出的想法，是暂时尝试通过变换表述而令人容易理解地说明古老的三种人格减等，这种说明当然是起始于将最小人格减等作为家庭变更这种解释。这是 Paulus 特有的观点；但是，他很难认为这种观点是确定无疑的、不容争辩的和得到公认的，这一点通过以下情势而得到了清晰的证明，即他在解释基于脱离父权中的人格减等时（L. 3 § 1 de c. m.），没有再次采用他的上述观点，而采用了根据奴隶状态（servilis causa）进行推导这种通常的方式。

二十

我们在这里尝试了对人格减等理论进行评判，同时，这种评判也足以对他人关于该事项的成果进行判断，上文（第一部分）已经对这些成果进行了整理。在这里，我们仅对这些成果进行少许的文献评论，而不对具体内容进行分析。

513　　Conradi 的观点在各个地方都必须要被特别注意，他将最小人格减等解释为家庭变更，将这种解释作为确定的基础，并据此而试图解释所有其他的情形。基于这个错误的前提，他不得不拒绝认为脱离父权情形中人格减等的根据是奴隶状态（servilis causa）（p. 180.），这导致他进一步采取一种极为不自然的解释，人们很难在其他地方看到他所采取的解释是这样得不自然；也就是认为，L. 3 §1 de c. m. 这个篇章中的 manifesto accidit 的含义并非是"毫无疑问地发生了"，而是"显现出来，通过象征行为而显示于感官性的表现中"。

　　Seckendor 的著作否认了 Paulus 的理论，并在整体上阐述了这里所确立的理论；该著作看来是第一本包含了这里所确立之理论的付印著作。

　　但从很早开始就存在值得注意的以下尝试，即试图使 Paulus 的观点清晰化和具有一致关联性，这种尝试在现代仍在较多方面获得了赞同。Hotomanus 首先提出了这种观点，具体内容如下。

514　　Hotomanus 认为，每个人都处于三个不同范围的团体（Corporationen）之中①：地球上所有自由人形成的团体；罗马市民形成的团体；某宗亲家庭成员形成的团体。如果一个成员离开了上述三种团体中的一个团体，那么这个团体就少了一个人头（Haupt），该团体就遭受了 Capitis deminutio，但这个表述被转用于离开的成员本人之上。自这个用语形成之后，caput 就指代

---

① 他也将此替代性地称为 corpus、ordo、collegium。——总体上采纳了这种观点的是 Dücaurroy 和 Zimmern（参见上文第一部分）；之后还有 Vangerow, Pandekten, I., S. 61.。

成员在这样一个团体中的地位②，如果将 capitis deminutio（人格减等）界定为 Status mutatio（身份变更），那么 Status（身份）这个词就必须在上述这个意义上被理解③，否则，在其父亲死亡的儿子那里，也会完全错误地认为存在人格减等。——通过这种理解，Paulus 的理论就具有一种表面上的一致关联性，但是人们不能对这种理解进行更多的赞扬了，因为它无法经受住更为详细的考察。首先，与人们能够离开罗马市民这个封闭的圈子一样，人们也能够以类似的方式离开所有自由人形成的团体，这种团体是一个离奇的、尤其是罗马人对此完全陌生的想法。另一方面，宗亲整体是一个法律概念，而且并非不重要，因为它是法定继承和法定监护（legitima tutela）的基础。但是，若干人通过家庭关系联合为一个小范围的整体，而宗亲仅是不同家庭关系中的一种，人们不能认为宗亲是最为重要的家庭关系，根本没有理由可以理解，为何宗亲要特别优先于所有其他的家庭关系，从而在这个理论中被认为具有排他的重要性。最后，Capite minui 这个表述最初适用于实际少了人的团体，而之后却被转用于离开的、因而所减少的个人，这种转用的方式也是完全任意的、缺乏任何内在可能性的。因此，在全部这种解释中，我们所能看到的只是一个机巧的而非较好的想法。

---

② Hotomanus l. c.："应当知道，在该讨论本身中的 caput 一词意味着某人因为他在三个不同层次的团体中占据人头或位置而拥有的权利。"（scire oportet, caput in hoc ipso tractatu significare jus, quod aliquis ob eam causam habet, quia caput sive locum in ordine aliquo illorum trium obtinet.）

③ "该讨论中的 Status 一词应当这样理解：人们通过结盟（a Ictis），形成了关于人的地位的若干个不同层次（即，这些层次［发挥着］不同影响）的团体，人们获得了要么自由，要么自由和市民籍，要么自由、市民籍和家庭这样的团体中的地位。"（Intelligi oportet, Status verbo in hoc tractatu significari a Ictis, condicionem personae in eorum ordine standis (i. e. numerum efficientis) qui vel libertatem, vel cum libertate civitatem, vel cum utraque familiam obtinent.）

附录七　论不名誉理论中的一些疑点
（§77 和 §82）

一

516　　不名誉法律制度是否也适用于女性？

如果有人认为对于不名誉来说，唯一或至少最重要的事情就是排除提出庭上主张，那么他必然认为这种适用虽然并非不可能但却是完全多余的。因为裁判官已经在他的第二个告示中，一般性地绝对禁止所有女性为他人在裁判官面前提出庭上主张，所以完全没有必要在第三个告示里再对某些女性（不名誉的女性）重复这些禁令，而且这些禁令甚至因例外而得到了缓和（§78）。

反之，正如我之前试图证明的那样，如果人们将不名誉看作是政治权利的丧失（§79-81），那么它适用于女性绝对是没有意义的，因为她们本来从未享有这样的权利。由此也直接解释了，为什么在只处理特定政治权利能力的 Heraklea 表〔《自治市的 Julia 法》（Lex Julia municipalis）〕中，不名誉者的名录根本没有提到女性（§80）。

517　　对于我们的问题，我们可以从法律渊源中找到什么答案呢？出乎意料的是，在学说汇纂所包含的有关不名誉者的告示中以一种有意且极为值得注意的方式回避了女性，恰好是在那些人们首先期待会提及她们的地方。当一名寡妇过早地缔结了第二个婚姻，那么下列人应当是不名誉的：该寡妇的父亲，如果她还处于父权之下，此外还有该寡妇的新婚丈夫，如果他已经成为无从属之人，否则就是新婚丈夫的父亲。但是对于犯了最严重和最直接错误的寡妇本人，在告示中却不置一词。

如果人们倾向于在这一现象中发现对上文提及的关于不名誉

实践本质这个观点的直接确证,那么一切都会因一些篇章而再次变得可疑,这些篇章将那些寡妇是不名誉的事实表述为某种众所周知且确定之事(§77注24)。因此,这些篇章似乎与不名誉的本质以及告示中的具体内容相冲突。

如何解开这个谜题呢?

二

根据Ulpian的论述(XIII.§1.2.),在《Julia法》中包含了以下关于婚姻的禁令,为了便于概览,我将以数字标示。

"《Julia法》禁止元老院议员及其后代与下列女性结婚:(1)女性解放自由人;(2)其自身[曾是演员]的女性;(3)其父母曾是演员的女性;(4)从事卖淫的女性。"(Lege Julia prohibentur uxores ducere senatores quidem liberique eorum 1) libertinas 2) et quae ipsae 3) quarumve pater materve artem ludicram fecerit, 4) item corpore quaestum facientem.)

"其他生来自由人同下列女性结婚是被禁止的:(5)女性拉皮条者;(6)被男性拉皮条者或女性拉皮条者解放的女性;(7)被抓住的通奸女性;(8)在公共诉讼中被判决有罪的女性;(9)曾是演员的女性;(10)Mauricianus在评论时所增加的,被元老院判决有罪的女性。"(Ceteri autem ingenui prohibentur ducere 5) lenam 6) et a lenone lenave manumissam, 7) et in adulterio deprehensam, 8) et judicio publico damnatam, 9) et quae artem ludicram fecerit;10) adjcit Mauricianus et a senatu damnatam.)

在这两个禁令中,首先值得注意的是这两类身份存在着不小的差异。如果对于元老院议员的禁令在各处都更加严厉,例如,与女性解放自由人的婚姻显然就是这种情形,这原本是十分自然的;但事实上也出现了相反的情况,(5)(6)(7)(8)(10)这几种情形禁止的是生来自由人的婚姻,而非元老院议员的婚姻。

人们可能想要这样来解释，即对于生来自由人的禁令是一般性的，元老院议员（作为生来自由人）也包括在内；但这样的解释也不是完全合适，（2）和（9）这两种情形在这两种身份中都明确出现了。

法学家通过解释改善了这一有缺陷的制定法表述；他们不仅将对于生来自由人的具体禁令也适用于元老院议员，因为该禁令的理由同样也适用于元老院议员①，而且直接设立了一项非常自然的规则：每一项适用于生来自由人的禁令也适用于元老院议员。② 不过，法学家在对制定法的反思中还要走得更远。他们没有使用"不名誉"这个表达，这无疑是因为根据早期法，不名誉并不适用于女性（第 1 小节），但在具体列举的被禁止情形中包含了一些完全相似的东西③，事实上，甚至有一些情形明确作为不名誉的情形出现在告示中。例如，一位因盗窃而被判责的女性难道不应当受到《Julia 法》中婚姻禁令的约束吗？没有什么比想到下述一般规则更自然的了：生来自由人的婚姻，因此也包括元老院议员的婚姻，会因为任何一种不名誉的情形而被阻碍，元老

---

① L. 43 § 6 de ritu nupt. (23.2.).："当拉皮条者不亚于卖淫。"(Lenocinium facere non minus est, quam corpore quaestum exercere.) 整个篇章说的是对于元老院议员的婚姻禁令；由于《Julia 法》在这里列举了"卖淫"(quaestus corpore)，而没有列举"拉皮条"(lenocinium)，所以法学家认为有必要人为地显示出拉皮条者也属于禁令的范围内。尽管在对于生来自由人的婚姻禁令中明确地列举了"拉皮条"，对其而言似乎并不足够。

② L. 44 § 8 de ritu nupt. (23.2.).【原文是 L. 43 § 8 de ritu nupt. (23.2.).，似乎有误——译者注】："元老不可以娶其他生来自由人不能娶的女人。"(Eas quas ingenui ceteri prohibentur ducere uxores, Senatores non ducent.)

③ 早期法学家在其对该制定法的注释中也承认了制定法规定的这种含义，因为他们对其中列举的特定人所使用的表述与裁判官告示中通常对不名誉者所使用的表述完全相同。L. 43 § 4.12.13 de ritu nupt. (23.2.)【原文是 L. 43 § 4.12.13 de ritu nupt. (32.2.).，似乎有误——译者注】"被法律标记为［不名誉］"(lege notatur)，"将被标记为［不名誉］"(erit notata)，"因此被标记为［不名誉］"(idcirco notetur)，"将被标记为［不名誉］"(notata erit)，"因为是法律而非判决来标记［不名誉］"(quia factum lex, non sententiam notaverit.)，等等。

院议员的婚姻还因为另一方是解放自由人而被阻碍；Ulpian 恰恰是通过这样的文辞表达了该规则。[④] 反过来也是如此，在《Julia 法》中明确列举的禁止结婚情形，即便其没有出现在告示中，今后也必须被视为是真正的不名誉情形；当然，单纯的解放自由人地位这种情形除外，因为对其而言，禁令并非是出于道德理由。元老院议员和其余的生来自由人之间的区别表现在两个方面：其一，将禁令扩大到解放自由人，而没有考虑解放自由人个人的名誉性（Ehrbarkeit）；其二，在这一禁令的适用中，即男性不名誉者也被禁止和元老院议员的女儿或孙女结婚，而生来自由人的婚姻禁令则只适用于女性不名誉者。

520

通过这种自然的发展，不名誉这一概念得到了以下显著的扩张。现在，不名誉对于男性意味着丧失政治权利以及无能力与元老院议员的女性后代结婚；对于女性则意味着一般而言她无能力与生来自由人男性结婚，这其中当然也包括元老院议员以及他们的儿子。在这个新的扩张中，此概念和以前一样得到了清晰的界定（§78），并且甚至到现在，它也没有消解于"恶劣的名誉"（schlechten Rufs）或"事实上的不名誉"（infamia facti）这样模棱两可的概念中。

521

不言而喻的是，法学家和皇帝对于不名誉情形的扩张必须被注意并在实践中被承认（§77 注 24）；但是，裁判官告示中有关不名誉者的扩张是否也应当被承认？在大多数情形下，根本没有

[④] Ulpian. XVI. §2.："有时，他们彼此不拿任何东西，这是当他们违反《Julia 法》而缔结的婚姻；例如，*如果任何［生来自由］人娶了声名狼藉的女子，或元老院议员娶了被解放的女奴隶。*"（Aliquando nihil inter se capitunt, id est si contra legem Juliam Papiamque Poppaeam contraxerint matrimonium: verbi gratia, *si famosam quis uxorem duxerit, aut libertinam senator.*）*Si quis*（任何人），也即无论这个人是否是元老院议员，人们在此必然只想到 ingennus（生来自由人）。*famosam* 与 infamem 的意思显然相同，并且 Ulpian 特别将这二者作为完全同义的表述，可以任意交替使用。L. 6 §1 *de his qui not.*（3.2.）.

必要进行任何变更，因为告示的表述（盗窃［furti］、在委托之诉中遭受败诉判决［mandati damnatus］等等）本身就可以被关联到两个性别，因此，人们现在只要在思考时不要像之前那样悄然排除女性，这就足够了；但是，即使在告示的表述明确排除了女性的情况下（§77），在实践上也没有变更的需要。因为关于不名誉的裁判官告示，仅涉及提出庭上主张的排除，在这方面，不名誉对于女性而言没有造成差异（第1小节）。尽管如此，人们还是进行了这一没有实践需要的变更，告示通过承认特别与女性有关的不名誉情形而进行了补充（第8小节）。这无疑是因为，关于不名誉者的裁判官告示是唯一包含了以制定法面貌出现的不名誉者名录之处。

三

522　然而，《Julia 法》中的婚姻禁令有什么意义？或者同样可以说，不名誉会给女性带来什么实践后果？

根据 Ulpian 的表述"被禁止"（prohibentur），这也与制定法本身的表述一致①，人们可能会期待通婚权在所有这些情形中都被废止，也就是说，违反禁令而进行的婚姻是无效的，正如兄妹之间的婚姻向来无效一样。抑或人们应该认为，制定法允许婚姻维持根据早期法所具有的所有效力，而只是取消该制定法本身赋予婚姻之存在较之未婚状态的优待？这样的区别似乎太过细微，但我们不得不承认它是真实的。因此，婚姻本身在法律上是持续存在的，在婚姻中出生的孩子也处于父权之下；但就遗产取得能

---

① L. 44 *pr. de ritu nupt.*（23.2.）.："……他们都不能［……与……］订婚或结婚，"（ne quis eorum sponsam uxoremve... habeto,）然后，"元老的女儿……也不能［……与……］订婚或结婚，"（neve Senatoris filia... sponsa nuptave esto,）最后，"这些人中的任何人……也不能［……与……］订婚或结婚"（neve quis eorum... sponsam uxoremve eam habeto.）.

力的条件而言，这种婚姻中的夫妻双方被认为是未婚的，因此他们每个人都没有能力通过对方或第三人的遗嘱取得任何东西。这种婚姻中的子女的存在是否应为父母带来利益，对此没有绝对固定的原则的适用，因为人们只是在某些适用情形中允许这种利益，而在其他情形中则不允许。所有这些规则现在都必须被证明。

（1）在谈到违反《Julia 法》规则而缔结的婚姻时，Ulpian XVI.2 明确表示，双方完全没有能力通过遗嘱将某物遗留给对方（第二小节注 3）。他必然是认为这一规则具有实在法性质，尽管该婚姻在其他方面上的法律持续性（Rechtsbeständigkeit）仍然被承认；因为如果他假定婚姻普遍无效，那么这一事实上的夫妻在法律上的未婚状态就是不言而喻的，然而，将无效婚姻的这种个别情形作为无能力的根据，并且对完全同样属于这一关联的所有其他的无效根据（如亲属关系）忽略而不置一辞，这就是完全不合适的。[②]

（2）有三个孩子的人可以拒绝其担负的监护，但这些孩子必须是正当的孩子（justi liberi）。在这里出现了争议，即这一表述应根据早期的市民法来理解，还是根据《Julia 法》限制很大的规定来理解？一位早期法学家决定支持第一种观点，因而也是较温和的观点[③]；该决定基于对以下内容的明确承认，即《Julia 法》

[②] 不过，我要承认，Ulpian 其实涉及两个规则：（1）该夫妻不应享有以下利益，即由配偶彼此间在其他情形中仅因婚姻就具有的能力；（2）他们不能遗留任何东西给对方，即使他们因其他原因对第三人有完全的能力，例如因为女性已生了三个孩子。我在正文中根据该篇章推导出的结论，只对第一个规则而言是真实的，对第二个规则则不是真实的。

[③] Fragm. Vaticana §168.："然而，一些人认为正当的子女根据这些法律被说明……但*根据市民法的要求提及的正当子女应当被接受。*"（Quidam tamen justos *secundum has leges* putant dici.... Sed justorum mentio ita accipienda est, *uti secundum jus civile quaesiti* sint.）法学家在此明确指出，相反的意见同样有其支持者。更严格的观点在另一个相似的情形中具有优势。亦即，一个解放自由人因两个活着的孩子即应免于对庇主的负担和劳务。在此的观点是：根据法律出生的孩子更有利于［父母］。（*ex lege* autem nati liberi prosunt）（L. 37 §7 *de operis libert.* 38.1）. 这项法律自然是《Julia 法》，因为解放自由人的全部优待都源自这项法律。

仅仅旨在使婚姻在涉及精确界定的目的这方面时相对地无效，而不是使该婚姻一般性地无效，如果是后者，孩子事实上就根本不是他们所谓的父亲的孩子。④

因此，如果《Julia法》宣布在某些情况下婚姻无效（我对此否认），那么就上述豁免（Excusationen）而言，较温和的观点完全是不可能的；反之，如果它（正如我主张的那样）允许这种婚姻本身有效，只是拒绝给予某些利益，那么很可能会出现所引篇章中所表述的争议；既然豁免是一种以意志专断为基础的特权，那么人们就可以毫无矛盾地确立这一观点，即豁免不可能被建立在《Julia法》所反对的婚姻（尽管有效）所生子女的存在之上。

（3）一个在守丧期内缔结新婚姻的寡妇会因此而不名誉（§77注24）。根据《Julia法》及其解释，所有不名誉女性都被禁止与任何男性生来自由人结婚（第二小节）。如果这一禁令旨在使生来自由人与不名誉女性之间的婚姻无效，那么该寡妇操之过急的第二个婚姻同样根本不是婚姻，因此在其中所给予的嫁资也不是嫁资（注8）。但恰恰是规定了惩罚这种操之过急之婚姻的帝国制定法，非常明确地预设了婚姻的有效性，特别是真正嫁资在法律上的存在⑤，只有人们（正如在这里做的一样）

---

④ §12 J. de nupt. (1.10.).："如果任何人违反朕之所述结合，根本不能认为有丈夫、妻子的名分以及婚姻、夫妻关系和嫁资。这种结合生下的子女，……是这样的……是母亲由众人受孕［生下］的孩子。因为这些人被认为没有父亲，因为他们的父亲是不能确定的。"(Si adversus ea, quae diximus, aliqui coierint: nec vir, nec uxor, nec nuptiae, nec matrimonium, nec dos intelligitur. Itaque ii, qui ex eo coitu nascuntur,...tales sunt... quales sunt ii, quos vulgo mater concepit: nam nec hi patrem habere intelliguntur, cum his etiam pater est incertus.)

⑤ L.1 C. de sec. nupt. (5.9.).——人们不能认为这一反对意见通过以下观点而被排除，即一开始无效的婚姻在守丧期满后自动变得有效。女性的不名誉，正如所有不名誉一样，是终生的；因此，如果女性的不名誉通常使她与生来自由人的婚姻变得不可能，那么她无能力的这个理由不能通过时间的经过而被消除。

不从婚姻无效角度来理解《Julia 法》中对某些婚姻的禁令，才能避免完全的矛盾。

（4）然而，对我们关于《Julia 法》实践意义的观点最彻底的确证在于之后的事件。在 Marc Aurel 时期，公布了一份元老院决议，依照该决议，解放自由人和元老院议员之间及其后代之间的婚姻应当无效，而这份元老院决议从这时起就始终被引用作为这种婚姻无效的起源。⑥ 那么，可以无可争议地得出结论。

（a）此前的元老院议员和解放自由人之间的婚姻绝非无效。

（b）此前和此后元老院议员与不名誉者的婚姻也同样并非无效；无效性仅仅通过解释而被扩张到元老院议员与演员及其子女的婚姻，或与从事其他极为不道德的职业之人的婚姻⑦，从未扩张到一般不名誉者。⑧

---

⑥ L. 16 *pr. de ritu nupt.* （23.2）.："Marcus 皇帝的诏书规定，如果元老院议员的女儿与解放自由人结婚，<u>则不存在婚姻</u>，随后元老院决议遵循了这一规定。"（Oratione D. Marci cavetur, ut si Senatoris filia libertino nupsisset, *nec nuptiae essent*；quam et Senatusconsultum secutum est.）L. 16 *de spons.* （23.1.）."Marcus Aurelius Antoninus 皇帝和 Commodus 皇帝的诏书<u>禁止元老院议员与某些人结婚</u>，但没有提及订婚的内容，然而，为了补充诏书的疏漏，可以正确地认为，在这些情况下的订婚根据法律是无足轻重的。"（Oratio Impp. Antonini et Commodi, quae *quasdam nuptias in persona Senatorum inhibuit*, de sponsalibus nihil locuta est：recte tamen dicitur, etiam sponsalia in his casibus *ipso jure nullius esse momenti*：ut suppleatur quod orationi deest.）Vgl. L. 3 §1 *de don. int. vir. et ux.* （24.1.），L. 27 L. 34 §3 *de ritu nupt.* （23.2.）.

⑦ Modestin 已经了解到扩张到了演员及其子女，L. 42 §1 *de ritu nupt.* （23.2.）.这一法律规则被 Constantin 更充分地发展（L. 1 C. *de natur. lib.* 5.27.），其谕令再次被 Marcian 详细界定（L. 7 C. *dc incestis* 5.5.）.

⑧ 所引制定法完全仅仅将无效关联到不名誉职业的情形，而没有关联到个别行为引起的不名誉。因此，它们事实上并未被关联，这在以下篇章中也得到了了解释：L. 43 §10 *de ritu nupt.* （23.2.）.："元老院作出决议，元老院议员娶或者保持在公共诉讼中被判有罪的［女性］为妻子是不合适的。"（Senatus censuit, *non conveniens esse* ulli Senatori, uxorem ducere aut retinere *damnatam publico judicio.*）如果为了宣布这样的婚姻是有伤风化的（unanständig），从而间接阻止它，元老院决议对此是必要的，那么显然它不可能已经被认为是无效的。

527　　　（c）此前以及此后男性生来自由人与不名誉女性之间的婚姻绝不是无效的，而只是没有取得通过《Julia法》而与婚姻生活联系在一起的那些利益；这些利益涉及通过死者的遗嘱或多或少地取得遗产的能力。

四

现代学者确实感觉到了婚姻禁令的历史联系，Marc Aurel 时期元老院决议的频繁提及几乎必然地指向这一点，但他们很少清楚地思考这一问题，以至于因此造成了更大的混乱。因此，Heineccius[①] 首先指出，《Julia法》的婚姻禁令仅仅是次完全法律（Lex minus quam perfecta）[*]，而且是 Marc Aurel 的元老院决议

528　首次使其成为完全法律（perfecta）并规定了婚姻的解除。但他接着认为上述原先的禁令涉及婚姻真正的、完全的无效，因此，对此予以强化的元老院决议，除了罗马法当然不会考虑过的通过警察权将配偶双方分开这个效力外，并没有余留其他特有的新效力。

与现代人这些错误的基本观点相联系的，还有一些对个别篇章的并非不重要的错误解释。法学阶梯中以 de nuptiis 作为标题的这一部分的开始文辞即属此类："正当的婚姻在罗马市民之间*根据法律的各种规定缔结*。"（Justas autem nuptias inter se cives Romani contrahunt, qui *secundum pracepta legum* coëunt.）有

---

　　[*] 罗马人将法律严格区分为完全法律（leges perfectae）、次完全法律（leges minus quam perfectae）和不完全法律（leges imperfectae）。完全法律使被禁止的行为无效，次完全法律使所实施或者实行的行为虽然应受惩罚但并未宣告它无效，不完全法律则既不使行为无效又不使行为应受惩罚，而是将维护该法律的职责委诸裁判官。——译者注

　　[①] Heineccius ad L. Jul. et P. P. Lib. 2 Cap. 2 和 Cap. 6。——基本相同但没有得到清晰发展的观点也已出现于 Ramos ad L. Jul. et P. P. Lib. 2 Cap. 8。

观点认为，这里"法律的各种规定"（praecepta legum）应当是《Julia法》和《Papia Poppaea法》中的规定。但无论是优士丁尼，还是该篇章可能取自的早期法学家，都不可能这样认为。因为，首先，正当婚姻（justae nuptiae）这个概念不取决于遵守上述规定（第三小节）；其次，即使不是这样，正当婚姻这个概念也不可能被表述为仅取决于这些规定，而忽视早期市民法中重要得多的条件。因此，"法律的各种规定"在这里只是实在法的规定，而没有特别的历史暗示。——此外，Paulus 在 Collatio（XVI.3）中的一个困难的篇章也属此类，其中自家继承人（Sui heredes）的概念被界定为那些处于父权之下的子女，连同这个更详细的界定："是养子女还是亲生子女，以及根据《Julia法》或《Papia poppaea法》的要求，并没有区别。"（nec interest, adoptivi sint, an naturales *et secundum legem Juliam Papiamve quaesiti*.）有观点认为，这个界定的意思是："既包括养子女也包括亲生子女，但后者仅在这一前提之下，即他们的出生符合《Julia法》中的规定。"然而，这种解释基于两个理由应被拒绝，其恰好与法学阶梯篇章那里所主张的两个理由相同，也即，Paulus 会对错误的观点予以表达，而同时不表达出正确且重要的观点。此外，还有一个特别的理由，即通过 et 并且的连接所指向的根本不是自家继承人（Sui）第二类情形的条件和限制，所指向的其实是增加的第三类情形。Paulus 想说的可能是：自家继承人（Sui）首先是养子女，第二是（在正当的婚姻中）亲生子女，第三是那些因 causae probatio（事情的证明）而处于父权之下者。只有与根据 Gajus 和 Ulpian 的证明对 causae probatio（事情的证明）的历史进行非常重要的研究相结合，这种解释的发展和正当化（对文本进行变更可能也是必要的）才能被确立。

五

对于我们的目的来说，婚姻禁令后来的历史尤其重要。

530　一般性禁令涉及生来自由人，在一些情形中也涉及元老院议员，其目的始终仅在于导致财产中的某种不利益，该禁令被一些帝国制定法废除，这些制定法还一般性地废止了对于单身（Cölibats）和无子女（Orbität）的处罚[①]；该一般性的禁令因这一废止而失去了所有实践价值。

特别禁令，自 Marc Aurel 时期就导致元老院议员和解放自由人或演员等人之间的婚姻无效，一直持续到优士丁尼时期。优士丁尼逐步将其废除。

首先，他规定一个生来自由人和一个解放自由人的婚姻，不应因该生来自由人此后获得元老院要职而无效。[②]

之后，他允许元老院议员与女演员结婚，仅当后者会放弃她们之前的职业时。[③]

531　但最后，他无例外地允许了具有元老院议员身份者的各种婚姻，唯一的条件是在此应当遵守婚姻契约的书面形式。[④]

由此，通过《Julia 法》所引入的婚姻禁令的所有痕迹都被消除，同时也消除了适用于女性的不名誉制度的所有实践意义。

---

① Tit. de infirmandis poenis coelibatus, etc., im Theodosischen Codex Ⅷ.16, im Justinianischen Ⅷ.58.

② L. 28 C. de nupt. (5.4.). 根据该篇章的文字，人们可能会认为《Papia 法》本身已经宣告了该无效；但其仅仅是一种不精确的表述，在《Papia 法》这个名称之下同时包括了对于该制定法的后续补充。

③ L. 29 C. de nupt. (5.4.). 这与《Julia 法》完全相反，后者甚至将禁令扩张到演员的子女，尽管子女本身不是演员。优士丁尼的革新是由执政的 Theodora 皇后的早期经历所直接推动的。

④ Nov. 117 C. 6. 婚姻契约并非专为此目的而被规定，而是通过该新律中的 Cap. 4 而被规定为高级官员 (Illustres) 婚姻的一般形式。

六

　　如果一个寡妇在守丧期内（早期是 10 个月）缔结第二次婚姻，根据学说汇纂中所包含的告示篇章，若她尚处于父权之下，则其父亲遭受不名誉，此外她的丈夫也遭受不名誉，若丈夫仍处于父权之下，则丈夫的父亲同样遭受不名誉（§77）。告示中并未提及寡妇本身，但法学家和皇帝的一些篇章也将不名誉归于她（§77 注 24）。如果表述的这种差异已经需要一个解释，那么，在对此更加仔细地考虑时，不由得产生下述问题：如果，违反守丧义务实际上是不名誉的理由，那么违反为丈夫之外的其他一些人（尤其是父母和子女）进行守丧的义务，为什么不应产生同样的结果呢？除了人的范围之外，守丧期内结婚以外的其他违反守丧义务的行为难道不应同样导致不名誉吗？

　　在我从我们的法律渊源中寻找这些问题的答案之前，我想先作出一个评论，这会为整个研究提供一个更加坚实的基础。婚姻本身与守丧没有任何关系，而且守丧完全不会因婚姻而被违反。因为对守丧的违反一般仅包括欢乐的行为和表征，这当然与对死者严肃的虔敬不一致①；但婚姻可以在完全平静的心态下缔结，并且不破坏对于死者的追思，这在女方已故父母自己希望并促成的婚姻中尤为明显。这一观点还在以下情况中得到了证明。如果婚姻本身是违反了守丧义务，那么女性在每次守丧期间，特别是为父母和子女守丧期间，都必须有一个待婚期（vacatio），也就是说在此期间保持未婚的权利，而不必遭受制定法对于单身的处罚，否

---

① Paulus I.21 §14.："守丧者必须远离宴会、装饰品、紫色或白色的衣服。"（Qui luget, abstinere debet a conviviis, ornamentis, purpura, et alba veste.）该篇章出自 Breviarium（《罗马教皇法令辑要》）；只是通常的手稿中没有 purpura（紫色）这个词，它是根据 Cod. Vesontinus 而添加的，其可疑之处将在下面讨论。

则，无论她作出何种可能的决定，都会遭受两方面处罚的威胁，这是荒谬的。但只有丈夫的死亡才使妻子具有这样一种待婚期②，亲属的死亡并不会；因此婚姻必须不能被认为是一种对亲属守丧义务的应受处罚的违反。——此外，恰恰相反，女性的守丧期会因为其订婚而缩短（也即例外地届满）③；因而当婚姻本身发生于订婚之后，其事实上发生于守丧期届满之后，因此守丧义务不可能再被违反。——同样，被认为是 Numa 颁布的一部制定法涉及这一事项，其中，以下两项规定被作为不同的规定而并列：为死者守丧一定的期间，以及在丈夫死后一定期间内避免缔结新的婚姻。④——最后，我们也很容易解释混淆是如何产生的，事实上原因呼之欲出。裁判官将操之过急的第二个婚姻宣布为不名誉的理由，又为了界定操之过急的婚姻这个概念，而采用了与以下期间相同的期间，即寡妇根据习惯通常必须为丈夫守丧的期间。⑤因此，很容易就把此处用以在不名誉情形中确定期间的东西，视为可被处罚的理由，事实上，可被处罚的理由仅仅在于以下危险，即对于一个不久后出生的子女而言，其真正的亲生父亲可能变得不确定。

---

② Ulpian, tit. XIV.："《Julia 法》给妇女在丈夫死亡后一年的待婚期，在离婚后六个月的待婚期；《Papia poppaea 法》给［妇女］在丈夫死亡后两年的［待婚期］，在离婚后一年零六个月的［待婚期］。"(Feminis lex Julia *a morte viri anni tribuit vacationem*, a divortio sex menses: lex autem Papia *a morte viri biennium*, a repudio annum et sex menses.)

③ Festus s. v.："对民众来说，守丧期会由于对神殿的供奉而*被减少*……然而对于私人来说，［守丧期］会因为孩子的出生而*被减少*……［女性］会因为订婚而被减少"等。(*Minuitur* populo luctus aedis dedicatione... privatis autem, cum liberi nati sunt...*cum desponsa est*.)

④ Plutarch. Numa C. 12. 关于恢复 Numa 制定法的不同尝试，也即确定该篇章的实践意义，vgl. Dirksen, Versuche, S. 331.

⑤ "在习惯要求的对丈夫的守丧期内，在给丈夫守丧完成之前。"(*intra id tempus*, quo elugere virum moris est, *antequam* virum elugeret.)

这一观点的正确性被 Ulpian 通过以下说明毫无疑问地确立。他明确指出，告示中出现的对守丧的提及仅仅是确定期间[6]，并且他以两个极为重要的推论对这一主张加以证明：第一，死者可能丧失了被守丧的名誉（例如，因谋反罪或者因害怕受罚而自杀），但这种情况并不能避免上述情形中的不名誉[7]；第二，反之如果寡妇在丈夫死后生了一个孩子，则禁令和不名誉完全不再适用，因为尽管守丧期仍未届满，但不可能出现血统混乱（turbatio sanguinis）。[8] 然而，这一基本观点同样必然的结果是，为父母或子女守丧绝不能被认为是婚姻的障碍。[9]

七

现在，至此得到的结论可以通过以下方式由其他可靠的说明加以补充。根据可追溯到 Numa 制定法的十分古老的习惯，有两种不同但却相似的规则。

（1）寡妇在丈夫死后 10 个月内（由皇帝首次延长至 12 个月）应保持不缔结新的婚姻。如果她违反了这一规则，参与其中的男性（新丈夫，以及根据情况，同意婚姻的双方的父亲）应当是不名誉的。这种违反当然首先是寡妇自己被认为是某种完全不正派的（Unehrbares）。但只要不名誉一般只有政治意义，人们就不能认为寡妇是不名誉的。

---

[6] L. 11 §1 *de his qui not*. (3.2).："裁判官因此所关心的丈夫的守丧期，是为了［避免］血统混乱而通常被守丧的期间。"(Praetor enim *ad id tempus se retulit*, quo vir elugeretur qui solet elugeri, *propter turbationem sanguinis*.)

[7] L. 11 §1.3 *de his qui not*. (3.2.).

[8] L. 11 §2 *de his qui not*. (3.2.).："Pomponius 认为，一个在法定期间内分娩的女性可以立即结婚；我认为这是对的。"(Pomponius eam, quae intra legitimum tempus partum ediderit, putat statim posse nuptiis se collocare; quod verum puto.)

[9] L. 11 *pr. de his qui not*. (3.2.).："但为孩子或父母守丧并不是婚姻的障碍。"(Liberorum autem et parentium luctus impedimento nuptiis non est.)

（2）近亲属应当这样被守丧，即守丧者避免佩戴任何衣服的装饰，以及避免参加宴席。此种守丧可能一直以来仅在特定的情形下才被认为是严格的义务，对于其他情形，则留待自愿的虔敬；但其界限在所有时期都无法可靠地确定下来。① 在帝政时期（或许更早），这项义务一般仅由女性而非男性承担，尽管对此也有被描述为少数意见的不同意见被提及。② 此外，在当时女性只有在其丈夫、所有尊亲属以及所有卑亲属去世时，才无区别地有义务进行守丧③；在更早的时期，可能还包括旁系近亲属死亡的

---

　　① 或许从来都没有完全固定的界限，甚至该界限也是不必要的，只要守丧义务并非通过不名誉的处罚（这当然存在固定的界限）来保障，而是通过监察官相当自由的裁量来保障，后者在之后能够补充完善不名誉。Vgl. Niebuhr B. 2 S. 450 ed. 2 und 3.

　　② Fragm. Vat. § 321（可能源于 Paulus ad edictum）："提到父母。这里所有的父母都应被理解为包括男女两性；而男性由女性守丧是习惯。但 Papinianus《问题集》第二卷也说父母应当被儿子守丧；这是在那里读到而我不知道的。"（Parentem inquit. Hic omnes parentes accipe utriusque sexus：nam lugendi eos *mulieribus* moris est. Quamquam Papinianus lib. Ⅱ. quaestionum etiam liberis virilis sexus lugendos esse dicat；*quod nescio ubi legerit.*）或许这种值得注意的意见摇摆可以这样来解释，即在个别情形下，儿子也会因违反对父母的守丧义务而被监察官记录（注 27）。此处引用和批评的 Papinian 的篇章以一种值得注意的方式为我们保留下来。L. 25 *pr. de his qui not.* (3.2.).："Papinianus《问题集》第二卷。最好认为被剥夺继承权的儿子也应哀悼父亲。而对于那些遗产不由儿子继承的母亲来说，其法律地位是一样的。"（Papinianus lib. Ⅱ. quaestionum. Exheredatum quoque filium luctum habere patris memoriae placuit. Idemque et in matre juris est, cujus hereditas ad filium non pertinet.）——Seneca epist. 63 也反对男性的守丧义务："对女性来说，守丧期设定为一年不是特别长，但也不能更长了；对男性来说，没有法定的［守丧］期，因为这不是什么荣耀的事情。"（Annum feminis ad lugendum constituêre, non ut tamdiu, sed ne diutius：*viris nullum legitimum tempus est*, *quia nullum honestum.*）最后几个字可能同样被看作演说家的夸张，就像主张女性的守丧期只理解为最长期限一样；但是涉及守丧的两性区分在此篇章中毫无疑问是事实。——同样属于此的是 L. 9 *pr. de his qui not.* (3.2.).："丈夫不被强迫为妻子守丧。"（Uxores viri lugere non compellentur.）——最后也属于此，而且完全特别的是 L. 15. *C. ex quib. c. inf* 中的"**女性被豁免**"（*mulieribus remittuntur*）的词语。（参见下文第九小节注 35）

　　③ Fragm. Vat. § 320（告示的文字）："如习惯那样，没有为丈夫、父母或她的孩子守丧的女子。"（quae virum, parentem, liberosve suos, uti mos est, non eluxerit.）

情形。④——对此种义务的违反自然被认为是不虔敬的和非常不正派的，但是不能认为负有该义务的女性是不名誉的，只要不名誉仍然是单纯的政治制度。

但是，由于《Julia 法》通过法学家的解释得到了充分发展，使得不名誉也适用于女性（第二小节），这种状况必然会发生改变，下述事实现在变得完全自然，即寡妇因操之过急的婚姻，就像任何女性因违反守丧义务一样，都会成为不名誉的。本来没有特别的必要将这一新的不名誉情形记载入裁判官告示，但还是这样做了（第二小节）。

最后，优士丁尼的立法使不名誉再次失去了对女性的可适用性（第五小节），这些适用的情形也必然再次消失。由此如下事实能够以完全自然的方式得到解释，即当有关不名誉的告示被纳入学说汇纂时，那些自《Julia 法》以来而新添加的情形被再次删除了。严格说来，这些法律规则在法学家的篇章和皇帝谕令中的所有痕迹都必须被消除。然而这并未发生，相反，如今仍然存在许多这样的痕迹（§77 注 24），这一点可以根据编纂的方式而得到充分的解释，并且还可以归因于其他法律理论之间的太多相似之处，以至于不能据此而质疑我们历史总结的正确性。

八

只有在这些准备工作之后，现在才有可能对我们的法律渊源中涉及最终要处理之问题的内容作出清晰的说明。亦即，我们在

---

④ Festus v. *minuitur*.："……对于私人来说（守丧期减少）……当有人从他所守丧的较近的血亲族中出生。"(…privatis（minuitur luctus）…cum propiore quis cognatione, *quam is qui lugetur*, natus est.) Vgl. Klenze, Zeitschrift für geschichtliche Rechtswissensch. B. 6 S. 33. 也请参见下文第九小节注 36。

两个不同的地方有关于操之过急的婚姻和违反守丧的告示篇章。这两个篇章在主要内容上无疑是真实的，有时文辞一致，而其他部分则非常不同：一个篇章迄今被持续使用，其在学说汇纂（L. 1 de his qui not.）中，源自 Julianus lib. I. ad edictum.；另一个在梵蒂冈残篇（Vaticanischen Fragmenten）中，源自一个无名氏注释，可能是 Paulus lib. V. ad edictum.。① 除了这些，我们还有一个再度不同的可归于 Paulus 的篇章。我将尽力解释这些矛盾之处，出于此种目的，我首先将告示中两个流传至今的文本并列放置。

L. 1 de his qui not. inf. Infamia notatur…［以下人］会被标记为不名誉……	Fragm. Vaticana §320
A. Qui eam, quae in potestate ejus esset, genero mortuo, cum eum mortuum esse sciret, intra id tempus, quo elugere virum moris est, antequam virum elugeret,	A. Et qui eam, quam in potestate habet, genero mortuo, cum eum mortuum, esse seiret,
in matrimonium collocaverit:	in matrimonium collocaverit:
A. 家父，有女儿在他的父权之下，女婿已经死亡，家父明知其死亡，	A. 家父，他有女儿在自己父权之下，女婿已经死亡，家父明知其死亡，

---

① 这一篇章显然来自关于告示的一个注释。其中引用了 Papinian 并予以反驳，所以我们只能在 Ulpian 和 Paulus 中作出选择。我认为后者可能是作者，因为 Ulpian 在 L. 23 de his qui not. (3.2.) 中似乎是从不同的角度解释同一问题。不过我承认，流传下来的摘录（Excerpte）并不完整，其中丢失了所有连接性的插入句，上述情形并不是完全决定性的。

在习惯要求的对丈夫的守丧期内，在［女儿］给丈夫守丧完成之前，

［家父］将［该女儿］嫁出*；

B. Eamve sciens quis uxorem duxerit,

non jussu ejus in cujus potestate est；

B. 或故意娶［这类］女人为妻的任何人，

没有经过他所在父权之下的家父的命令**；

C. Et qui eum, quem in potestate haberet, eam, de qua supra comprehensum est, uxorem ducere passus fuerit.

C. 以及，家父，他有家子在其父权下，［存在］上述情况中被包含的女子，家父允许家子娶［这类女子］。***

［家父］将［该女儿］嫁出；

B. Eamve sciens uxorem duxerit；

B. 或故意娶［这类］女人为妻的人；

C. Et qui eum, quem in potestate haberet, earum quam uxorem ducere passus fuerit

C. 以及，家父，他有家子在其父权下，家父允许家子娶［这类女子］

D. Quae virum, parentem, liberosve suos, uti mos est,

---

* 为了与拉丁文一一对应进行对比，此处采直译方式，略有不通顺之处。该句大意为：在明知女婿已经死亡的情况下，在习惯要求的对丈夫的守丧期内，在［女儿］给丈夫守丧完成之前，将在自己父权之下的女儿嫁出的家父。——译者注

** 此处采直译方式，该句大意为：未经其自身所在父权之下的家父的命令，而故意娶［这类］女人为妻的人。——译者注

*** 此处采直译方式，该句大意为：如果家父允许其父权下的家子娶上述情况中包含的女子，则该家父会被标记为不名誉。——译者注

non eluxerit;

D. 那些根据习惯没有为其丈夫、父或母或她的孩子们守丧的女子；

E. Quae cum in parentis sui potestate non esset, viro mortuo, cum eum mortuum esse sciret, intra id tempus, quo elugere virum moris est, nupserit.

E. 那些没有在自己父亲的父权之下，丈夫死亡，且自己对丈夫的死亡是明知的，在习惯〔所要求的〕为丈夫的守丧期内嫁出的女子。

我将首先处理那些我认为无足轻重的差异，于此，正如整个解释一样，我将使用字母，借此试图将不名誉的具体情形彼此区分开来。

没人会注意到，在梵蒂冈残篇的整个篇章中，包括§321接下来的注释，根本没有出现 Infamia 一词；摘录是在提到不名誉之后才开始的，并且它实际上出自裁判官的不名誉者的名录，这一点毋庸置疑，因为它与学说汇纂在文辞上大部分一致。

我认为下述情况同样是无关紧要的，即在梵蒂冈残篇的 A 和 B 部分的内容是有缺失的，如果告示不应包含完全无意义的规定，那么这在一定程度上是完全不可或缺的。正如我所相信的，这些部分不是被誊写者（Abschreibern）删除的，而是摘要者自己删除的，并且这并非因为疏忽，而是因为他只是想在整体上描述 A、B、C 中的思路，以便明确地将情形 D 和 E 和之前的情形联系起来；显而易见的是，他主要关注的是最后两种情形的内容，因为在后面的部分，他只是单纯从法学家的注释中摘录了关于情形 D 的篇章。由于摘录者的这种有意缩写，我解释一下在 C 中的烦琐、但肯定是真实的文字转换：eam de qua supra comprehensum est 被简短地表达为 earum quam，这种转换并不合适，因为在 A 和 B 的篇章中，绝对找不到复数 earum 的任何起因。此外，两个篇章中的含义是相同的（"这样的"），而且很好解释，对真正告示文本中更加烦琐的表述的缩写是如何可能被任意完成的，但相反的转换则完全无法解释。

不过，最重要是这个问题：篇章 C 和 D 事实上应当描述两种分离的、独立的情形（正如我所相信的），还是说其中仅仅包括唯一的一种情形，因此 quae virum...non eluxerit 这几个字只是前面的 earum quam 几个字的补充？

根据我的观点，下列人是不名誉的：C. 新丈夫的父亲，D. 每一个违反守丧义务的女性，就此而言完全不考虑婚姻。

根据相反的观点，下列人是不名誉的：男性的父亲，该男性与违反守丧的女性结婚。②

---

② 这一观点可见于 Wenck praef. ad Hauboldi opuscula Vol. I. p. XXXII. XXXIII. 他完全逻辑一贯地得出这一观点，因为其以如下假定为出发点，正如我们所知的一样，告示（在梵蒂冈残篇和学说汇纂中）在各处都只列举了男性作为不名誉者，而没有列举女性，因为它只一般性地考虑不名誉者无能力提出庭上主张的问题。他根本没有解释两个文本之间的巨大差异。——其实，这种观点可以以两种形态来考虑，人们根据情况把公公的不名誉作为下述情形的结果：（1）或者在守丧期内缔结的婚姻；（2）或者女性在某一较早的时期可归责地作出了违反了守丧义务的行为。后一解释更多是基于文字（quae...non eluxerit）。人们必须这样来理解：女性因违反守丧，其终生都是不名誉的，而且若她之后结婚，那么也会导致她的丈夫或丈夫的父亲不名誉。这实际上就是 Wenck p. XXXIII 的观点，但不名誉的此种传递的力量绝对是闻所未闻的，没有任何类似的东西，而且所有可靠的证明相矛盾。例如，如果一个元老院议员因其与女演员的婚姻而变得不名誉（并因此被逐出元老院），为何人们还要完全徒劳地宣布这一婚姻无效呢（L. 42 §1 *de ritu nupt*. 23.2.）？

我的观点有如下依据。

（1）相反观点仅在以 earum quam 的文字为前提时才有可能（因为它既可以被构造为前面的文字，也可以被构造为后面的文字），然而正如我已经指出的，这应归于摘录者而非裁判官。根据学说汇纂中的真实文字，这种解释完全是不可能的，因为文字只能被理解为指涉回前半句。

（2）如果 earum quam 的文字实际上是真正文本，那么 quae...eluxerit 必然与 earum 有关，因此必然以复数形式表达，而现在情况并非如此。

（3）手稿中，在 quae virum 之前有一块空白，这表明完全是新情形的开始，而不只是已经开始的句子的单纯延续。

（4）相反观点仅仅以违反对父母和子女之守丧的婚姻为前提，这是绝对没有理由的（第六小节）。

（5）此外，即使只因婚姻而违反任何守丧是真实的，反对观点也仍然必须被放弃，因为它完全缺乏实践上的连贯性。此时，与违反守丧的女性结婚的男性的父亲会被宣告为不名誉。然而，这种严格性不仅本身几乎无法理解，更难以理解的是女性的父亲与她的新丈夫本人（在他已脱离父权的情形下）没有受到同样严格的对待；因为根据 A 和 B，只有当寡妇于守丧期届满前结婚时，而非仅仅违反对父母或子女的守丧时，二者才应当成为不名誉的。现在，人们应当坚持某种如此荒谬之事是可能的吗？

完全相同的系争问题在情形 E 中重复，根据我的观点，它是对 A、B、C 的补充。在这三项规则中，参与操之过急的婚姻的男性会被宣告为不名誉，而规则 E 将这种不名誉同样扩展到女性本身。

根据另一种观点，这个部分也被视为仅是对 earum quam 的更为详细的界定，因此再一次与女性的公公相关联。[3] 与之相反，

---

[3] Wenck p. XXXIII 再次作出如此理解（这根据基本观点是必然的），因此他在第二个 quae（而不是第一个）处添加了解释性的补充语 i. e. quaeve。

已经述及的所有关于D的理由都首先反对这一观点。此外，还有一个新的、完全决定性的理由，即公公仅在女性已脱离父权时才会变得不名誉；但是，由于公公同意儿子的可被处罚的婚姻，无论其儿媳是否仍处于父权之下，公公的过错都是完全相同的。根据这里被反驳的观点而应当在E下费力重复的一切，事实上已经在告示中以简短易懂的文字表达了，C在学说汇纂中的文辞是：*上述情况中被包含的女子。*（eam *de qua supra comprehensum est.*）

九

此处并列放置的两个关于不名誉的告示文本中的差异，已经根据梵蒂冈残篇所源自的摘录者所采用的处理方法而得到了部分解释；另一个恰恰是更重要的差异部分存在于不名誉的情形（D和E）之中，它们在残篇中出现，在学说汇纂中却完全缺失。对此，上述解释自然无法成立，因为摘录者可能会根据个人判断删除一部分，但不可能增加。对历史联系的完整阐述将使这一差异得到解释。

只要不名誉仅是一个政治制度，它就不可能涉及女性。通过《Julia法》及其解释，它变得适用于妇女（第二小节），并且此外违反任何严格的守丧义务的女性被认为是不名誉的，那些在丈夫死后10个月届满之前缔结新婚姻的女性也是如此。这些新的情形也被引入告示中（第七部分），而且，其作为新增内容置于那些最相似的已有情形之后。我们从梵蒂冈残篇中认识到源于这些插入内容的告示形式（第八小节），现在，情形E为何首先在情形A、B、C之后且甚至与其相分离地被插入，这个问题就很清楚了，因为根据内在联系，它与这些情形并列。事实上，它正确的位置甚至要在这些情形前面，如果它在最初起草告示的时候就被纳入其中，无疑就会获得这一位置。

然而，随后发生了一个非常重要的变化。一份时间不明的元老院决议①将这两种新承认的女性不名誉情形区分开来。此后，违反守丧义务（没有得到对此的同意）不应再产生任何法律后果，因此也不再导致不名誉；反之，在操之过急的婚姻的情况下，女性和新丈夫的不名誉得到了证实。② 在 Ulpian 的篇章中，由此产生的法律状态得到了非常明确的阐述，守丧义务一般性地且不区分性别地被表述为仅是虔敬问题，没有法律后果，尤其不会产生不名誉的后果。③ 鉴于这一篇章与上文提到的元老院决议完全一致，无法理解现代学者会相信自己在其中看到了编纂者的文字改动。④

---

① 我们不能把它确定在太晚的时期，因为一般而言，没有可靠的元老院决议存在于 Severus 时期之后。

② L. 15 *C. ex quib. causis inf*. (2.12.).："Gordianus 皇帝。根据元老院决议，女性的守丧期被缩短，女性被豁免［穿］丧服和其他此类标志；但也不允许［女性］在习惯所要求的为丈夫守丧的期间内缔结婚姻；因为如果她在这段时间内继续有其他婚姻，她也和故意娶她为妻的人（即使他是一位军人）一样，根据永久告示招致耻辱的污点。239 年。"（Imp. Gordianus. Decreto amplissimi ordinis luctu foeminarum deminuto, *tristior habitus ceteraque hoc genus insignia*, *mulierbus remittuntur*：*non etiam* intra tempus, quo his elugere maritum moris est, *matrimonium contrahere permittitur*：cum etiam, si nuptias alias intra hoc tempus secuta est, *tam ea*, quam *is qui sciens eam duxit uxorem*, etiamsi miles sit, *perpetuo Edicto labem pudoris contrahat*. 239.) 换言之：在第二种情形下，在告示（根据其最新补充）中所威胁的不名誉应当留存，在第一种情形下其不应再适用。

③ L. 23 *de his qui not*. (3.2.).："父母、性别为男或女的孩子、其他宗亲以及血亲，应根据孝敬的想法、内心的忍耐，按照个人的意愿而被悼念；一个人如果不悼念他们，不被标记为不名誉。"（Parentes, et liberi utriusque sexus, nec non et ceteri agnati, vel cognati secundum pietatis rationem et animi sui patientiam, prout quisque voluerit, lugendi sunt：qui autem eos non eluxit, non notatur infamia.）这里表达的想法可以得到如下发展和扩充：早期守丧只在一些情形下才是严格义务，并最终受到不名誉处罚的保障；在其他情形下，那时它甚至仅仅是凭良心处理的事，尤其在男性守丧，以及在旁系亲属死亡的情形下（参见第七小节注 30）。自最近的元老院决议之后，这些差异全部消失了，现在守丧义务在所有被提及的情形中同样都变成了仅仅是凭良心处理的事。——绝对没有任何理由认为这一篇章中存在任何文字改动。

④ 采取此种观点的例如，Cujacius, observ. Lib. 21 C. 12.。

现在，人们也可能重新修改告示，并再次删除情形 D。这种情形并未发生，这一点在梵蒂冈残篇保留的文本中得到证实。这份元老院决议无疑是在告示文本一直少有变动的时候通过的，而且最后也完全废止了；此外，它本身也已经得到了很多尊重和宣传，因而不必担心未经改动的告示篇章被滥用。但是，如果上述过时的篇章仍然被保留在告示文本中，那么，Paulus 或他同时代的人仍会对其评论，就并不会令我们惊讶了。他无疑可能在之后补充说明了元老院已经废除了不名誉的这种情形，尽管该补充说明在那一注释的一小段摘录中偶然地没有出现。

情况在优士丁尼时期则完全不同。正如在最古老的法律中一样，不名誉此时再次丧失了其对于女性的可适用性（第五小节）。那么很自然的是，那些只涉及女性的情形再次从不名誉的告示篇章（L. 1 de his qui not.）中被删去，流传下来的两个文本中的差异由此以最简单的方式得到了解释。

548

十

在学说汇纂中保留得较为完整的告示篇章中（第八小节），存在更加特殊的、至今尚未触及的难题，其文辞如下：

> 家父，有女儿在他的父权之下，女婿已经死亡，家父明知其死亡，在习惯要求的对丈夫的守丧期内，在［女儿］给丈夫守丧完成之前，［家父］将［该女儿］嫁出。（Qui eam, quae in potestate ejus esset, genero mortuo, cum eum mortuum esse sciret, *intra id tempus quo elugere virum moris est*, *antequam virum elugeret*, in matrimonium collocaverit.）

每个人乍一看都会把这里的斜体印刷的文字与 collocaverit（婚配）联系起来，因此为了导致公公不名誉，就要确定婚姻被缔结的期间。但这种解释基于两个理由必须被拒绝。第一，如果这样理解，上述词语就会包括完全无意义的重复：因为 intra id... moris est（在习惯要求的……内）这些词所表达的意思与随后 antequam virum elugeret（在给丈夫守丧完成之前）的意思恰好相同。第二，因为前面的 cum eum mortuum esse sciret（明知女婿死亡）这些词显然意指对立于不可归责的不知情情形，在后一种情形中，不名誉应被避免。① 这种不可归责的情形必须被认为是父亲相信其第一个女婿还活着。但是，如果是这样，父亲的行为事实上是更加恶劣的，因为他想要让女儿重婚。

如果人们将所引词语分为两个意义和结构分离的部分，这些难题就会迎刃而解。antequam virum elugeret（在给丈夫守丧完成之前）这几个词事实上从属于 collocaverit（婚配），而且具有上述解释的含义。但是，前面的几个词作为更详细的界定，从属于 mortuum esse（已经死亡），并且应当表达以下想法：

"同意的父亲仅在下述情形中才会变得不名誉，即他知道女婿在某个时点死亡，从该时点起的丧期尚未结束。与这一状况相关的错误使他的同意不可归责。"

因此，假设女婿上了战场，从此了无音信。一年半之后他的死亡才被告知，并补充道他在动身后一个月就已经遇难；但这种补充是错误的，相反他的死亡仅发生于三个月前。如果现在，收到消息的寡妇缔结第二个婚姻，她和她的父亲都不可能受到任何谴责，因为他们不知道丧期尚未结束；他们所做的事，在其所相

---

① L. 8 *de his qui not.* (3.2.).: "裁判官补充'且明知其死亡'是恰当的，不知情的人不被惩罚。"(Merito adjecit Praetor, *cum eum mortuum esse sciret*, ne ignorantia puniatur.)

信的上述事实假定之下是完全被允许的。②

这种解释乍一看并不正确，因为对此必须将 mortuum esse intra id tempus 这几个字与后面的期间联系起来，然而其与想法以及文字完全协调一致。此外，这一解释早已经以一种完全令人满意的方式被表述过了。③

十一

现在，我要谈到一个非常不一致的论及因违反守丧而产生不名誉的早期证据。它正是 Paulus Lib. 1 Tit. 21 这个篇章，其内容是：

§13."父母和六岁以上的孩子*可以被守丧一年*，小于［六岁］的孩子*可以被守丧一个月*，丈夫*可以被守丧十个月*，最亲近的*血亲可以被守丧八个月*。违反此规定者，*即为不名誉*。"（Parentes et filii majores *sex* annis *anno* lugeri *possunt*：minores *mense*：maritus decem mensibus：et *cognati* proximioris gradus octo：*Qui contra fecerit*，*infamium numero habetur*.）

§14."守丧者必须远离宴会、装饰品、紫色或白色的衣

---

② L. 8 *de his qui not.*（3.2.）.："但是由于守丧期是连续的，对于不知情的妻子，［守丧期］从丈夫死亡之日起开始计算是正当的；因此，Labeo 说，如果妻子在法定期间后发现［丈夫死亡］，她在那天既要穿上丧服，也要脱去丧服。"（sed cum tempus luctus continuum est，merito et ignoranti cedit ex die mortis mariti：et ideo si post legitimum tempus cognovit，Labeo ait，ipsa die et sumere eam lugubria et deponere.）这里所说的首先关于真正意义上的守丧的内容，也同样适用于必须避免一个新婚姻的期间；事实上，Ulpian 所引用的只是后一方面。——就这一完整的解释而言，上文所引用的注释篇章中，如此理解 cum eum mortuum esse sciret（且明知其死亡）这几个字当然是必要的，正如接下来的 intra id tempus…moris est（在习惯要求的……期内）几个字被放在后面一样（就像 etcetera 在 sciret 后面），否则如下荒唐结果是不可避免的，即如果父亲在女儿的第二次结婚时相信他的第一个女婿仍然活着，那么他就应当是无可指摘的。

③ Rücker Observ. C. 1，在他的 Diss. de civ. et nat. temp. comput. C. 1. Lugd. Bat. 1749 之后。——Wenck 1. c. p. XXXIV-XXXVI 也正确地理解了这一点。

服。"（Qui luget，abstinere*debet a conviviis，ornamentis，purpura，et alba veste.）

如果我们首先考虑§13 的内容，就会发现，它与极为确定的信息，尤其是与梵蒂冈残篇§321 中摘录的关于告示的注释（可能是源自 Paulus），基本上是矛盾的，当§321 因为与 Numa 的制定法一致而在 Plutarch 处得到支持时，它就更加可疑了。首先，*sex* annis（6 岁），在那里一定意味着 *decem*（10 个月）；有人建议将其勘正为 decem（10 个月），但这仅仅掩盖了一方面的不利。此外，*anno*（1 年）一词与接下来适用于丈夫情形中的 10 个月并列，只能意味着是 12 个月；§321 确实提到了 annus（年），但它紧接着就以令人信服的理由将其解释为在早期 10 个月即为一年。然后，是 *possunt*（可以）一词，它似乎仅指较长的守丧期禁令，而根本不适合随后的不名誉。接下来是 *mense*（月）一词，10 岁以下的子女有几岁就要为其守丧几个月，但 3 岁及以下的孩子仅为其守半丧（sublugetur），而一岁以下的婴幼儿则不再为其守丧。之后是血亲（Cognaten），§321 根本未予提及，告示篇章本身（在§320）也未提及。最后，不名誉的无条件威胁不分性别，尽管男性从不会因此遭受不名誉，但女性在 Paulus 时期也同样免于不名誉（第七小节）。①

如果所引的 Paulus 篇章的外在权威得到了确立，那么这些矛盾必将成为同样无法解开的谜团；因此，现在对此展开考察。首

---

* 原文引用为 obstinere，似有误。——译者注

① 为了勉强补救最为可疑的结尾篇章，人们采取了不同的路径。Herm. Cannegieter observ. p. 203 想要取代 infamium numero habetur，文辞是 numero ō habetur，意思是 non habetur。但其他任何地方，ō 都没有作为 non 的缩写而出现。——Jo. Cannegieter de notis p. 350 将 qui contra fecerit 勘正为 quae。——Bynkershoek obser Ⅴ.13 认为最后一个句子源于 Anian。但是，在西哥特帝国，违反守丧的不名誉重新被引入，这恰恰是极为不可能发生的事。

先，在此我们必须首先完全区分§13与（上文已使用过的）§14，后者除了purpura（紫色）这一无关紧要的词外，均存在于《罗马教皇法令辑要》（Breviarii）的手稿中，它无疑是真实的；其内容也没有造成任何困难，因为其只包含关于守丧形式的一些规定，甚至在废除不名誉之后，这些规定仍有理由被作为早期习惯之一部分而予以提及。然而，§13源于神秘的Codex Vesontinus，即Cujacius自贝桑松（Besanzon）*市图书馆获得的一份Paulus手稿②，遗憾的是他也没有说明这份手稿是否只包含Paulus（这种情况很难出现），还是包含整个《罗马教皇法令辑要》（Breviarii）。最可疑的是，该手稿中首次公开的许多篇章，在众多的、部分极为古老的其他摘要手稿中完全找不到。

如果我们将这些外在理由与上述十分令人疑惑的§13的内容结合在一起，那么我们有理由认为，所谓的Codex Vesontinus是某个未知时期被大幅修改和歪曲的早期文本，当其中的个别篇章与其他可靠的证据相矛盾时，它就不具有权威性。

十二

关于从事卖淫的女性（quaestum corpore facientes）的不名誉，应作以下说明。最初的告示自然没有提及这些，因为它根本没有一般性地提到女性。《Julia法》提及了从事卖淫的女性，这

---

* 法国东部城市。——译者注

② Cujacius首次提及这份手稿是在21. Buch der Observationen（1579），其中他也同样根据该手稿公布了许多新的篇章。他在Cap. 13中即提到它："我曾经从Vesontio带给我的Paulus非常古老的《论点集》中给出一些更深刻的见解。"（Superiores sententias dedi ex libro vetustissimo Sententiarium Pauli ad me Vesontione perlato），在Cap. 16中："Vesontio给的最好的书中，有对我来说最有名且最友好的城市。"（in optimo libro quem Vesontio dedit civitas nobilissima mihique amicissima）。在文本中，所有这些篇章都是在Codex Theodosianus. Paris. 1586 fol. 之后的Paulus版本中首次被采纳的。

些女性被禁止与元老院议员及其男性后代结婚。① 然而，几乎毋庸置疑的是，她们与单纯生来自由人的婚姻也不被允许，尽管这一点没有被明确说明。支持这一观点的理由，首先是人们对这一职业与拉皮条营业（Kupplerwirthschaft）抱持同样的蔑视，后者直接被宣告为不被允许。② 其次，在早先处于奴隶状态时从事这一职业的那些解放自由人，对其存在有利的例外。③ 这种例外仅可能在以下前提下才有意义，即在其他情形中，生来自由人与从事卖淫的女性之间的婚姻总是被禁止的；它不可能涉及元老院议员，因为其与所有解放自由人，甚至是名誉最好的解放自由人之间的婚姻，无论如何都是被禁止的。

从事卖淫的女性现在可能被纳入包含所有不名誉者名录的告示中，但在编纂学说汇纂时，出于和删除所有其他女性相同的理由，她们也再次被删除。

十三

由男性从事的拉皮条职业，已经在原始告示中被作为不名誉

---

① Ulpian. XIII. §1，参见上文第二小节。——根据学说汇纂中纳入的关于禁止女性与元老院议员结婚这个篇章的文辞（L. 44 *pr. de ritu nupt.* 23.2.），人们可能会产生一个疑问，因为在这个篇章中找不到从事卖淫的女性。但事实上它也只是《Julia法》中的一章，其随后的部分（偶然地也没有被摘录）她们可能会出现。反之，Ulpian想提供禁令的完整概览，但非以制定法的文辞。制定法实际上提到了这类女性，这根据 L. 43 *de ritu. nupt.*（23.2.）这个篇章得到了清晰的阐明，该篇章源于Ulpian对《Julia法》的注释，并且其中对 quaestum facere 这一概念进行了详细讨论。

② L. 43 §6 *de ritu nupt.*（23.2.）.："当拉皮条者不亚于卖淫。"（Lenocinium facere *non minus est*, quam corpore quaestum exercere.）该法学家只是反对以下这些人，即他们可能认为拉皮条者较之自己卖淫者不那么卑劣，所以，这位法学家清楚地承认卖淫者是极度卑劣的。

③ L. 24 *de his qui not.*（3.2.）."Severus 皇帝批复，女性在奴隶状态下卖淫的，无损其名誉。"（Imp. Severus rescripsit, non offuisse mulieris famae quaestum ejus in servitute factum.）

情形之一；该告示中没有提及从事这一职业的女性。《Julia 法》禁止所有生来自由人与女性拉皮条者（Kupplerinnen）的婚姻，同样禁止所有生来自由人与被男性拉皮条者或女性拉皮条者解放的女性解放自由人结婚。① 关于元老院议员的婚姻，虽然没有提及女性拉皮条者，但人们可以根据这个职业与卖淫职业的相似性，推论认为此等婚姻是不被允许的。② 现在，这种情形也可能被纳入关于不名誉者的告示中。

Tiberius 时代的一个故事就与这种情形有关，它为那个时代极端的堕落（Versunkenheit）提供了证据。③ 上流女性简直是将拉皮条作为职业："为了正当地避免法律上的处罚，以及从已婚女性的声望地位中被解脱出来。"（ut ad evitandas legum poenas jure ac dignitate matronali exsolverentur.）她们从这种卑劣行径中能得到什么利益？第一，她们使自己有能力与其喜欢的被解放的奴隶结婚，她们本来在此之外并不能取得《Julia 法》对一项在该法意义上有效的婚姻所赋予的利益④；但这并不是"为了避免法律上的处罚"（ad evitandas legum poenas）。第二，未婚女性自己从事淫乱行为，确实不能根据《与通奸有关的 Julia 法》（Lex Julia de adulteriis）来惩罚她们，因为 stuprum（奸淫）（也可能被称为 adulterium［通奸］）的罪行仅涉及这样的女性，即她们在实施这一行为之前，没有丧失她们已婚女性的名誉（Matron-

---

① Ulpian. XIII. §2，参见上文第二小节。——值得注意的是，在这种情形下被解放的女性奴隶是不名誉的，然而如果她们在奴隶身份期间为自己之计算从事卖淫，则不应如此（第十二小节注 3）。

② 参见第十二小节注 44。

③ Suetonius，Tiber. C. 35.

④ 当元老院议员的女儿变得不名誉时，由此就变得有能力与一个解放自由人结婚，L. 47 *de ritu nupt*.（23.2.）明确指出这一点："她和解放自由人结婚不受处罚"（*impune* libertino nubit），即她因此免除了制定法上对独身的处罚。

enehre)⑤；这种情形无疑意味着，人们发现有必要通过专门的元老院决议来关闭这扇犯罪之门。⑥ 第三，还有以下好处。这些女性今后因此无能力缔结任何《Julia法》意义上的有效婚姻，即使是与普通的生来自由人；因此，从这一制定法的角度来看，自愿独身也不再可能为她们招致谴责和处罚，因为根据这一制定法，在当前情况下，她们与所有男性（也许除解放自由人外）结婚都变得不可能。这种盘算似乎过于狡猾了；然而，这实际上一定被实施了（所以 Sueton 的篇章也同时涉及这个利益），因为人们甚至发现有必要对之采取预防措施。Sueton. Domitianus，C. 8. "无廉耻的女性禁止使用轿子；*也禁止享有取得遗赠或遗产的权利。*"（Probrosis feminis lecticae usum ademit：*jusque capiendi legata hereditatesque.*）这些文辞无疑可以最简单地被解释如下："不名誉的女性不应再从以下借口中获得好处，即她们因不名誉被迫独身生活，她们应当与那些自愿未婚的人一样完全没有能力获得遗嘱继承和遗赠。"

与此相关联的，在学说汇纂中还存在一些篇章，其中大部分遭到误解。通常，通过士兵的遗嘱而取得，不因继承人或受遗赠人的独身而受到限制。⑦

这项规则整体上也仍然适用于上述女性，其因为不道德的生活，而在其他遗嘱方面不能免于对独身的处罚。但对于这种女性

---

⑤ L. 13 pr. §2 *ad L. Jul. de adult.* (48.5.).

⑥ L. 10 §2 *ad L. Jul. de adult.* (48.5.).："那些为了逃避通奸罪的处罚，进行拉皮条的行为或受雇佣从事这样的活动的女子，可以根据元老院决议而受到通奸罪的指控和处罚。"（Mulier, quae *evitandae poenae adulterii* gratia lenocinium fecerit, aut operas suas in scenam locaverit, adulterii accusari damnarique ex Senatusconsulto potest.）

⑦ Gajus Ⅱ. §111. (Vergl. L. 19 §2 *de castr. pec.* (49.17.), L. 5 C. *de test. mil.* (6.21.).)

与士兵本人（即遗嘱人）有淫乱生活的情形，Hadrian 规定，此时这种女性在士兵遗嘱中应当也没有能力取得遗产（Incapacität）。

L.41 §1 *de test. mil.*（29.1.）"如 Hadrianus 皇帝批复的那样，*被怀疑为可耻的女性，根据军人的遗嘱也不能获得任何东西*。"（Mulier, in quam *turpis suspicio cadere potest*, nec ex testamento militis *aliquid capere potest*, ut D. Hadrianus rescripsit.）

该批复的内容也在以下篇章中得到没有疑问的承认：

L.14 *de his quae ut ind.*（34.9.）"我最近的答复是，与军人同居的淫荡女性……不被通过军人权利制定的遗嘱所接纳，[军人]留下的东西属于国库。"（Mulierem, quae stupro cognita *in contubernio militis fuit*...non admitti ad testamentum jure militiae factum, et id quod relictum est ad fiscum pertinere, proxime tibi respondi.）

因而，早期的无遗产取得能力这个原则的效力在优士丁尼法中依然可见。正如许多其他类似情形是有必要的一样（§41），人们只是有必要把这些篇章从其最初被设想的关系中转移到优士丁尼立法的新关系中。因此，最初被作为无遗产取得能力而所意指的东西，现在被作为不配取得遗产（Indignität）来考虑*，因此原来的 caducum（遗产落空）本身也就转变为 ereptorium（遗产剥夺）（现代的 ereptitium）。

---

* 这个词（Indignity）是在"不配"（Unworthiness）的意义上。根据优士丁尼法的最后阶段（1 §12, C.6, 51），继承人或受遗赠人的失去继承权导致继承或遗赠的剥夺，此后在某些情况下转移给国库，在其他情况下转移到下一个有权利的人，Mackeldey 在其 Lehrbuch des heutigen Römischen Rechts, §685（b），page 598, 12th Ausg. 中对此予以详细说明。——英译者注

索　引

说明：本索引包括索引一（内容索引）和索引二（渊源索引）。本索引之编制所依据的是 Heuser 经过萨维尼同意所编制的"萨维尼之《当代罗马法体系》的内容和渊源索引"（Heuser hrsg., Sachen-und Quellenregister zu von Savigny's System des heutigen römischen Rechts, 3. Auflage, Berlin, 1863.），并对之进行了少量删改。

索引一　内容索引

说明：本索引第一栏是术语或事项原文，第二栏是术语或事项之中文译名，第三栏所示数字表示出现此术语或事项的原书页码（本书之边码）。

A

Abhängige	从属之人	49
Abortus	堕胎，流产儿	8
Accessio, Eigenthumserwerbsart	添附，所有权取得的方式	282
Actio aquae pluviae arcendae	排放雨水之诉	294
Actio commodati	使用借贷之诉	142
Actio de effusis	倒泼致害之诉	95, 125

Actio de peculio	特有产之诉	84,97,135
Actio depositi	寄托之诉	137,176,427
Actio doli	欺诈之诉	121,319
Actio fiduciae	信托之诉	177
Actiones fictitiae	拟制之诉	41
Actio funeraria	丧葬之诉	95,119
Actio furti	盗窃之诉	121,428
Actio furti juristischer Personen	法人的盗窃之诉	372
Actio furti des filius familias	家子的盗窃之诉	98,99
Actio furti des peregrinus	异邦人的盗窃之诉	40
Actio in bonum et aequum concepta	善良公正之诉	92
Actio in factum	事实之诉	102,113
Actio in factum wider den Freigelassenen	对解放自由人的事实之诉	429
Actio injuriarum	侵辱之诉	95,118,122
Actio in rem scripta	特定事实之诉	378
Actio legis Aquiliae eines Peregrinen	异邦人的阿奎利亚法之诉	40
Actio locati	租赁之诉	142
Actio mandati	委托之诉	136,176,427
Actio negotiorum gestorum	无因管理之诉	136,427
Actiones populares	民众之诉	131,217
Actio pro socio	合伙人之诉	134,176
Actio quod jussu	依令行为之诉	135
Actio quod metus causa	胁迫之诉	320,378
Actio rei uxoriae	妻物之诉	94,116,118
Actio sepulchri violati	侵犯陵墓之诉	95,124,132
Actio tutelae	监护之诉	176
Actiones utiles	扩用诉讼	216,294
Actio vi bonorum raptorum	暴力抢劫之诉	121,208
Actiones vindictam spirantes	显示惩罚的诉讼	121
Actor civitatis	城市的代理人	296,328,337
Adoption	收养	65,498
Adstipulatio	副要式口约	56,82,136
Advocatur	律师	225,228

Aerarium	国库	272
Aerarius	最下层市民	191
Ager publicus	公田	288
Agnation	宗亲关系	75，448，493
Alieni juris	他权人	23，49
Alimente, Recht auf ʒc.	扶养必需品，对其的权利	104 ff.
Alimente, legirte	扶养必需品，遗赠	106
Alimentenklage	扶养必需品之诉	118，387
Apostaten	叛教者	232
Aqua ex castello	从分水池引水的权利	377
Arbiter	仲裁人	179
Arbitraria judicia	仲裁审判	93
Arme, Legat an ʒc.	穷人，向穷人遗赠	270
Armenversorgung	照顾穷人	270ff.，272
Arrogation	自权人收养	65，76，69，74，493
Atellanen	阿特拉闹剧	204
Athletae	运动员	184
Auctoritas prudentium des Vormundes	关于监护人的法学家的权威学说	431
Aussichtsrecht des Staates über jurist. Personen	国家对于法人的监督权	325

B

Bannrechte	禁制权	378，379
Beamtenvereine	官员社团	253
Beneficium competentiae	能力限度照顾	85
Besitz juristischer Personen	法人的占有	290
Besitz, natürlicher	自然占有	143
Besitz, Uebergang auf die Erben	占有，转让给继承人	371
Besteuerung einer Corporation	社团的征税	347
Betrug	欺诈	175
Bona possessa, proscripta, vendita	被占有、公告、拍卖的财产	179
Bonae fidei judicia	诚信审判	93

Bonorum possessio juristischer Personen	法人的遗产占有	303
Bonorum possessio, capitis deminutio	遗产占有，人格减等	89
Bonorum possessio, ventris nomine	为胎儿的遗产占有	16
Bürgervermögen	市民财产	288
Bürgschaft für die Schuld eines Sklaven	对奴隶的债务的保证	425

C

Caduca	落空遗产份额	274
Calumnia	诬告罪	173
Capacität	遗产取得能力	522, 558
Capitalstrafe	人格刑罚	213
Capitis causa	基于人格相关原因	209
Capitis deminutiones	人格减等	25, 60 ff., 89, 209, 210, 443ff., 475
Capitis deminutiones, deren Grade	人格减等，其程度	63
Capitis deminutiones, deren Wirkungen	人格减等，其效力	69
Capitis deminutiones, deren Wirkungen auf Dotalrechte	人格减等，其对嫁资权的效力	116
Capitis deminutiones, deren Wirkungen auf Injurienklagen	人格减等，其对侵辱诉讼的效力	123
Capitis deminutiones, deren Wirkungen auf Societätsrechte	人格减等，其对合伙权利的效力	134
Capitis deminutiones, deren Wirkungen auf Mandat und negotiorum gestio	人格减等，其对委托和无因管理的效力	136
Capitis deminutiones, deren Wirkungen auf die actio depositi	人格减等，其对寄托之诉的效力	137
Capitis deminutiones, deren Wirkungen auf die actio commodati	人格减等，其对使用借贷之诉的效力	142

Capitis deminutiones, deren Wirkungen auf Detention	人格减等，其对持有的效力	143
Capitis deminutiones, deren Wirkungen auf die Restitution eines Fideicommisses	人格减等，其对遗产信托返还的效力	144
Capitis deminutiones, deren Wirkungen nach heutigem Rechte	人格减等，其对当代权利的效力	148
Capitis deminutiones der Emigrirten nach französischem Recht	根据法国法，流亡者的人格减等	153
Capitis deminutiones der Deportirten	被流放者的人格减等	154
Capitis deminutiones der zum Tode Verurtheilten	被判处死刑者的人格减等	154
Caput	人格	483
Castella	堡垒	251
Causae probatio	事情的证明	494, 529
Censoren	监察官	196
Cessio bonorum	财产转让	179
Cessio in jure	拟诉弃权	113, 289
Chorherrenstifter	牧师教团	244
Civis	市民	38
Civis libertinus, latinus	解放自由拉丁人	37
Civitas	罗马城	5, 249
Civität	市民籍	38
Clubbs	俱乐部	256
Coemtio	买卖婚	499, 500
Cognation	血亲关系	73, 75
Cognitor	要式诉讼代理人	215
Collegae	社团成员	261
Collegia tenuiorum	穷人社团	259
Collegiati	社团成员	261
Coliegien, bürgerliche	市民团体	228
Collegium	意志性社团	260, 276
Colonateigenthümer	永佃田所有权人	377
Colonieen, römische	罗马殖民区	241, 246

Comitia tributa	部落民众会议	202
Commercium	通商权	27，31，36
Commune—communitas	自治团体—共同体	250
Conciliabula	集会场所	251
Concubinenkinder	因姘合而拥有的孩子	389，414
Concurs，Forderungen der Stadtgemeinden in einem solchen	破产，城市行政区在破产中的债权	281
Condiktionen	请求给付之诉	92
Condictio furtiva	请求返还盗窃物之诉	428
Condictio indebiti	错债索回之诉	425
Conditio	状态	450，470
Confarreatio	祭祀婚	499，500
Confiscation	财产没收	71，166
Connubium	通婚权	26，31，36，43，542
Contraktsverhältnisse juristischer Personen	法人的契约关系	317
Contumacia	拒绝出庭	179
Conventio in manum	归顺夫权	499
Corpora pia	虔敬财团	308
Corporati	社团成员	261
Corporationen	社团	243
Corporationen，Begriff	社团，概念	243，329
Corporationen，Erbeinsetzung	社团，指定继承人	302
Corporationen，Beschlußnahme	社团，作出决议	329，345
Corporationen，Auflösung	社团，解散	279，341，348
Corporationen，Proceßführung	社团，实施诉讼	357
Corpus	意志性社团	260
Criminalrecht	刑法	312
Criminalverbrechen，Grund der Infamie	刑事犯罪，不名誉的基础	173
Curator ventris	胎儿保佐人	16
Curiae	市政委员会	250

D

Darlehn, Empfang Seitens juristischer Personen	金钱借贷，法人的受领方	295, 310, 317
Decuriae, decuriati, decuriales	官员社团、官员社团成员	254, 261
Decuriones	市政委员会成员	250
Dediticii	归降人	37, 39
Deductio in peculio	特有产的扣除	422
Delikte juristischer Personen	法人的不法行为（私犯）	295, 310, 317
Delikte der Sklaven	奴隶的不法行为（私犯）	36
Delikte, Schulden aus ⁊c.	不法行为（私犯），因不法行为所生债务	85, 427
Depositum, Einfluß der capitis deminutio auf ⁊c.	寄存，人格减等对其的影响	85
Designatores	剧院接待员	184
Detention	持有	143
Dignitas	要职，声望地位	201, 452
Dolus	故意	179
Domkapitel	教士会	244
Dorfgemeinden	街区行政区	245, 337
Dotalrecht	嫁资权	113 ff.
Dotation, Klage auf ⁊c.	嫁资，对嫁资的诉权	119, 150
Dotis actio	嫁资诉讼	441
Dotis dictio	嫁资声言	436

E

Ediktalladung Verschollener	下落不明者的公告	19
Ehe	婚姻	40, 42, 51, 75, 147, 219, 231
Ehe, doppelte	婚姻，双重的	182
Ehe, Eheverbote der lex Julia	婚姻，《Julia 法》的婚姻禁令	517 ff.
Ehe, Einwilligung des Vaters	婚姻，父亲的同意	147

Ehebruch	通奸罪	390
Ehehindernisse	婚姻障碍	517 ff.
Ehre	名誉	229
Ehrenämter	荣誉职位	228
Ehrlosigkeit	不名誉性	229，Infamie
Eid juristischer Personen	法人的宣誓	297
Eigenthum juristischer Personen	法人的所有权	285
Eigenthum, Wirkung der capitis deminutio darauf	所有权，人格减等对此的影响	79
Emancipation	脱离父权	65，75，147，494
Erbrecht juristischer Personen	法人的继承权	299
Erbrecht, Einfluß der capitis deminutio darauf	继承权，人格减等对此的影响	88
Erbschaft, ruhende	遗产，尚未继承的	363，421
Erbschaft, Schulden der ꝛc.	遗产，遗产债务	85
Exceptio procuratoria	略式诉讼代理人抗辩	218
Exceptio SCti Macedoniani	《Macedonianum 元老院决议》中的抗辩	85，330，366
Excusatio bei der Vormundschaft	在监护情形下的豁免	523
Execution wider juristische Persönen	对法人的执行	297
Existimationis status	名誉状况	196，452

F

Familia	家庭	276
Familiengewalt (Einschränkung der Rechtsfähigkeit)	家庭权力（权利能力的限制）	49
Familienverhältnisse, Anwendung auf juristische Personen	家庭关系，适用于法人	38，239，314
Fideikommiß an juristische Personen	为法人的遗产信托	306
Fideikommiß, Restitution	遗产信托，返还	144 ff.
Fideikommiß, fideicommissaria libertas	遗产信托，解放信托	145
Fideikommiß, Begünstigung	遗产信托，利益	21

Fideikommiß, an Priester	遗产信托，为祭司的	376
Fiduciae causa	因信托	50
Filia familias Schuldenfähigkeit	家女的债务能力	430
Filius familias	家子	52 ff.
Filius familias, Klagfähigkeit	家子，诉讼能力	96 ff.
Flamen dialis	朱庇特神祭司	503
Foetus	胎儿	12 ff.
Fora	广场	251
Forderungen der Sklaven	奴隶的债权	35
Frauen, Fähigkeit zur Prokuratur	女性，诉讼代理人的能力	103，516
Frauen, Fähigkeit zum Auftreten vor Gericht	女性，出庭能力	439
Frauen, unzüchtige	女性，淫荡的	554
Freigeborne	生来自由人	36
Freiheit	自由	30 ff.
Freigelassene	解放自由人	36
Freigelassene, deren Tod	解放自由人，其死亡	21
Freigelassene, deren Stimmrecht	解放自由人，其表决权	211
Freilassung durch vindicta	诉请解放	287

G

Geburt	出生	4
Geburt, als Bedingung zum Erwerb von Rechtsverhältnissen	出生，作为法律关系之取得的条件	6
Gefangene, Legat an ꝛc.	被俘虏者，向被俘虏者遗赠	270
Geld	金钱	104
Geldrente	定期金	108
Gemeinde	行政区	242，248
Gemeindeämter	行政区职位	228
Gemeindebeschlüsse	行政区的决议	329 ff.
Gemeindegüter, deren Veräußerung	行政区的财产，其让与	342，349
Gemeinheitstheilung	共有地分配	355

Gentilität	家族资格	76
Gentis enuptio	在氏族之外结婚的权利	37
Geschlechtstutel	性别监护	5，431
Gesellige Vereine	社交性社团	255
Gesellschaften	会社	242，243
Gewerbliche Vereine	工商业社团	254
Gliedmäßigkeit	具有四肢	397
Grundsteuerfreiheit	免除土地税	378
Grundstücke als juristische Personen	作为法人的土地	379

H

Habitatio	居住权	109，110
Haeretici	异端者	232
Handlungsfähigkeit einer Person	人的行为能力	1，282
Handwerkszünfte	手工业行会	243，245，254
Heredes necessarii	必要继承人	282
Hereditas jacens	尚未继承的遗产	363
Hereditatis petitio	要求继承之诉	144
Hochverräther	谋反罪	185
Honores	任职权（荣誉职位）	46，198，201
Hostes	敌人	38

I（J）

Incapacität	无遗产取得能力	558
Incerta persona	不确定的人	307
Infamie	不名誉	170，516
Infamie，einzelne Fälle derselben	不名誉，其具体情形	173
Infamie，juristische Bedeutung	不名誉，法律意义	186
Infamie，deren Wirkungen bei den Römern	不名誉，其对罗马人的效力	188
Infamie，deren Wirkungen nach heutigem Recht	不名誉，其根据当代法的效力	228
Infamie，Nebenwirkungen	不名誉，附带效力	215

Infamia mediata et immediata	间接不名誉和直接不名誉	187
Infamia juris et facti	法律上的不名誉和事实上的不名誉	187
Ingenui	生来自由人	23，36
Injurienklage des filius familias	家子的侵辱之诉	122
Injurienklage juristischer Personen	法人的侵辱之诉	313
In jus vocatio	传唤受审	127
In manum conventio	归顺夫权	499
Innungen	行会	243
Insolvenz	破产	179
Interdikte, possessorische	占有令状	126
Interdicta publica s. popularia	公共令状、民众令状	133
Interdictum de vi	制止暴力剥夺令状	276，320
Interdictum quod vi aut clam	制止暴力和欺瞒令状	125
Intestabilis	无遗嘱能力人	368
Intestaterbrecht juristischer Personen	法人的法定继承权	300
Intestaterbrecht, Wirkung der capitis deminutio auf ꝛc.	法定继承权，人格减等对其的效力	88
Juden	犹太教徒	231
Judicia stricti juris, bonae fidei et arbitraria	严格法审判，诚信审判和仲裁审判	93
Judicia legitima et quae imperio continentur	依权审判	439
Juristische Personen	法人	2，236，239
Juristische Personen, Arten	法人，种类	242
Juristische Personen, Geschichte	法人，历史	246
Juristische Personen, Entstehung und Untergang	法人，成立与消灭	275，348
Juristische Personen, deren Rechte	法人，其权利	281
Juristische Personen, Verfassung	法人，组织	283，324
Juristische Personen, Eigenthum an Grundstücken	法人，土地所有权	288

Juristische Personen, Eigenthum an Servituten	法人，役权享有	289
Juristische Personen, Bonorum possessio	法人，遗产占有	303
Juristische Personen, Abschließung von Verträgen	法人，订立契约	294
Juristische Personen, Klagrecht	法人，诉权	295
Juristische Personen, Eidesleistung in einem Processe	法人，在诉讼中宣誓	297
Juristische Personen, Verbrechen derselben und Obligationen aus Delikten	法人，法人的犯罪与私犯之债	310
Juristische Personen, Majorität und Stimmeneinheit bei Beschlußnahmen	法人，作出决议中的多数人和多数决	329，345
Jus liberorum	因生子女而取得的权利	403，436，523
Jus praediatorium	关于担保土地买卖的法律	247
Justae nuptiae	正当婚姻	389

K

Kauf der eigenen Sache	自己的物的买卖	424
Kinder, uneheliche	孩子，非婚生	414
Kinder, Leben im Mutterleibe	孩子，子宫中的生命	12
Kinder, ungeborene, deren Rechtsverhältnisse	孩子，未出生的，其法律关系	14
Kindererzeugung, Belohnung der Mutter	孩子出生，母亲的报赏	5
Kindermord	杀害孩子行为	397
Kirchengemeinde	教区	266
Kirchengut, Eigenthümer des ꝛc.	教会财产，教会财产的所有权人	265，271
Klagfähigkeit des filius fam.	家子的诉讼能力	96，99 ff.
Klagrecht juristischer Personen	法人的诉权	295
Kriegsdienst, Unfähigkeit zum ꝛc.	兵役，无能力兵役	204，205

Kuppelei	拉皮条	555

L

Latini	拉丁人	5，41
Latini Juniani	尤尼亚拉丁人	37，46
Lebensfähigkeit	存活能力	11，385 ff.
Lebensfähigkeit, in Beziehung auf das Verbrechen des Kindermordes	存活能力，涉及杀害孩子行为的犯罪	397
Legatum alimentorum	扶养必需品遗赠	106
Legatum annuum	年金遗赠	109
Legatum an Arme	向穷人遗赠	270
Legat an Gefangene	向被俘者遗赠	270
Legat einer Geldrente	定期金遗赠	108
Legat der habitatio und der operae	居住权和劳作使用权遗赠	110
Legat an eine persona incerta	向不确定的人遗赠	376
Legat an juristische Personen	向法人遗赠	305
Legat an den Kaiser	向皇帝遗赠	376
Legatum damnationis	间接遗赠	290，306
Legatum praeceptionis	先取遗赠	305
Legatum vindicationis	直接遗赠	289，306
Legatum ususfructus	用益权的遗赠	369
Legitimation	准正	65
Legitimation per subsequens matrimonium	通过随后婚姻的准正	389
Legitimum judicium	法定审判程序	439
Leibeigenschaft	农奴身份	378
Lex Cornelia	《Cornelia 法》	123
Lex Julia	《Julia 法》	6，37，147，183，220，517
Lex Julia municipalis	《自治市的 Julia 法》	516
Lex Junia	《Junia 法》	287
Lex Junia Norbana	《尤尼亚法》	45
Lex vectibulici	《vectibulici 法》	286
Liberi	自由人	23，30

Libertini	解放自由人	23，36
Litis contestatio，deren Wirkungen	争点决定程序，其效力	81

M

Mancipation	要式买卖	27，285，289
Mancipium	役使权	50，84，494
Mandat	委托	136
Manumissionsrecht juristischer Personen	法人的解放权	286，287
Manus	夫权	50，84，430，499
Milde Stiftungen	慈善财团	271
Mißgeburten	怪胎	9
Modus	负担	269
Municipes，municipium	自治市	246，249

N

Nasciturus	胎儿	12
Negotiorum gestio	无因管理	136
Notariat	公证人	228
Noxalklagen	损害之诉	427
Noxalklagen juristischer Personen	法人的损害之诉	294
Nunciationes	报告	360
Nuntiationes novi operis	新施工告令	133

O

Obligatio naturalis et civilis	自然之债和市民法之债	41，54，83，106，148，422 425
Obligatio juristischer Personen	法人的债	294
Obligatio der Sclaven	奴隶的债	35 ff.
Obligatio der Peregrinen	异邦人的债	41
Obligatio，Einwirkung der capitis deminutio	债，人格减等的效力	81
Obligatio aus Delikten juristischer Personen	因法人私犯（不法行为）所生之债	317

Obligationes, quae naturalem praestationem habere intelliguntur	债，被认为有实物给付	105
Operae	劳作使用权	110
Operarum obligatio	劳作之债	81
Operis novi nuntiatio	新施工告令	133, 296

P

Pagani	异教徒	231
Pater est, quem nuptiae demonstrant	父亲通过正当婚姻而得到指明	389
Paternität	父亲身份	386
Paternität, Anerkennung	父亲身份，承认	389
Paternität, Beweis	父亲身份，证明	390
Paternität, Gegenbeweis	父亲身份，反证	390
Paternität, Vermuthung	父亲身份，推定	387, 414
Patria potestas	父权	52
Patronat	庇主权	76
Patronat juristischer Personen	法人的庇主权	286, 300
Peculium adventitium ordinarium	外来特有产	57
Peculium extraordinarium	非常外来产	97, 119
Peculium castrense	军营特有产	57, 119
Peculium quasi castrense	准军营特有产	57
Peculium, Berechnung	特有产，计算	422
Peregrinus	异邦人	37, 38
Persona	人、人格	33
Persona incerta	不确定人	307, 375
Persona incerta, Legat an eine solche	向不确定的人遗赠	308
Pfand, für die Schuld eines Sclaven	质押，为奴隶的债务	425
Pfarreigüter	堂区财产	267
Pia corpora, deren Erbfähigkeit	虔敬财团，其继承能力	308
Poena	罚金	121
Pollicitationen	允诺	321
Possessores	土地所有权人	336

Postuliren	提出庭上主张	189, 215, 225, 516
Potestas dominica	主人支配权	31, 49, 459
Potestas patria	父权	52
Prädialservituten	地役权	377
Prädialservituten juristischer Personen	法人的地役权	290, 380
Praevaricatio	虚意控告罪	173
Privatvermögen des Fürsten	侯爵的个人财产	273, 361
Proceßführung Seitens juristischer Personen	法人的诉讼实施方面	357
Proceßschriften, Abfassung	诉讼文书，起草	226
Proceßstrafen juristischer Personen	法人的诉讼罚	319
Procuratoria exceptio	诉讼代理人抗辩	218
Procuratur	原告代理人	103, 132, 216, 225, 228

R

Reallasten	物上负担	377
Rechtlosigkeit	无权利状态	33
Rechtsfähigkeit	权利能力	1
Rechtsfähigkeit, verminderte	权利能力，削弱的	23
Rechtsfähigkeit, anomalische	权利能力，权利能力方面的特殊权利	90
Rechte in Beziehung auf re., Rechtsverhältniss	法律关系	1
Rechtsverhältniss, Verknüpfung mit der Person	法律关系，和人的联结	374
Religion, Einfluß auf die Rechtsfähigkeit	宗教，对权利能力的影响	231
Religiöse Vereine	宗教社团	253
Respublica	公共团体	249
Restitution wegen capitis deminutio	因人格减等的恢复原状	83, 86

S

Sclaven, deren Rechtsverhältnisse	奴隶，其法律关系	30
Schulden einer Corporation	社团的债务	344

Schulden der Sclaven	奴隶的债务	35，424
Schulden des filius familias	家子的债务	52，54，97
Schulden der filia familias	家女的债务	430
Schulden, Wirkungen der capitis deminutio	债务，人格减等的效力	82，149
Schwangerschaft, präsumtiver Zeitraum in Bezug auf uneheliche Kinder	妊娠期间，涉及非婚生孩子的推定期间	414
Schwangerschaft, Rechtsvermuthung für die Zahl der geboren werdenden Kinder	妊娠期间，对于将出生孩子数量的权利推定	16
Senatusconsultum Macedonianum	《Macedonianum 元老院决议》	85
Senatusconsultum Tertullianum	《Tertullianum 元老院决议》	407
Servituten juristischer Personen	法人的役权	289
Servituten, Entstehung durch Vertrag	役权，通过契约设立	290
Servituten, Wirkung der cap. deminutio	役权，人格减等的效力	79，149
Sklaven juristischer Personen	法人的奴隶	286，324
Sklaven einer ruhenden Erbschaft	未继承遗产的奴隶	366
Sklaven, deren Rechte	奴隶，其权利	106
Sklaven, Wirksamkeit der von einem Sklaven contrahirten Obligation	奴隶，奴隶所缔结之债的效力	418
Sklavenstand	奴隶阶层	30
Societates	合伙	255
Staat, dessen Aufsichtsrecht über juristische Personen	国家，其对社团的监督权	325
Städte	城市	207，240，326
Städte, Erbeinsetzung	城市，指定继承人	302
Status	身份	25，60，443，454，460，471

Status, Aufzählung der dazu gehörigen Verhältnisse	身份，属于身份关系的列举	458
Status, nach römischem Begriff	身份，根据罗马法概念	460
Status familiae, civitatis, libertatis	家庭身份、市民身份、自由身份	447，448
Stelle eines Beamten als juristische Persönlichkeit	作为法律人格的官员职位	379
Stiftungen	财团	242，244，262
Stricti juris judicium	严格法审判	93
Suffragium	表决权	46，198，202
Syndikatserrichtung	设立代理人	337
Syndikus	代理人	96，338

T

Tabula Heracleensis	Heracleensis 表	45，171，206
Testament, -testamenti factio juristischer Personen	遗嘱，法人的遗嘱能力	300
Testament der Sklaven	奴隶的遗嘱	33
Testament des prodigus	浪费人的遗嘱	482
Testament des furiosus	精神病人的遗嘱	482
Testament der Kinder	子女的遗嘱	55
Testament, Wirkung der capitis deminutio	遗嘱，人格减等的效力	88，167，482
Testament eines bürgerlich Todten	民事死亡人的遗嘱	167
Thierkämpfe	斗兽	184
Tod	死亡	17
Tod, bürgerlicher	民事法上的死亡	71
Tod, an einem Tag erfolgter mehrerer Personen ꝛc.	死亡，数人在同一天死亡	20
Tödtung eines Sklaven	杀死奴隶	34
Trauerzeit	丧期	180，338，525，531
Tribus	部落	202
Tutel	监护状态	54，77
Tutel, Geschlechtstutel	监护状态，性别监护	5，431

U

Unabhängige	无从属之人	49
Unfreiheit	不自由	30 ff.
Universitas	团体	261
Universitas ordinata, inordinata	组织化的团体、非组织化的团体	245, 334, 346
Universitäten	大学	245
Unterschlagung	贪污	178
Unvererblichkeit der Rechte	权利的不可继承性	91
Unzüchtiges Leben der Frauen	女性的淫荡生活	183, 554
Usucapio, Seitens einer Erbschaft	时效取得，遗产的方面	371
Usus juristischer Personen	法人的使用权	290
Usus, Verlust durch capitis deminutio	使用权，因人格减等而丧失	79, 110
Usus, bei der Ehe	时效婚，在婚姻中	500
Usus an einem Haus	对于房屋的使用权	111
Ususfructus juristischer Personen	法人的用益权	289
Ususfructus, legirter	用益权，被遗赠	369, 371
Ususfructus, Verlust durch capitis deminutio	用益权，因人格减等而丧失	79
Ususfructus an einem Haus	对于房屋的用益权	111

V

Vacatio	待婚期	532
Väterliche Gewalt	家父权力	52, 386
Verbrechen juristischer Personen	法人的犯罪	310
Verbrechen juristischer Personen nach canonischem Rechte und den Reichsgesetzen	法人的犯罪，根据教会法和帝国制定法	322
Vermögen, Begriff	财产，概念	239
Vermögensconfiskation	财产没收	166
Vermögensrecht, Erwerb	财产权，取得	282
Verschollene	下落不明者	17, 18 ff.
Vertrag der Sklaven	奴隶的契约	36
Vertrag juristischer Personen	法人的契约	294

Vertretung Handlungsunfähiger	无行为能力人的代理	283
Verwandtschaft der Sklaven	奴隶的亲属关系	31 ff.
Verwundung durch gefährliche Thiere, daraus entstehende Klage	因危险动物造成伤害，因此产生的诉权	125
Vestalische Jungfrauen	维斯塔贞女	253，503
Vici	街区	250
Vindicta	惩罚	121ff.，287
Vitalität	生命力	11，385 ff.
Vitalität, in Beziehung auf das Verbrechen des Kindermords	生命力，涉及杀害孩子行为之犯罪	397
Vitalität, Bestimmungen in neueren Partikularrechten	生命力，在新近特别法中的	413
Vocatio in jus, Klage gegen den Freigelassenen	传唤受审，对解放自由人的诉权	127
Volkssouveränität	人民主权	332
Vormundschaft, Excusationen	监护，豁免	523

Z

Zehentrechte	什一税征收权	378
Zeugniß, Unfähigkeit zum ꝛc.	作证，作证的能力	222，228
Züchtigung, körperliche	体罚	185
Zünfte	行会	228

索引二　渊源索引

说明：本索引左栏是法律渊源之具体篇章，为了读者进一步查阅的方便，译者保留了原文而未作翻译；右栏所示数字表示出现或引用此具体篇章的原书页码（本书之边码）。

Aggenus Urbicus, de contro versiis agrorum.
　(ap. Goes) pag. 56. 67. 72.　　　　　　　　　　252
Asconius, in Cornelianam
　(orat. Cic.) —ed. Orelli—pag. 75　　　　　　　257
　Asconius, in Pisonianam, init　　　　　　　　　45
　Asconius, in Pisonianam, pag. 7　　　　　　　257
Auetor ad Herennium.
　Ⅰ, 13　　　　　　　　　　　　　　　　　　　166
Augustinus, de civitate dei.
　Ⅱ, 13　　　　　　　　　　　　　　　　　　　204
Authenticae.
　Auth. Item nulla, Cod. de episcopis, 1, 3　　　322
　Auth. Item quaecunqua, Cod. de episcopis, 1, 3　322
　Auth. Item, Cod. de haereticis, 1, 5　　　　　232
　Auth. Friderici Credentes, Cod. de haereticis, 1, 5　232
　Auth. Bona damnatorum, Cod. de bonis
　proscript., 9, 49　　　　　　　　　　　　　　166
　Auth. Friderici Habita　　　　　　　　　　　174
Bibel.
　Psalmen, 90, 10　　　　　　　　　　　　　　18
Bundesakte
　art. 16　　　　　　　　　　　　　　　　　　234
Carolina.
　art. 107　　　　　　　　　　　　　　　　　　227
　art. 122　　　　　　　　　　　　　　　　　　227
　art. 131　　　　　　　　　　　　　　　　　　397
Censorinus, de die natali
　cap. 11　　　　　　　　　　　　　　　　　　406

Cicero
　—de inventione.
　Ⅱ，50　　　　　　　　　　　　　　　166
　—topica.
　cap. 4　　　　　　　　　　　　　　63. 500.
　cap. 6　　　　　　　　　　　　　　76
　cap. 17　　　　　　　　　　　　　94
　—de officiis.
　Ⅰ，cap. 12　　　　　　　　　　　　38
　Ⅲ，cap. 15　　　　　　　　　　　　94
　—ad Atticum.
　ⅩⅣ，12　　　　　　　　　　　　　45
　—pro Balbo.
　cap. 13. 18　　　　　　　　　　　　67
　—pro Roscio Amerino.
　cap. 38. 39　　　　　　　　　　　　176
　—pro Roscio Comoedo.
　cap. 6　　　　　　　　　　　　109. 176. 209.
　—pro Caecina.
　cap. 2 in fine　　　　　　　　　　　176
　cap. 3　　　　　　　　　　　　　177. 178.
　cap. 33　　　　　　　　　　　　　64
　—pro Quinctio.
　cap. 8. 9. 13　　　　　　　　　　　　209
　cap. 15　　　　　　　　　　　　179. 209
　cap. 22　　　　　　　　　　　　　209
　—pro Cluentio.
　cap. 42　　　　　　　　　　　　　197
　cap. 43　　　　　　　　　　　　197. 205.
　cap. 44. 45. 46. 47.　　　　　　　　197
　—pro Plantio.
　cap. 20　　　　　　　　　　　　　203
　—in Verrem.
　Ⅱ，100　　　　　　　　　　　　　237
　Ⅲ，79　　　　　　　　　　　　　254

—pro domo

47   237

—ad Quintum fratrem.

Ⅱ，3   254. 257

—de senectute.

cap. 13   256

—divinatio in Caecilium.

cap. 17   263

—de legibus.

Ⅰ，7   451

Ⅱ，19   504

Codex Justinianeus

Lib. Ⅰ. Tit. 2. De sacrosanctis ecclesiis etc.

l. 1   308

l. 14   359

l. 19   262

l. 23   262

l. 26   265. 308

Lib. Ⅰ. Tit. 3. De episc. et elericis etc.

l. 24   270. 308.

l. 35   262

l. 46   262. 270. 277.

l. 49   270. 308.

Lib. Ⅰ. Tit. 5. De haereticis et manich etc.

l. 4. 19 pr. 21. 22   232

Lib. Ⅰ. Tit. 7. De apostatis.

l. 2. 3. 4   233

Lib. Ⅰ. Tit. 9. De Judaeis et caelic.

l. 1   261

l. 6   231

l. 8   231

l. 15   231

Lib. Ⅰ. Tit. 11. De paganis et saerif etc.

l. 6   231

Lib. Ⅱ. Tit. 4. De transactionibus.

l. 41	174
Lib. Ⅱ Tit. 12. Ex quibus causis. infamia etc.	
Tit.	171
l. 6	214, 456
l. 11	179
l. 15	181. 536. 546.
l. 20	176
l. 22	178
Lib. Ⅱ. Tit. 34 Si adv dotem	
l. 1	118
Lib. Ⅱ. Tit. 59. De jurejur. propter calumn.	
l. 2	251
Lib. Ⅲ. Tit. 8. De ordine judic.	
l. 1	467
Lib. Ⅲ. Tit. 22. Ubi causa status etc.	
l. 6	468
Lib. Ⅲ. Tit. 28. De inoffic. testamento.	
l. 27	223
Lib. Ⅲ. Tit. 33. De usufruct. et habit. etc	
l. 13	111
l. 15	80
l. 16. § 2	80
l. 17	80
Lib. Ⅳ. Tit. 14. An servus pro suo facto etc.	
l. 1. 2	425
l. 3	429
l. 4	427
l. 5	428
Lib. Ⅳ. Tit. 26. Quod cum eo etc.	
l. 9	85
Lib. Ⅳ. Tit. 39. De hereditate vel act. vend.	
l. 9	217
Lib. Ⅳ. Tit. 63. De commerc. et mercat.	
l. 5	261
Lib. Ⅴ. Tit. 4. De nuptiis.	

l. 6	42
l. 28	530
l. 29	530
Lib. Ⅴ. Tit. 5. De incest et inut nupt	
l. 7	526
Lib. Ⅴ. Tit. 6. De interd. matrim.	
l. 7	177
Lib. Ⅴ. Tit. 9. De secundis nupt.	
l. 1	181. 182. 525
l. 2	181. 182. 389
Lib. Ⅴ. Tit. 12. De jure dotium.	
l. 30	114
Lib. Ⅴ. Tit. 13. De rei uxor. act. etc.	
l. un. §. 11	117
Lib. Ⅴ. Tit. 16. De donat. inter. vir. etc.	
l. 24	72
Lib. Ⅴ. Tit. 17. De repud. et jud. etc.	
l. 1	72
Lib. Ⅴ. Tit. 27. De natural. liberis etc.	
l. 1	526
l. 10. 11	389
Lib. Ⅴ. Tit. 43. De suspect. tut. etc.	
l. 9	177
Lib. Ⅵ. Tit. 21. De test. militis.	
l. 5	558
Lib. Ⅵ. Tit. 24. De hered. instit. etc.	
l. 8	302
l. 12	302
Lib. Ⅵ. Tit. 29. De posth. heredib. instit.	
l. 2. 3	8. 9. 393. 408. 411
Lib. Ⅵ. Tit. 30. De jure delib. etc.	
l. 5	301
Lib. Ⅵ. Tit. 53. Quando dies leg. etc.	
l. 5	470
Lib. Ⅵ. Tit. 56. Ad SC. Tertull.	

l. 4	181
Lib. Ⅵ. Tit. 58. De legit. hered.	
l. 11	68
l. 13. § 1	68, 76
Lib. Ⅵ. Tit. 61. De bonis quae lib. etc.	
l. 8 pr.	97
Lib. Ⅶ. Tit. 1. De vindicta etc.	
l. 3	287
Lib. Ⅶ. Tit. 9. De serv. reipubl. etc.	
l. 1. 2	287
l. 3	286. 287
Lib. Ⅶ. Tit. 16. De lib. causa.	
l. 28	61
Lib. Ⅶ. Tit. 21. Ne de statu def. etc.	
Tit.	468
l. 5. 6	468
l. 7	468. 314.
Lib. Ⅶ. Tit. 37. De quadr. praescript.	
l. 3	274
Lib. Ⅶ. Tit. 71. Qui bon. ced. poss.	
l. 8	179
Lib. Ⅷ. Tit. 28. De distract. pign.	
l. 10	424
Lib. Ⅷ. Tit. 49. De emancip. liber.	
l. 6	67
Lib. Ⅷ. Tit. 58. De infirmandis poenis coelibatus.	
Tit.	530
Lib. Ⅸ. Tit. 8. Ad leg. Juliam majestatis.	
l. 5. § 1	185
Lib. Ⅸ. Tit. 9. Ad leg. Jul. de adult. etc.	
l. 18	182
l. 31	183
Lib. Ⅸ. Tit. 14. De emendatione servorum.	
l. un.	34
Lib. Ⅸ. Tit. 49. De bonis proscript. etc.	

l. 2	156
l. 10	166

Lib. IX. Tit. 51. De sententiam pass. et rest.

l. 4	88

Lib. X. Tit. 1. De jure fisci.

Tit.	360

Lib. X. Tit. 31. De decurionibus etc.

l. 2. 3	328
l. 8	201
l. 46	327

Lib. X. Tit. 33. De praediis decur. etc.

l. 2. 3	250

Lib. X. Tit. 57. De infamibus.

l. un	201

Lib. Tit. 63. De legationibus.

l. 5	331

Lib. XI. Tit. 13. De decurialibus urbis.

Tit.	254

Lib. XI. Tit. 14. De privil. corporat. etc.

l. un.	261

Lib. XI. Tit. 29. De jure reipubl.

Tit.	249
l. 4	249

Lib. XI. Tit. 30. De administ. rerumpubl.

Tit.	249
l. 1. 3	249

Lib. XI. Tit. 31. De vendend. rebus etc.

Tit.	249
l. 3	311. 358

Lib. XI. Tit. 32. De debitor. civit.

Tit.	249
l. 1	249
l. 2	250

Lib. XII. Tit. 1. De dignit.

l. 2	202. 457

Lib. XII. Tit. 36. De re militari.	
l. 3	201. 210
Codex Theodosianus.	
Lib. II. Tit. 20. De inofficiosis donationibus.	
l. 1. 3	223
Lib. IV. Tit. 9. Ad Senatusconsultum Claud.	
l. 5	473
Lib. VIII. Tit. 16. De infirmandis poenis coelibatus etc.	
Tit.	530
Lib. X. Tit. 1. De jure fisci.	
Tit.	360
Lib. XII. Tit. 1. De decurionibus.	
l. 142	327
Lib. XII. Tit. 12. De legatis et decretis legat.	
Tit.	251
Lib. XIV. Tit. 1. De decuriis urbis Romae.	
Tit.	254
Lib. XIV. Tit. 2. De privil. corporatorum.	
l. 4	281
Lib. XIV. Tit. 3. De pistoribus etc.	
Tit.	281
Lib. XVI. Tit. 5. De haereticis.	
l. 7. 17. 18. 25. 40. 49. 58	232
Lib. XVI. Tit. 7. De apostatis.	
l. 1. 2. 4. 7	233
Collatio legum Mosaic. et Romanarum.	
III, § 2. 3. 4	34
IV, § 3. 12	173
Decretales. (Liber Extra Deeretum.)	
Lib. IV. Tit. 21. De secundis nuptiis.	182
l. 4. 5	
Decretum Gratiani.	
c. 1. C. 3. Q. 7	216
Digesta.	
Lib. I. Tit. 1. De justitia et jure.	

443

l. 4 　　　　　　　　　　　　　　　　　　　31

Lib. Ⅰ. Tit. 5. De statu hominum.

l. 1 　　　　　　　　　　　　　　　　　　　61
l. 2 　　　　　　　　　　　　　　　　　　　2
l. 7 　　　　　　　　　　　　　　　　　　　13. 77
l. 12 　　　　　　　　　　　　　　　　　　　388. 411
l. 14 　　　　　　　　　　　　　　　　　　　9
l. 18 　　　　　　　　　　　　　　　　　　　14. 15
l. 20 　　　　　　　　　　　　　　　　　　　455. 482
l. 26 　　　　　　　　　　　　　　　　　　　12. 15

Lib. Ⅰ. Tit. 6. De his qui sui vel alieni juris sunt.

l. 1. § 1 　　　　　　　　　　　　　　　　　31
l. 1. § 2 　　　　　　　　　　　　　　　　　34
l. 2 　　　　　　　　　　　　　　　　　　　34
l. 9 　　　　　　　　　　　　　　　　　　　53

Lib. Ⅰ. Tit. 7. De adoptionibus et emancipationibus.

l. 3 　　　　　　　　　　　　　　　　　　　53
l. 32. 33 　　　　　　　　　　　　　　　　　147
l. 45 　　　　　　　　　　　　　　　　　　　115

Lib. Ⅰ. Tit. 8. De divisione rerum et qualitate.

l. 6. § 1 　　　　　　　　　　　　　　　　　249. 285

Lib. Ⅰ. Tit. 9. De Senatoribus.

l. 3 　　　　　　　　　　　　　　　　　　　210
l. 7. § 1 　　　　　　　　　　　　　　　　　15

Lib. Ⅰ. Tit. 12. De officio Praefecti urbi.

l. 1 § 8 　　　　　　　　　　　　　　　　　34

Lib. Ⅱ. Tit. 4. De in jus vocando.

l. 5 　　　　　　　　　　　　　　　　　　　389
l. 10. § 4 　　　　　　　　　　　　　　　　　286. 287
l. 12 　　　　　　　　　　　　　　　　　　　127
l. 24 　　　　　　　　　　　　　　　　　　　127

Lib. Ⅱ. Tit. 14. De pactis.

l. 7. § 2 　　　　　　　　　　　　　　　　　425
l. 7. § 4 　　　　　　　　　　　　　　　　　425
l. 7. § 18 　　　　　　　　　　　　　　　　　36. 419

l. 29. §3.4	122
l. 30	122. 123
Lib. Ⅱ. Tit. 1. De postulando.	
l. 1. §1	191
l. 1. §3	191
l. 1. §5	103. 191
l. 1. §6	173. 183. 184. 191. 193
l. 1. §7	191
l. 1. §8	192
l. 1. §9	173. 191. 192. 198
l. 1. §10	192. 198
l. 1. §11	192
Lib. Ⅲ. Tit. 2. De his, qui notantur infamia.	
Tit.	171
l. 1	171. 183. 192. 193. 539. 548.
l. 1. pr.	174
l. 2. §1	179
l. 2. §4	210
l. 4 pr. §1. 2. 3	184
l. 6. §1	520
l. 6. §2. 3	175
l. 6. §5	177. 178
l. 6. §6	178
l. 6. §7	177. 178
l. 8	549. 550
l. 9 pr.	536
l. 11 pr.	534
l. 11. §1	181. 389. 534.
l. 11. §2	181. 534.
l. 11. §3	180. 181. 534.
l. 13. §3. 4	182. 183
l. 13. §8	176
l. 22	185
l. 23	181. 539. 546
l. 24	555

445

l. 25 pr.	536
l. 42.	132
l. 43. § 2	132

Lib. Ⅲ. Tit. 3. De procuratoribus et defensoribus.

l. 8 pr	97. 100. 103. 117. 123. 136. 441.
l. 35	136
l. 35 pr.	97. 101. 136.
l. 41	103. 191.
l. 42 pr.	131. 132.
l. 42. § 1	123
l. 42. § 2	132
l. 45. § 1	131. 132

Lib. Ⅲ. Tit. 4. Quod cujuscunque universitatis nomine etc.

Tit.	235. 261
l. 1 pr.	254. 255. 257. 259. 261. 277
l. 1. §. 3	261. 296
l. 2	249. 261. 296
l. 3	249. 250. 296. 328
l. 4	328
l. 6. § 1. 3	296
l. 7 pr.	249. 296
l. 7. § 1	295
l. 7. § 2	244. 250. 261. 276. 296. 297
l. 8	249. 297
l. 9	249. 294
l. 10	296

Lib. Ⅲ. Tit. 5. De negotiis gestis.

l. 3 pr. § 6	369
l. 17	137. 427
l. 21. § 1	369

Lib. Ⅳ. Tit. 1. De in integrum restitutionibus.

l. 2	61. 83

Lib. Ⅳ. Tit. 2. Quod metus causa gestum erit.

l. 9. §1	262. 320
l. 9. §2	262
l. 9. §3	320
l. 9. §8	320

Lib. Ⅳ. Tit. 3. De dolo malo.

l. 6	357
l. 7. §8	427. 429
l. 15. §1	249. 250. 319

Lib. Ⅳ. Tit. 4. De minoribus etc.

l. 1. §1	86
l. 3. §4	85. 98
l. 3. §5	114
l. 9. §1	118
l. 9. §4	61
l. 24 pr.	216

Lib. Ⅳ. Tit. 5. De capite minutis.

l. 1	61
l. 2 pr.	73. 86. 469
l. 2. §1	83. 86
l. 2. §2	65. 83. 430
l. 2. §3	85
l. 2. §5	86
l. 3 pr.	479. 490
l. 3. §1	65. 465. 486. 490. 509. 512. 513
l. 4	465. 486
l. 5. §2	51. 75. 454. 465
l. 6	51. 75. 454
l. 7 pr.	67. 77. 88. 479
l. 7. §2. 3	75. 83. 87
l. 8	95. 105. 116. 124
l. 9	96. 117
l. 10	91. 109. 110
l. 11	63. 474. 478. 510

Lib. Ⅳ. Tit. 6. Ex quibus causis majores etc.

447

l. 30 pr	371
Lib. Ⅴ. Tit. 1. De judiciis.	
l. 4	55
l. 11	55. 70
l. 18. §1	98. 100. 101. 138
l. 57	54
l. 76	238. 244
l. 77. 78	53
Lib. Ⅴ. Tit. 2. De inofficioso testamento.	
l. 2	128
l. 4. 5	128
l. 6 pr.	7
l. 6. §2	129
l. 7	129
l. 8 pr.	128. 129
l. 15. §1	129
l. 22 pr. §1	128. 129
Lib. Ⅴ. Tit. 3. De hereditatis petitione.	
l. 20	274
l. 20 pr. §6	274
l. 36. §1	144
Lib. Ⅴ. Tit. 4. Si pars hereditatis petatur.	
l. 3	15. 16
l. 4	15
l. 18. §1	98
Lib. Ⅶ. Tit. 1. De usufructu etc.	
l. 6. §2	32
l. 32	113
l. 56	289. 290
Lib. Ⅶ. Tit. 3. Quando dies ususfr. etc.	
l. 1. §2	371
Lib. Ⅶ. Tit. 4. Quibus modis ususfr.	
l. 1 pr.	80
l. 1. §3	110
l. 2. §1	110

l. 3. pr. § 1	110
l. 5. § 1	80
l. 18	80
l. 21	280. 289

Lib. Ⅶ. Tit. 6. Si ususfructus petatur.

l. 3	289

Lib. Ⅶ. Tit. 7. De operis servorum.

l. 2	112
l. 5	113

Lib. Ⅷ. Tit. 1. De servitutibus.

l. 11	70
l. 12	290

Lib. Ⅸ. Tit. 2. Ad legem Aquiliam.

l. 16	70

Lib. Ⅸ. Tit. 3. De his, qui effuderint. etc.

l. 1 pr.	95. 125
l. 5 § 5	95. 125

Lib. Ⅸ. Tit. 4. De noxalibus actionibus.

l. 20	428
l. 37	428
l. 38 pr.	62
l. 38 § 1	428
l. 42 § 2	428
l. 43	428

Lib. X. Tit. 2. Familiae herciscundae.

l. 20. § 2	115
l. 46. 51	115

Lib. X Tit. 4. Ad exhibendum.

l. 7. § 3	291

Lib. Ⅺ. Tit. 1. De interrogationibus etc.

l. 15 pr.	365. 370

Lib. Ⅺ. Tit. 7. De religiosis etc.

l. 12. § 2	96
l. 14. § 6	95
l. 44 pr.	10

Lib. XI. Tit. 8. De mortuo inferendo etc.
l. 2   7. 14
Lib. XII. Tit. 1. De rebus creditis.
l. 17   98. 103
l. 27   294
Lib. XII. Tit. 3. De in litem jurando.   179
l. 2. § 1
Lib. XII. Tit. 6. De condictione indebiti.
l. 13 pr.   36. 425
l. 38   422
l. 38 pr. § 1. 2   54
l. 64   36. 423
l. 65. § 4   92
l. 66   92
Lib. XIII. Tit. 1. De condictione furtiva.
l. 15   428
Lib. XIII. Tit. 5. De pecunia constituta.
l. 5. § 7. 9   294
Lib. XIII. Tit. 6. Commodati vel contra.
l. 3. § 4   103. 438
l. 15. 16   142
Lib. XIV. Tit. 5. Quod cum eo, qui in aliena potestate etc.
l. 2. pr.   85
l. 4. § 1   85
l. 5 pr.   85
l. 7   85
Lib. XIV. Tit. 6. De Senatusconsulto Macedoniano.
l. 1 pr.   434
l. 1. § 2   85
l. 3. § 4   506
l. 9. § 2   434. 437.
l. 18   55
Lib. XV. Tit. 1. De peculio.
l. 5. § 4   422

450

l. 9. § 2	422
l. 32. § 1	451
l. 42	84
l. 44. 45	54
l. 49. § 2	423
Lib. XV. Tit. 3. De in rem verso	
l. 3. § 5	216
Lib. XVI. Tit. 3. De positi vel contra.	
l. 1. § 18	36. 142. 425. 427
l. 1. § 29	369
l. 1. § 30	141
l. 1. § 39	139
l. 16	139
l. 19	138
l. 21 pr.	85. 141.
l. 21 § 1	141. 427
l. 31 § 1	139
Lib. XVII. Tit. 1. Mandati vel contra.	
l. 61	136
Lib. XVII. Tit. 2. Pro socio.	
l. 4. § 1	134
l. 18	135
l. 31. § 1	250
l. 56	173
l. 58. § 2	85. 134. 135
l. 58. § 3	135. 136
l. 59 pr.	255
l. 63. § 2	135
l. 63. § 10	72. 134
l. 65. § 11	134
l. 84	135
Lib. XVIII. Tit. 1. De contrahenda emtione etc.	
l. 16 pr.	424
Lib. XVIII. Tit. 2. De in diem addictione.	
l. 14. § 3	424

451

Lib. XIX. Tit. 1. De actionibus emti et venditi.
l. 24. § 2						426
Lib. XXI. Tit. 1. De aedilitio edicto etc.
l. 42						95. 125
Lib. XXII. Tit. 1. De usuris etc.
l. 11. § 1					294
Lib. XXII. Tit. 3. De probationibus etc.
l. 25. § 1					445
Lib. XXIII. Tit. 1. De sponsalibus.
l. 16						526
Lib. XXIII. Tit. 2. De ritu nuptiarum.
l. 8						34
l. 14. § 2					34
l. 14. § 3					34
l. 16 pr.					526
l. 19						118. 147.
l. 27						526
l. 34. § 3					526. 542
l. 38						42
l. 42. § 1					526
l. 43. § 4					519
l. 43. § 6					518. 554
l. 43. § 8					519
l. 43. § 10					527
l. 43. § 12. 13				174. 519
l. 44 pr.					37. 522. 554.
l. 47						556
l. 63. 65					42
l. 66 pr.					177
l. 75						114
Lib. XXIII. Tit. 3. De jure dotium.
l. 6. § 2					118
l. 12. § 1					118
l. 56. § 1					115
l. 75						113

索　引

Lib. XXIII. Tit. 4. De pactis dotalibus.	
l. 26 pr.	21
Lib. XXIV. Tit. 1. De donationibus inter virun et uxorem.	
l. 3. § 1	526
l. 13. § 1	72
l. 32 pr.	20
l. 32. § 14	20
Lib. XXIV. Tit. 3. Soluto matrimonio etc.	
l. 3	116
l. 22. § 1	116
l. 22. § 4	117. 441
l. 22. § 5	117
l. 22. § 10. 11	117. 441
l. 44 pr.	117
l. 58	114
l. 66. § 7	94
Lib. XXV. Tit. 2. De actione rerum amotarum.	
l. 21	114
Lib. XXV. Tit. 3. De agnoscendis et alendis liberis etc.	
l. 5. § 1. 2. 7	118
l. 5. § 10. 12	118
Lib. XXV. Tit. 4. De inspiciendo ventre etc.	
l. 1. § . 1	12
Lib. XXVI. Tit. 4. De legitimis tutoribus.	
l. 2	78. 469
l. 3. § 9	77
l. 5. § 5	77
Lib. XXVI. Tit. 5. De tutoribus et curatoribus etc.	
l. 19 pr	328
l. 20	13. 16
Lib. XXVI. Tit. 10. De suspectis tutoribus etc.	
l. 3. § 18	117
Lib. XXVII. Tit. 1. De excusationibus.	
l. 17. § 2	254. 281

l. 17. § 3	260
l. 41. § 3	260. 261. 281

Lib. XXVII. Tit. 2. Ubi pupillus etc.

l. 2. § 1. 2. 3	451

Lib. XXVII. Tit. 3. De tutelae etc. actione.

l. 11	77

Lib. XXVIII. Tit. 1. Qui testamenta facere possunt etc.

l. 3	28. 51
l. 8	28
l. 9. 11	28
l. 12	168
l. 13	28
l. 14. 15	469
l. 18 pr.	28. 482
l. 18. § 1	368
l. 19	28
l. 20. § 7	30

Lib. XXVIII. Tit. 2. De liberis et posthumis etc.

l. 12	9
l. 12 pr.	7
l. 12. § 1	9

Lib. XXVIII. Tit 3. De injusto etc. testamento.

l. 6. § 5 - 11	88. 167. 168
l. 6. § 12	88. 167. 168.
l. 6. § 13	88. 167. 168

Lib. XXVIII. Tit. 5. De heredibus instituendis etc.

l. 31 pr.	367
l. 31. § 1	365. 366. 369. 370
l. 49. § 1	28
l. 52	369

Lib. XXIX. Tit. 1. De testamento militis.

l. 13. § 2	368
l. 41. § 1	558

Lib. XXIX. Tit. 2. De adquirenda vel omittenda hereditate.

l. 20. §5	121. 124
l. 25. §1	254
l. 25. §2	286
l. 54	364

Lib. XXIX. Tit. 7. De jure codicillorum.

l. 6. §3	28
l. 8. §2	28
l. 8. §3	167

Lib. I. (XXX. un.) De legatis etc.

l. 32. §2	305
l. 73. §1	251. 306
l. 117. 122	305

Lib. II. (XXXI. un.) De legatis etc.

l. 51. §1	7
l. 56	376. 379
l. 57	376
l. 66. §7	302
l. 77. §3	305
l. 77. §14	470

Lib. III. (XXXII. un.) De legatis etc.

l. 5 pr.	305
l. 38. §6	253. 305
l. 49. §4	452

Lib. XXXIII. Tit. 1. De annuis legatis etc.

l. 1. §16. 17	133
l. 4	109. 133
l. 5	133
l. 6	305
l. 8	109. 110. 116
l. 16	108. 109
l. 20. §1	262. 305. 377
l. 21. §3	305
l. 23. 24	305

Lib. XXXIII. Tit. 2. De usu etc.

l. 1	80

l. 2	112
l. 5	216
l. 6	225
l. 6. § 2	305
l. 8	289. 290
l. 16	235
l. 17	234

Lib. XXXIII. Tit. 4. De dote praelegata.

l. 1. § 9	115

Lib. XXXIV. Tit. 1. De alimentis legat. etc.

l. 3	108
l. 6	106
l. 11	107
l. 15. § 1	107
l. 17	108. 109
l. 20. § 1	305

Lib. XXXIV. Tit. 2. De auro, argento etc.

l. 6. § 2	305
l. 38. § 2	305

Lib. XXXIV. Tit. 5. De rebus dubiis.

l. 2	305. 308
l. 7. pr.	15. 16
l. 9. pr.	16. 20
l. 9. § 1. 2	21
l. 9. § 3	20
l. 9. § 4	21
l. 16. 17. 18	20
l. 20	260. 305
l. 22. 23	21

Lib. XXXIV. Tit. 8. De his, quae pro non scriptis habentur.

l. 3	109
l. 3 pr.	107
l. 3. § 1	107
l. 3. § 2	69

Lib. XXXIV. Tit. 9. De his, quae ut indignis auferuntur.
l. 14   558
Lib. XXXV. Tit. 1. De conditionibus etc.
l. 13   165
l. 42   107
l. 59. § 2   71
l. 61   7
l. 92   147
l. 97   297
Lib. XXXV. Tit. 2. Ad legem Falcidiam.
l. 9. § 1   12
l. 32 pr.   133
Lib. XXXVI. Tit. 1. Ad Senatusconsultum Trebellianum.
l. 6. § 4   302
l. 13. § 5   53
l. 14 pr.   53
l. 16. § 11. 12   144
l. 16. § 13. 14   145
l. 17. § 5   73
l. 17. § 7   22
l. 26. 27 pr.   307
l. 34   20
l. 65. § 3   301. 303
Lib. XXXVI. Tit. 2. Quando dies legatorum etc.
l. 16. § 1   371
Lib. XXXVII. Tit. 1. De bonorum possessionibus.
l. 2   241
l. 3. § 4   254. 255. 303
Lib. XXXVII. Tit. 4. De bonorum possessione contra tabulas.
l. 1. § 8   71
l. 13   165
Lib. XXXVII. Tit. 7. De dotis collatione.
l. 1. pr. § 8   115
Lib. XXXVII. Tit. 9. De ventre in possessionem etc.

457

Tit.	16
Lib. XXXVII. Tit. 10. De Carboniano edicto.	
l. 3. § 6 - 11	466
l. 6. § 3	466
Lib. XXXVII. Tit. 11. De bonorum possessionibus secundum tabulas.	
l. 1. § 8	88. 167
l. 11. § 2	167
Lib. XXXVII. Tit. 14. De jure patronatus etc.	
l. 1. § 8	88
Lib. XXXVII. Tit. 15. De obsequiis etc.	
l. 2 pr.	175. 187. 194
Lib. XXXVIII. Tit. 1. De operis libertorum.	
l. 7 pr.	81
l. 37. § 7	524
Lib. XXXVIII. Tit. 2. De bonis libertorum.	
l. 2. § 2	89
l. 4. § 2	71
l. 23 pr.	89
Lib. XXXVIII. Tit. 3. De libertis universitatum.	
l. unica	286
l. un. § 1	303. 305. 306
Lib. XXXVIII. Tit. 4. De adsignandis liberis.	
l. 3. § 4. 5	89
Lib. XXXVIII. Tit. 5. Si quid in fraudem patroni etc.	
l. 1. § 7	124
l. 1. § 8	124
Lib. XXXVIII. Tit. 7. Unde legitimi.	
l. 1	88
Lib. XXXVIII. Tit. 8. Unde cognati.	
l. 1. § 2	31
Lib. XXXVIII. Tit. 10. De gradibus etc.	
l. 4. § 11	72
l. 10. § 5	31
Lib. XXXVIII. Tit. 16. De suis etc.	

索　引

l. 1. § 4	63
l. 3. § 11	388
l. 3. § 12	388
l. 11	88

Lib. XXXVIII. Tit. 17. Ad Senatusconsultum Tertullianum.

l. 1. § 5	7
l. 1. § 8	63. 88. 468

Lib. XXXIX. Tit. 1. De operis novi nunciatione.

l. 1. § 16. 17	133
l. 4	133
l. 5	133

Lib. XXXIX. Tit. 5. De donationibus.

l. 19. § 4	36. 426

Lib. XXXIX. Tit. 6. De mortis causa donationibus.

l. 26	20

Lib. XXXX. Tit. 3. De manumissionibus, quae servis etc.

l. 1. 2. 3	286

Lib. XXXX. Tit. 5. De fideicommissariis libertatibus.

Tit.	146

Lib. XXXX. Tit. 7. De statuliberis.

l. 3. § 2	422

Lib. XXXX. Tit. 15. Ne de statu defunctorum etc.

Tit.	468
l. 1. § 3	468

Lib. XXXXI. Tit. 1. De acquirendo rerum dominio.

l. 33. § 2	366. 369
l. 34	366. 369. 370
l. 61 pr	365. 369. 370. 372
l. 61. § 1	372

Lib. XXXXI. Tit. 2. De acquirenda, vel amittenda possessione.

l. 1. § 5	369
l. 1. § 22	291

l. 2	291

Lib. XXXXI. Tit. 3. De usurpationibus et usucapionibus.

l. 31. §5	371
l. 40	371

Lib. XXXXIII. Tit. 1. De interdictis etc.

l. 1 pr.	133
l. 2. §1	133

Lib. XXXXIII. Tit. 8. Ne quid in loco publico etc.

l. 2. §34	133

Lib. XXXXIII. Tit. 13. Ne quid in flumine publico etc.

l. 1. §9	133

Lib. XXXXIII. Tit. 16. De vi etc.

l. 1. §17	276
l. 4	320

Lib. XXXXIII. Tit. 20. De aqua quotidiana etc.

l. 1. §43	377

Lib. XXXXIII. Tit. 24. Quod vi aut clam.

l. 1 pr.	126
l. 1. §1.2.3	126
l. 12	126
l. 13 §1	125
l. 13 §2	99. 125
l. 13 §5	126. 127. 364. 365 369. 370
l. 15. §12	127
l. 19	125

Lib. XXXXIV. Tit. 7. De obligationibus et actionibus.

l. 9	100. 101. 125. 138. 142
l. 13	102
l. 14	36. 423. 424. 427
l. 16	369
l. 18	124
l. 30	87
l. 34 pr.	95. 124.
l. 39	54
l. 43	425

Lib. XXXXV. Tit. 1. De verborum obligationibus.

l. 19	87
l. 37. § 6. 7. 8	144
l. 73. § 1	371
l. 77	369
l. 98 pr.	70
l. 130	144
l. 140. § 2	70
l. 141. § 2	54. 430. 437

Lib. XXXXV. Tit. 2. De duobus reis constituendis.

l. 19	87

Lib. XXXXV. Tit. 3. De stipulatione servorum.

l. 18. pr. § 2	369
l. 26	372
l. 28. § 4	364
l. 36	32

Lib. XXXXVI. Tit. 1. De fidejussoribus.

l. 11	55
l. 16. § 1	425
l. 21. § 2	426
l. 22	241. 249. 254. 363. 365. 369. 370
l. 47	87
l. 56	81
l. 56. § 3	133

Lib. XXXXVI. Tit. 2. De novationibus.

l. 24	366. 369. 370

Lib. XXXXVI. Tit. 3. De solutionibus.

l. 18. 19	423
l. 32	423
l. 35	423
l. 36	15. 16
l. 82	94
l. 84	426

Lib. XXXXVI. Tit. 4. De acceptilatione.

l. 8. § 4	54
l. 11. § 2	369

Lib. XXXVII. Tit. 2. De furtis.

l. 14. § 10	100
l. 14. § 16	99
l. 16	55
l. 31. § 1	250. 255
l. 58	100
l. 68. 69. 70	372
l. 92	176

Lib. XXXXVII. Tit. 4. Si is, qui testamento etc.

l. 1. § 15	372

Lib. XXXXVII. Tit. 10. De injuriis etc.

l. 1. § 5	122
l. 1. § 6	127. 369
l. 5. § 6	123
l. 11. § 1	95. 123
l. 13 pr.	124
l. 15. § 35	34
l. 17. § 10 – 14	123
l. 17. § 17. 20. 22	123
l. 18 pr.	95. 124
l. 28	124
l. 41	122
l. 45	176

Lib. XXXXVII. Tit. 11. De extraordinariis criminibus.

l. 4	14

Lib. XXXXVII. Tit. 12. De sepulcro violato.

l. 6	121. 124
l. 10	95. 121. 124

Lib. XXXXVII. Tit. 19. Expilatae hereditatis.

l. 2	372

Lib. XXXXVII. Tit. 20. Stellionatus.

l. 2	176

Lib. XXXXVII. Tit. 22. De collegiis etc.

Tit.	235. 260
l. 1	257
l. 1 pr.	255. 259. 260
l. 1. § 1	260
l. 1. § 2	259
l. 2	257
l. 3	257. 258
l. 3. § 1	260
l. 3. § 2	259. 260
l. 4	261. 359
Lib. XXXXVII. Tit. 23. De popularibus actionibus.	
l. 1. 3. § 1	131
l. 4	132. 217
l. 5	132
l. 6	132. 217
l. 7 § 1	132
Lib. XXXXVIII. Tit. 1. De publicis judiciis.	
l. 2 pr.	214
l. 7	173. 176
Lib. XXXXVIII. Tit. 5. Ad legem Julism de adulteriis etc.	
l. 2. § 2	132. 184
l. 6. § 2	132
l. 8 pr.	184
l. 9. § 1. 2	184
l. 10. § 2	557
l. 13 pr. § 2	556
l. 37	132
Lib. XXXXVIII. Tit. 7. Ad legem Juliam de vi privata.	
l. 1. pr.	173. 186
Lib. XXXXVIII. Tit. 8. Ad legem Corneliam de sicariis.	
l. 1. § 2	34
l. 8	14
Lib. XXXXVIII. Tit. 10. De lege Cornelia de falsis.	
l. 1. § 9	274

Lib. XXXXVIII. Tit. 18. De quaestionibus.
l. 1. § 7   249. 261. 286
Lib. XXXXVIII. Tit. 19. De poenis.
l. 2 pr.   214
l. 3   15
l. 17. § 1   39
l. 28 pr. § 1   214
l. 38. § 5   14
l. 39   14
Lib. XXXXVIII. Tit. 20. De bonis damnatorum.
l. 1 pr. § 1. 2. 3   166
l. 5   117
l. 5 pr.   71
l. 5 pr. § 1   72
l. 7 pr. § 5   164. 167
Lib. XXXXVII. Tit. 23. De sententiam passis.
l. 1   77
l. 2. 3   88
Lib. XXXXIX. Tit. 14. De jure fisci.
Tit.   360
l. 1 pr.   264. 360
l. 1. § 1   264. 361
l. 1. § 2   361
l. 1. § 3   264. 361
l. 1. § 4   264. 361
l. 1. § 5   361
l. 2 pr.   174
l. 6. § 1   361
l. 13   360
l. 13 pr. § 1   274
l. 13 pr. § 3. 4   274
l. 15. § 3   360
l. 15. § 5   274
l. 16   360
l. 18. § 7   174

l. 42	360
l. 49	360
Lib. XXXXIX. Tit. 15. De captivis etc.	
l. 4	160
l. 5. § 2	38
l. 29	369
Lib. XXXXIX. Tit. 17. De castrensi peculio.	
l. 19. § 2	558
Lib. L. Tit. 1. Ad municipalem etc.	
Tit.	240
l. 14	297
l. 19	328
l. 25	237
l. 30	250
Lib. L. Tit. 2. De decurion.	
Tit.	240
Lib. L. Tit. 3. De albo scrib.	
Tit.	240
Lib. L. Tit. 4. De muneribus etc.	
Tit.	240
l. 14 pr.	452
Lib. L. Tit. 5. De vacatione etc.	
Tit.	240
Lib. L. Tit. 6. De jure immunitatis.	
Tit.	240
l. 5. § 12	254. 259. 281
l. 5. § 13	254
Lib. L. Tit. 7. De legationibus.	
Tit.	240
Lib. L. Tit 8. De administratione rerum civ.	
Tit.	240
Lib. L. Tit. 9. De decretis ab ordine faciendis.	
Tit.	240
l. 2. 3	327
Lib. L. Tit. 10. De operib. publicis.	

Tit.   240
Lib. L. Tit. 11. De nundinis.
Tit.   240
Lib. L. Tit. 12. De pollicitationibus.
Tit.   240
l. 1   321
l. 2. § 1   54
l. 3   321
l. 3. § 1   120
l. 4   321
l. 7   321
Lib. L. Tit. 13. De extraordinariis cognitionibus.
l. 5   452. 457
l. 5 § 1   196. 452
l. 5 § 2   194. 196. 452. 457
l. 5 § 3   63. 196
Lib. L. Tit. 16. De verborum significatione.
l. 1   182
l. 12 pr.   133
l. 38   10
l. 40. § 3   277
l. 85   277
l. 103   213
l. 129   8
l. 132. § 1   7
l. 135   10
l. 141   7
l. 161   13
l. 215   32
l. 231   13
Lib. L. Tit. 17. De regulis juris.
l. 8   75
l. 22 pr.   33. 425
l. 32   30
l. 45 pr.   424

l. 85. § 1	70
l. 109	71
l. 117	241
l. 123 pr.	287
l. 133	54
l. 138	364
l. 160. § 1	331
l. 193	364
l. 209	71. 72

Festue, de verborum significatione.

v. minuitur	553. 537
v. sodales	257
v. vici	250

Fragmenta Vaticana.

§ 55	372
§ 57. 61	80
§ 63. 64	110
§ 99	436
§ 124	281
§ 158	261
§ 168	524
§ 233. 234. 235	281
§ 236	281
§ 237	281
§ 269	116
§ 320	171. 537. 539.
§ 321	536
§ 322. 323	216
§ 324	215

Fragmentum de jure fisci.

§ 12	64

Französische Gesetzgebung

Code civil

art. 18. 19. 21	160
art. 25	154. 155

art. 312. 313	416
art. 314	414. 416
art. 315	416
art. 725	413
art. 906	413
Confercnce du code civil.	
tom. 1, pag. 76. 77	153
tom. 1, pag. 86	156. 157. 160
tom. 1, pag. 87. 88	160
tom. 1, pag. 89. 90	159
tom. 1, pag. 92. 98. 110. 119	156. 157
tom. 1, pag. 128	162
tom. 1, pag. 174. 176	160
Projet du code civil.	
liv. 1, tit. 1, art. 30	154
liv. 1, tit. 1, art. 31	154. 155
liv. 1, tit. 1, art. 32. 33	155
Code civil, suivi des motifs.	
tom. 2, pag. 86.	161
Loi du 28 Mars 1793	152
Loi du 17 Sept. 1793	152
Code pénal.	
art. 29. 30. 31	162
Gajus, institutiones.	
I, § 8	460
I, § 9	460
I, § 10	461
I, § 27	75
I, § 45	504
I, § 48. 49. 50	461
I, § 52	31
I, § 53	34
I, § 56	42
I, § 57	43
I, § 68	40. 470

Ⅰ，§79	45
Ⅰ，§84	64
Ⅰ，§89	14.15
Ⅰ，§90.91	14.15
Ⅰ，§96	45
Ⅰ，§113	500
Ⅰ，§114	50
Ⅰ，§115	501
Ⅰ，§117	66
Ⅰ，§118	50.66
Ⅰ，§123	50
Ⅰ，§130	503
Ⅰ，§132	495
Ⅰ，§134	65.499.500
Ⅰ，§135	52
Ⅰ，§142	461
Ⅰ，§145	504
Ⅰ，§158	75
Ⅰ，§159	61.63
Ⅰ，§160.161	63
Ⅰ，§162	63.65.464.480.495.496.501
Ⅰ，§163	63.75
Ⅰ，§170	78
Ⅰ，§190	431
Ⅰ，§191.192	431
Ⅰ，§194.195	5
Ⅱ，§29	290
Ⅱ，§39	216
Ⅱ，§46.47	102
Ⅱ，§63	114
Ⅱ，§89.90	291
Ⅱ，§96	102.289
Ⅱ，§111	558
Ⅱ，§139	50

Ⅱ，§ 145	88. 167
Ⅱ，§ 147	167
Ⅱ，§ 154	179
Ⅱ，§ 159	50
Ⅱ，§ 195	305
Ⅱ，§ 285	28
Ⅲ，§ 14	50. 499
Ⅲ，§ 27	75
Ⅲ，§ 51	89
Ⅲ，§ 55	37
Ⅲ，§ 56	37. 45. 64
Ⅲ，§ 57 – 76	37
Ⅲ，§ 83	79. 80. 81
Ⅲ，§ 84	82. 83. 85
Ⅲ，§ 91	432
Ⅲ，§ 93	27. 368
Ⅲ，§ 94	27
Ⅲ，§ 107	430
Ⅲ，§ 108	430. 433
Ⅲ，§ 114	50. 56. 82. 137. 505
Ⅲ，§ 145	249
Ⅲ，§ 153	134
Ⅲ，§ 224	94
Ⅳ，§ 37	29. 40. 41
Ⅳ，§ 38	82. 83. 501
Ⅳ，§ 46	128
Ⅳ，§ 47	140. 142
Ⅳ，§ 104	440
Ⅳ，§ 105	440
Ⅳ，§ 163	440
Ⅳ，§ 164. 165	440

Gellius, noctes atticae.

Ⅰ，12	503
Ⅱ，2	53
Ⅲ，16	388. 402

索 引

XVIII, 6	499
Hyginus, de limitibus coustituendis (bei Goesius).	
pag. 206	253
Institutiones Justiniani.	
Lib. I. Tit. 8. De his, qui sui vel alieni etc.	
§ 2	34
Lib. I. Tit. 9. De patria potestate.	
pr.	386
Lib. I. Tit. 10. De nuptiis.	
pr.	528
§ 6. 7	182
§ 10	34
§ 12	31. 389. 524
Lib. I. Tit. 15. De legitima agnatorum tutela.	
§ 3	73. 75
Lib. I. Tit. 16. De capitis deminutione.	
Tit.	63
pr.	61
§ 2	482
§ 3	464. 480
§ 5	214. 456
§ 6	73
Lib. I. Tit. 21. De auctoritate tutorum.	
§ 3	353
Lib. I. Tit. 22. Quibus modis tutela finitur.	
§ 4	78
Lib. I. Tit. 25. De excusationibus tutor. vel curat.	
pr.	5
Lib. I. Tit. 26. De suspectis tutor. vel curat.	
§ 6	177
Lib. II. Tit. 4. De usufructu.	
§ 3	80
Lib. II. Tit. 5. De usu et habitatione.	
§ 5	111
Lib. I. Tit. 6. De usucap. et longi temp. praescriptionibus.	

§ 13	274
Lib. Ⅱ. Tit. 10. De testamentis ordinandis.	
§ 6	28
Lib. Ⅱ. Tit. 12. Quib. non est permissum etc.	
§ 2	482
Lib. Ⅱ. Tit. 14. De heredibus instituendis.	
§ 2	366. 369. 370
Lib. Ⅱ. Tit. 17. Quib. mod. testamenta infirmentur.	
§ 4	88
Lib. Ⅱ. Tit. 20. De legatis.	
§ 24	28
§ 25	307
Lib. Ⅱ. Tit. 23. De fideicommiss. hereditatibus etc.	
§ 1	108
Lib. Ⅱ. Tit. 24. De singulis rebus etc.	
§ 2	146
Lib. Ⅱ. Tit. 3. De SC. Tertnlliano.	
§ 2. 4	5
Lib. Ⅱ. Tit. 4. De SC. Orphitiano.	
§ 2	88
Lib. Ⅲ. Tit. 6. De gradibus cognationum.	
§ 10	31
Lib. Ⅲ. Tit 10. De bonor. possessione.	
§ 1	75. 80. 81
Lib. Ⅲ. Tit. 11. De acquisit. per arrogationem.	
§ 1	81
Lib. ⅢL. Tit. 15. Quibus modis re contrahitur etc.	
§ 1	433
Lib. Ⅲ. Tit. 17. De duobus reis etc.	
§ 2	144
Lib. Ⅲ. Tit. 18. De stipulatione servorum.	
pr.	366. 369. 370
§ 2	144
Lib. Ⅲ. Tit. 20. De inutilib. stipulationibus.	
§ 6	425

Lib. Ⅳ. Tit. 6. De actionibus.
§ 29   95
§ 30   93
Lib. Ⅳ. Tit. 7. Quod cum eo，qui in aliena etc.
§ 6. 7   434
Lib. Ⅳ. Tit. 8. De noxal. actionibus.
§ 5   428
§ 6   70. 425. 428
Lib. Ⅳ. Tit. 9. Si quadrupes paup. etc.
§ 1   125
Lib. Ⅳ. Tit. 13. De exceptionibus.
§ 1   321
§ 11   218
Lib Ⅳ. Tit. 16. De poena temere litig.
§ 2   178
Lib. Ⅳ. Tit. 18. De publ. judicis.
§ 2   214

Liber Sextus
Lib. Ⅲ. Tit. 20. De censibus etc.
cap. 4   322
Lib. Ⅴ. Tit. 11. De sententia excommunicat.
cap. 5   322

Livius, annales
Ⅴ，46   67
Ⅶ，2   204
Ⅹ，22. 24   321
ⅩⅩⅣ，44   53
ⅩⅩⅥ，16   321
ⅩⅩⅩⅨ，9   37. 502
ⅩⅩⅩⅨ，19   502
ⅩⅬⅤ，15   205. 211

Novellae Juetiniaai.
Nov. 17，cap. 12   166
Nov. 22，cap. 8   159
Nov. 39，cap. 2   389

Nov. 90	222
Nov. 115	150
Nov. 117，cap. 6	531
Nov. 120，cap. 6. § 1. 2	331
Nov. 134，cap. 6	238
Nov. 134，cap. 13	166

Novellae Majoriani.

Tit. 7	321

Novellae Theodosii.

Tit. 17	33

Oestreichisches Gesetzbuch

§ 138. 155. 157	416

Paulus, receptae sententiae.

Ⅰ, 2, § 1	215
Ⅰ, 2, § 2	191
Ⅰ, 2, § 3	216
Ⅰ, 7, § 2	61. 83
Ⅰ, 21, § 13	551
Ⅰ, 21, § 14	532. 551
Ⅱ, 13, § 3. 4	424
Ⅱ, 13, § 9	425
Ⅲ, 6, § 29	61. 80. 479
Ⅳ, 6, § 2	251
Ⅳ, 9, § 1	5. 8. 10. 403
Ⅳ, 9, § 2	10
Ⅳ, 9, § 3	9
Ⅳ, 9, § 5	403
Ⅳ, 9, § 8	10
Ⅳ, 9, § 9	404
Ⅳ, 10, § 1	404
Ⅳ, 10, § 2	64
Ⅴ, 12	274. 360

Plinius (der Aeltere) Historia naturalis.

Ⅲ, 4	43
Ⅶ, 4 (al. 5)	401

XXVI，72	85
XXXV，12	257

Plinius（der Jüngere）
Epistolae.

V，7	301
VII，18	285

Panegyricus

cap. 42	273

Plutarch，Numa.

cap. 12	533

Preussische Gesetzgebung.
Einleitung.

I，1，§ 12. 13	413
I，2，§ 125	378
II，1，§ 1077	417
II，1，§ 1078	417
II，2，§ 1	416
II，2，§ 2 - 6. 21. 22. 23	417
II，20，§ 965. 968. 969	413

Revidirte Städteordnung von 1831.

§ 117 - 123	355

Reichsgesetzgebung，deutsche.
Aurea bulla Caroli IV. Von 1356.

cap. 15，§ 4	322

Notariatsordnung von 1512.

§ 2	228

Landfriede von 1521

VII，9	297

Landfriede von 1548.

tit. 2，14. tit. 29，§ 4	322

Reichsabschied von 1551.

§ 80	227

Kammergerichtsordnung von 1555

II，tit. 10，§ 1	322
Reichsschlüsse von 1668，1670	227

Strafe der widerspenstigen Handwerksgesellen 1731.   227
Spartianus, vita Hadriani.
cap. 7   273

Suetonlus,
vitae duodecim imperatorum.
Augustus, cap. 57   254
Augustus, cap. 101   238
Claudius, cap. 1   254
Tiberius, cap. 35   556
de illustris Gramnaticis.
cap. 21   473
Tabula Heracleensis.
lin. 108. 109. 110   171
lin. 111   171. 174. 177. 178
lin. 112   171. 174. 184
lin. 113   171. 179. 184
lin. 114. 115. 116   171. 179
lin. 117   171. 174. 179
lin. 118   171. 174
lin. 119. 120   171
lin. 121   171. 174
lin. 122. 123   171. 183. 184
lin. 132   171. 205
lin. 133 - 141   171

Tactius, annales.
Ⅰ, 54   261
Ⅱ, 30   285
Ⅳ, 16   505
Ⅵ, 2   273
Ⅻ, 53   64
ⅩⅢ, 27   254

Tertullianus, de spectaculis.
cap. 22   210

Ulpianus, fragmentum.
Ⅲ, § 1   5. 281

索　引

Ⅲ，§3	5
Ⅲ，§6	281
Ⅴ，§1	386
Ⅴ，§3	27
Ⅴ，§4.5	27.40.41.
Ⅴ，§6	27
Ⅴ，§8	27.470.
Ⅵ，§2	436
Ⅵ，§6	116
Ⅶ，§4	40.470
Ⅹ，§1	495
Ⅹ，§5	503.505
Ⅺ，§5	66
Ⅺ，§9	78
Ⅺ，§10.11.12	63
Ⅺ，§13	61.63.464.480.501
Ⅺ，§16	37.42
Ⅺ，§27	480
ⅩⅢ，§1	37.517.554
ⅩⅢ，§2	517.555
ⅩⅣ	533
ⅩⅤ	5.6
ⅩⅥ，§1	5
ⅩⅥ，§2	520.523
ⅩⅨ，§1	290
ⅩⅨ，§4	27.41
ⅩⅨ，§5	27
ⅩⅩ，§3	51
ⅩⅩ，§4	51
ⅩⅩ，§5	51
ⅩⅩ，§6	51
ⅩⅩ，§8	28.42
ⅩⅩ，§10	55
ⅩⅩ，§11	469
ⅩⅩ，§13	482

Ⅹ X，§ 14	28. 39. 42
Ⅹ X，§ 16	33
X XI，§ 14	37
XXⅡ，§ 1	28. 42
XXⅡ，§ 2	28. 42
XXⅡ，§ 3	37. 42
XXⅡ，§ 5	301. 302. 306. 362
XXⅡ，§ 6	262. 265. 303
XXⅡ，§ 9	367
XXⅢ，§ 4	88. 166. 482
XXⅢ，§ 5	168
XXⅢ，§ 6	88. 166. 482
XXⅣ，§ 28	305
XXⅤ，§ 4. 6	28
XXⅤ，§ 12	146
XXⅤ，§ 18	146
XXⅦ，§ 5	88. 89
XXⅧ	74
XXⅧ，§ 7	505
XXⅧ，§ 9	75
XXⅧ，§ 12	241
XXⅨ，§ 3	5

Valerius Maximus, factorum dictorumque lib. Ⅸ.

Ⅱ，2. § 4	53
Ⅱ，4. § 4	204

Varro, de lingua latina（ed. Müller）.

lib. 8（以前的 7），§ 41	263. 284

第二卷译后记

一

自2010年在中国法制出版社出版《当代罗马法体系》第一卷的翻译本以来，已经13年了。其间发生了很多现在都不太记得的事情。仅就我个人而言，这些年来随着在中国人民大学法学院执教的时间越来越长，头发越来越少，体型越来越胖，深感岁月是剃头刀，也是增肥剂。

以纯粹功利的角度来考虑，出版译著是很不划算的事情。翻译不如写论文和专著；即使是翻译，翻译这样的历史性著作，即使是公认的名著，也是吃力不讨好的事情，从成本和收益角度来看，比不上翻译现代法的教科书。所以，这些年里除了中间断续翻译了第二卷的一部分之外，我基本上放下了翻译工作，在第一卷的译后记中因为年少狂妄所立的 flag 已经快完全倒下了。

虽然翻译第一卷时的雄心和精力已不复存在，我也体会到不能轻易许诺，尤其是给自己许诺，但是，对于已经许诺的事情，按照诚信原则，我无法完全忽视，这也成了我对自己所负的债。在2022年，能够自由进入学校的时间断断续续，而且很多书籍资料都在办公室，这让我无法专心地连续作整体的研究，遂下定决心部分履行，给自己一个交代。当然，对重拾翻译这件事还有一个最简单的答案：我愿意。我很怀念翻译时物我两忘的状态，一书一灯一电脑，足矣，"道通天地有形外，思入风云变态中"。我想，就是这种状态，促使印度泰戈尔说"一盏孤灯，沉静在血液中"，日本菅茶山说"闲收乱帙思疑义，一穗青灯万古心"。其实，就是一个字：爽！毕竟，每个人都害怕孤独，但仍需要独处，只有在独处时才能体会到自我的存在。

除此之外，翻译这种历史性著作还有我自己在研究方面的考量。对中国的民法研习者来说，无论如何，民法典的编纂都是不可忽视的事情。2020年5月28日，《中华人民共和国民法典》通过的当天，我晚上在从全国人大机关办公楼回家的出租车上写下："一曲初现，得失于心；冷暖自知，悲欣交集；祛魅无免，理想不坠；感慨万语，至于无言。"那时的感觉是，在所有都落定之时，才觉得一切都是最好的安排；编纂工作过程中所有的欢愉、辛苦、疲惫、纠结甚至争吵，现在都让人嘴角上扬，时间把一切都发酵成美酒，浓郁悠远，剩下的是在纯粹中将这些收获融于纯粹。之后，有人问过我那几年的体会，我思考了一下，回答的是"认识中国"。正是这个体会决定了我这几年的研究路向。

在民法典编纂的过程中，由于诸多原因，在具体规则完善和构建方面的思考，要多于在整体体系和基础性理论方面的思考。在民法典通过之后，我除了参与相关配套规则和司法解释的制定，更多的是从亲历者角色中跳脱出来，回归到研究者和旁观者的角色。虽然在具体的研究中，难免会有自珍的想法，试图尽量地通过解释来维持民法典的既有体系和规则，但是，我在2019年下半年时就已经有了法典的体系和法学的再体系这个想法。这几年里，后一种想法逐渐占据了我的研究的中心，虽然还没有像样的论著出来。

民法典之后，更多的研究着眼于民法典规范的适用。这当然是非常重要的。目前在国内蔚为大观的民法典评注，着眼于司法与法学的沟通，这极为重要，但是由于其目标和体例的限制，大多无法对司法之外的法律实践作出通盘观察，也无法针对真正的核心问题作出深入细致的阐述。法的实践不仅仅是司法，还有更大范围的多元化实践，并且，如果法学的眼光仅向实践看，那么法学的意义在何处？法学者的职业价值在何处？这可能会导致自身的生存追问。即使在民法典之后，探究民法基本理论、基本概念的重要性不减反增，民法学研究无论如何不能仅着眼于向下的法律适用，还要着眼于向上的知识提升、向内的知识深化和向外的知识扩容。

我个人一直觉得，在中国的民法理论不必然等于中国的民法理论。在地性是重要的，此时此地的社会文化结构连接具体的社会行为，但是，理论应具有普适性潜能，仅着重在地性，意味着放弃不同文明沟通、对话的可能。中国是世界中的中国，中国性包含了世界性。自我的对话者是他人，离开了他人，就无法界定自我。中国经验也仅可能但不必然产生中国理论，实践经验有助于刺激和催化理论的形成，而理论要扎根于实践，但同时要超越既有实践所可能的局限、粗疏甚至冲突，从而反过来刺激和催化实践。规范的适用和其他实践不能也不应摆脱理论之网，正所谓"不学"则"无术"。真正的现实，不仅在于深刻地把握住现实，还在于思考现实，并对思考现实的思考进行再思考，对观点形成批判性的再认识，从而存在多重的主体间性。所谓宽容和深刻，也是基于大的网状知识体系的再认识。我以前说理论是片面的深刻，实践是整全的中庸，事实上，实践之"中庸"和理论的"深刻"是一体的，没有深刻的"中"并非"中"，而没有整全性认识"中"的理论也并不深刻。

因此，既要避免放弃不同文明沟通、对话的可能，也要避免比较法上的路径依赖和路径锁定,防止"得形忘意"和"反认他乡是故乡"。以担保为例:我曾戏称民法典中的担保制度是"德国骨,美国血,中国心"。理论和实践的互动互构也不等于理论和实践的同一,既要避免放弃理论对实践的理性化作用,也要避免理论的"万丈高楼凭空起"。也许,中国民法知识,要坚持中国性的立场,强化历史性的根基,扩大理论性的视野,整合实践性的应用,提升时代性的回应,从而整合形而上的宏观视野、具体细致的实践感以及时间的历史纵深感。既有渊综广博之述,亦有清通简要之论,术、学、识、才俱备。术者,植根实践,以实践为规范的检验场和理论的催化剂;学者,立足规范,以规范为实践理论互构的基础;识者,观照理论,以理论引领、统合规范和理性化实践;才者,文从句顺,以清晰的语言融汇实践性技艺、制度性知识和理论性视野。

民法的研究也不应千篇一律,而应"有比次之书,有独断之学,有考索之功"。苏轼在《答张文潜县丞书》中就已经说道:"地之美者,同于生物,不同于所生。惟荒瘠斥卤之地,弥望皆黄茅白苇。"在世界逐渐两极化的今天,对民法自身的历史性回观和审视更必不可少。结构性视角确实有助于整体理论的建构,但欠缺历史的观照就可能浅尝辄止。毕竟,历史不是线性的发展,理论的晚霞也可能成为朝霞。不仅如此,历史的体察对学者个性的塑造也极为重要。我个人记忆中最为深刻和直接的历史体察片段是:2020年5月24日深夜,我在整理完全国人大代表对民法典草案的全部审议意见后,闭上眼睛,脑子里不断闪回的是新中国前几代民法学家这些前辈先生的身影,他们知进退、明得失、懂取舍、识大体、有敬畏,艰苦卓绝、宽容团结、勠力同心。

正是基于以上考虑,我才下定决心将之前的未竟译稿拿出来，接续本书的翻译。

二

在翻译本书的过程中，我更为体会到翻译的困难。翻译的乐趣是翻译过程中的兴奋、惊讶、挑战和恍然，但困难在于不确定性。《周易略例·明象》中说："故言者，所以明象，得象而忘言；象者，所以存意，得意而忘象。犹蹄者所以在兔，得兔而忘蹄；筌者所以在鱼，得鱼而忘筌也。"慧皎也在《高僧传》中记载了僧道生的话："立象以尽意，得意而象忘；言以诠理，入理则言息……忘筌取鱼，始可与言道矣。"言筌就是词语，表达的思想"不落言筌"，就是不被词语误导、束缚。但是，在翻译中，不是"言以载道"，而是"言就是道"。

翻译也是一种解释，要从形似的"格义"转换到思想内在理路的"释义"。其间会遭遇"主体间性"赖以存在又难以跨越的"解释绝境"。被解释者的个人意识流具有不可切入性，解释者无法完全摆脱自身情境而彻底理解被解释者的情境，只能以自己的客观和主观经验去"想象"被解释者。并且，较之于一般的解释，此种"解释绝境"在翻译中更为凸显。用海德格尔的话说，翻译不是重构而是转渡。创作的过程是，从作者的思想转渡到内部语言，再从内部语言转渡到外部语言。翻译则是要从外部语言转到另一种外部语言。译者不能自由地解释，解释的主观并非解释的任意。翻译要"明知不可为而为之"，尽量"视阈融合"，理解翻译对象，如此才有可能信和达。对此，王太庆先生颇有感触，他认为，达而不信者有之，不达而信者未之有也，因为从效果看，没有传达原文的内容，并不是信。

除此之外，如果还像翻译第一卷时那样完全自己翻译，时间和精力也真的是供不上了。所以，第二卷的翻译由我和张梓萱共同完成。对第 60~71 节以及附录 3~6 的翻译由我完成初稿并进行两轮校对。对第 72~103 节和附录 7 的翻译由张梓萱完成初稿，我再根据原著逐字逐句地对张梓萱的翻译初稿予以全面彻底的修改，并进行一轮校对。最后，我和张梓萱再分别进行校对，最终由我统稿。

  以前总觉得独自翻译更好，但经过这次翻译，觉得傅斯年的观点更有道理："翻译一种事业，独自干去，用的力大，收效很难。若是大家共同翻译，共同研究，效验定然快的。材料的搜集，文词的讨论，错误的修改，都是共同取得的事业。事事皆然，翻译也不免如此。"在翻译第二卷的过程中，中国人民大学法学院的学生提供了很大帮助，他们根据英文译本对照了部分中文译稿。其中，张玉涛负责第 71~74 节，方瑾业负责第 75~78 节，雷志富负责第 79~84 节，王滢负责附录 7。李鼎熙博士根据原著对第 71~84 节和附录 7 的译稿提供了非常多的帮助。

  对第二卷所涉罗马法篇章的翻译，极为感谢高仰光教授和金圣美同学的帮助。金圣美对所涉拉丁文篇章予以初步的翻译和校对，用力甚多。她的认真细致让我真切感受到了师生讨论的快乐。高仰光教授则就其中较为疑难的内容与我们一起讨论时，他随手就能找出相关的资料。其拉丁文功底之深厚让我嫉妒。记得在讨论其中一个注解时，货币单位怎么也算不清楚，我甚至怀疑萨维尼是否也没有搞清楚，虽然这并非他引用的重点。我一度都打算放弃了，但高仰光教授坚持要弄明白，并找出所引原文的上下文，力图给出一个合理的解释。身边能有一些志同道合的朋友和学生，能够就任何一个方面的学术问题和其他问题随时请教讨论，这是多么幸福的事。

  此外，还要感谢中国人民大学出版社能够出版这样的似乎经济效益不高的译著。感谢陈松涛、郭虹对选题的帮助和辛苦的协调工作。感谢施洋特别辛苦的编辑工作，从内容、版式到封面设计，他都极为细致认真。这也让我想起生命中不同阶段的朋友，有些很久没有联系，有些偶尔联系，有些经常联系，但是，我爱那时和这时的你们的样子，我也爱那时和这时的我爱你们的样子。

前两天晚上陪儿子一起休息，无意中听到了周华健演唱的《少年》，其中有两句歌词是："有时候会有一点倦，实现梦想原来并不是终点。昂首走了好久好远，在世界的尽头撒野，却想念最初的少年。"它就像一个拳头狠狠地砸中了我的心脏。是的，有时候由于功利的喧嚣，忘了为何出发。这就是为何要不忘初心吧。越来越觉得，个人在大时代和大国家中只是尘埃，身世浮沉雨打萍，哪能一切均由个人的意志决定呢？"水流心不竞，云在意俱迟"，生命除了理性的追问，更需要灵性的诗意回答。

图书在版编目（CIP）数据

当代罗马法体系. 第二卷 /（德）弗里德里希·卡尔·冯·萨维尼著；朱虎，张梓萱译. --北京：中国人民大学出版社，2023.7
ISBN 978-7-300-31374-0

Ⅰ. ①当… Ⅱ. ①弗… ②朱… ③张… Ⅲ. ①罗马法—研究 Ⅳ. ①D904.1

中国国家版本馆 CIP 数据核字（2023）第 016002 号

当代罗马法体系（第二卷）
［德］弗里德里希·卡尔·冯·萨维尼 著
朱　虎　张梓萱 译
朱　虎 校
Dangdai Luomafa Tixi

出版发行	中国人民大学出版社		
社　　址	北京中关村大街 31 号	邮政编码	100080
电　　话	010-62511242（总编室）		010-62511770（质管部）
	010-82501766（邮购部）		010-62514148（门市部）
	010-62515195（发行公司）		010-62515275（盗版举报）
网　　址	http://www.crup.com.cn		
经　　销	新华书店		
印　　刷	涿州市星河印刷有限公司		
开　　本	720 mm×1000 mm　1/16	版　次	2023 年 7 月第 1 版
印　　张	31 插页 3	印　次	2023 年 7 月第 1 次印刷
字　　数	370 000	定　价	268.00 元（第一、二卷）

版权所有　　侵权必究　　印装差错　　负责调换